D0639791

clave

William Davis es doctor en cardiología, director médico de Track Your Plaque, un programa online de prevención de enfermedades cardiacas, y escribe frecuentemente para publicaciones estadounidenses y páginas web de salud. Vive con su mujer y sus tres hijos en Fox Point, Wisconsin, donde no hay barras de pan ni magdalenas en las despensas. Su enfoque de una dieta sin trigo ha revolucionado el panorama de las enfermedades cardiacas y ha supuesto un hito en el mundo editorial: sus libros han vendido más de un millón y medio de ejemplares solo en Estados Unidos. *Sin trigo, gracias* ha permanecido cuarenta y cuatro semanas en el número uno de la lista de más vendidos de *The New York Times* y setecientos días en el Top 150 de Amazon, situándose en los primeros puestos la mayor parte de ese tiempo, y sus títulos se están traduciendo en veinticuatro países.

Sin trigo, gracias

DOCTOR WILLIAM DAVIS

DEBOLSILLO

Título original: *Wheat Belly*
Primera edición en Debolsillo: septiembre, 2015

© 2011, William Davis
© 2015, Penguin Random House Grupo Editorial, S.A.U.
Travessera de Gràcia, 47-49. 08021 Barcelona
© María Andrea Giovine, por la traducción
Traducción autorizada de la edición inglesa titulada *Wheat Belly: Lose the Wheat,
Lose the Weight and Find Your Path Back to Health*, de William Davis, MD.
Publicado por acuerdo con International Editors Co. y The Cooke Agency International
y Rick Broadhead & Associates.

Penguin Random House Grupo Editorial apoya la protección del *copyright*.
El *copyright* estimula la creatividad, defiende la diversidad en el ámbito de las ideas
y el conocimiento, promueve la libre expresión y favorece una cultura viva.
Gracias por comprar una edición autorizada de este libro y por respetar las leyes del *copyright*
al no reproducir, escanear ni distribuir ninguna parte de esta obra por ningún medio sin permiso.
Al hacerlo está respaldando a los autores y permitiendo que PRHGE continúe publicando libros
para todos los lectores. Diríjase a CEDRO (Centro Español de Derechos Reprográficos,
http://www.cedro.org) si necesita fotocopiar o escanear algún fragmento de esta obra.

Printed in Spain – Impreso en España

ISBN: 978-84-9062-860-7
Depósito legal: B-14.033-2015

Impreso en Novoprint, Sant Andreu de la Barca (Barcelona)

P 6 2 8 6 0 7

Penguin
Random House
Grupo Editorial

ADVERTENCIA

Este libro ha sido pensado exclusivamente como texto de consulta, no como un manual médico. La información proporcionada te ayudará a tomar mejores decisiones sobre salud. No pretende reemplazar ningún tratamiento recetado por el médico. Si sospechas que tienes un problema de salud, te recomendamos que busques ayuda médica competente.

La mención a empresas, organizaciones o autoridades determinadas no implica el respaldo del autor ni del editor. Su mención tampoco significa que aquellas respalden el libro, al autor ni al editor.

Los datos que se proporcionan en el libro estaban vigentes en el momento de enviarlo a la imprenta.

Para Dawn, Bill, Lauren y Jacob,
mis compañeros en este viaje sin trigo

ÍNDICE

INTRODUCCIÓN

Si hojeas los álbumes de fotos de tus padres o de tus abuelos, es probable que te sorprenda lo delgado que parece todo el mundo. Las mujeres probablemente usaban vestidos talla 34 y los hombres tenían una 42 de cintura. El sobrepeso era algo que se medía en unos cuantos kilos; la obesidad era poco común. ¿Niños con sobrepeso? Casi nunca. ¿Cinturas de talla 52? Aquí no. ¿Adolescentes de 90 kilos? Claro que no.

¿Por qué las June Cleaver de las décadas de 1950 y 1960 —las amas de casa y la mayoría de la gente de esa época— eran mucho más delgadas que las personas que ahora vemos en la playa, en el centro comercial o en nuestro propio espejo? Mientras que en aquella época las mujeres por lo general pesaban entre 50 y 55 kilos y los hombres de 70 a 80 kilos, hoy cargamos con 20, 30 y hasta 90 kilos más.

Las mujeres de entonces no hacían mucho ejercicio, que digamos. (Se consideraba indecoroso, como tener pensamientos impuros en la iglesia). ¿Cuántas veces has visto a tu madre ponerse las zapatillas de deporte para salir a correr 5 kilómetros? Para mi madre, hacer ejercicio significaba pasar la aspiradora por las escaleras. En la actualidad, cuando hace un buen día, salgo y veo a docenas de mujeres corriendo, caminando, andando en bicicleta..., algo que prácticamente nunca veíamos hace 40 o 50 años. Sin embargo, cada año engordamos más y más.

Mi esposa es triatleta y entrenadora de triatlones, así que todos los años veo varios eventos de este duro deporte. Los triatletas entrenan intensamente durante meses o años antes de nadar entre 1,5 y 5 kilómetros en aguas abiertas, recorrer en bicicleta de 90 a 180 kilómetros y terminar corriendo de 20 a 42 kilómetros. El simple hecho de terminar la prueba es en sí mismo una hazaña, dado que requiere varios miles de calorías y una resistencia espectacular. La mayoría de los triatletas tienen hábitos alimentarios bastante saludables.

Entonces, ¿por qué una tercera parte de esos hombres y mujeres disciplinados presentan sobrepeso? Para mí tienen todavía más mérito porque deben cargar con esos 15, 20 o 25 kilos de más. Sin embargo, con ese nivel de actividad intensa y constante y con un programa de entrenamiento tan exigente, ¿cómo es que no logran perder peso?

Si seguimos la lógica convencional, los triatletas con sobrepeso necesitan hacer más ejercicio o comer menos para perder kilos. Pienso que esa es una idea francamente ridícula. En este libro voy a argumentar que el problema en la dieta de la mayoría de los norteamericanos no son la grasa y el azúcar, ni tampoco el surgimiento de Internet y la desaparición del estilo de vida rural. El problema es *el trigo*... o lo que nos quieren hacer creer que se llama «trigo».

Verás que lo que estamos comiendo, disfrazado de forma inteligente de magdalena integral o chapata de cebolla, en realidad no es trigo, sino el producto transformado en investigaciones genéticas realizadas durante la última mitad del siglo xx. El trigo moderno es auténtico trigo en la misma medida en que un chimpancé se aproxima a un ser humano. Aunque nuestros peludos parientes primates comparten el 99 por 100 de los genes que se encuentran en los seres humanos —con los brazos más largos, el cuerpo cubierto de pelo y menos probabilidades de salir vencedores en un concurso televisivo de cultura general—, estoy seguro de que puedes apreciar la diferencia que representa ese 1 por 100. Comparado con su ancestro de hace apenas 40 años, el trigo moderno ni siquiera está tan cerca.

Creo que el aumento en el consumo de cereales —o, más en concreto, el aumento en el consumo de esa cosa genéticamente modificada llamada «trigo moderno»— explica el contraste entre las personas sedentarias más delgadas de la década de 1950 y las personas con sobrepeso de finales del siglo XX, incluidos los triatletas.

Reconozco que afirmar que el trigo es un alimento nocivo es como decir que Ronald Reagan era comunista. Puede que suene absurdo, incluso poco patriótico, degradar un alimento básico emblemático al estatus de riesgo para la salud pública. Sin embargo, voy a defender la tesis de que el cereal más popular del mundo es también el ingrediente más destructivo en nuestra dieta.

Entre los peculiares efectos documentados del trigo sobre los seres humanos, se incluye la estimulación del apetito, la exposición a *exorfinas* activas en el cerebro (la homóloga de las endorfinas generadas internamente), incrementos exagerados en el nivel de azúcar en la sangre que desencadenan ciclos de saciedad en alternancia con un aumento del apetito, el proceso de *glicación* que subyace a las enfermedades y el envejecimiento, efectos inflamatorios y en el pH que erosionan los cartílagos y dañan los huesos, así como activación de respuestas inmunológicas alteradas. Un rango complejo de enfermedades son resultado del consumo de trigo, desde la celiaca —la devastadora enfermedad intestinal que se desarrolla a partir de la exposición al gluten del trigo— hasta una amplia variedad de trastornos neurológicos, diabetes, enfermedades cardiacas, artritis, erupciones extrañas y los delirios paralizantes de la esquizofrenia.

Si eso que llamamos «trigo» es un problema tan grave, entonces prescindir de él debería producir beneficios enormes e inesperados. De hecho, así es. Como cardiólogo, trato a miles de pacientes con riesgo de padecer enfermedades cardiacas, diabetes y los incontables efectos destructivos de la obesidad. En mi experiencia he visto *desvanecerse* numerosas barrigas que se desbordaban por encima del cinturón cuando mis pacientes han suprimido el trigo de su dieta, con lo que han eliminado 10, 15 o 20 kilos solo en los primeros meses. Una pérdida de peso rápida y sin esfuerzo por lo general trae consigo beneficios para la salud que me siguen sorprendiendo incluso hoy, después de haber presenciado este fenómeno miles de veces.

He visto cambios radicales en la salud, como el caso de una mujer de 38 años con colitis ulcerosa que debía enfrentarse a una extirpación de colon, pero que *se curó* al eliminar el trigo de su alimentación, y conservó el colon intacto. O el caso de un hombre de 26 años que estaba incapacitado y apenas podía andar a causa del dolor de las articulaciones, pero que experimentó un alivio total y volvió a caminar y correr sin problemas después de suprimir el trigo de su dieta.

Por extraordinarios que puedan parecer estos resultados, muchas investigaciones científicas certifican que el trigo es la raíz de esas enfermedades e indican que eliminarlo puede reducir o aliviar los síntomas. Verás que, sin quererlo, hemos cambiado conveniencia, abundancia y bajo coste para la salud por barrigones rellenos de trigo, muslos abultados y enormes papadas. Muchos de los argumentos que doy en los siguientes capítulos han sido demostrados en estudios científicos, disponibles para que cualquiera los consulte. Aunque resulte increíble, muchas de las lecciones que he aprendido ya fueron demostradas en estudios realizados hace décadas, pero, por alguna razón, nunca llegaron a la superficie de la conciencia médica ni pública. Yo simplemente he sumado dos más dos para sacar algunas conclusiones que tal vez te sorprendan.

NO ES TU CULPA

En la película *El indomable Will Hunting*, el personaje que interpreta Matt Damon, que posee un genio poco común pero padece los demonios de un abuso sufrido en el pasado, rompe a llorar cuando el psicólogo Sean Maguire (Robin Williams) repite una y otra vez: «No es tu culpa».

De manera similar, muchas personas afectadas por una fea barriga de trigo nos culpamos: demasiadas calorías, muy poco ejercicio, falta de control. Sin embargo, es más preciso decir que al seguir el consejo de comer «más cereales integrales» hemos perdido el control sobre nuestro apetito y nuestros impulsos, y nos hemos vuelto gordos y poco sanos, a pesar de tantos esfuerzos y buenas intenciones.

Yo comparo el consejo ampliamente aceptado de que hay que comer cereales integrales con decirle a un alcohólico que una copa o dos no hacen daño, pero que nueve o diez podrían ser aún mejor para él. Seguir ese consejo tiene repercusiones desastrosas para la salud.

No es tu culpa.

Si andas por ahí cargando con un barrigón de trigo protuberante e incómodo, si te esfuerzas sin éxito en ponerte los vaqueros del año pasado y le aseguras a tu médico que no, que no has comido en exceso, pero sigues teniendo sobrepeso, prediabetes, tensión alta y mucho colesterol o si tratas desesperadamente de ocultar un par de humillantes senos masculinos, piensa en decirle adiós al trigo.

Elimina el trigo, elimina el problema.

¿Qué tienes que perder, además de tu barriga de trigo, tus senos masculinos y tu trasero con forma de *donuts*?

PRIMERA PARTE

EL NADA SALUDABLE TRIGO INTEGRAL

CAPÍTULO 1

¿QUÉ BARRIGA?

La medicina da la bienvenida a la generalización de una hogaza de pan elaborada conforme a los avances científicos... Este producto se puede incluir tanto en la dieta de la gente enferma como sana, si se entiende claramente el efecto que puede tener en la digestión y el crecimiento.

Doctor Morris Fishbein
Diario de la Asociación Médica Americana, 1932

En siglos pasados, una barriga prominente era exclusiva de los privilegiados, una señal de riqueza y éxito, una muestra de que no tenías que limpiar tus establos ni arar tu propia tierra. En este siglo, no tienes que arar tu propia tierra. Hoy, la obesidad se ha democratizado: todo el mundo puede lucir una barriga grande. Tu padre llamaba a su rudimentario equivalente de mediados del siglo XX «barriga cervecera». Sin embargo, ¿qué hacen con una barriga cervecera las amas de casa, los niños y la mitad de nuestros amigos y vecinos que no beben cerveza?

Yo la llamo barriga de trigo, aunque del mismo modo habría podido llamar a esta enfermedad cerebro de cruasán, intestino de *baguette* o cara de galleta, ya que no hay ningún órgano que no se vea afectado por el trigo. Sin embargo, el impacto del trigo en la talla de nuestra cintura es la característica más visible y definitoria, una expresión externa de las grotescas distorsiones que los seres humanos experimentamos al consumir este cereal.

Una barriga de trigo representa la acumulación de grasa que resulta de años de consumir alimentos que disparan la insulina, la hormona de reserva de la grasa. Aunque algunas personas almacenan grasa en las nalgas y en los muslos, la mayoría de la gente acumula la grasa en la cintura. Esta grasa «central» o «visceral» es única. A diferencia de la grasa que hay en otras zonas, provoca fenómenos inflamatorios, distorsiona las respuestas de la insulina y libera señales metabólicas anormales al resto del cuerpo. En el hombre con barriga de trigo no deseada, la grasa visceral también produce estrógenos, lo que ocasiona los «senos masculinos».

Sin embargo, las consecuencias del consumo de trigo no solo se manifiestan en la superficie del cuerpo, sino también en prácticamente todos los órganos del cuerpo, desde los intestinos, el hígado, el corazón y la glándula tiroidea hasta el cerebro. De hecho, casi todos los órganos se ven afectados por el trigo de alguna forma potencialmente dañina.

JADEAR Y SUDAR ALREDEDOR DEL CORAZÓN

Ejerzo la cardiología preventiva en Milwaukee. Como muchas otras ciudades del Medio Oeste, Milwaukee es un buen lugar para vivir y formar una familia. Los servicios de la ciudad funcionan bastante bien, las bibliotecas son de primera, mis hijos asisten a escuelas públicas de calidad y la población tiene el tamaño suficiente para contar con los recursos culturales de una gran ciudad, como una orquesta sinfónica y un museo de arte excelentes. Sus habitantes son bastante agradables. Pero... *están gordos*.

No me refiero a un poco gordos, sino a muy muy gordos. Ese tipo de gordos que jadean y sudan después de subir un piso por las escaleras. Me refiero a mujeres de 18 años que pesan 110 kilos, a camionetas superinclinadas hacia el lado del conductor, a sillas de ruedas del doble de ancho, a material médico en los hospitales sin capacidad para atender a pacientes que dan en la báscula 150 kilos o más. (No es solo que no quepan en el escáner para realizarles una tomografía ni en ningún otro aparato de diagnóstico, sino que, aunque cupieran, no podrías ver nada. Es como tratar de determinar si una imagen en el agua turbia del océano es un delfín o un tiburón).

Había una vez... en que un individuo que pesara 110 kilos o más era una rareza; hoy, encontrar casos así entre los hombres y mujeres que pasean por cualquier centro comercial es tan común como encontrar unos vaqueros en una tienda de ropa. Las personas jubiladas tienen sobrepeso u obesidad, al igual que los adultos de mediana edad, los adultos jóvenes, los adolescentes y hasta los niños. Los oficinistas están gordos, los obreros están gordos. Las personas sedentarias están gordas y también los atletas. Los blancos están gordos, los negros están gordos, los latinos están gordos, los asiáticos están gordos. Los carnívoros están gordos, los vegetarianos están gordos. Los norteamericanos padecen obesidad a una escala nunca vista en la experiencia humana. Ninguna demografía ha escapado a la crisis del aumento de peso.

Si preguntas al Departamento de Agricultura o a las autoridades sanitarias, te dirán que los norteamericanos están gordos porque beben demasiados refrescos, comen demasiadas patatas fritas, toman demasiada cerveza y no hacen suficiente ejercicio. Y todo eso puede ser cierto. Pero esto solo es parte de la historia.

De hecho, muchas personas con sobrepeso son bastante conscientes en términos de salud. Si preguntaras a gente que pesa más de 110 kilos cuál cree que ha sido la causa de un aumento de peso tan considerable, te sorprenderían sus respuestas. Porque muchos no contestan: «Tomo refrescos de tamaño gigante, devoro tartas heladas y veo la televisión todo el día». La mayoría dirá algo como: «No lo entiendo: hago ejercicio cinco veces al día, he reducido el consumo de grasas y he aumentado el de cereales integrales. Sin embargo, por algún motivo, ¡no dejo de engordar!».

¿CÓMO HEMOS LLEGADO A ESTO?

La tendencia a reducir el consumo de grasa y colesterol y aumentar las calorías provenientes de los carbohidratos ha creado una situación peculiar en la que los productos derivados del trigo no solo han aumentado su presencia en nuestras dietas, sino que han llegado a *dominarlas*. Para la mayoría de los norteamericanos, todas las comidas y refrigerios contienen alimentos elaborados con harina de trigo. Puede ser el plato principal, la guarnición, el postre... y probablemente los tres.

El trigo se ha convertido en un icono nacional de salud. «Come más cereales integrales saludables», nos dijeron, y la industria alimentaria se sumó gustosa, creando versiones «saludables para el corazón» de nuestros productos de trigo favoritos repletos de cereales integrales.

La triste verdad es que la proliferación de productos de trigo en la dieta norteamericana es proporcional al ensanchamiento de nuestra cintura. El consejo de reducir el consumo de grasa y colesterol y reemplazar las calorías con cereales integrales que dio en 1985 el Instituto Nacional del Corazón, los Pulmones y la Sangre a través de su Programa Nacional de Educación sobre el Colesterol coincide con el inicio de un ascenso vertiginoso del peso de hombres y mujeres. Irónicamente, 1985 marca también el año en el que los Centros para el Control y la Prevención de Enfermedades (Centers for Disease Control) comenzaron a elaborar estadísticas de peso corporal, documentando la explosión de la obesidad y la diabetes que comenzó ese año en particular.

De todos los cereales de la dieta humana, ¿por qué ensañarse solo con el trigo? Porque el trigo, por un margen considerable, es la fuente dominante de proteína de gluten en la dieta de los seres humanos. A menos que seas Euell Gibbons, uno de los precursores de las dietas naturistas, la mayoría de las personas no comen mucho centeno, cebada, espelta, triticale, bulgur, kamut ni otras fuentes menos comunes de gluten; el consumo de trigo eclipsa el de otros cereales que contienen gluten en una proporción de más de 100 a 1. El trigo también tiene características específicas de las que carecen esos otros cereales, características que lo hacen especialmente nocivo para la salud, de lo cual hablaré en capítulos posteriores. Sin embargo, me centro en el trigo porque, en la gran mayoría de las dietas norteamericanas, la exposición al gluten se puede considerar sinónimo de exposición al trigo. Por esa razón, con frecuencia uso el trigo para referirme a todos los cereales que contienen gluten.

El impacto para la salud del *Triticum aestivum*, el pan de trigo común, y sus amigos genéticos tiene un espectro muy amplio, con efectos curiosos desde la boca hasta el ano, del cerebro al páncreas, del ama de casa al ejecutivo.

Si te parece una locura, dame un voto de confianza. Afirmo esto con una conciencia clara, sin trigo.

CEREALES MALVADOS

Como la mayoría de los niños de mi generación —nací a mediados del siglo xx y crecí con pan de molde y bollería industrial—, tengo una relación larga y estrecha con el trigo. Mis hermanas y yo éramos verdaderos conocedores de cereales para el desayuno, cada uno elaboraba su propia mezcla de copos, trigo inflado y crispies de todo tipo y apurábamos felices la leche dulce de colores pastel que quedaba en el fondo del tazón. Por supuesto, la «gran experiencia norteamericana de los alimentos procesados» no terminaba en el desayuno. Al mediodía, mi madre por lo general nos daba sándwiches de mantequilla de cacahuete o de salchichas, seguidos de pastelillos de chocolate o galletas de chocolate envueltos en papel celofán. En la cena, nos encantaba comer frente a la televisión comidas que venían envasadas con su propio plato de aluminio, lo cual nos permitía consumir nuestro pollo empanado, bizcocho de maíz y tarta de manzana mientras veíamos el programa *Get Smart*.

En mi primer año en la universidad, provisto de un pase que me permitía comer todo lo que quería en el comedor universitario, me atiborraba de gofres y tortitas en el desayuno, *fettuccine* Alfredo en el almuerzo y pasta con pan italiano en la cena. ¿Una magdalena con semillas de amapola o un bizcocho de postre? ¡Faltaría más! No solo adquirí un michelín considerable alrededor de la cintura a los 19 años, sino que me encontraba exhausto todo el tiempo. Durante los siguientes veinte años, combatí ese efecto bebiendo litros de café, luchando por sacudirme el constante estupor que me invadía independientemente de cuántas horas durmiera por la noche.

No obstante, no fui consciente de esto hasta que vi una foto que me tomó mi esposa mientras estábamos de vacaciones con los niños, que entonces tenían 8 y 4 años, en la isla Marco en Florida. Era 1999.

En la foto, estaba dormido en la arena, con mi flácido abdomen desparramado a ambos lados y la papada recargada sobre mis flácidos brazos cruzados.

En ese momento me quedé realmente impactado: no se trataba de unos kilillos de más, tenía mis buenos 15 kilos de peso acumulados alrededor de la cintura. ¿Qué pensarían mis pacientes cuando les aconsejaba que se pusieran a dieta? Yo no era mejor que los médicos de la década de 1960 que fumaban Marlboro mientras recomendaban a sus pacientes que llevaran una vida saludable.

¿Por qué tenía esos kilos extra alrededor de la cintura? Después de todo, corría entre 5 y 8 kilómetros todos los días, llevaba una dieta razonable, equilibrada, sin abusar de la carne ni de las grasas, evitaba la comida basura y comer entre horas y prefería los cereales integrales saludables. ¿Qué estaba pasando?

Claro, albergaba mis sospechas. No podía evitar darme cuenta de que los días que desayunaba pan tostado, gofres o bagels me pasaba varias horas somnoliento y aletargado. Sin embargo, si comía una tortilla de tres huevos con queso, me sentía bien. No obstante, los resultados de una analítica básica me pararon en seco. Triglicéridos: 350 mg/dl; colesterol HDL («bueno»): 27 mg/dl. Y tenía diabetes, con un nivel de azúcar en la sangre en ayunas de 161 mg/dl. Corría todos los días, pero ¿tenía sobrepeso y diabetes? Algo tenía que estar muy mal en mi dieta. De todos los cambios que había hecho en mi alimentación en nombre de la salud, aumentar mi consumo de cereales integrales saludables había sido el más significativo. ¿Podía ser que en realidad estuviera engordando con los cereales?

Ese momento de flácida epifanía representó el inicio de un viaje que me llevó a seguir el rastro de las migajas que dejaron el sobrepeso y todos los problemas de salud que este trae consigo. Sin embargo, cuando observé efectos aún mayores en una escala superior a la de mi experiencia personal, me convencí de que realmente estaba pasando algo interesante.

LECCIONES DE UN EXPERIMENTO SIN TRIGO

Un hecho interesante: el pan de trigo integral (índice glucémico: 72) eleva el azúcar de la sangre tanto o más que el azúcar blanco o la sacarosa (índice glucémico: 59). (La glucosa eleva el azúcar de la sangre a 100, de ahí que su índice glucémico sea 100. La medida en que un alimento en particular eleva el azúcar de la sangre en relación con la glucosa determina el índice glucémico de ese alimento). De este modo, cuando empecé a diseñar una estrategia para ayudar a mis pacientes con sobrepeso y propensión a la diabetes a reducir el azúcar de la sangre de una forma más eficaz, me pareció lógico que la manera más rápida y simple de obtener resultados fuera eliminar los alimentos que ocasionaban una mayor elevación del azúcar; en otras palabras: no el azúcar, sino el trigo. Elaboré un manual sencillo de cómo reemplazar alimentos basados en el trigo por otros naturales de bajo índice glucémico para seguir una dieta saludable.

Después de tres meses, mis pacientes regresaban para continuar con la tarea. Como había previsto, con pocas excepciones, el azúcar de la sangre (glucosa) había bajado de un rango diabético (126 mg/dl o más) a uno normal. Sí, los diabéticos se volvieron no diabéticos. Así es, la diabetes en muchos casos se puede curar —no solo controlar— si se eliminan de la dieta los carbohidratos, en especial el trigo. Muchos de mis pacientes también habían bajado 10, 15 y hasta 20 kilos.

Sin embargo, lo que más me asombró fue algo que no esperaba.

Me explicaron que habían desaparecido tanto el ardor de estómago como los habituales retortijones y la diarrea del síndrome de colon irritable. Su ánimo había mejorado, les era más fácil concentrarse, dormían más profundamente. Las erupciones habían desaparecido, incluso las que habían padecido durante años. Los dolores de artritis reumatoide habían mejorado o desaparecido, lo cual les había permitido reducir, o incluso eliminar, los desagradables medicamentos que tomaban para combatirlos. Los síntomas de asma mejoraron o se resolvieron por completo, lo cual permitió que muchos de ellos desecharan sus inhaladores. Los deportistas obtenían marcas más regulares.

Más delgados. Con más energía. Con más claridad de pensamiento. Intestinos, articulaciones y pulmones más sanos. Una y otra vez. Obviamente, esos resultados eran razón suficiente para renunciar al trigo.

Me convencieron aún más los muchos ejemplos en los que alguien eliminaba el trigo de su dieta y luego se permitía algún antojo con trigo: un par de *pretzels* o un canapé en un cóctel. En pocos minutos, muchos tenían diarrea, hinchazón y dolor en las articulaciones o dificultad para respirar. Al retomarlo y eliminarlo, el fenómeno se volvía a repetir.

Lo que había comenzado como un simple experimento para reducir el azúcar de la sangre se convirtió en un análisis de múltiples enfermedades y en una pérdida de peso que me sigue sorprendiendo aún hoy.

UNA TRIGOECTOMÍA RADICAL

Para muchos, la idea de suprimir el trigo de la dieta, por lo menos en términos psicológicos, es tan dolorosa como pensar en una endodoncia sin anestesia. Para algunos, el proceso puede tener efectos adversos incómodos similares a dejar el cigarro o el alcohol. Sin embargo, este procedimiento debe realizarse para que el paciente se recupere.

Este libro explora la tesis de que los problemas de salud de los norteamericanos, desde la fatiga hasta la artritis, las afecciones gastrointestinales o la obesidad, se originan con una inocente magdalena integral o el bagel de canela y pasas que desayunas con el café todas las mañanas.

La buena noticia: se puede curar esta enfermedad llamada barriga de trigo... o, si lo prefieres, cerebro de *pretzel*, intestino de bagel o cara de galleta.

La conclusión: eliminar este alimento —que ha formado parte de la cultura humana más siglos que los que un presentador tan incombustible como Larry King ha estado presentando un programa— te hará más atractivo, más rápido y más feliz. Bajar de peso, en particular, se puede conseguir a un ritmo que no creerías posible. Y puedes perder selectivamente la grasa más visible, que se opone a la insulina, causa diabetes e inflamaciones y hace que te avergüences: la grasa abdominal. Es un proceso que se realiza sin pasar hambre ni privaciones, con un amplio espectro de beneficios para la salud.

Entonces, ¿por qué eliminar el trigo en vez de, digamos, el azúcar o todos los cereales en general? El siguiente capítulo explicará por qué el trigo es único entre los cereales modernos en su capacidad de convertirse rápidamente en azúcar en la sangre. Además, tiene una conformación genética que se ha entendido poco y no ha sido demasiado estudiada, así como propiedades adictivas que hacen que comamos en exceso; se ha relacionado con decenas de padecimientos debilitantes, además de los asociados al sobrepeso, y ha infiltrado todos los aspectos de nuestra dieta. Claro, es posible que reducir el azúcar refinada sea una buena idea, dado que no aporta ningún beneficio nutricional y provoca un impacto negativo en el azúcar en sangre. Sin embargo, la guinda del pastel es que eliminar el trigo supone el paso más fácil y efectivo que se puede dar para proteger la salud y reducir la cintura.

CAPÍTULO 2

NO SON LAS MAGDALENAS QUE HACÍA TU ABUELA: LA CREACIÓN DEL TRIGO MODERNO

Es tan bueno como el buen pan.
Miguel de Cervantes
Don Quijote de la Mancha

El trigo, más que cualquier otro alimento —incluidos el azúcar, la grasa y la sal—, se encuentra enraizado en la base de la comida norteamericana, una costumbre que comenzó antes de que Ozzie conociera a Harriet. Su presencia es tan ubicua en la dieta norteamericana de tantas maneras que parece esencial para nuestro estilo de vida. ¿Qué sería un plato de huevos sin pan tostado? ¿Qué sería el almuerzo sin sándwiches, la cerveza sin *pretzels*, los picnics sin pan de perritos calientes, los *dips* o salsas para los aperitivos sin galletas, el hummus sin pan de pita, el salmón ahumado sin bagels, el pan de manzana sin corteza?

SI ES MARTES, DEBE SER TRIGO

Una vez medí la longitud del pasillo del pan en el supermercado local: 21 metros.

Eso representa 21 metros de pan blanco, pan de trigo integral, pan multicereales, pan de siete cereales, pan de centeno, pan negro, pan de masa fermentada, pan italiano, pan francés, palitos de pan, bagels blancos, bagels de pasas, bagels de queso, bagels de ajo, pan de avena, pan de linaza, pan de pita, bollos, rollos kaiser, pan de semillas de amapola, pan para hamburguesas y catorce variedades de pan para perritos calientes. Eso sin contar siquiera la panadería y los 12 metros adicionales de anaqueles repletos de productos «artesanales» de trigo.

Además, está el pasillo de los aperitivos, con unas 40 marcas de galletas y 27 marcas de *pretzels*. El pasillo de ingredientes para hornear tiene pan molido y picatostes. La zona de lácteos cuenta con docenas de esos tubos que abres para hornear rollos, brioches y medianoches.

Los cereales para el desayuno son un mundo en sí mismos y por lo general disfrutan del monopolio de un pasillo completo del supermercado, de arriba abajo de los anaqueles.

Hay casi un pasillo completo dedicado a cajas y bolsas de pasta y fideos: espagueti, lasaña, *penne,* coditos, conchas, pasta de trigo integral, pasta de espinacas, pasta de tomate, fideos de huevo, desde cuscús de granos diminutos hasta láminas de pasta de 7,5 centímetros de grosor.

¿Y qué hay de los alimentos congelados? El congelador tiene cientos de fideos, pastas y guarniciones que contienen trigo para acompañar el pastel de carne y el filete en su punto.

De hecho, aparte del pasillo de detergentes y jabones, prácticamente no hay estante que no contenga productos con trigo. ¿Puedes culpar a los norteamericanos de que hayan permitido que el trigo domine su dieta? Después de todo, está prácticamente en todos los alimentos.

El cultivo del trigo ha tenido un éxito sin precedentes, superado solo por el maíz en cuanto a hectáreas sembradas. Se encuentra, de lejos, entre los cereales más utilizados de la tierra y constituye el 20 por 100 del total de las calorías que se consumen.

Además, el trigo ha obtenido un éxito financiero innegable. ¿De qué otra manera un productor puede transformar el valor de cinco céntimos de materia prima en 3,99 dólares de producto deslumbrante y atractivo para el consumidor, y recomendado por la Asociación Americana del Corazón? En la mayoría de los casos, el coste de publicitar estos productos supera el precio de los mismos ingredientes.

Los alimentos para el desayuno, la comida, la cena y los refrigerios elaborados parcial o totalmente con trigo se han convertido en la regla. De hecho, una dieta así haría felices al Departamento de Agricultura de Estados Unidos (USDA, por sus siglas en inglés), el Consejo de Cereales Integrales, el Consejo del Trigo Integral, la Asociación Americana de Dietética, la Asociación Americana de Diabetes y la Asociación Americana del Corazón, sabiendo que su mensaje de que hay que comer más «cereales integrales saludables» ha ganado numerosos y entusiastas seguidores.

Entonces, ¿por qué esta planta en apariencia benigna que alimentó a generaciones de seres humanos de repente se volvió en nuestra contra? Por un lado, no es el mismo cereal que nuestros antepasados ponían en su pan de cada día. El trigo evolucionó de manera natural solo hasta cierto punto durante siglos, pero ha cambiado drásticamente en los últimos cincuenta años bajo la influencia de los científicos agrícolas. Las cepas de trigo han sido hibridadas, cruzadas e injertadas para lograr que la planta de trigo sea resistente a las condiciones del medio ambiente, como las sequías o los patógenos, por ejemplo, los hongos. Pero las modificaciones genéticas se han realizado sobre todo para incrementar la producción de la cosecha por hectárea. En la actualidad, la cosecha promedio de una granja norteamericana multiplica por más de diez la producción de las granjas de hace un siglo. Esos enormes incrementos en la cosecha han requerido cambios drásticos en el código genético, incluyendo la reducción de las extensas «oleadas doradas de cereales» de antaño por la producción actual de trigo «enano» de 46 centímetros de alto.

Cambios genéticos tan fundamentales como estos, como verás, han costado caro.

Incluso en las pocas décadas transcurridas desde que tu abuela sobrevivió a la Prohibición y bailaba el *big apple,* el trigo ha pasado por incontables transformaciones. A medida que la genética ha progresado en los últimos cincuenta años, permitiendo la intervención humana que se realiza a una escala mucho más rápida que la lenta influencia de reproducción de la naturaleza en ciclos anuales, el ritmo del cambio ha aumentado de manera exponencial. La columna vertebral genética de tu magdalena de semillas de amapola de alta tecnología ha llegado a su condición actual mediante un proceso de aceleración evolutiva que hace que nos veamos como *Homo habilis* atrapados en algún punto de los inicios del Pleistoceno.

DE LAS GACHAS NATURALES A LOS AGUJEROS DE *DONUTS*

«Danos hoy nuestro pan de cada día». Está en la Biblia. En el Deuteronomio, Moisés describe la tierra prometida como «una tierra de trigo, cebada y viñedos». El pan es fundamental para el ritual religioso. Los judíos celebran la Pascua con pan ácimo para conmemorar la huida de Egipto. Los cristianos consumen hostias, que representan el cuerpo de Cristo. Los musulmanes consideran que el pan sin levadura llamado *naan* es sagrado e insisten en que hay que almacenarlo hacia arriba y en que nunca debe ser tirado en público. En la Biblia, el pan es una metáfora de una cosecha abundante, de un tiempo de plenitud, de estar a salvo de morir de hambre, incluso de salvación.

¿No partimos el pan con amigos y familiares? «Quitarle el pan de la boca a alguien» es privar a esa persona de una necesidad fundamental. El pan es un alimento básico casi universal: *chapati* en la India, *tsoureki* en Grecia, pita en Oriente Medio, *aebleskiver* en Dinamarca, *naan bya* para el desayuno en Myanmar, *donuts* glaseados en cualquier momento del día en Estados Unidos.

La idea de que un alimento tan fundamental y tan arraigado en la experiencia humana pueda ser malo para nosotros es perturbadora y va en contra de visiones culturales sostenidas durante mucho tiempo sobre el trigo y el pan. Sin embargo, el pan actual se parece muy poco a las hogazas que salían de los hornos de nuestros antepasados. El trigo ha cambiado de la misma manera en que un Cabernet Sauvignon moderno de Napa está muy lejos del tosco fermento del siglo IV a. de C. de los vinicultores de Georgia que enterraron urnas de vino en túmulos bajo tierra. El pan y otros alimentos hechos de trigo han alimentado a los seres humanos durante siglos, pero el trigo de nuestros ancestros no es el mismo que el trigo moderno que llega a tu desayuno, comida o cena. Desde las plantas originales de hierba silvestre que cosechaban los primeros seres humanos, el trigo ha aumentado de manera exponencial hasta superar las 25.000 variedades y casi todas ellas son el resultado de la intervención humana.

En la decadencia del Pleistoceno, alrededor del 11500 a. de C., milenios antes de que ningún cristiano, judío o musulmán caminara sobre la tierra, antes de los imperios egipcio, griego y romano, los natufianos llevaban una vida seminómada a lo largo del Creciente Fértil (actuales Siria, Jordania, Líbano, Israel e Irak) y complementaban la caza y la recolección con la cosecha de plantas regionales. Cosechaban el ancestro del trigo moderno, el *einkorn*, en campos que florecían de manera silvestre en llanuras abiertas. Comidas compuestas por gacelas, jabalís, aves salvajes y cabras montesas eran acompañadas con platos de cereales y frutas que crecían de manera natural. Reliquias como las excavadas en el asentamiento de Tell Abu Hureyra, en lo que ahora es la zona central de Siria, sugieren el uso hábil de herramientas como hoces y morteros para cosechar y moler cereales, así como de pozos de almacenamiento para guardar la comida cosechada. Se han encontrado restos de trigo cosechado en excavaciones arqueológicas como Tell Aswad (en Jericó), Nahal Hemar (en Navali Cori) y en otros lugares. El trigo se molía a mano y luego se comía en forma de gachas. El concepto moderno de pan con levadura no aparecería hasta muchos miles de años después.

Los natufianos cosechaban trigo *einkorn* silvestre y es probable que almacenaran conscientemente semillas para sembrarlas en áreas elegidas la siguiente estación. El trigo *einkorn* terminó por convertirse en un componente esencial de la dieta de los natufianos, que redujeron la necesidad de cazar y recolectar. El cambio de cosechar cereales silvestres a cultivarlos fue una transformación fundamental que alteró el comportamiento migratorio y supuso el desarrollo de las herramientas, la lengua y la cultura. Marcó el inicio de la agricultura, un estilo de vida que requería el compromiso a largo plazo de establecerse en un lugar más o menos permanente, y supuso un punto de inflexión en el curso de la civilización humana. Sembrar cereales y otros alimentos generó un excedente de comida que dio origen a la especialización ocupacional, el gobierno y todos los elementos relacionados con la cultura (mientras que, por contraste, la ausencia de agricultura detuvo el desarrollo cultural en algo similar a la vida neolítica).

Durante los más de 10.000 años en los que el trigo ha ocupado un lugar prominente en las cavernas, chozas y casas de adobe y en las mesas de los seres humanos, lo que comenzó como *einkorn* cosechado, luego *emmer*, seguido por el *Triticum aestivum* cultivado, ha cambiado gradualmente y en intervalos irregulares. El trigo del siglo XVII era el mismo que en el siglo XVIII, el cual, a su vez, era muy similar al del siglo XIX y al de la primera mitad del siglo XX. Cualquiera de esos siglos, si hubieras recorrido en tu carro los caminos, habrías visto cultivos con «mares dorados de cereales» de 1,20 metros de alto meciéndose con la brisa. Estos humanos de otras épocas produjeron con su esfuerzo modificaciones azarosas en el cultivo del trigo cada vez mayores año tras año; algunas tuvieron éxito, la mayoría no, pero incluso a un ojo perspicaz le costaría diferenciar el trigo de los cultivos de principios del siglo XX de sus predecesores de centurias anteriores.

En los siglos XIX y XX, como durante muchos siglos anteriormente, el trigo cambió poco: la harina que mi abuela usaba para preparar sus famosas magdalenas de crema en 1940 era muy poco diferente de la harina que empleaba su bisabuela 60 años antes y de la de sus antepasados dos siglos atrás. Moler el trigo se había vuelto más mecánico en el siglo XX, por lo que se producía una harina más fina a mayor escala, pero la composición básica de la harina en gran medida seguía siendo la misma.

Todo eso terminó en la última parte del siglo XX, cuando un incremento en los métodos de hibridación transformó este cereal. Lo que ahora pasa por trigo ha cambiado, pero no como consecuencia de la sequía, las plagas o la lucha darwiniana por la supervivencia, sino por la intervención humana. Como resultado, el trigo se ha transformado más drásticamente que la televisiva Joan Rivers con sus numerosas cirugías plásticas. Este cereal también ha sido estirado, cosido, cortado y vuelto a coser para producir algo totalmente único, casi irreconocible cuando lo comparas con el original, al que, no obstante, se sigue llamando de la misma manera: trigo.

La industria comercial moderna del trigo se ha propuesto obtener mayores cosechas, menores costes de producción y un cultivo a gran escala de una mercancía segura. Sin embargo, apenas se ha cuestionado si esas innovaciones son compatibles con la salud humana. Yo opino que en algún punto de la historia —tal vez hace 5.000 años, pero más probablemente hace 50— el trigo ha cambiado.

El resultado es que una hogaza de pan, una galleta o una tortita hoy en día son diferentes de lo que eran hace miles de años, distintas incluso de las que cocinaba nuestra abuela. Tal vez parezcan iguales y puede que sepan muy parecido, pero hay diferencias bioquímicas. Pequeños cambios en la estructura de la proteína del trigo pueden representar la diferencia entre una respuesta inmunológica devastadora a la proteína de trigo frente a ninguna respuesta inmunológica.

El trigo se adapta de manera excepcional a diferentes condiciones ambientales y puede crecer en Jericó —a 250 metros sobre el nivel del mar— y en las regiones montañosas del Himalaya —a 3.000 metros sobre el nivel del mar—. En cuanto a la latitud, también crece en una zona muy extensa, que va desde Noruega —a 65° de latitud norte— hasta Argentina —a 45° de latitud sur—. El trigo ocupa algo más de 24 millones de hectáreas de tierra de cultivo en Estados Unidos, una superficie equivalente al estado de Ohio. A escala mundial, el trigo crece en un área diez veces mayor, o el doble del tamaño de Europa occidental.

El primer trigo silvestre y luego cultivado fue el *einkorn*, el tatarabuelo de todo el trigo posterior. El *einkorn* tiene el código genético más simple de todo el trigo, con tan solo 14 cromosomas. Alrededor del 3300 a. de C., el trigo *einkorn*, que soportaba el frío, era un cereal popular en Europa. Era la época del hombre de hielo tirolés, cuyo apelativo cariñoso es Ötzi. Al examinar el contenido del intestino de este cazador de finales del Neolítico —momificado de manera natural después de ser asesinado y abandonado en las montañas glaciares de los Alpes italianos, donde se congeló—, se encontraron restos parcialmente digeridos de trigo *einkorn* consumido en forma de pan plano sin levadura, junto con restos de plantas, venado y carne de cabra montesa.[1]

Poco después del cultivo de la primera planta *einkorn*, la variedad de trigo *emmer* —el descendiente natural de los padres *einkorn* y una herbácea silvestre no relacionada: *Aegilops speltoides* o hierba de cabras— hizo su aparición en Oriente Medio.[2] La hierba de cabras sumó su código genético al del *einkorn*, dando como resultado el trigo *emmer*, más complejo, con 28 cromosomas. Las plantas como el trigo tienen la cualidad de conservar la suma de los genes de sus antepasados. Imagina que cuando tus padres se unieron para concebirte, en vez de mezclar sus cromosomas y contar con 46 cromosomas para crear su descendencia, hubieran combinado los 46 cromosomas de tu madre con los 46 de tu padre, de modo que tú tuvieras 92 cromosomas. Esto, por supuesto, no sucede en especies más desarrolladas. Esta acumulación de cromosomas en las plantas se denomina poliploidía.

El *einkorn* y su sucesor evolutivo, el trigo *emmer*, fueron populares durante varios miles de años, suficientes para ganarse su lugar como alimentos básicos e iconos religiosos, a pesar de su producción relativamente pobre y de las características de horneado menos deseables que las del trigo moderno. (Con esas harinas, más densas y menos refinadas se habrían amasado unas chapatas y unas *bear claws* o garras de oso horribles). El trigo *emmer* es probablemente al que Moisés se refería en sus discursos, así como el *kussemeth* mencionado en la Biblia y la gran variedad que persistió hasta la caída del Imperio romano.

Los sumerios, a quienes se reconoce el mérito de haber desarrollado el primer lenguaje escrito, nos dejaron decenas de miles de tablillas cuneiformes. Los caracteres pictográficos dibujados en varias tablillas, fechadas sobre el 3000 a. de C., describen recetas para preparar panes y pasteles, todos elaborados tras moler trigo *emmer* en un mortero o con un molino de rueda manual. A menudo, se añadía arena a la mezcla para acelerar el laborioso proceso de molido, lo que dejaría con tierra entre los dientes a los sumerios comedores de pan.

El trigo *emmer* floreció en el antiguo Egipto, ya que su ciclo de crecimiento coincidía con las inundaciones y la disminución del cauce del Nilo estacionales. Los egipcios tienen el mérito de conseguir que el pan «se levantara» agregándole levadura. Cuando los judíos abandonaron Egipto, con las prisas no lograron llevar consigo la mezcla de levadura, lo que los obligó a consumir pan ácimo hecho con trigo *emmer*.

En algún momento en el milenio previo a los tiempos bíblicos, el trigo *emmer* de 28 cromosomas *(Triticum turgidum)* se unió de manera natural a otra hierba, el *Triticum tauschii*, produciendo el

Triticum aestivum, de 42 cromosomas, genéticamente más cercano a lo que en la actualidad llamamos trigo. Como contiene la suma total del contenido cromosómico de tres plantas sencillas, con sus 42 cromosomas es el más complejo genéticamente. Por tanto, es el más «maleable» en términos genéticos, una característica que servirá a los futuros investigadores especializados en genética unos milenios después.

Con el tiempo, las especies de *Triticum aestivum*, más productivas y más adecuadas para hornearlas, eclipsaron a sus padres, el trigo *einkorn* y el trigo *emmer*. Durante muchos siglos, el trigo *(Triticum aestivum)* cambió poco. A mediados del siglo XVIII, el gran botánico y taxónomo Carlos Linneo, padre de la taxonomía linneana de clasificación de las especies, incluía cinco variedades diferentes bajo el género *Triticum*.

El trigo no evolucionó de manera natural en el Nuevo Mundo, pero fue introducido por Cristóbal Colón, cuya tripulación sembró algunos granos en Puerto Rico en 1493. Los exploradores españoles accidentalmente llevaron a México semillas de trigo en un costal de arroz en 1530 y después lo introdujeron en el suroeste americano. Bartolomé Gosnold, quien le puso el nombre a Cabo Cod y descubrió la Viña de Martha, llevó por primera vez el trigo a Nueva Inglaterra en 1602, seguido poco tiempo después por los pioneros, quienes trajeron consigo trigo en el *Mayflower*.

El trigo *real*

¿Cómo era el trigo que crecía hace 10.000 años y se cosechaba a mano en el campo? Esta sencilla pregunta me llevó a Oriente Medio, o más precisamente a una pequeña granja de cultivo ecológico al oeste de Massachusetts.

Allí encontré a Elisheva Rogosa. Eli no solo es profesora de ciencias, también es granjera ecológica, se dedica a la agricultura sostenible y es fundadora de Heritage Grain Conservancy (www.growseed.org), una organización dedicada a conservar antiguas especies y a cultivarlas usando principios ecológicos. Eli vivió en Oriente Medio durante diez años y trabajó en el proyecto Gen Bank en Jordania, Israel y Palestina recopilando antiguas cepas de trigo casi extintas. Después regresó a Estados Unidos con semillas que descienden de las plantas originales de trigo del antiguo Egipto y Canaán. Desde entonces, se ha dedicado a cultivar los cereales antiguos que alimentaron a sus ancestros.

Mi primer contacto con la señora Rogosa comenzó con un intercambio de correos electrónicos que se generó a partir de mi petición de un kilo de trigo *einkorn*. No pudo evitar proporcionarme información sobre su cosecha única, que, después de todo, no era simplemente un cereal antiguo. Eli describió el sabor del pan *einkorn* como «rico, sutil, con un sabor más complejo», a diferencia del pan elaborado con harina de trigo moderno, que según ella sabe a cartón.

A Eli le enfurece la idea de que los productos de trigo puedan ser poco saludables y, en cambio, plantea que las prácticas de la agricultura dedicadas a incrementar las cosechas y aumentar las ganancias que se han llevado a cabo en las últimas décadas son la fuente de los problemas de salud del trigo. Ella ve el *einkorn* y el *emmer* como la solución y propone retomar las variedades originarias para que crezcan en cultivos ecológicos, con el fin de reemplazar el trigo industrial moderno.

Y así sucedió, una expansión gradual del alcance de las plantas de trigo, con una selección evolutiva modesta y gradual.

Hoy en día, el *einkorn*, el *emmer* y las cepas originales silvestres y cultivadas de *Triticum aestivum* han sido reemplazados por miles de descendientes creados por el ser humano de *Triticum aestivum*, así como de *Triticum durum* (pasta) y *Triticum compactum* (harinas muy finas usadas para hacer magdalenas y otros productos). Para encontrar *einkorn* o *emmer* actualmente, tendrías que buscar en las limitadas colecciones silvestres o en las modestas plantaciones humanas esparcidas por Oriente Medio, el sur de Francia y el norte de Italia. Por cortesía de las hibridaciones modernas diseñadas por los seres humanos, las especies de *Triticum* de hoy están a cientos, quizá a miles, de genes de distancia del trigo *einkorn* original que crecía de manera natural.

El trigo *Triticum* de hoy es el resultado de cultivar con el fin de aumentar la producción y obtener cosechas resistentes a las enfermedades, la sequía y el calor. De hecho, el trigo ha sido modificado por los seres humanos hasta tal punto que las cepas modernas son incapaces de sobrevivir en la naturaleza sin la intervención humana con la fertilización de nitratos y el control de plagas.[3] (Imagina esta estrafalaria situación en el mundo de los animales domesticados: un animal que solo puede existir con ayuda de los humanos, como por ejemplo mediante una alimentación especial, o de lo contrario moriría).

Las diferencias entre el trigo de los natufianos y lo que llamamos trigo en el siglo XXI sería evidente a simple vista. El trigo *einkorn* y el trigo *emmer* originales venían en forma «de vaina», en la que las semillas colgaban firmemente del tallo. Los trigos modernos vienen en formas «desnudas», en las que las semillas se separan del tallo con mayor facilidad, una característica que facilitaba el trillado (proceso de separar el grano comestible de la cascarilla no comestible) y lo volvía más eficaz, determinada por mutaciones en los genes Q y *Tg (gluma tenaz)*.[4] Sin embargo, otras diferencias son aún más obvias. La idea romántica de altas plantas de trigo ondeando grácilmente con el viento ha sido reemplazada por variedades «enanas» y «semienanas» que apenas alcanzan 30 o 60 centímetros de alto, otro resultado de los experimentos para incrementar la cosecha.

LO PEQUEÑO AHORA ES GRANDE

Durante todo el tiempo en que los seres humanos han practicado la agricultura, los granjeros han luchado por incrementar las cosechas. Durante muchos siglos, casarse con una mujer que tuviera una dote de varias hectáreas de tierra fue el medio principal de incrementar la producción de las cosechas, y los acuerdos a menudo iban acompañados de varias cabras y un costal de arroz. El siglo xx introdujo la maquinaria mecánica en los cultivos, que reemplazó la fuerza animal, incrementó la eficiencia y produjo más con menos mano de obra, lo cual aumentó la cosecha por hectárea. Aunque la producción de Estados Unidos por lo general era suficiente para cubrir la demanda (con una distribución más limitada por la pobreza que por la cantidad), muchos otros países del mundo no conseguían alimentar a su población, lo que daba como resultado una hambruna generalizada.

En los tiempos modernos, los seres humanos han intentado incrementar las cosechas creando nuevas cepas, cruzando distintos trigos y hierbas y generando nuevas variedades genéticas en el laboratorio. Los trabajos de hibridación incluyen técnicas como la introgresión y la *cruza híbrida*, en la cual la descendencia de la planta cultivada es cruzada con sus padres o con diferentes cepas de trigo o incluso con otras herbáceas. Esos trabajos, aunque fueron descritos por primera vez por el sacerdote y botánico austriaco Gregor Mendel en 1866, no comenzaron en serio hasta mediados del siglo xx, cuando se entendieron mejor conceptos como heterocigoto y dominancia genética. Desde los primeros intentos de Mendel, los genetistas han desarrollado técnicas elaboradas para obtener un rasgo deseado, aunque de todas formas se requiere de mucho ensayo y error.

Gran parte del actual suministro mundial de pan de trigo modificado de forma intencionada procede de cepas desarrolladas en el Centro Internacional de Mejoramiento de Maíz y Trigo (CIMMYT), ubicado al este de la ciudad de México, a los pies de las montañas de Sierra Madre oriental. El CIMMYT comenzó como un programa de investigación sobre agricultura en 1943 a través de la colaboración de la Fundación Rockefeller y el Gobierno mexicano para ayudar a México a ser autosuficiente en el sector de la agricultura. Se convirtió en un esfuerzo internacional enorme para incrementar las cosechas de maíz, soja y trigo, con la admirable meta de reducir el hambre en el mundo. México proporcionó una tierra productiva donde experimentar la hibridación de las plantas, ya que el clima permite recoger dos cosechas al año, reduciendo a la mitad el tiempo requerido para hibridar las cepas. Hacia 1980, con esos trabajos se habían logrado miles de nuevas cepas de trigo; de ellas, las más productivas han sido adoptadas desde entonces a escala mundial por países del Tercer Mundo y naciones modernas industrializadas, entre las que se encuentra Estados Unidos.

Una de las dificultades prácticas con las que se encontró el CIMMYT para incrementar la producción es que, cuando se aplican grandes cantidades de fertilizantes ricos en nitrógeno en los cultivos de trigo, la espiga con la semilla, que está en la parte superior de la planta, crece mucho. Sin embargo, la espiga, como está en la parte superior y la semilla es muy pesada, hace que el tallo se doble (lo que los científicos agrícolas denominan «alojamiento»). El alojamiento mata la planta y hace que cosechar sea problemático. El genetista Norman Borlaug, que estudió en la Universidad de Minnesota y trabajó en el CIMMYT, tuvo el mérito de desarrollar el trigo enano de rendimiento excepcional, que es más bajo y más robusto, lo que implica una temporada de crecimiento más corta con menos fertilizante para que crezca el tallo, que de otro modo era inútil.

Los logros de Borlaug en la hibridación del trigo le supusieron el título de «padre de la revolución verde» entre la comunidad agrícola y lo llevaron a ganar la Medalla Presidencial de la Libertad, la Medalla de Oro del Congreso y el Premio Nobel de la Paz en 1970. A su muerte, en el 2009, el *Wall Street Journal* lo elogió de la siguiente manera: «Más que cualquier otra persona, Borlaug demostró que la naturaleza no es rival para el ingenio humano en lo que respecta a fijar los verdaderos límites del crecimiento». Borlaug vivió para ver su sueño convertido en realidad: su trigo enano de alto rendimiento sí ayudó a resolver el hambre en el mundo, por ejemplo, haciendo que la cosecha de trigo en China fuera ocho veces mayor de 1961 a 1999.

Hoy en día, el trigo enano prácticamente ha reemplazado a la mayoría de las demás cepas de trigo en Estados Unidos y en gran parte del mundo gracias al extraordinario rendimiento de sus cosechas. De acuerdo con Allan Fritz, profesor de cultivo de trigo de la Universidad Estatal de Kansas, el trigo enano y semienano representan en la actualidad más del 99 por 100 de todo el trigo que se cultiva en el mundo.

UNA MALA REPRODUCCIÓN

La peculiar omisión en el frenesí de la actividad de reproducción, como la realizada en el CIMMYT, fue que, a pesar de los drásticos cambios en la conformación genética del trigo y de otras cosechas, no se llevó a cabo ninguna prueba de seguridad en animales ni en seres humanos con las nuevas cepas genéticas que se habían creado. Tan decididos eran los esfuerzos por incrementar la cosecha, tan confiados estaban los genetistas de plantas de que la hibridación producía productos seguros para el consumo humano, tan urgente era la causa del hambre en el mundo que esos productos de investigación agrícola fueron lanzados al mercado alimentario sin que la seguridad de los seres humanos formara parte de la ecuación.

Simplemente se asumió que, dado que la hibridación y el cultivo producían plantas que en esencia seguían siendo «trigo», las nuevas cepas serían toleradas sin problemas por el público consumidor. De hecho, los científicos agrícolas se burlaron de la idea de que la hibridación tiene el potencial de generar híbridos que no sean saludables para los seres humanos. Después de todo, las técnicas de hibridación han sido usadas, si bien de manera más rudimentaria, en cosechas, en animales e incluso en seres humanos desde hace siglos. Si juntas dos variedades de tomates, sigues obteniendo tomates, ¿verdad? ¿Cuál es el problema? El tema de hacer pruebas de seguridad en animales o seres humanos nunca se menciona. Con el trigo, de la misma manera, se asumió que las variaciones en estructura y contenido de gluten, cualidades que le confieren susceptibilidad o resistencia a varias enfermedades de las plantas, no traerían consigo ninguna consecuencia para los seres humanos.

A juzgar por los descubrimientos de las investigaciones de los genetistas agrícolas, dichas suposiciones pueden ser infundadas o estar del todo equivocadas. Análisis realizados a proteínas expresadas por un híbrido de trigo en comparación con las dos cepas de sus padres han demostrado que, aunque aproximadamente el 95 por 100 de las proteínas expresadas en la descendencia son las mismas, el otro 5 por 100 es específico y no se encuentra en ninguno de los dos padres.[5] Las proteínas del gluten del trigo, en particular, sufren un cambio estructural considerable con la hibridación. En un experimento de hibridación, 14 nuevas proteínas de gluten fueron identificadas en la descendencia y no estaban presentes en la planta de trigo de los padres.[6] Además, comparadas con las cepas de siglos de antigüedad del trigo, las cepas modernas de *Triticum aestivum* expresan una cantidad más alta de genes de proteínas de gluten asociados con la enfermedad celiaca.[7]

¿Un cereal bueno que se volvió malo?

Dada la distancia genética que se ha generado entre el trigo moderno y sus predecesores evolutivos, ¿es posible que los antiguos cereales como el *emmer* y el *einkorn* se puedan consumir sin tener los efectos indeseables que se asocian con otros productos de trigo?

Decidí poner a prueba el *einkorn* moliendo un kilo de grano para producir harina, que después usé para hacer pan. También molí harina ecológica de trigo integral convencional y utilicé únicamente agua y levadura, sin azúcar ni saborizantes. La harina *einkorn* parecía muy similar a la harina integral de trigo convencional, pero, cuando añadí el agua y la levadura, las diferencias se hicieron evidentes: la masa ligeramente marrón se volvió menos elástica, menos flexible y más pegajosa que la masa tradicional y carecía de la maleabilidad de la masa de harina de trigo convencional. Además, la masa olía diferente, más como a mantequilla de cacahuete que al olor neutro estándar de la masa. Creció menos que la masa moderna, solo aumentó un poco, en comparación con la duplicación de tamaño que se espera en el pan moderno. Y, como afirmaba Eli Rogosa, el producto final de pan sabía diferente: más fuerte, más a nueces, y dejaba un sabor astringente. Podía imaginar esta rudimentaria hogaza de pan *einkorn* en las mesas de los amoritas o mesopotamios del siglo III a. de C.

Yo reacciono al trigo. De todas formas, por el bien de la ciencia, llevé a cabo mi propio experimento: 100 gramos de pan *einkorn* un día y 100 gramos de pan de trigo integral ecológico moderno al día siguiente. Me preparé para lo peor, puesto que en el pasado mis reacciones habían sido bastante desagradables.

Además de evaluar mi reacción física, también medí mi nivel de azúcar pinchándome el dedo después de comer cada tipo de pan. Las diferencias fueron asombrosas.

El nivel de azúcar en la sangre al inicio fue de 84 mg/dl. Después de consumir el pan *einkorn*, el azúcar de la sangre estaba en 110 mg/dl. Era más o menos la respuesta esperable tras ingerir algunos carbohidratos. No obstante, luego no sentí ningún efecto perceptible, ni sueño ni náuseas ni ningún dolor. En resumen, me sentía bien. ¡Qué alivio!

Al día siguiente repetí el procedimiento, esta vez con 100 gramos de pan de trigo integral ecológico convencional. El azúcar de la sangre al inicio fue de 84 mg/dl. Después de consumir el pan convencional, el azúcar de la sangre estaba en 167 mg/dl. Además, pronto sentí náuseas y casi vomito el almuerzo. El efecto de mareo persistió durante 36 horas, acompañado de unos retortijones que empezaron casi de inmediato y duraron muchas horas. El sueño fue irregular esa noche, aunque lleno de sueños vívidos. No podía pensar con claridad ni lograba entender los artículos científicos que estaba tratando de leer a la mañana siguiente, por lo que tenía que leer y releer los párrafos cuatro o cinco veces; al final me rendí. Hasta un día y medio después no empecé a recuperar la normalidad.

Sobreviví a mi pequeño experimento con el trigo, pero me impresionó la diferencia en las respuestas ante el trigo antiguo y el trigo moderno de mi pan de trigo integral. A todas luces, algo raro estaba pasando.

Mi experiencia personal, por supuesto, no llega a la categoría de prueba clínica. Sin embargo, pone sobre la mesa algunas preguntas acerca de las diferencias potenciales que marcan una distancia de 10.000 años: el trigo antiguo anterior a los cambios introducidos por la intervención genética de los seres humanos frente al trigo moderno.

Multiplica esas alteraciones por los cientos de miles de hibridaciones a las cuales el trigo ha sido sometido y tendrás el potencial de cambios drásticos en rasgos determinados genéticamente como la estructura del gluten. Y nota que las modificaciones genéticas creadas por la hibridación de las plantas de trigo básicamente fueron fatales, dado que los miles de nuevos tipos de trigo estaban indefensos si se les dejaba crecer en la naturaleza y, por tanto, dependían de la ayuda del ser humano para sobrevivir.[8]

La nueva agricultura de cosechas de trigo de alto rendimiento en un inicio fue recibida con escepticismo en el Tercer Mundo, con objeciones basadas principalmente en expresiones del tipo «así no es como solíamos hacerlo». Borlaug, héroe de la hibridación del trigo, respondía a los críticos del trigo de alto rendimiento culpando al explosivo crecimiento demográfico y afirmaba que esa era la causa de que la agricultura de alta tecnología fuera una «necesidad». Las cosechas magníficamente incrementadas que se disfrutaron en países azotados por el hambre, como India, Pakistán, China y Colombia, entre otros, pronto silenciaron a los detractores. Las cosechas mejoraron de forma exponencial, convirtiendo la escasez en excedente y logrando que los productos de trigo fueran más baratos y accesibles.

¿Puedes culpar a los agricultores por preferir cepas híbridas enanas que producen más cosecha? Después de todo, muchos pequeños agricultores tienen dificultades económicas. Si pueden multiplicar por diez su producción por hectárea, con temporadas de crecimiento más cortas y procesos de cosecha más simples, ¿por qué no habrían de hacerlo?

En el futuro, la ciencia de la modificación genética tiene el potencial de cambiar el trigo aún más. Los científicos ya no necesitan manipular cepas, cruzar los dedos y esperar a que se realice el intercambio de la mezcla adecuada de cromosomas. Ahora se pueden insertar o extraer a voluntad genes individuales y preparar las cepas para tener resistencia a enfermedades y a pesticidas, tolerancia al frío o a la sequía y otras muchas características determinadas genéticamente. En particular, es posible diseñar genéticamente nuevas cepas para que sean compatibles con fertilizantes o pesticidas específicos. Desde el punto de vista económico es un proceso satisfactorio para los grandes productores de la industria agropecuaria y para los productores de semillas y químicos agrícolas, como Cargill, Monsanto y ADM, dado que cepas específicas de semillas pueden protegerse con patentes y, por tanto, traer consigo mejores ventas de los tratamientos químicos compatibles.

La modificación genética se construye en base a la premisa de que un solo gen puede ser insertado en el lugar adecuado sin alterar la expresión genética de otras características. Aunque el concepto parece lógico, no siempre funciona de una manera tan limpia. En la primera década de modificación genética, no se requería ninguna prueba de seguridad en animales ni en humanos para las plantas modificadas genéticamente, dado que se pensaba que esa práctica no era distinta de la de hibridación, considerada benigna. Más recientemente, la presión pública ha obligado a que los organismos reguladores, como el centro de la Agencia de Alimentos y Medicamentos (FDA, por sus siglas en inglés) que regula los alimentos, requieran la realización de pruebas antes de lanzar al mercado productos modificados genéticamente. Sin embargo, los críticos de la modificación genética han citado estudios que identifican problemas potenciales con cosechas genéticamente modificadas. Experimentos con animales alimentados con granos de soja tolerante al glifosato (conocidos como Roundup Ready, esos granos son modificados genéticamente para permitir que el agricultor los rocíe sin supervisión con un herbicida llamado Roundup sin dañar la cosecha) muestran alteraciones en el tejido del hígado, el páncreas, el intestino y los testículos si se comparan con animales alimentados con granos de soja convencionales. Se cree que la diferencia se debe a un reacomodo inesperado del ADN cerca del sitio de inserción de los genes, lo cual genera una alteración de las proteínas de los alimentos que tiene efectos tóxicos potenciales.[9]

La introducción de la modificación de genes fue necesaria para que por fin saliera a la luz la idea de realizar pruebas de seguridad en las plantas genéticamente alteradas. La protesta pública ha llevado a la comunidad agrícola internacional a desarrollar directrices, como el Código Alimentario de 2003, un esfuerzo conjunto de la Organización para la Agricultura y la Alimentación de las Naciones Unidas y la Organización Mundial de la Salud con el fin de ayudar a determinar qué nuevas cosechas modificadas genéticamente deberían ser sometidas a pruebas de seguridad, qué tipos de pruebas deben ser realizadas y qué es lo que debe evaluarse.

Sin embargo, no hubo tal protesta años antes cuando los agricultores y genetistas llevaron a cabo cientos de miles de experimentos de hibridación. No cabe duda de que los reacomodos genéticos inesperados que podrían generar algunas propiedades deseables, como una mayor resistencia a la sequía o una masa con mejores propiedades, pueden verse acompañados por cambios en las proteínas que no son evidentes para los ojos, la nariz o la lengua; sin embargo, pocos estudios se han concentrado en estos efectos secundarios. Los ensayos de hibridación continúan, creando nuevo trigo «sintético». Aunque la hibridación se queda corta en cuanto a la precisión de las técnicas de modificación genética, sigue teniendo el potencial de «encender» o «apagar» inadvertidamente los genes que no están relacionados con el efecto deseado, generando características únicas, las cuales de momento no son del todo identificables.[10]

En consecuencia, las alteraciones del trigo que potencialmente podrían resultar en efectos indeseables en los seres humanos no se deben a la inserción o supresión de genes, sino a los experimentos de hibridación que preceden a la modificación genética. Como resultado, en los últimos 50 años miles de nuevas cepas han entrado en el mercado comercial de los alimentos humanos sin que se haya hecho un solo intento de realizar pruebas de seguridad. Se trata de un desarrollo con implicaciones tan enormes para la salud de los seres humanos que lo voy a repetir: el trigo moderno, a pesar de las alteraciones genéticas para modificar cientos, si no miles, de sus características determinadas genéticamente, se abrió paso en el mercado alimentario para seres humanos a escala mundial sin que se haya formulado ninguna pregunta respecto a su pertinencia para el consumo humano.

Como los experimentos de hibridación no requieren documentación de pruebas realizadas en animales o seres humanos, señalar dónde, cuándo y cómo los híbridos de forma específica han amplificado los efectos negativos del trigo es una tarea imposible. Tampoco se sabe si solo parte o todo el trigo híbrido generado tiene el potencial de producir efectos indeseables en la salud de los seres humanos.

El incremento en las variaciones genéticas introducido con cada ronda de hibridación puede ser de una diferencia abismal. Toma por ejemplo a los machos y a las hembras de los seres humanos. Aunque hombres y mujeres, en su esencia genética, son en gran medida iguales, las diferencias claramente son responsables de una conversación interesante, sin mencionar los devaneos románticos. Las diferencias cruciales entre los hombres y las mujeres, un conjunto de diferencias que se origina con un solo cromosoma, el diminuto cromosoma Y de los hombres y sus pocos genes, sentaron las bases de miles de años de vida y muerte humana, dramas shakesperianos y el abismo que separa a Homero de Marge Simpson.

Y lo mismo sucede con esta hierba diseñada por los seres humanos que seguimos llamando «trigo». Las diferencias genéticas generadas a través de miles de hibridaciones diseñadas por los seres humanos son responsables de variaciones sustanciales en composición, apariencia y cualidades importantes no solo para los chefs y los procesadores de alimentos, sino, potencialmente, para la salud humana.

Notas

[1] Rollo, F.; Ubaldi, M.; Ermini, L.; Marota I. «Ötzi's last meals: DNA analysis of the intestinal content of the Neolithic glacier mummy from the Alps» [Las últimas comidas de Ötzi. Análisis del ADN del contenido intestinal de la momia neolítica glaciar de los Alpes]. *Proc. Nat. Acad. Sci.*, 1 de octubre de 2002; 99(20): 12594-12599.

[2] Shewry, P. R. «Wheat» [Trigo]. *J. Exp. Botany*, 2009; 60(6): 1537-1553.

[3] Ibíd.

[4] Ibíd.

[5] Song, X.; Ni, Z.; Yao, Y., *et al.* «Identification of differentially expressed proteins between hybrid and parents in wheat *(Triticum aestivum L.)* seedling leaves» [Identificación de proteínas expresadas diferencialmente entre el híbrido y los padres en las hojas de plantas de trigo *(Triticum aestivum L.)*]. *Theor. Appl. Genet.*, enero de 2009; 118(2): 213-225.

[6] Gao, X.; Liu, S. W.; Sun, Q.; Xia, G. M. «High frequency of HMW-GS sequence variation through somatic hybridization between *Agropyron elongatum* and common wheat» [Alta frecuencia de variaciones de secuencia de HMW-GS a través de la hibridación somática entre el *Agropyron elongatum* y el trigo común]. *Planta*, enero de 2010; 23(2): 245-250.

[7] Van der Broeck, H. C.; De Jong, H. C.; Salentijn, E. M., *et al.* «Presence of celiac disease epitopes in modern and old hexaploid wheat varieties: wheat breeding may have contri-

buted to increased prevalence of celiac disease» [Presencia de epítopes de enfermedad celiaca en variedades de trigo hexaploide modernas y antiguas: la mejora vegetal del trigo puede haber contribuido a incrementar la prevalencia de la enfermedad celiaca]. *Theor. Appl. Genet.*, 28 de julio de 2010.

[8] Shewry. Art. cit. *J. Exp. Botany,* 2009; 60(6): 1537-1553.

[9] Magaña-Gómez, J. A.; Calderón de la Barca, A. M. «Risk assessment of genetically modified crops for nutrition and health» [Evaluación de riesgo de las cosechas modificadas genéticamente para nutrición y salud]. *Nutr. Rev.,* 2009; 67(1): 1-16.

[10] Dubcovsky, J.; Dvorak, J. «Genome plasticity a key factor in the success of polyploidy wheat under domestication» [Plasticidad genómica, un factor clave en el éxito del trigo poliploide en domesticación]. *Science,* 29 de junio de 2007; 316: 1862-1866.

CAPÍTULO 3

EL TRIGO DECONSTRUIDO

Ya se trate de una hogaza de pan multicereales ecológico con alto contenido en fibra o de un pastelillo esponjoso relleno de crema, ¿exactamente qué estás comiendo? Todos sabemos que el pastelito solo es una golosina procesada, pero el consejo convencional nos dice que el primero es una opción más saludable, una fuente de fibra y de vitamina B, rico en carbohidratos «complejos».

Bueno, pero la historia siempre tiene otro lado. Vamos a echar un vistazo al interior de este cereal para intentar entender por qué, a pesar de su forma, color, alto contenido en fibra, ecológico o no, les hace cosas raras a los seres humanos.

EL TRIGO: UN SUPERCARBOHIDRATO

La transformación de la hierba silvestre domesticada de los tiempos neolíticos en Cinnabon*, buñuelos franceses o Dunkin' Donuts actuales requiere una importante destreza manual. Es-

---

* Cadena con más de 700 establecimientos en América, cuyo producto estrella es la espiral con canela.

tos productos modernos no serían posibles con la masa del antiguo trigo.

Si se intentara elaborar un *donut* de jalea moderna con trigo *einkorn*, por ejemplo, el resultado sería un desastre de migajas que no conservaría dentro el relleno y cuyo sabor, textura y aspecto serían, bueno, pues como un desastre de migajas. Además de hibridar el trigo para aumentar las cosechas, los genetistas de plantas también han buscado generar híbridos que tuvieran propiedades más adecuadas para convertirse, por ejemplo, en una magdalena de chocolate y crema o en una tarta nupcial de siete pisos.

La harina de trigo *Triticum aestivum* moderna, como promedio, tiene un 70 por 100 de carbohidratos del total de su peso y las proteínas y la fibra indigerible corresponden, respectivamente, al 10 y 15 por 100. El poco peso que queda de la harina de trigo *Triticum aestivum* es grasa, en su mayoría fosfolípidos y ácidos grasos poliinsaturados.[1] (Es interesante conocer que el trigo antiguo tiene un contenido más alto de proteínas. El trigo *emmer*, por ejemplo, contiene un 28 por 100 o más de proteínas).[2]

Los almidones del trigo son los carbohidratos complejos que adoran los nutricionistas. «Complejo» significa que los carbohidratos en el trigo están compuestos por polímeros (cadenas repetidas) de azúcar y glucosa simples, a diferencia de los carbohidratos simples, como la sacarosa, que son estructuras de azúcar con una o dos unidades. (La sacarosa es una molécula de dos azúcares: glucosa + fructosa). La sabiduría popular, como la de tu nutricionista o el Departamento de Agricultura, dice que todos deberíamos reducir nuestro consumo de carbohidratos simples en forma de dulces y refrescos e incrementar nuestro consumo de carbohidratos complejos.

De los carbohidratos complejos del trigo, el 75 por 100 corresponde a la cadena de unidades de glucosa en forma de ramificaciones, la amilopectina, y el 25 por 100 restante corresponde a la cadena lineal de unidades de glucosa llamada amilosa. En el tracto gastrointestinal de los seres humanos, tanto la amilopectina como la amilosa se digieren gracias a la enzima amilasa, que se encuentra en la saliva y en el estómago. La amilopectina es digerida de manera eficaz por la amilasa en glucosa, mientras que la amilosa es digerida de un modo mucho menos eficaz y una parte llega al colon sin haber sido digerida. Como resultado, el carbohidrato complejo amilopectina se convierte rápidamente en glucosa y se absorbe en el torrente sanguíneo, y, como se digiere de una manera más eficaz, es el principal responsable del efecto de aumento de azúcar en la sangre que produce el trigo.

Otros alimentos con carbohidratos también contienen amilopectina, pero no el mismo tipo de amilopectina que el trigo. La estructura con forma de ramificaciones de la amilopectina varía dependiendo de su fuente.[3] La amilopectina de las legumbres, conocida como amilopectina C, es la menos digerible, de ahí la cancioncita que cantan los niños: «Alubias, alubias, son buenas para el corazón, cuanto más las comes...».[*] La amilopectina no digerida llega al colon, donde las bacterias simbióticas se regodean en el banquete de almidones no digeridos y generan gases como el nitrógeno y el hidrógeno, haciendo que no puedas digerir los azúcares.

La amilopectina B es la forma que se encuentra en los plátanos y en las patatas y, aunque se digiere mejor que la amilopectina C de las alubias, hasta cierto punto se sigue resistiendo a la digestión. La forma *más digerible* de amilopectina, la amilopectina A, es la que se encuentra en el trigo. Como es la más digerible, es la que incrementa de manera más decidida el azúcar de la sangre. Esto explica por qué, gramo a gramo, el trigo incrementa el azúcar de la sangre en un nivel mayor que, por ejemplo, las alubias rojas o las patatas fritas. La amilopectina A de los productos de trigo, complejos o no, podría ser considerada un supercarbohidrato, una forma de carbohidrato altamente digerible que se convierte

---

[*] Para ejemplificar que las legumbres se digieren menos fácilmente, el autor hace referencia a una canción popular entre los niños de edad escolar, cuyo texto completo es: «Alubias, alubias, son buenas para el corazón, cuanto más las comes *más pedos te tiras» (Beans, beans, they're good for your heart, the more you eat'em the more you fart)*. [N. de la T.].

en azúcar en la sangre con mayor facilidad que casi todos los demás alimentos con carbohidratos, simples o complejos.

Esto significa que no todos los carbohidratos complejos son iguales y que el trigo, que contiene amilopectina A, eleva más el nivel de azúcar en la sangre que otros carbohidratos complejos. Sin embargo, que la amilopectina A del trigo tenga una digestión única implica que los carbohidratos complejos de los productos de trigo, en una proporción de gramo a gramo, no son mejores, y a menudo son peores, que carbohidratos simples como la sacarosa.

La gente por lo general se sorprende cuando le digo que el pan de trigo integral aumenta el azúcar de la sangre a un nivel más alto que la sacarosa.[4] Aparte de un poco de fibra adicional, comer dos rebanadas de pan de trigo integral no es distinto, y a menudo es peor, que beber una lata de refresco endulzada con azúcar o comer una barra de chocolate.

Esta información no es nueva. Un estudio realizado en 1981 en la Universidad de Toronto lanzó el concepto de índice glucémico, es decir, mide los efectos que producen los carbohidratos en el azúcar de la sangre: cuanto más alto sea el azúcar en la sangre después de consumir un alimento específico en comparación con la glucosa, más alto es su índice glucémico (IG). El estudio original demostró que el IG del pan blanco era 69, mientras que el IG del pan integral era 72 y el del cereal para el desayuno Shredded Wheat era 67, mientras que el de la sacarosa (azúcar de mesa) era 59.[5] Sí, el IG del pan integral es más alto que el de la sacarosa. Por cierto, el IG de una chocolatina Mars Bar (de turrón, chocolate, azúcar, caramelo y demás) es de 68. Eso es *mejor* que el pan integral. El IG de una barra de chocolate Snickers es de 41..., *mucho mejor* que el del pan integral.

De hecho, el grado de procesamiento, desde el punto de vista del azúcar de la sangre, representa poca diferencia: el trigo es trigo, con varias formas de procesar o no procesar, simple o complejo, alto en fibra o bajo en fibra, y todos generan un azúcar alto similar. Igual que «los chicos seguirán siendo chicos», la amilopectina A seguirá siendo amilopectina A. En voluntarios saludables, delgados, dos rebanadas medianas de pan de trigo integral aumentaron su azúcar en 30 mg/dl (de 93 a 123 mg/dl), lo cual no es distinto con el pan blanco.[6] En personas con diabetes, tanto el pan blanco como el pan integral incrementan el azúcar en la sangre de 70 a 120 mg/dl sobre los niveles iniciales.[7]

Una observación constante, que también fue hecha en el estudio original de la Universidad de Toronto y en trabajos posteriores, es que la pasta tiene un IG 120 minutos más bajo y que el espagueti de trigo integral tiene un IG de 42 minutos en comparación con el IG de 50 minutos del espagueti de harina blanca. La pasta es un grupo aparte respecto a otros productos de trigo, en parte debido a la compresión de la harina de trigo que tiene lugar durante el proceso de extrusión, lo cual disminuye la digestión de la amilasa. (La pasta fresca, como el *fettuccine*, tiene propiedades glucémicas similares a las pastas que se preparan mediante extrusión). Por lo general, además, las pastas están hechas de *Triticum durum* y no de *aestivum*, lo que las hace más cercanas al *emmer* en términos genéticos. Sin embargo, incluso el IG favorable es engañoso, dado que es una observación de solo dos horas y la pasta tiene la curiosa habilidad de generar azúcar alta por periodos de cuatro a seis horas después de su consumo, elevando los niveles de azúcar en 100 mg/dl durante periodos sostenidos en personas que padecen diabetes.[8]

Los científicos agrícolas y alimentarios, que, a través de la manipulación genética, han intentado incrementar el contenido del denominado almidón resistente (almidón que no se digiere por completo) y reducir la cantidad de amilopectina, no se han olvidado de estos hechos irritantes. La amilosa es el almidón resistente más común e incluye una cantidad tan alta como del 40 al 70 por 100 del peso total en algunas variedades de trigo hibridadas de manera intencionada.[9]

En consecuencia, los productos de trigo elevan los niveles de azúcar más que prácticamente cualquier otro carbohidrato, desde las alubias hasta las barras de chocolate. Esto tiene importantes implicaciones en el peso corporal, dado que la glucosa siempre va acompañada de insulina, la hormona que permite la entrada de glucosa en las células del cuerpo, convirtiendo en grasa la glucosa. Cuanto más alta sea la glucosa en la sangre después del consumo de alimento, mayor será el nivel de insulina y mayor será la cantidad de grasa depositada. Por esa razón, por ejemplo, comer una tortilla de tres huevos —que no dispara ningún incremento en la glucosa— no agrega grasa al cuerpo, mientras que dos rebanadas de pan de trigo llevan a niveles altos la glucosa en la sangre, liberando insulina y disparando la acumulación de grasa, en particular grasa abdominal o grasa visceral profunda.

Aún hay más respecto al comportamiento curioso que el trigo tiene con relación a la glucosa. La elevación de la glucosa y la insulina disparada por la amilopectina A después del consumo de trigo es un fenómeno de 120 minutos de duración que produce la «elevación» en el pico de glucosa, seguida por la «bajada» producida por la inevitable disminución de la glucosa. La elevación y la bajada generan un recorrido de dos horas por la montaña rusa de la saciedad y el hambre que se repite a lo largo de todo el día. La «bajada» de glucosa es responsable de que el estómago te gruña a las nueve de la mañana —apenas dos horas después de comer un tazón de cereales de trigo o un *muffin* inglés—, de los antojos de las once de la mañana —antes del almuerzo—, así como de la obnubilación mental, la fatiga y la sensación de estar tembloroso que genera el punto más bajo de la hipoglucemia.

Si se produce un aumento del azúcar de la sangre repetidamente y/o de forma regular, el resultado es más acumulación de grasa. Las consecuencias de que se deposite glucosa-insulina-grasa son especialmente visibles en el abdomen, lo cual da como resultado la barriga de trigo. Cuanto más grande sea tu barriga de trigo, más pobre será tu respuesta a la insulina, ya que la grasa visceral profunda de la barriga de trigo se asocia con una capacidad de respuesta pobre o una pobre «resistencia» a la insulina, requiriendo niveles de insulina cada vez más altos, una situación que genera diabetes. Además, cuanto más grande es la barriga de trigo, en los hombres, más estrógenos producen los tejidos grasos y más grandes son los senos. Cuanto más grande sea tu barriga de trigo, más respuestas inflamatorias se disparan: enfermedades cardiacas y cáncer.

Debido al efecto del trigo similar a la morfina (del cual trataré en el siguiente capítulo) y al ciclo de glucosa-insulina que genera la amilopectina A que contiene, el trigo, en efecto, es un estimulante del apetito. En consecuencia, las personas que eliminan el trigo de su dieta consumen menos calorías, algo de lo que hablaré más adelante en este libro.

Si el ciclo glucosa-insulina-grasa que produce el consumo de trigo es un fenómeno importante que subyace al aumento de peso, entonces la eliminación del trigo de la dieta debería revertir ese fenómeno. Y eso es exactamente lo que sucede.

Durante años, se ha observado una pérdida de peso relacionada con el trigo en pacientes con enfermedad celiaca, quienes deben eliminar de su dieta todos los alimentos que contienen gluten para detener una respuesta inmunológica negativa, la cual, en los pacientes celiacos, básicamente destruye el intestino delgado. Las dietas sin trigo ni gluten tampoco contienen amilopectina A.

Sin embargo, los efectos de la pérdida de peso por la eliminación del trigo no quedan claros de inmediato a partir de los estudios clínicos. Muchos de quienes padecen enfermedad celiaca son diagnosticados después de años de sufrimiento y comienzan el cambio en su dieta en un estado de desnutrición severa debido a la diarrea prolongada y a la mala absorción de nutrientes. Bajos de peso y desnutridos, quienes padecen enfermedad celiaca de hecho pueden aumentar de peso al eliminar el trigo gracias a la mejora en su función digestiva.

Sin embargo, si consideramos solo a personas con sobrepeso que no están gravemente desnutridas en el momento del diagnóstico y que eliminan el trigo de su dieta, queda claro que esto les permite una pérdida de peso sustancial. Un estudio realizado por la Clínica Mayo y la Universidad de Iowa en 215 pacientes celiacos con obesidad demostró una pérdida de peso de 12,5 kilos tras los primeros seis meses con una dieta sin trigo.[10] En otro estudio, la eliminación del trigo redujo el número de personas clasificadas como obesas (con un índice de masa corporal, o IMC, de 30 o más) a la mitad en el transcurso de un año.[11] Es extraño que los investigadores que llevan a cabo estos estudios por lo general atribuyan la pérdida de peso de las dietas sin trigo ni gluten a la falta de variedad de alimentos. (Por cierto, la variedad de alimentos puede ser muy amplia y maravillosa después de eliminar el trigo, como explicaré después).

El consejo de ingerir más cereales integrales saludables, en consecuencia, ocasiona un mayor consumo de la amilopectina A presente en los carbohidratos del trigo, una forma de carbohidrato que, a efectos prácticos, se diferencia poco —y en ciertas formas es peor— de meter la cuchara en el azucarero.

GLUTEN, ¡APENAS TE CONOCEMOS!

Si agregaras agua a la harina de trigo, amasaras la mezcla hasta formar una masa y luego la enjuagaras bajo el chorro del agua para lavar los almidones y la fibra, te quedaría una mezcla de proteína llamada gluten.

El trigo es la fuente principal de gluten en la dieta, porque los productos de trigo ejercen una posición dominante y porque la mayoría de los norteamericanos no tienen el hábito de consumir grandes cantidades de cebada, centeno, bulgur, kamut o triticale, las demás fuentes de gluten. Entonces, a efectos prácticos, cuando hablo de gluten principalmente me estoy refiriendo al trigo.

Aunque el trigo es, por peso, en su mayoría carbohidrato en forma de amilopectina A, la proteína del gluten es lo que hace que el trigo sea «trigo». El gluten es el único componente del trigo que hace que la masa tenga consistencia de masa, es decir, que se pueda estirar, enrollar, extender y retorcer, ejercicios gimnásticos del horneado que no se pueden lograr con la harina de arroz, de maíz, ni de ningún otro cereal. El gluten permite que el pizzero haga círculos con la masa y luego la lance y le dé esa característica forma aplanada, permite que la masa se estire y crezca cuando la fermentación de la levadura hace que se llene de bolsas de aire. La cualidad de masa distintiva de la simple mezcla de harina de trigo y agua, propiedades que los científicos alimentarios llaman viscoelasticidad y cohesión, se deben al gluten. Si el trigo es en su mayoría carbohidrato y solo del 10 al 15 por 100 proteína, el 80 por 100 de esa proteína es gluten. El trigo sin gluten perdería sus cualidades características, que transforman la masa en bagels, pizzas o *focaccias*.

Aquí tienes una rápida lección sobre algo llamado gluten (una lección que podrías clasificar bajo el título «Conoce a tu enemigo»). Los glútenes son las proteínas de almacenamiento de la planta del trigo, un medio de almacenar carbón y nitrógeno para que la semilla germine y forme nuevas plantas de trigo. El levado, el proceso de «levantamiento» creado por el matrimonio entre el trigo y la levadura, no ocurre sin el gluten y, por tanto, es exclusivo de la harina de trigo.

El término «gluten» engloba dos familias primarias de proteínas, las gliadinas y las gluteínas. Las gliadinas, el grupo de proteínas que dispara de manera más vigorosa la respuesta inmunológica en la enfermedad celiaca, tienen tres subtipos: α/β-gliadinas, γ-gliadinas y ω-gliadinas. Al igual que la amilopectina, las gluteínas son estructuras grandes repetidas, o polímeros, de estructuras más básicas. La fuerza de la masa se debe a las grandes gluteínas poliméricas, una característica programada genéticamente de manera intencionada por quienes se dedican a manipular plantas.[12]

El gluten de una cepa de trigo puede ser muy distinto en estructura del de otra cepa. Las proteínas de gluten producidas por el trigo *einkorn*, por ejemplo, son distintas de las proteínas del *emmer,* que a su vez son diferentes de las proteínas de gluten del *Triticum aestivum.*[13] Como el *einkorn* de 14 cromosomas, que contiene el denominado genoma A (serie de genes), tiene el conjunto de cromosomas más pequeño, codifica para el menor número y la menor variedad de glútenes. El *emmer,* de 28 cromosomas, que contiene el genoma A con el genoma B agregado, codifica para la variedad más grande de gluten. El *Triticum aestivum,* de 42 cromosomas, con los genomas A, B y D, tiene la variedad de gluten más grande, incluso antes de cualquier manipulación realizada por los seres humanos. Los trabajos de hibridación de los últimos 50 años han generado numerosos cambios adicionales en los genes que codifican para el gluten en el *Triticum aestivum* y la mayoría son modificaciones intencionadas del genoma D que confieren características estéticas y de horneado a la harina.[14] De hecho, los genes localizados en el genoma D son los más frecuentemente señalados como fuente de glútenes que disparan la enfermedad celiaca.[15]

En consecuencia, es el genoma D del moderno *Triticum aestivum* el que, al haber sido el foco de todas las travesuras genéticas de los genetistas de las plantas, ha acumulado un cambio sustancial en las características determinadas genéticamente de las proteínas del gluten. También es en potencia la fuente de muchas de las extrañas alteraciones de salud que experimentan los seres humanos que los consumen.

NO TODO ES CUESTIÓN DEL GLUTEN

El gluten no es el único villano potencial que merodea en la harina de trigo.

Más allá del gluten, el otro 20 por 100, aproximadamente, de proteínas diferentes del gluten en el trigo incluye albúminas, prolaminas y globulinas, cada una de las cuales también puede variar de una cepa a otra. En total, hay más de 1.000 proteínas adicionales que pretenden cumplir funciones como proteger al grano de patógenos, generar resistencia al agua y proporcionar funciones reproductivas. Hay aglutininas, peroxidasas, α-amilasas, serpinas y acil-CoA oxidasas, sin mencionar cinco formas de gliceraldehído-3-fosfato deshidrogenasas. No debo olvidar mencionar la β-purotionina, las puroindolinas a y b y las almidón-sintasas. El trigo no es solo gluten, de la misma manera en que la comida del sur de Estados Unidos no se limita a gachas de harina de maíz o polenta.

Por si este bufet de proteínas y enzimas no fuera suficiente, los fabricantes de alimentos también han empleado enzimas de hongos, como las celulasas, glucoamilasas, xilanasas y β-xilosidasas, para mejorar el levado y la textura de los productos de trigo. Muchos panaderos también agregan harina de soja para mejorar la masa y la blancura, introduciendo otro conjunto de proteínas y enzimas.

En la enfermedad celiaca, el ejemplo aceptado comúnmente —aunque no se realizan los diagnósticos suficientes— de enfermedad intestinal relacionada con el trigo, la proteína de gluten, de forma específica la α-gliadina, provoca una respuesta inmunológica que inflama el intestino delgado, ocasionando dolores de estómago y diarrea que incapacitan a quienes los padecen. El tratamiento es simple: evitar por completo cualquier producto que contenga gluten.

No obstante, más allá de la enfermedad celiaca, hay reacciones alérgicas o anafilácticas —una reacción severa que acaba en shock— a las proteínas que no son gluten, incluyendo las α-amilasas, tiorredoxina y gliceraldehído-3-fosfato deshidrogenasa, junto con aproximadamente una docena más.[16] En individuos susceptibles, la exposición provoca asma, erupciones (dermatitis atópica y urticaria) y una enfermedad rara y peligrosa denominada anafilaxis inducida por el ejercicio dependiente del trigo (WDEIA, por sus siglas en inglés), en la cual las erupciones, el asma o la anafilaxis son provocadas durante el ejercicio. La WDEIA se suele asociar más con el trigo —también se puede presentar con el marisco— y ha sido atribuida a varias ω-gliadinas y gluteínas.

En resumen, el trigo no es solo un carbohidrato complejo con gluten y salvado. El trigo es un conjunto complejo de compuestos bioquímicamente únicos que varían mucho según el código genético. A simple vista, no serías capaz de discernir en una magdalena de semillas de amapola la increíble variedad de gliadinas, otras proteínas de gluten y proteínas distintas al gluten que contiene, muchas de ellas exclusivas del trigo enano moderno, que es la base de tu magdalena. Al dar el primer mordisco, disfrutarías de inmediato la dulzura de la amilopectina A mientras tu nivel de azúcar se elevaría de forma vertiginosa.

A continuación vamos a explorar la increíble variedad de efectos para la salud que tienen tu magdalena y otros alimentos que contienen trigo.

Notas

[1] Raeker, R. Ö.; Gaines, C. S.; Finney, P. L.; Donelson, T. «Granule size distribution and chemical composition of starches from 12 soft wheat cultivars» [Distribución del tamaño del gránulo y composición química de almidones de 12 variedades cultivadas de trigo suave]. *Cereal Chem.*, 1998; 75(5): 721-728.

[2] Avivi, L. «High grain protein content in wild tetraploid wheat, *Triticum dioccoides*» [Alto contenido de proteínas en los granos de trigo tetraploide silvestre, *Titricum dioccoides*], en el Quinto Simposium Internacional de Genética del Trigo, Nueva Delhi (India), del 23 al 28 de febrero de 1978; 372-380.

[3] Cummings, J. H.; Englyst, H. N. «Gastrointestinal effects of food carbohydrate» [Efectos gastrointestinales de los carbohidratos de los alimentos]. *Am. J. Clin. Nutr.*, 1995; 61: 938S-945S.

[4] Foster-Powell; Holt, S. H. A.; Brand-Miller, J. C. «International table of glycemic index and glycemic load values: 2002» [Tabla internacional de índice glucémico y valores de carga glucémica: 2002]. *Am. J. Clin. Nutr.*, 2002; 76(1): 5-56.

[5] Jenkins, D. H. L.; Wolever, T. M.; Taylor, R. H., *et al.* «Glycemic index on foods: a physiological basis for carbohydrate exchange» [Índice glucémico de los alimentos: una base fisiológica para el intercambio de carbohidratos]. *Am. J. Clin. Nutr.*, marzo de 1981; 34(3): 362-366.

[6] Juntunen, K. S.; Niskanen, L. K.; Liukkonen, K. H., *et al.* «Posprandial glucose, insulin, and incretin responses to grain products in healthy subjects» [Respuestas de la insulina, incretina y glucosa posprandial a productos de granos en sujetos saludables]. *Am. J. Clin.*

Nutr., febrero de 2002; 75(2): 254-262.

[7] Järvi, A. E.; Karlström, B. E.; Granfeldt, Y. E., *et al.* «The influence of food structure on postprandial metabolism in patients with non-insulin-dependent diabetes mellitus» [La influencia de la estructura de los alimentos en el metabolismo posprandial en pacientes con diabetes mellitus no dependiente de insulina]. *Am. J. Clin. Nutr.*, abril de 1995; 61(4): 837-842.

[8] Juntunen *et al.* Art. cit. *Am. J. Clin. Nutr.*, febrero de 2002; 75(2): 254-262. Véase también: Järvi *et al. Am. J. Clin. Nutr.*, abril de 1995; 61(4): 837-842.

[9] Yoshimoto, Y.; Tashiro, J.; Takenouchi, T.; Takeda, Y. «Molecular structure and some physiochemical properties of high-amylose barley starches» [Estructura molecular y algunas propiedades fisioquímicas de los almidones de la cebada altos en amilosa]. *Cereal Chemistry*, 2000; 77: 279-285.

[10] Murray, J. A.; Watson, T.; Clearman, B.; Mitros, F. «Effect of a gluten-free diet on gastrointestinal symptoms in celiac disease» [Efectos de una dieta sin gluten en los síntomas gastrointestinales presentes en la enfermedad celiaca]. *Am. J. Clin. Nutr.*, abril de 2004; 79(4): 669-673.

[11] Cheng, J.; Brar, P. S.; Lee, A. R.; Green, P. H. «Body mass index in celiac disease: beneficial effect of a gluten-free diet» [Índice de masa corporal en la enfermedad celiaca: efecto benéfico de una dieta sin gluten]. *J. Clin. Gastroenterol*, abril de 2010, 44(4): 267-271.

[12] Shewry, P. R.; Jones, H. D. «Transgenic wheat: Where do we stand after the first 12 years?» [Trigo transgénico: ¿en qué punto estamos después de 12 años?]. *Ann. App. Biol.*, 2005; 147: 1-14.

[13] Van Herpen, T.; Goryunova, S. V.; Van Derschoot, J., *et al.* «Alpha-gliadin genes from the A, B and D genomes of wheat containing different sets of celiac disease epitopes» [Genes Alfa-gliadina de genomas A, B y D de trigo con diferentes series de epitopes de enfermedad celiaca]. *BMC Genomics*, 10 de enero de 2006; 7: 1. Véase también: Molberg, Ø.; Uhlen, A. K.; Jensen, T., *et al.* «Mapping of gluten T-cell epitopes in the bread wheat ancestors: implications for celiac disease» [Mapeo de epítopos de células T del gluten en los ancestros del pan de trigo: implicaciones para la enfermedad celiaca]. *Gastroenterol*, 2005; 128: 393-401.

[14] Shewry, P. R.; Halford, N. G.; Belton, P. S.; Tatham, A. S. «The structure and properties of gluten: an elastic protein from wheat grain» [La estructura y propiedades del gluten: una proteína elástica del grano de trigo]. *Phil. Trans. Roy. Soc. London*, 2002; 357: 133-142.

[15] Molberg *et al.* Art. cit. *Gastroenterol*, 2005; 128: 393-401.

[16] Tatham, A. S.; Shewry, P. R.; «Allergens in wheat and related cereals» [Alérgenos en el trigo y cereales relacionados]. *Clin. Exp. Allergy*, 2008; 38: 1712-1726.

SEGUNDA PARTE

EL TRIGO Y LA MANERA EN QUE DESTRUYE LA SALUD DE LOS PIES A LA CABEZA

CAPÍTULO 4

OYE, TÚ, ¿QUIERES COMPRAR UNAS POCAS EXORFINAS? LAS PROPIEDADES ADICTIVAS DEL TRIGO

Adicción. Abstinencia. Delirios. Alucinaciones. No estoy describiendo una enfermedad mental ni una escena de *Alguien voló sobre el nido del cuco*. Estoy hablando de ese alimento que invitas a tu cocina, compartes con tus amigos y comes con tu café.

Te explicaré por qué el trigo es único entre los alimentos por los curiosos efectos que genera en el cerebro, efectos que comparte con las drogas opiáceas. Eso explica por qué algunas personas experimentan una increíble dificultad para eliminar el trigo de su dieta. No es un asunto de falta de voluntad, inconveniencia ni hábitos difíciles de romper; se trata de terminar una relación con algo que se apodera de tu psique y de tus emociones, de una manera que no dista mucho de cómo la heroína se apodera del drogadicto desesperado.

Cuando consumes café y alcohol eres consciente de que deseas obtener efectos específicos en la mente; pero el trigo es algo que consumes por «nutrición», no para obtener un «efecto». Como si te estuvieras tomando un refresco Kool-Aid en la reunión de Jim Jones,* puede que no seas consciente de que esta cosa, apoyada por todos los «organismos» oficiales, está jugando con tu mente.

---

* Jim Jones fundó la secta Templo del Pueblo e incitó u obligó a sus miembros al suicidio colectivo en 1978 en la Guyana. El método empleado fue beber un mosto envenenado. [N. de la E.].

Las personas que eliminan el trigo de su dieta suelen referir un mejor estado de ánimo, menos cambios de humor, una mejor capacidad para concentrarse y un sueño más profundo en cuanto pasan días o semanas desde el último mordisco a un bagel o a una lasaña al horno. Sin embargo, ese tipo de experiencias subjetivas «suaves» son difíciles de cuantificar en nuestra mente. También están sujetas al efecto placebo; por ejemplo, la gente simplemente *cree* que se está sintiendo mejor. Sin embargo, a mí me sorprende lo frecuentes que son esas observaciones, experimentadas por la mayoría de las personas una vez que se diluyen los efectos iniciales de la abstinencia, que consisten en confusión mental y fatiga. Yo he experimentado esos efectos y también he sido testigo de ellos en miles de personas.

Es fácil subestimar la presión psicológica del trigo. Después de todo, ¿cómo va a ser peligrosa una inocente magdalena integral?

«¡EL PAN ES MI DROGA!»

El trigo es el Haight-Ashbury* de los alimentos, sin parangón en cuanto a su potencial para generar efectos únicos en el cerebro y en el sistema nervioso. No cabe duda: para algunas personas, el trigo es adictivo. Y en otras es adictivo hasta llegar a la obsesión.

Algunas personas con adicción al trigo solo saben que tienen una adicción al trigo. O tal vez la identifican como una adicción a algunos alimentos que contienen trigo, como la pasta o la pizza. Entienden, incluso antes de que yo se lo diga, que su adicción a alimentos con trigo les hace «flipar» un poquito. Todavía me dan escalofríos cuando una madre de familia bien vestida del extrarradio me confiesa: «El pan es mi droga. ¡Simplemente, no lo puedo dejar!».

---

* Un barrio de San Francisco famoso por reunir a muchos *hippies*. [N. de la E.].

El trigo puede dictar la elección de alimentos, el consumo de calorías y la hora de las comidas y los refrigerios. Puede influir en el comportamiento y en el estado de ánimo. Incluso, puede llegar a dominar los pensamientos. Muchos de mis pacientes que recibieron la sugerencia de eliminar el trigo de sus vidas me explicaron que se sentían obsesionados con los productos de trigo al punto de pensar en ellos, hablar sobre ellos y salivar por ellos constantemente durante semanas. «No puedo dejar de pensar en el pan. ¡Sueño con pan!», me dicen, lo cual lleva a algunos a sucumbir al frenesí de consumir trigo y a rendirse pocos días después de haber empezado.

Por supuesto, hay otra cara de la moneda de la adicción. Cuando las personas se divorcian de los productos que contienen trigo, el 30 por 100 experimenta algo que solo se podría calificar como abstinencia.

Yo he visto a cientos de personas que refieren fatiga extrema, confusión mental, irritabilidad, incapacidad para funcionar en el trabajo o en la escuela e incluso depresión en los primeros días o semanas después de eliminar el trigo. El alivio total se obtiene con un bagel o una magdalena (o, tristemente, más bien con cuatro bagels, dos magdalenas, una bolsa de *pretzels*, dos *muffins* y un montón de *brownies*, seguido a la mañana siguiente por un desagradable episodio de remordimiento por trigo). Es un círculo vicioso: te abstienes de una sustancia y resulta una experiencia sin lugar a dudas desagradable; vuelves a consumirla y la experiencia desagradable termina... En mi opinión, eso se parece mucho al síndrome de abstinencia.

Las personas que no han experimentado esos efectos lo minimizan, pensando que resta credibilidad pensar que algo tan rudimentario como el trigo puede afectar al sistema nervioso central tanto como la nicotina o el *crack*.

Hay una razón científicamente verosímil tanto para la adicción como para los efectos de la abstinencia. El trigo no solo ejerce efectos en el cerebro normal, sino también en el cerebro anormal vulnerable, con resultados que van más allá de la simple adicción y la abstinencia. Estudiar los efectos del trigo en el cerebro anormal nos puede enseñar algunas lecciones sobre cómo y por qué el trigo se puede asociar con esos fenómenos.

EL TRIGO Y LA MENTE ESQUIZOFRÉNICA

La primera lección importante sobre los efectos que tiene el trigo en el cerebro surgió al estudiar su impacto en personas que padecen esquizofrenia.

Los esquizofrénicos llevan una vida difícil. Luchan por diferenciar la realidad de la fantasía interna, a menudo tienen delirios de persecución e incluso creen que sus mentes y sus acciones son controladas por fuerzas externas. (¿Te acuerdas de David Berkowitz, «el hijo de Sam», el asesino en serie de Nueva York que acosaba a sus víctimas siguiendo las instrucciones que le daba su perro? Por fortuna, el comportamiento violento es poco habitual en los esquizofrénicos, pero ilustra lo profunda que puede ser la patología). Una vez que la esquizofrenia es diagnosticada, hay poca esperanza de llevar una vida normal en cuanto a trabajo, familia e hijos. Te espera una vida de reclusión, medicamentos con terribles efectos secundarios y una lucha constante con los oscuros demonios internos.

Entonces, ¿cuáles son los efectos del trigo en la vulnerable mente esquizofrénica?

La primera conexión formal de los efectos del trigo en el cerebro esquizofrénico comenzó con el trabajo del psiquiatra F. Curtis Dohan, cuyas observaciones iban desde Europa hasta Nueva Guinea. Dohan siguió esta línea de investigación porque observó que durante la Segunda Guerra Mundial los hombres y mujeres de Finlandia, Noruega, Suecia, Canadá y Estados Unidos requirieron menos hospitalizaciones por esquizofrenia, cuando la escasez de alimentos hizo que no hubiera pan disponible; en cambio, el número de hospitalizaciones aumentó cuando se retomó el consumo de trigo al término de la guerra.[1]

Dohan observó un patrón similar en los cazadores-recolectores de Nueva Guinea, que tenían una cultura similar a la de la Edad de Piedra. Antes de la introducción de la influencia occidental, la esquizofrenia era prácticamente desconocida, con solo 2 diagnósticos en una población de 65.000 habitantes. A medida que los hábitos alimentarios occidentales se infiltraron en la población de Nueva Guinea y se introdujeron productos de trigo cultivado, cerveza elaborada con cebada y maíz, Dohan observó cómo aumentó estratosféricamente la incidencia de la esquizofrenia, que se multiplicó por 65.[2] En este contexto, se propuso desarrollar observaciones que establecieran si había una relación de causa y efecto entre el consumo de trigo y la esquizofrenia.

A mediados de la década de 1960, mientras trabajaba en el Hospital de la Administración de Veteranos (VA, por sus siglas en inglés) en Filadelfia, el doctor Dohan y sus colegas decidieron eliminar todos los productos de trigo de las comidas que se les daban a los pacientes con esquizofrenia sin su conocimiento ni su autorización. (Era una época anterior a que se requirieran consentimientos informados y antes de que se hiciera público el terrible experimento Tuskegee sobre sífilis, el cual desató la indignación del público y condujo a la creación de una legislación que exige el consentimiento informado del participante). Y he aquí que después de cuatro semanas sin trigo había mejoras identificables y cuantificables en los rasgos distintivos de la enfermedad: un menor número de alucinaciones auditivas, menos delirios, menos desapego de la realidad. Entonces, los psiquiatras volvieron a agregar los productos de trigo a la dieta de sus pacientes y las alucinaciones, los delirios y el desapego social regresaron. Volvieron a quitar el trigo y los pacientes y sus síntomas mejoraron; los volvieron a agregar y empeoraron.[3]

Las observaciones realizadas en Filadelfia en los esquizofrénicos fueron corroboradas por psiquiatras de la Universidad de

Sheffield en Inglaterra, con conclusiones similares.[4] Desde entonces, ha habido artículos de remisión total de la enfermedad, como el caso que describen los doctores de la Universidad de Duke de una mujer de 70 años que padecía esquizofrenia y había sufrido delirios, alucinaciones e intentos de suicidio con objetos punzantes y productos de limpieza durante un periodo de 53 años, la cual experimentó un alivio completo de la psicosis y los deseos suicidas ocho días después de dejar de consumir trigo.[5]

Aunque parece poco probable que la exposición al trigo sea la causa de la esquizofrenia, las observaciones del doctor Dohan y otros investigadores sugieren que el trigo se asocia con un empeoramiento cuantificable de los síntomas.

Otra enfermedad en la que el trigo puede ejercer efectos en una mente vulnerable es el autismo. Los niños autistas tienen problemas para interactuar socialmente y comunicarse. La frecuencia de la enfermedad ha aumentado en los últimos 40 años, de poco común a mediados del siglo XX a 1 de cada 150 niños en el siglo XXI.[6] Pequeñas muestras iniciales han demostrado mejoría en los comportamientos autistas al eliminar el gluten del trigo.[7] El estudio clínico más completo hasta la fecha incluyó a 55 niños autistas de Dinamarca, cuyas mediciones formales de comportamiento autista mostraron mejorías con la eliminación del gluten (junto con la eliminación de la caseína de los lácteos).[8]

Aunque sigue siendo tema de debate, una parte sustancial de los niños y adultos con trastorno por déficit de atención con hiperactividad (TDAH) también puede responder a la eliminación del trigo. Sin embargo, las respuestas con frecuencia se ven enturbiadas debido a la sensibilidad a otros componentes de la dieta, como azúcares, endulzantes artificiales, aditivos y lácteos.[9]

Es poco probable que la exposición al trigo haya sido la causa inicial del autismo o el TDAH, pero, como en el caso de la esquizofrenia, su consumo parece asociarse con un empeoramiento de los síntomas característicos de estas enfermedades.

Es cierto que los pacientes esquizofrénicos del Hospital VA de Filadelfia, que no estaban al tanto de lo que ocurría, recibieron un trato similar a ratas de laboratorio que nos puede hacer sentir escalofríos desde la comodidad de nuestro siglo XXI, en el que tenemos que estar informados y dar nuestro consentimiento. No obstante, es una ilustración gráfica del efecto del trigo en la función mental. Pero ¿por qué diablos la esquizofrenia, el autismo y el TDAH se exacerban con el trigo? ¿Qué hay en ese cereal que empeora la psicosis y otros comportamientos anormales?

Investigadores de los Institutos Nacionales de Salud (NIH, por sus siglas en inglés) se propusieron encontrar algunas respuestas.

EXORFINAS: LA CONEXIÓN ENTRE EL TRIGO Y EL CEREBRO

La doctora Christine Zioudrou y sus colegas de los NIH sometieron al gluten, la proteína principal del trigo, a un proceso digestivo simulado para imitar lo que sucede cuando comemos pan u otros productos que contienen trigo.[10] Expuesto a la pepsina (una enzima del estómago) y al ácido clorhídrico (ácido del estómago), el gluten se degrada a una mezcla de polipéptidos. Los polipéptidos dominantes fueron aislados y administrados a ratas de laboratorio. Se descubrió que dichos polipéptidos tenían una habilidad particular para penetrar la barrera de la sangre del cerebro que separa el torrente sanguíneo del cerebro. Esta barrera está ahí por una razón: el cerebro es altamente sensible a la amplia variedad de sustancias que entran en el cuerpo, algunas de las cuales pueden provocar efectos indeseables si llegan a cruzar tus amígdalas, hipocampo, corteza cerebral o alguna otra estructura del cerebro. Una vez que han llegado al cerebro, los polipéptidos del trigo se unen al receptor de morfina del cerebro, el mismo receptor al que se unen las drogas opiáceas.

La doctora Zioudrou y sus colegas llamaron a esos polipéptidos «exorfinas», nombre corto de «compuestos exógenos similares a la morfina», distinguiéndolas de las endorfinas, los compuestos endógenos (de fuente interna) similares a la morfina que se presentan, por ejemplo, cuando un corredor se siente «colocado». Al polipéptido dominante que cruzaba la barrera entre la sangre y el cerebro lo denominaron «gluteomorfina», o compuesto similar a la morfina proveniente del gluten (aunque a mí el nombre me suena más a una inyección de morfina en el trasero). Los investigadores especularon que las endorfinas podrían ser los factores activos derivados del trigo responsables del deterioro de los síntomas de los esquizofrénicos del Hospital VA de Filadelfia y de otros lugares.

Aún más revelador, la administración de la naloxona bloquea el efecto que tienen en el cerebro los polipéptidos derivados del gluten.

Vamos a imaginar que eres un adicto a la heroína que vives en un barrio pobre. Mientras estás haciendo una transacción con drogas que se pone difícil, te acuchillan y te llevan en camilla a la sala de urgencias más cercana. Como estás drogado con heroína, pataleas y gritas al personal del hospital que trata de ayudarte. Así que esas buenas personas te atan y te inyectan una droga llamada naloxona y, de repente, ya no estás drogado. A través de la magia de la química, la naloxona revierte de inmediato la acción de la heroína o de cualquier otro opiáceo, como la morfina o la oxicodona.

En animales de laboratorio, la administración de naloxona bloquea la unión de las exorfinas del trigo a los receptores de morfina de las neuronas. Sí, la naloxona, que bloquea opiáceos, impide que las exorfinas derivadas del trigo se unan al cerebro. La misma droga que anula la heroína en el toxicómano también bloquea los efectos de las exorfinas del trigo.

En un estudio realizado por la Organización Mundial de la Salud en 32 personas con esquizofrenia que padecían alucinaciones auditivas activas, se demostró que la naloxona reducía las alucinaciones.[11] Por desgracia, el siguiente paso lógico, administrar naloxona a los pacientes que comen una dieta «normal» con trigo y a pacientes con una dieta sin trigo, no ha sido estudiado. (Los estudios clínicos que podrían llevar a conclusiones que no apoyan el uso de medicamentos a menudo no se realizan. En este caso, si la naloxona hubiera mostrado beneficios en los esquizofrénicos que consumían trigo, la conclusión inevitable habría sido eliminar el trigo, no prescribir el medicamento).

La experiencia de la esquizofrenia nos muestra que las endorfinas del trigo tienen el potencial de ejercer distintos efectos en el cerebro. Quienes no padecemos esquizofrenia no experimentamos alucinaciones auditivas como resultado de ingerir un bagel de cebolla, pero esos compuestos siguen en nuestro cerebro, de la misma forma que lo están en el de un esquizofrénico. Esto también enfatiza cómo el trigo es un cereal realmente único, ya que otros cereales como el mijo o la linaza no generan exorfinas —dado que no tienen gluten— ni comportamientos obsesivos ni síndrome de abstinencia tanto en personas con cerebros normales como con cerebros anormales.

Así que este es tu cerebro con trigo: la digestión origina compuestos similares a la morfina que se unen a los receptores de opiáceos del cerebro. Esto induce una forma de recompensa, una leve euforia. Cuando el efecto es bloqueado o no se consumen alimentos que producen exorfinas, algunas personas experimentan un identificable y desagradable síndrome de abstinencia.

¿Qué sucede si se administran medicamentos bloqueadores de los opiáceos a seres humanos normales (por ejemplo, que no padecen esquizofrenia)? En un estudio realizado en el Instituto Psiquiátrico de la Universidad del Sur de California, los participantes que consumían trigo a quienes se les administró naloxona consumieron un 33 por 100 menos de calorías en el almuerzo y un 23 por 100 menos de calorías en la cena (un total de aproximadamente 400 calorías menos en las dos comidas) que los participantes a los que se les dio un placebo.[12] En la Universidad de Míchigan, comedores compulsivos fueron confinados en una habitación llena de comida durante una hora. (Es una buena idea para un nuevo programa de televisión: *The Biggest Gainer*)*. Los participantes consumieron un 28 por 100 menos de galletas de trigo, palitos de pan y *pretzels* con la administración de naloxona.[13]

En otras palabras, si se bloquea la recompensa eufórica del trigo, el consumo de calorías disminuye, dado que el trigo ya no genera las sensaciones favorables que fomentan el consumo repetitivo. (De manera predecible, la industria farmacéutica está usando esta estrategia para comercializar un medicamento para bajar de peso que contiene naltrexona, un equivalente oral de la naloxona. Se afirma que el medicamento bloquea el sistema mesolímbico de recompensa enterrado en el interior del cerebro humano que es responsable de generar sensaciones favorables con la heroína, la morfina y otras sustancias. Las sensaciones favorables pueden ser reemplazadas por sensaciones de disforia o infelicidad. En consecuencia, la naltrexona se combina con bupropión, un medicamento antidepresivo empleado para dejar de fumar).

Desde efectos de abstinencia hasta alucinaciones psicóticas, en parte, el trigo es responsable de algunos fenómenos neurológicos peculiares. Para recapitular:

- El trigo común, en el momento de la digestión, genera polipéptidos que tienen la capacidad de llegar al cerebro y unirse a receptores de opiáceos.
- La acción de los polipéptidos derivados del trigo, las denominadas exorfinas, como la gluteomorfina, puede recibir un cortocircuito si se emplean medicamentos bloqueadores de opiáceos: la naloxona y la naltrexona.
- Cuando se administran a personas normales o a personas con apetitos incontrolables, los medicamentos bloqueadores de opiáceos producen reducción del apetito, de los antojos

---

* En contraposición al *reality The Biggest Loser,* en el que los concursantes tienen como objetivo perder peso. Telecinco prepara la versión española: *No seas pesado.*

y del consumo de calorías, así como un decaimiento del ánimo; el efecto parece particularmente específico en los productos que contienen trigo.

De hecho, el trigo prácticamente es el único alimento con efectos potentes en el sistema nervioso central. Fuera de sustancias intoxicantes como el etanol (como el de tu merlot o tu chardonnay favoritos), el trigo es uno de los pocos alimentos que pueden alterar el comportamiento, inducir efectos placenteros y generar un síndrome de abstinencia al eliminarlo. Y fue necesario realizar observaciones en pacientes con esquizofrenia para aprender sobre dichos efectos.

La conquista de los antojos nocturnos

Desde que puede recordar, Larry ha tenido problemas de peso.

Nunca le pareció lógico. Hacía ejercicio, con frecuencia mucho. No era raro que recorriera 80 kilómetros en bicicleta ni que caminara 24 kilómetros por el bosque o por el desierto. Por razones de trabajo, Larry disfrutaba desplazándose a diferentes zonas del país. Sus viajes a menudo lo llevaban al suroeste, donde hacía caminatas de hasta seis horas. También se enorgullecía de seguir una dieta saludable: limitaba el consumo de carne roja y aceites, comía muchas frutas y verduras y, por supuesto, muchos «cereales integrales saludables».

Conocí a Larry por un problema de ritmo cardiaco, que atendimos rápidamente. Sin embargo, el funcionamiento de su sangre era otro tema. En pocas palabras, era un desastre: la glucosa en sangre estaba en el rango de la diabetes baja, los triglicéridos se hallaban demasiado altos, en 210 mg/dl, el HDL estaba demasiado bajo, en 37 mg/dl, y el 70 por 100 de sus partículas de LDL eran del tipo que ocasionan enfermedades cardiacas. La presión de la sangre era un tema importante, con valores sistólicos («superiores») que llegaban hasta 170 mmHg y diastólicos («inferiores») de 90 mmHg. Con 1,72 metros de altura y 110 kilos de peso, Larry tenía más o menos 35 kilos de sobrepeso.

«No lo entiendo. Hago ejercicio como nadie que conozcas. Realmente, me gusta hacer ejercicio. Pero no consigo..., no puedo bajar de peso, sin importar lo que haga». Larry hizo un recuento de las aventuras de sus dietas, las cuales incluían mucho arroz, bebidas de proteínas, regímenes de «desintoxicación» y hasta hipnosis. Todas resultaban en la pérdida de unos cuantos kilos, que recuperaba muy deprisa. Sin embargo, admitía un exceso peculiar: «Realmente lucho con mi apetito por la noche. Después de cenar, no puedo evitar picar algo. Intento picar cosas buenas, como *pretzels* de trigo integral y esas galletas multicereales que como con salsa de yogur. Pero a veces tomo toda la noche, desde la cena hasta que me acuesto. No sé por qué, pero algo sucede por la noche y simplemente no puedo parar».

Aconsejé a Larry que eliminara de su dieta el estimulante número uno del apetito: el trigo. Larry me miró como diciendo: «¡Otra idea loca no, por favor!». Después de un gran suspiro, aceptó probarlo. Con cuatro adolescentes en casa, limpiar los armarios de todo lo que tuviera trigo fue todo un reto, pero él y su esposa lo hicieron.

Larry regresó a mi consultorio seis semanas después. Me contó que en tres días sus antojos nocturnos habían desaparecido por completo. Ahora cenaba y quedaba satisfecho sin necesidad de picar. También notó que su apetito era mucho menor durante el día y que su deseo de comer refrigerios prácticamente había desaparecido. Asimismo, admitió que, como sus antojos de comida eran mucho menores, su consumo de calorías y el tamaño de sus raciones era una fracción de lo que comía antes. Sin hacer ningún cambio en sus hábitos de ejercicio, había perdido «solo» 5 kilos. Pero, lo más importante, también creía que había recuperado el control sobre su apetito y sus impulsos, una sensación que creía haber perdido años antes.

A los adictos al *crack* y a la heroína que se inyectan en las esquinas oscuras de una casa de drogadictos ubicada en un barrio marginal no les preocupa ingerir sustancias que alteran su mente. Pero ¿qué hay de ciudadanos respetuosos de la ley como tú y tu familia? Apuesto a que tu idea de algo que altere tu mente es pedir un café fuerte en vez de suave en Starbucks o tomar demasiadas Heinekens el fin de semana. Sin embargo, consumir trigo significa que, sin quererlo, estás ingiriendo el alimento que activa la mente más común que existe.

En efecto, el trigo es un *estimulante* del apetito. Hace que quieras más: más galletas, magdalenas, *pretzels*, dulces, refrescos. Más bagels, *muffins,* tacos, sándwiches, pizza. Hace que quieras tanto alimentos que contienen trigo como alimentos sin trigo. Y, encima, para algunas personas el trigo es una droga, o por lo menos produce efectos neurológicos similares a los de una droga, que se pueden revertir con medicamentos empleados para contrarrestar los efectos de los narcóticos.

Si saltas ante la idea de que te administren una droga como la naloxona, podrías preguntar: «¿Qué tal si, en vez de bloquear químicamente el efecto que tiene el trigo en el cerebro, simplemente lo eliminara por completo?». Bueno, esa es la misma pregunta que he estado haciendo. Suponiendo que puedas tolerar el síndrome de abstinencia (aunque desagradable, el síndrome de abstinencia por lo general es inofensivo en comparación con el rencor que recibes de tu esposa, amigos y compañeros de trabajo enfadados), el hambre y los antojos disminuyen, el consumo de calorías baja, el ánimo y el bienestar aumentan, el peso se reduce, la barriga de trigo se encoge.

Entender que el trigo, específicamente las exorfinas del gluten, tiene el potencial de generar euforia, comportamiento adictivo y estimulación del apetito significa que tenemos una forma potencial de controlar el peso: elimina el trigo y disminuye tu peso.

Notas

[1] Dohan, F. C. «Wheat "consumption" and hospital admissions for schizophrenia during World War II. A preliminary report» [El «consumo» de trigo y los ingresos hospitalarios por esquizofrenia durante la Segunda Guerra Mundial. Un informe preliminar]. Enero de 1966; 18(1): 7-10.

[2] Dohan, F. C. «Coeliac disease and schizophrenia» [Enfermedad celiaca y esquizofrenia]. *Brit. Med. J.*, 7 de julio de 1973; 51-52.

[3] Dohan, F. C. «Hypothesis: Genes and neuroactive peptides from food as cause of schizophrenia» [Hipótesis: genes y péptidos neuroactivos de los alimentos como causa de la esquizofrenia], en Costa, E., y Trabucchi, M. (eds.). *Advances in Biochemical Psychopharmacology* [Avances en Psicofarmacología Bioquímica]. Nueva York: Raven Press, 1980; 22: 535-548.

[4] Vlissides, D. N.; Venulet, A.; Jenner, F. A. «A double-blind gluten-free/gluten-load controlled trial in a secure ward population» [Una prueba controlada doble ciego sin gluten/con gluten en un sector seguro de la población]. *Br. J. Psych.*, 1986; 148: 447-452.

[5] Kraft, B. D.; West, E. C. «Schizophrenia, gluten, and low-carbohydrate, ketogenic diets: a case report and review of the literature» [Esquizofrenia, gluten y bajos carbohidratos, dietas ketogénicas: un caso práctico y revisión de la literatura]. *Nutr. Metab.*, 2009; 6: 10.

[6] Cermak, S. A.; Curtin, C.; Bandini, L. G. «Food selectivity and sensory sensitivity in children with autism spectrum disorders» [Selectividad de alimentos y sensibilidad sensorial en niños con trastorno del espectro autista]. *J. Am. Diet. Assoc.*, febrero de 2010; 110(2): 238-246.

[7] Knivsberg, A. M.; Reicheltm, K. L.; Hoien,T.; Nodland, M. «A randomized, controlled study of dietary intervention in autistic syndromes» [Un estudio controlado y aleatorio de intervención de la dieta en síndromes de autismo]. *Nutr. Neurosci.*, 2005; 5: 251-261. Véase también: Millward, C.; Ferriter, M.; Calver, S., *et al.* «Gluten- and casein-free diets for autistic spectrum disorder» [Dietas sin gluten ni caseína para el trastorno del espectro autista]. *Cochrane Database Syst. Rev.*, 16 de abril de 2008; (2): CD003498.

[8] Whiteley, P.; Haracopos, D.; Knisberg, A. M., *et al.* «The ScanBrit randomized controlled, single-blind study of gluten- and casein-free dietary intervention for children with autism spectrum disorders» [Estudio ScanBrit controlado, aleatorio y simple ciego de la intervención de la dieta sin gluten ni caseína en niños con trastorno del espectro autista]. *Nutr. Neurosci.*, abril de 2010; 13(2): 87-100.

[9] Niederhofer, H.; Pittschieler, K. «A preliminary investigation of ADHD symptoms in persons with celiac disease» [Una investigación preliminar de los síntomas de TDAH en personas con enfermedad celiaca]. *J. Atten. Disord.*, noviembre de 2006; 10(2): 200-204.

[10] Zioudrou, C.; Streaty, R. A.; Klee, W. A. «Opioid peptides derived from food proteins. The exorphins» [Péptidos opioides derivados de las proteínas de los alimentos. Las exorfinas]. *J. Biol. Chem.*, 10 de abril de 1979; 254(7): 2446-2449.

[11] Pickar, D.; Vartanian, F.; Bunney, W. E. Jr., *et al.* «Short-term naloxone administration in schizophrenic and manic patients. A World Health Collaborative Study» [Administración de naloxona a corto plazo en pacientes esquizofrénicos y maniacos]. *Arch. Gen. Psychiatry,* marzo de 1982; 39(3): 313-319.

[12] Cohen, M. R.; Cohen, R. M.; Pickar, D.; Murphy, D. L. «Naloxone reduces food intake in humans» [La naloxona reduce el consumo de alimentos en los seres humanos]. *Psychosomatic Med.*, marzo/abril de 1985; 47(2): 132-138.

[13] Drewnowski, A.; Krahn, D. D.; Demitrack, M. A., *et al.* «Naloxone, an opiate blocker, reduces the consumption of sweet high-fat foods in obese and lean female binge eaters» [La naloxona, un bloqueador de opiáceos, reduce el consumo de alimentos dulces altos en grasa en mujeres obesas y delgadas que suelen atracarse de comida]. *Am. J. Clin. Nutr.,* 1995; 61: 1206-1212.

CAPÍTULO 5

SE TE VE LA BARRIGA DE TRIGO: LA RELACIÓN ENTRE EL TRIGO Y LA OBESIDAD

Tal vez has vivido esta situación:

Te encuentras a una amiga que no has visto en algún tiempo y exclamas con alegría:

«¡Elizabeth! ¿Cuándo nace el bebé?».

Elizabeth *[pausa]*: «¿El bebé? No sé a qué te refieres».

Tú: «Glups...».

Sí, así es. La grasa abdominal de la barriga de trigo puede ser una imitación estupenda de una barriga de embarazada.

¿Por qué el trigo ocasiona una acumulación de grasa específicamente en el abdomen y no, por ejemplo, en el cuero cabelludo, en la oreja izquierda o en la espalda? Y, más allá del percance ocasional de «no estoy embarazada», ¿por qué resulta importante?

¿Y de qué manera la eliminación del trigo llevaría a la pérdida de grasa abdominal?

Vamos a explorar las características únicas de la barriga de trigo.

BARRIGA DE TRIGO, MICHELINES, SENOS MASCULINOS Y BARRIGAS DE EMBARAZADA OCASIONADAS POR LA COMIDA

Esas son las curiosas manifestaciones de consumir el cereal moderno que denominamos trigo. Suaves o con protuberancias, peludas o sin pelo, tensas o flácidas, las barrigas de trigo vienen en tantas formas, colores y tamaños como seres humanos existen. Pero todas comparten la misma causa metabólica subyacente.

Quisiera presentar el argumento de que los alimentos elaborados con trigo o que lo contienen te hacen engordar. Incluso me atrevería a decir que el consumo demasiado entusiasta de trigo es *la causa principal* de la crisis de diabetes y obesidad en Estados Unidos. Es en gran parte la razón por la que Jillian Michaels acosa a los concursantes del programa *Biggest Loser*. Explica por qué los atletas modernos, como los jugadores de béisbol y los triatletas, están más gordos que nunca. Culpa al trigo cuando en tu asiento del avión te esté aplastando el hombre de 125 kilos que está sentado junto a ti.

Claro, las bebidas azucaradas y el estilo de vida sedentario se suman al problema. Pero, para esa gran mayoría de personas conscientes de la salud que no caen en esos hábitos que engordan, el detonante principal del aumento de peso es el trigo.

De hecho, la increíble bonanza financiera que ha generado la proliferación del trigo en la dieta norteamericana para la industria alimentaria y farmacéutica puede hacer que te preguntes si esta «tormenta perfecta» de alguna manera ha sido generada por el ser humano. ¿Acaso un grupo de hombres poderosos convocó una reunión secreta estilo Howard Hughes en 1955, trazó un plan maligno para producir trigo enano de alto rendimiento y bajo coste, inventó el consejo gubernamental de que hay que comer «cereales integrales saludables», dirigió grandes empresas alimentarias para vender miles de millones de dólares de productos de trigo procesados, todo lo cual condujo a la obesidad y a «necesitar» miles de millones de dólares en medicamentos para la diabetes, las enfermedades cardiacas y todas las demás consecuencias de la obesidad? Suena ridículo, pero, en cierta medida, eso es exactamente lo que sucedió. A continuación te explico cómo.

Diva con barriga de trigo

Celeste ya no se sentía «guay».

A los 61 años, Celeste explicaba que había ido subiendo de peso poco a poco con respecto a su rango normal: de 55 a 60 kilos entre los veintitantos y treinta y tantos. Algo sucedió cuando estaba a mediados de los 40 porque, sin que cambiara sustancialmente sus hábitos, empezó a subir de peso hasta los 83 kilos. «Es lo más que he llegado a pesar en toda mi vida», decía molesta.

Como profesora de arte moderno, Celeste se rodeaba de gente de mundo y su peso la hacía sentirse acomplejada y fuera de lugar. Así es que capté su atención cuando le expliqué mi estrategia de eliminar de la dieta todos los productos derivados del trigo.

En los primeros tres meses perdió 10 kilos, más que suficiente para convencerse de que el método funcionaba. Ya tenía que buscar en el fondo del armario para encontrar ropa que no había podido usar en los últimos cinco años.

Celeste siguió la dieta y me confesó que rápidamente se había convertido en algo natural, no tenía antojos, rara vez necesitaba un refrigerio y simplemente pasaba sin problemas de una comida a otra sintiéndose satisfecha. Notó que, de vez en cuando, las presiones del trabajo le impedían salir a comer o cenar, pero le era sencillo aguantar esos periodos prolongados sin comer. Le recordé que los refrigerios saludables, como nueces naturales, galletas de linaza y queso, encajaban muy bien en su programa. Sin embargo, le pareció que la mayor parte del tiempo los refrigerios no eran necesarios.

Catorce meses después de adoptar la dieta de la barriga de trigo, Celeste no podía dejar de sonreír cuando regresó a mi consultorio pesando 58 kilos, un peso que había tenido por última vez a los treinta y tantos. Había bajado 25 kilos, además de 30 centímetros de cintura, la cual pasó de 100 a 70 centímetros. No solo podía ponerse otra vez sus vestidos talla 38, sino que ya no se sentía incómoda codeándose con la gente del mundo del arte. Ya no tenía necesidad de esconder su barriga de trigo colgante bajo blusas holgadas o muchas capas de ropa. Podía lucir orgullosa su más ajustado vestido de fiesta Óscar de la Renta sin que se le viera ningún bulto a causa de la barriga de trigo.

CEREALES INTEGRALES, VERDADES A MEDIAS

En los círculos de la nutrición, los cereales integrales son el consentido del momento. De hecho, este ingrediente «saludable para el corazón», apoyado por el Departamento de Agricultura, del que quienes dan consejos en materia de alimentación concuerdan en que debes comer en mayor cantidad, nos hace tener hambre y estar gordos, más hambrientos y más gordos que en ningún otro momento de la historia de la humanidad.

Mira una fotografía actual elegida al azar de diez norteamericanos y compárala con la fotografía de diez norteamericanos de comienzos del siglo xx o de cualquier siglo anterior cuando ya había fotografías y verás el tremendo contraste: Los norteamericanos ahora están gordos. Según el Centro de Control y Prevención de Enfermedades (CDC), el 34,4 por 100 de los adultos ahora tienen sobrepeso (IMC de 25 a 29,9) y otro 33,9 por 100 padece obesidad (IMC de 30 o más), lo que deja a menos de uno de cada tres con un peso normal.[1] Desde 1960, las filas de obesos han crecido con mayor rapidez, casi triplicando las de hace 50 años.[2]

Pocos norteamericanos tenían sobrepeso u obesidad durante los primeros dos siglos de la historia de la nación. (La mayor parte de la información recopilada sobre IMC que tenemos para comparar antes del siglo xx proviene del peso y la altura tabulados para el ejército de Estados Unidos. El hombre promedio que estaba en el ejército a finales del siglo xix tenía un IMC menor de

23,2, sin importar la edad; para la década de 1990, el IMC promedio del ejército estaba en el rango del sobrepeso.[3] Fácilmente podemos afirmar que, si esto se aplica a los reclutas del ejército, es peor en la población civil). El peso aumentó al ritmo más veloz cuando el Departamento de Agricultura y otros organismos se pusieron a decirles a los norteamericanos lo que debían comer. Así, aunque la obesidad creció de forma gradual a partir de la década de 1960, el verdadero aumento en la aceleración de la obesidad comenzó a mediados de la de 1980.

Estudios realizados durante los ochenta y a partir de entonces han demostrado que cuando los productos de harina blanca procesada son reemplazados por productos de harina integral hay una reducción en el cáncer de colon, las enfermedades cardiacas y la diabetes. Esto es cierto e indiscutible.

De acuerdo con la sabiduría popular en materia de alimentación, si algo que es malo para ti (la harina blanca) es reemplazado por algo menos malo (el trigo integral), entonces mucho de lo menos malo debería resultarte excelente. Siguiendo esa lógica, si los cigarros con alto contenido de alquitrán son malos para tu salud y los de bajo contenido de alquitrán son menos malos, entonces, muchos cigarros con bajo contenido en alquitrán deberían ser buenos. Tal vez es una analogía imperfecta, pero ilustra la lógica equivocada usada para justificar la proliferación de cereales en nuestra dieta. Añade a la mezcla el hecho de que el trigo ha sufrido cambios agrícolas enormes diseñados genéticamente y habrás dado con la fórmula para crear una nación de personas gordas.

El Departamento de Agricultura y otros líderes de opinión «oficiales» dicen que más de dos tercios de los norteamericanos tienen sobrepeso u obesidad porque son inactivos y glotones. Nos sentamos sobre nuestros gordos traseros para ver un *reality show* tras otro en la televisión, pasamos demasiado tiempo enganchados a Internet y no hacemos ejercicio. Bebemos más refrescos azucarados de los que serían aconsejables y comemos demasiada comida basura y refrigerios. ¡A que no puedes comer solo uno!

A todas luces, son malos hábitos que en algún momento le pasarán factura a nuestra salud. Pero he conocido muchas personas que me dicen que siguen con seriedad los consejos nutricionales «oficiales», evitan la comida basura y la comida rápida, hacen una hora diaria de ejercicio, mientras siguen subiendo más y más de peso. Muchos siguen los consejos fijados por la pirámide alimentaria del Departamento de Agricultura (de seis a once raciones de cereales al día, de los cuales cuatro o más deberían ser integrales), la Asociación Americana del Corazón, la Asociación Americana de Dietética o la Asociación Americana de la Diabetes. ¿La piedra angular de todos esos consejos nutricionales? «Come más cereales integrales saludables».

¿Acaso todas esas organizaciones forman un contubernio con los agricultores que cultivan trigo y con las empresas que venden semillas y químicos? Es más que eso. «Come más cereales integrales saludables» en realidad es solo el corolario del movimiento que aconsejaba «reduce la grasa» que abrazaron los médicos en la década de 1960. Basándose en observaciones epidemiológicas que sugieren que consumos más altos de grasa en nuestra dieta se asocian con niveles más altos de colesterol y riesgo de enfermedades cardiacas, los norteamericanos recibieron el consejo de reducir el consumo de grasas totales y saturadas. El argumento de que el cereal integral es mejor que el blanco le echó más leña a la transición. El mensaje de «bajo en grasa y más cereales» también demostró ser muy provechoso para la industria de los alimentos procesados. Provocó una explosión de alimentos procesados, la mayoría de los cuales valían apenas unos cuantos céntimos en cuanto a las materias primas. La harina de trigo, la harina de maíz, el jarabe de maíz alto en fructosa y el colorante de los alimentos actualmente son los ingredientes principales de los productos que llenan los pasillos centrales de cualquier supermercado moderno. (Los ingredientes naturales, como verduras, carnes y lácteos, suelen estar en el perímetro de esas mismas tiendas). Los ingresos de las grandes compañías de alimentos aumentaron. Solo Kraft genera 48.100

millones de ingresos anuales, con un incremento del 1.800 por 100 desde finales de la década de 1980. Y una parte sustancial de ese dinero proviene de aperitivos elaborados con trigo y maíz.

De la misma manera en que la industria del tabaco creó y mantuvo su mercado con las propiedades adictivas de los cigarros, el trigo de la dieta hace lo mismo con el consumidor indefenso y hambriento. Desde la perspectiva del vendedor de productos alimenticios, el trigo es el ingrediente perfecto de la comida procesada: cuanto más comes, más quieres. La situación para la industria alimentaria ha mejorado aún más a través de los brillantes consejos del Gobierno de Estados Unidos que incitan a los norteamericanos a comer más «cereales integrales saludables».

AGARRA MIS MICHELINES: LAS PROPIEDADES ÚNICAS DE LA GRASA VISCERAL

El trigo dispara un ciclo de saciedad y hambre regido por la insulina, acompañado por altibajos de la euforia y la abstinencia, distorsiones de la función neurológica y efectos adictivos, todos los cuales conducen a la acumulación de grasa.

Los extremos del azúcar y la insulina de la sangre son responsables de la acumulación de grasa específicamente en los órganos viscerales. Experimentada una y otra vez, la grasa visceral se acumula, creando un hígado graso, así como esa manifestación superficial que nos es familiar: la barriga de trigo. (Hasta tu corazón engorda, pero no lo puedes ver a través de las costillas semirrígidas).

Así es que el michelín que rodea tu cintura o la de tus seres queridos representa la manifestación superficial de la grasa visceral contenida dentro del abdomen que recubre los órganos abdominales, la cual es resultado de meses o años de ciclos repetidos de niveles altos de azúcar e insulina en la sangre, seguidos por la acumulación de grasa ocasionada por la insulina. No la acumulación de grasa en los brazos, las nalgas o los muslos, sino la flácida protuberancia alrededor del abdomen creada por órganos internos gordos y abultados. (La razón exacta por la que el metabolismo desordenado de glucosa-insulina ocasiona preferentemente acumulación de grasa visceral en el abdomen y no en tu hombro izquierdo o en la parte superior de la cabeza es una pregunta que sigue dejando perpleja a la ciencia médica).

La grasa en las nalgas o en los muslos es precisamente eso: grasa en las nalgas o en los muslos, ni más ni menos. Te sientas sobre ella, la comprimes dentro de tus vaqueros, lamentas las marcas de celulitis que ocasiona. Representa un exceso de calorías con respecto al gasto calórico. Aunque el consumo de trigo se suma a la grasa de las nalgas y los muslos, la grasa en esas regiones, en comparación, está quieta, metabólicamente hablando.

La grasa visceral es distinta. Aunque puede servir para que tu pareja te agarre cariñosamente los «michelines», también es la única capaz de detonar todo un universo de fenómenos inflamatorios. La grasa visceral que llena y rodea el abdomen en las barrigas de trigo es una fábrica metabólica única que trabaja 24 horas al día, los siete días de la semana. Y lo que produce son señales inflamatorias y citoquinas anormales o moléculas hormonales señalizadoras de célula a célula, como leptina, resistina y factor de necrosis tumoral.[4] Cuanta más grasa visceral está presente, mayores cantidades de señales anormales se liberan en el torrente sanguíneo.

Toda la grasa corporal es capaz de producir otra citoquina, la adiponectina, una molécula protectora que reduce el riesgo de enfermedades cardiacas, diabetes e hipertensión. Sin embargo, a medida que aumenta la grasa visceral, su capacidad de producir adiponectina protectora disminuye (por razones que aún no están muy claras).[5] La combinación entre la falta de adiponectina y un incremento de la leptina, el factor de necrosis tumoral y otros productos inflamatorios subyace a las respuestas anormales de la insulina, la diabetes, la hipertensión y las enfermedades cardiacas.[6] La lista de otras enfermedades ocasionadas por la grasa visceral está creciendo y ahora incluye la demencia, la artritis reumatoide y el cáncer de colon.[7] Por esa razón, el perímetro abdominal está demostrando ser un elemento poderoso para predecir todas esas enfermedades, así como la mortalidad.[8]

La grasa visceral no solo produce niveles anormalmente altos de señales inflamatorias, sino que en sí misma está inflamada y contiene abundantes conjuntos de glóbulos blancos inflamatorios (macrófagos).[9] Las moléculas endocrinas e inflamatorias producidas por la grasa visceral se vacían —a través de la circulación portal drenando sangre del tracto intestinal— directamente al hígado, el cual, entonces, responde produciendo otra secuencia de señales inflamatorias y proteínas anormales.

En otras palabras, en el cuerpo humano no toda la grasa es igual. La grasa de la barriga de trigo es una grasa *especial*. No se trata simplemente de un almacén pasivo para el exceso de calorías de la pizza; en realidad, es una glándula endocrina muy similar a la glándula tiroidea o el páncreas y es una glándula endocrina muy grande y muy activa. (Irónicamente, la abuela tenía razón hace 40 años cuando decía que una persona con sobrepeso tenía un problema «de las glándulas»). A diferencia de otras glándulas endocrinas, la glándula endocrina de la grasa visceral no sigue las reglas, sino un libreto único que funciona en contra de la salud del cuerpo.

Así es que una barriga de trigo no es solo antiestética, también es muy poco saludable.

«COLOCÁNDOSE» CON INSULINA

¿Por qué el trigo es mucho peor para el peso que otros alimentos?

El fenómeno esencial que dispara el crecimiento de la barriga de trigo es un nivel alto de azúcar (glucosa). A su vez, tener el azúcar alto provoca que la insulina de la sangre esté alta. (La insulina es liberada por el páncreas en respuesta al azúcar de la sangre: cuanto más alto es el nivel de azúcar, más insulina debe ser liberada para mover el azúcar hacia el interior de las células del cuerpo, como las de los músculos y el hígado). Cuando la capacidad del páncreas de producir insulina en respuesta a los aumentos de azúcar de la sangre se excede, se desarrolla diabetes. Sin embargo, no tienes que ser diabético para experimentar un nivel alto de azúcar y un nivel alto de insulina: las personas que no padecen diabetes fácilmente pueden experimentar los niveles de azúcar altos necesarios para generar su propia barriga de trigo, en particular dado que los alimentos elaborados con trigo se convierten con suma facilidad en azúcar.

Un nivel alto de insulina en la sangre ocasiona acumulación de grasa visceral, la manera en que el cuerpo almacena energía excesiva. Cuando la grasa visceral se acumula, el flujo de señales inflamatorias que produce hace que tejidos como el músculo y el hígado respondan menos a la insulina. Esta llamada resistencia a la insulina significa que el páncreas debe producir cada vez mayores cantidades de insulina para metabolizar los azúcares. Al final, resulta un círculo vicioso de mayor resistencia a la insulina, mayor producción de insulina, mayor depósito de grasa visceral, mayor resistencia a la insulina, etcétera.

Los nutricionistas afirman que el trigo incrementa el azúcar en la sangre de una manera más profunda que lo que sucedía con el azúcar de mesa hace 30 años. Como hemos explicado antes, el índice glucémico, o IG, es la manera en que el nutricionista mide cuánto se elevan los niveles de azúcar en la sangre en los 90 a 120 minutos posteriores al consumo de un alimento. Según esta medida, el pan de trigo integral tiene un IG de 72, mientras que el del azúcar de mesa común y corriente es de 59 (aunque algunos laboratorios han obtenido resultados de hasta 65). En contraste, las alubias rojas tienen un IG de 51 y el pomelo de 25, mientras que los alimentos que carecen de carbohidratos, como el salmón y las nueces, tienen índices glucémicos prácticamente de cero: comer esos alimentos no produce ningún efecto en el azúcar de la sangre. De hecho, *pocos alimentos tienen un índice glucémico tan alto como el trigo*. Con excepción de los frutos secos ricos en azúcar, como los dátiles e higos, aparte de los productos de trigo, los únicos alimentos que tienen un índice glucémico tan alto son los almidones secos y pulverizados, como el almidón de maíz, el de arroz, el de patata y el de tapioca. (Vale la pena anotar que esos son los mismos carbohidratos que a menudo se usan para elaborar alimentos «sin gluten». Más adelante hablaré más al respecto).

Como el carbohidrato del trigo, la amilopectina A de digestión única, ocasiona un mayor incremento en el azúcar de la sangre que cualquier otro alimento (más que una barra de chocolate, el azúcar de mesa o el helado), también causa una mayor liberación de insulina. Más amilopectina A significa un azúcar en la sangre más alto, una insulina más alta, más acumulación de grasa visceral..., una barriga de trigo más grande.

Agrega el inevitable bajón de azúcar en la sangre (hipoglucemia), que es la consecuencia natural de los niveles altos de insulina, y verás por qué a menudo se produce un hambre irresistible, a medida que el cuerpo intenta protegerte de los peligros de tener el azúcar baja. Sales corriendo a buscar algo de comer que eleve tu nivel de azúcar y el ciclo se vuelve a poner en marcha, repitiéndose cada dos horas.

Ahora, incluye la respuesta de tu cerebro a los efectos eufóricos de las exorfinas generadas por el trigo (y el efecto potencial de abstinencia si te pierdes la siguiente «dosis») y no es sorprendente que la barriga de trigo que rodea tu cintura siga creciendo cada vez más.

LA LENCERÍA PARA HOMBRES ESTÁ EN LA SEGUNDA PLANTA

La barriga de trigo no solo es un asunto cosmético, sino un fenómeno con verdaderas consecuencias para la salud. Además de producir hormonas inflamatorias como la leptina, la grasa visceral también es un factor de producción de estrógenos en ambos sexos, los mismos estrógenos que confieren características femeninas a las niñas al inicio de la pubertad, como el ensanchamiento de la cadera y el crecimiento de los senos.

Hasta la menopausia, las mujeres adultas tienen niveles altos de estrógenos. Sin embargo, el excedente de estrógenos, producido por la grasa visceral, aumenta de manera considerable el riesgo de padecer cáncer de mama, ya que los estrógenos en niveles altos estimulan el tejido de los senos.[10] En consecuencia, el aumento en la grasa visceral en una mujer se ha asociado con un incremento del cuádruple en el riesgo de padecer cáncer de pecho. El riesgo de desarrollar cáncer de mama en mujeres posmenopáusicas que tienen grasa visceral debida a la barriga de trigo es del doble que en el caso de mujeres más delgadas posmenopáusicas sin barriga de trigo.[11] A pesar de la aparente relación, ningún estudio (increíblemente) ha examinado los resultados de una dieta sin trigo para perder la grasa visceral de la barriga de trigo y su efecto en la incidencia del cáncer de mama. Si simplemente unimos los puntos, se podría predecir una marcada reducción del riesgo.

Los hombres, al contar solo con una diminuta fracción de los estrógenos que tienen las mujeres, son sensibles a cualquier cosa que incremente sus estrógenos. Cuanto más grande es la barriga de trigo en los hombres, más estrógenos se producen a causa del tejido de la grasa visceral. Como los estrógenos estimulan el crecimiento de tejido mamario, niveles elevados de estrógenos pueden hacer que los hombres desarrollen senos más grandes, los temidos «senos masculinos», «tetas de hombre» o, dicho en términos profesionales, ginecomastia.[12] La grasa visceral también incrementa los niveles de la hormona prolactina hasta siete veces.[13] Como sugiere el nombre (prolactina significa «estimulación de la lactación»), los niveles altos de prolactina estimulan el crecimiento de tejido mamario y la producción de leche.

El aumento de los senos de un hombre, por tanto, no es solo la característica vergonzosa de tu cuerpo de la que se burla tu sobrino, sino una evidencia con copa B de que los niveles de estrógenos y prolactina están elevados debido a la fábrica inflamatoria y hormonal que cuelga de tu cintura.

Toda una industria está creciendo para ayudar a los hombres que se sienten avergonzados por sus senos crecidos. La cirugía de reducción de senos masculinos está proliferando y crece a nivel nacional a un ritmo vertiginoso. Otras «soluciones» incluyen ropa especial, camisas de compresión y programas de ejercicio. (Tal vez Kramer, del programa *Seinfield*, no estaba tan loco cuando inventó el *manssiere* o sostén masculino).

Aumento de los estrógenos, cáncer de mama, tetas en los hombres..., todo empieza por la bolsa de bagels que compartes en la oficina.

ENFERMEDAD CELIACA: UN LABORATORIO DE PÉRDIDA DE PESO

Como mencioné antes, el padecimiento por excelencia con el que se ha vinculado el trigo de manera concluyente es la enfermedad celiaca. A los celiacos se les aconseja que eliminen de su dieta los productos de trigo para disminuir todo tipo de complicaciones desagradables del desarrollo de su enfermedad. ¿Qué nos puede enseñar su experiencia sobre los efectos de la eliminación del trigo? De hecho, hay lecciones muy importantes sobre pérdida de peso que se pueden deducir a partir de los estudios clínicos de personas con enfermedad celiaca que eliminan los alimentos que contienen gluten de trigo.

La falta de reconocimiento de la enfermedad celiaca entre los médicos, junto con sus presentaciones inusuales (por ejemplo, fatiga o migraña sin síntomas intestinales), significa un retraso medio de 11 años desde el inicio de los síntomas hasta el momento del diagnóstico.[14] Por tanto, quienes padecen enfermedad celiaca pueden desarrollar un estado de desnutrición severa debido al fallo en la absorción de nutrientes en el momento del diagnóstico. Esto es especialmente cierto en el caso de niños que padecen enfermedad celiaca, quienes tienen sobrepeso y están poco desarrollados para su edad.[15]

Algunos celiacos se quedan esqueléticos antes de que se determine la causa de su enfermedad. Un estudio de la Universidad de Columbia, de 2010, realizado con 369 personas con enfermedad celiaca incluyó a 64 participantes (el 17,3 por 100) con un increíble índice de masa corporal de 18,5 o menos.[16] (Un IMC de 18,5 en una mujer de 1,62 de altura equivaldría a un peso de 48 kilos, o 60 kilos en un hombre que mida 1,77). Años de mala absorción de nutrientes y calorías, empeorada por diarreas frecuentes, dejan a muchos celiacos bajos de peso, desnutridos y luchando simple y sencillamente por mantener su peso.

La eliminación del gluten del trigo elimina los agentes ofensivos que destruyen el recubrimiento del intestino. Una vez que el recubrimiento del intestino se regenera, se produce una mejor absorción de vitaminas, minerales y calorías, y el peso comienza a aumentar debido a la mejora en la nutrición. Dichos estudios documentan el aumento de peso que experimentan los celiacos bajos de peso y desnutridos cuando eliminan el trigo de su alimentación.

Por esta razón, tradicionalmente la enfermedad celiaca ha sido considerada una dolencia de niños y adultos raquíticos. Sin embargo, los expertos en el tema han observado que durante los últimos 30 o 40 años pacientes recién diagnosticados con enfermedad celiaca cada vez más a menudo padecen sobrepeso u obesidad. Una de esas tabulaciones recientes de pacientes que acaban de ser diagnosticados mostró que el 39 por 100 comenzaba con sobrepeso (IMC de 25 a 29,9) y el 13 por 100 comenzaba con obesidad (IMC igual o superior 30).[17] Según este cálculo, más de la mitad de las personas que ahora han sido diagnosticadas con enfermedad celiaca tienen, como resultado, sobrepeso u obesidad.

Si nos fijamos solo en las personas con sobrepeso que no presentan desnutrición severa en el momento del diagnóstico, los celiacos de hecho pierden una cantidad sustancial de peso cuando eliminan el gluten del trigo. Un estudio de la Clínica Mayo y la Universidad de Iowa analizó a 215 pacientes celiacos después de la eliminación del trigo y, en los primeros seis meses, registró una pérdida de peso de 12,5 kilos en quienes comenzaron con obesidad.[18] En el estudio de la Universidad de Iowa antes mencionado, la eliminación del trigo redujo la presencia de obesidad a la mitad en un año; más del 50 por 100 de los participantes que comenzaron con un IMC en el rango del sobrepeso (de 25 a 29,9) bajaron un promedio de 11,80 kilos.[19] El doctor Peter Green, gastroenterólogo, director del estudio y profesor de medicina clínica en la Universidad de Columbia, especula que «no está claro si se debe a la reducción de calorías o a otro factor de la dieta» responsable de la pérdida de peso en la dieta sin gluten. Con todo lo que has aprendido, ¿no está claro que la eliminación del trigo es la responsable de esa extravagante pérdida de peso?

Observaciones similares se han hecho en niños. Aquellos con enfermedad celiaca que eliminan el gluten del trigo ganan músculo y retoman su crecimiento normal, pero también tienen menos grasa corporal en comparación con niños que no padecen la enfermedad celiaca.[20] (Investigar cambios en el peso de los niños es complicado porque están creciendo). Otro estudio mostró que el 50 por 100 de los niños obesos con enfermedad celiaca lograron un IMC normal al eliminar el gluten.[21]

Lo que hace que esto sea increíble es que, más allá de la eliminación del gluten, la dieta de los pacientes celiacos no tiene más restricciones. Estos no fueron programas de pérdida de peso intencionados, solo eliminación de trigo y gluten. No se contaron las calorías, no hubo ningún control de la cantidad, ni ejercicio ni ningún otro medio de bajar de peso..., solo la eliminación del trigo. No hay prescripciones de contenido de carbohidratos ni de grasas, solo la eliminación del gluten. Esto significa que algunas personas incorporan alimentos «sin gluten», como panes, magdalenas y galletas, que ocasionan un aumento de peso, a veces drástico. (Como explicaré más adelante, si quieres bajar de peso, es importante que no reemplaces un alimento que aumenta tu peso —el trigo— con otro grupo de alimentos sin gluten que también aumentan tu peso). En muchos programas sin gluten, de hecho, *se fomenta* el consumo de alimentos sin gluten. A pesar de esta prescripción alimentaria equivocada, el hecho sigue siendo el mismo: las personas que padecen enfermedad celiaca experimentan una marcada pérdida de peso al eliminar el gluten.

Los investigadores que llevan a cabo esos estudios, aunque sospechan que hay «otros factores», nunca ofrecen la posibilidad de que la pérdida de peso se deba a la eliminación de un alimento que ocasiona un extravagante aumento de peso, es decir, el trigo.

Resulta interesante observar cómo esos pacientes tienen un consumo calórico sustancialmente inferior una vez que inician una dieta sin gluten —en comparación con personas que no siguen una dieta sin gluten—, aunque no tienen restricción de otros alimentos. El consumo de calorías se redujo en un 14 por 100 diario en las dietas sin gluten.[22] Otro estudio encontró que los celiacos que eliminaban por completo el gluten consumían 418 calorías menos al día que los que no adoptaban ese compromiso y permitían que el gluten de trigo siguiera en sus dietas.[23] Para alguien cuyo consumo calórico diario es de 2.500 calorías, esto representaría una reducción del 16,7 por 100 en el consumo de calorías. Adivina sus efectos sobre el peso.

Como dato sintomático de la tendencia del dogma nutricional convencional, los investigadores del primer estudio etiquetaron la dieta de los pacientes que se recuperaron de la enfermedad celiaca como «no equilibrada», dado que la dieta sin gluten no contenía pasta, pan, ni pizza, pero incluía más «alimentos naturales equivocados» (sí, de hecho dijeron eso), como carne, huevo y queso. En otras palabras, sin querer, o sin darse cuenta siquiera de que lo habían hecho, los investigadores demostraron el valor de una dieta sin trigo, que reduce el apetito y requiere reemplazar calorías con alimentos reales. Por ejemplo, una revisión exhaustiva reciente de la enfermedad celiaca, escrita por dos expertos muy reconocidos en el tema, no menciona la pérdida de peso que tiene lugar al eliminar el gluten.[24] Sin embargo está ahí, en los datos, claro como el día: elimina el trigo, baja de peso. Estos investigadores también tienden a considerar que la pérdida de peso que resulta de dietas sin trigo, sin gluten, se debe a la falta de variedad de alimentos a causa de la eliminación del trigo, en vez de a la supresión del trigo en sí. (Como verás más adelante, no hay una falta de variedad al eliminar el trigo; sigue habiendo mucha comida deliciosa en una alimentación sin gluten).

Puede ser la falta de exorfinas, la reducción del ciclo insulina-glucosa que desencadena el hambre o algún otro factor, pero eliminar el trigo reduce entre 350 y 400 calorías el consumo diario, sin que haya ninguna otra restricción de calorías, grasas, carbohidratos o cantidad de las raciones. No hay platos más pequeños, más tiempo masticando ni comidas pequeñas frecuentes. Solo hacer desaparecer el trigo de tu mesa.

No hay razón para creer que la pérdida de peso que se produce al eliminar el trigo sea exclusiva de los celiacos. Es cierta tanto para personas con sensibilidad al gluten y para aquellas que no la tienen.

Así es que cuando extrapolamos la eliminación del trigo a personas que no padecen enfermedad celiaca, como he hecho yo con miles de pacientes, observamos el mismo fenómeno: una pérdida de peso drástica e inmediata, similar a la que tiene lugar en la población celiaca que padece obesidad.

PIERDE LA BARRIGA DE TRIGO

En 14 días, 4,5 kilos. Ya sé. Suena como otro documental publicitario de la televisión hablando maravillas de su último truco para «perder peso rápidamente».

Sin embargo, lo he visto una y otra vez. Elimina el trigo en todas sus miles de formas y los kilos se derriten, con frecuencia a un ritmo de casi medio kilo al día. Sin trucos, sin comidas particulares, sin fórmulas especiales, sin bebidas para «reemplazar comidas» ni regímenes de «limpieza».

Obviamente, perder peso a ese ritmo solo se puede mantener durante un tiempo o terminarás hecho polvo. Pero el ritmo inicial de pérdida de peso puede ser asombroso, igualando lo que podrías lograr con un ayuno total. Me parece que este fenómeno es fascinante: ¿por qué eliminar el trigo genera una pérdida de peso tan rápida como dejar de comer? Sospecho que es una combinación entre el ciclo de aumento y depósito de glucosa-insulina-grasa y la reducción natural en el consumo de calorías resultante. Pero, como médico, he comprobado que esto sucede una y otra vez.

La eliminación del trigo a menudo es parte de las dietas bajas en carbohidratos. Cada vez hay más estudios clínicos que demuestran las ventajas que tienen las dietas bajas en carbohidratos para perder peso.[25] De hecho, el éxito de las dietas bajas en carbohidratos, en mi experiencia, tiene su origen en gran medida por la eliminación del trigo. Como el trigo domina las dietas de la mayor parte de los adultos modernos, suprimirlo elimina la mayor fuente del problema. (También he sido testigo del *fracaso* de dietas bajas en carbohidratos porque los únicos carbohidratos que se mantenían en la dieta eran productos con trigo).

Por supuesto, el azúcar y otros carbohidratos también cuentan. En otras palabras, si eliminas el trigo pero tomas refrescos con azúcar y comes chocolates y aperitivos de maíz frito todo el día, te negarás la mayor parte de los beneficios de pérdida de peso de suprimir el trigo. Sin embargo, la mayoría de los adultos racionales ya saben que evitar los refrescos azucarados gigantes y los helados gigantes es una condición necesaria para bajar de peso. Es el trigo el que parece contrario al sentido común.

La eliminación del trigo es una estrategia muy menospreciada para lograr una pérdida de peso rápida y profunda, en particular de grasa visceral. He sido testigo del efecto de pérdida de peso de la barriga de trigo miles de veces: elimina el trigo y el peso disminuye rápidamente, sin esfuerzo, a menudo tanto como 20, 25, 50 o más kilos al año, dependiendo del nivel de exceso de peso que había en un inicio. Solo en los últimos 30 pacientes que eliminaron el trigo en mi clínica, el promedio de pérdida de peso fue de 12 kilos en cinco meses y medio.

Lo sorprendente de eliminar el trigo es que, al suprimir este alimento que dispara el apetito y un comportamiento adictivo, se genera una nueva relación con la comida. Comes porque lo necesitas para proveer tus necesidades fisiológicas de energía, no porque haya un ingrediente extraño que enciende tus «botones» del apetito, incrementando este y el impulso de comer más y más. Descubrirás que tienes poco interés en el almuerzo a mediodía, que pasas de largo fácilmente frente a la vitrina de los pasteles en la tienda y que rechazas los *donuts* en la oficina sin pestañear. Te divorciarás del deseo indefenso —motivado por el trigo— de comer más y más.

Tiene todo el sentido del mundo: si eliminas alimentos que disparan respuestas exageradas en la insulina y el azúcar de la sangre, suprimes la fuente alimenticia de exorfinas adictivas; te sientes más satisfecho con menos. El exceso de peso se disuelve y regresas a un peso fisiológicamente adecuado. Pierdes el peculiar y antiestético flotador alrededor del abdomen. Dale un beso de despedida a tu barriga de trigo.

47 kilos menos... y faltan 9

Cuando conocí a Geno, tenía ese aspecto ya conocido: palidez grisácea, cansancio, casi no prestaba atención. Con una altura de 1,77 metros, sus 146 kilos incluían una considerable barriga de trigo colgando del cinturón. Geno vino a verme para pedirme mi opinión con relación a cómo prevenir enfermedades coronarias, a partir de la preocupación que le había generado un «puntaje» anormal en un electrocardiograma, un indicador de placa aterosclerótica coronaria y riesgo potencial de ataque al corazón.

Como era de esperar, la cintura de Geno estaba acompañada de múltiples medidas metabólicas anormales, como niveles altos de azúcar en la sangre en el rango considerado como diabetes, triglicéridos altos, bajo colesterol HDL y muchas más; todos estos elementos contribuían a su placa coronaria y al riesgo de padecer enfermedades cardiacas.

De alguna manera logré llegarle, a pesar de su actitud en apariencia indiferente. Creo que ayudó que solicité la colaboración de la persona encargada de hacerle la comida y comprar los alimentos: la esposa de Geno. Al principio se quedó perplejo ante la propuesta de eliminar todos los «cereales integrales saludables», incluida su amada pasta, y reemplazarlos por alimentos que él había considerado prohibidos, como nueces, aceites, huevos, queso y carnes.

Seis meses después, Geno regresó a mi consultorio. Creo que no sería exagerado decir que se había transformado. Alerta, atento y sonriente, Geno me dijo que su vida había cambiado. No solo había perdido la increíble cantidad de 29 kilos y 36 centímetros de cintura en esos seis meses, sino que había recuperado la energía que tenía de joven, lo cual le había llevado a querer socializar con amigos y viajar con su esposa de nuevo, a caminar y andar en bicicleta, a dormir más profundamente y a tener un optimismo recién descubierto. Y sus análisis de laboratorio confirmaban la mejora: el nivel de azúcar de la sangre estaba en unos parámetros normales, el colesterol HDL se había duplicado, los triglicéridos habían disminuido de varios miles de miligramos a un rango perfecto.

Seis meses después, Geno había bajado otros 18 kilos. Ahora pesaba 99 kilos...; en un año había perdido 47 kilos.

«Mi meta es llegar a 90 kilos, el peso que tenía cuando me casé —añadió Geno—. Solo me faltan 9». Y lo dijo con una sonrisa.

SÉ UNA PERSONA SIN GLUTEN, PERO NO COMAS ALIMENTOS
«SIN GLUTEN»

¿Que qué?

El gluten es la proteína principal del trigo y, como he explicado, es responsable de algunos, aunque no de todos, los efectos adversos del consumo de trigo. El gluten es el culpable del daño inflamatorio subyacente que produce en el tracto intestinal la enfermedad celiaca. Las personas que padecen enfermedad celiaca deben evitar los alimentos que contienen gluten. Esto significa eliminar el trigo, así como otros cereales que contienen gluten, como la cebada, el centeno, la espelta, el triticale, el kamut y tal vez las avenas. Los celiacos a menudo buscan alimentos «sin gluten» que imitan productos que contienen trigo. Se ha desarrollado toda una industria para cumplir sus deseos libres de gluten, desde pan sin gluten hasta pasteles y postres sin gluten.

Sin embargo, muchos alimentos sin gluten se elaboran sustituyendo la harina de trigo por almidón de maíz, almidón de arroz, almidón de patata, almidón de tapioca —el almidón extraído de la raíz de la planta llamada mandioca o yuca—. Esto es especialmente peligroso para cualquiera que desee bajar 10, 15 o más kilos, dado que los alimentos sin gluten, aunque no disparan la respuesta inmunológica o neurológica del gluten de trigo, sí disparan la respuesta de glucosa-insulina que hace que subas de peso. Los productos de trigo incrementan la insulina y el azúcar de la sangre más que la mayoría de los alimentos. Pero recuerda: los alimentos elaborados con almidón de maíz, almidón de arroz, almidón de patata y almidón de tapioca están entre aquellos que incrementan el nivel de azúcar en la sangre aún más que los productos de trigo.

Así que los alimentos sin gluten no son productos *sin problemas*, sino la explicación probable del sobrepeso de los celiacos que eliminan el trigo pero no logran bajar de peso. En mi opinión, los alimentos sin gluten no tienen papel alguno, más allá de ser una golosina ocasional, dado que el efecto metabólico de esos alimentos no es muy distinto a comer un tazón de judías de colores de golosina.

En consecuencia, eliminar el trigo no es solo suprimir el gluten, sino eliminar la amilopectina A del trigo, la forma de carbohidrato complejo que incrementa el azúcar de la sangre aún más que el azúcar de mesa o las barritas de chocolate. Sin embargo, no quieras reemplazar la amilopectina A del trigo con los carbohidratos de rápida absorción del almidón de arroz, el de maíz, el de patata o el de tapioca en polvo. En pocas palabras, no reemplaces las calorías del trigo con carbohidratos de rápida absorción del tipo que disparan la insulina y generan acumulación de grasa visceral. Y evita los alimentos sin gluten si sigues una dieta sin gluten.

Más adelante, daré todos los pormenores de la eliminación del trigo, cómo navegar por el proceso completo, desde elegir alimentos saludables que lo reemplacen hasta afrontar el síndrome de abstinencia. Proporciono una visión desde las trincheras, dado que he sido testigo de cómo miles de personas lo han logrado con éxito.

Sin embargo, antes de entrar en los detalles de la eliminación del trigo, vamos a hablar sobre la enfermedad celiaca. Incluso si no padeces esta devastadora enfermedad, entender sus causas y curas proporciona un marco útil para pensar en el trigo y en el papel que desempeña en la dieta de los seres humanos. Más allá de ofrecernos una lección sobre pérdida de peso, la celiaquía puede proporcionar otras reflexiones útiles sobre salud para quienes no la sufrimos.

Así que deja a un lado tu bollo Cinnabon y vamos a hablar sobre la enfermedad celiaca.

Notas

---

[1] Flegal, K. M.; Carroll, M. D.; Ogden, C. L.; Curtin, L. R. «Prevalence and trends in obesity among US adults» [Prevalencia y tendencias en obesidad entre adultos de Estados Unidos], 1999-2008. *JAMA*, 2010; 303(3): 235-241.

[2] Flegal, K. M.; Carroll, M. D.; Kuczmarski, R. J.; Johnson, C. L. «Overweight and obesity in the United States: prevalence and trends» [Sobrepeso y obesidad en Estados Unidos: prevalencia y tendencias], 1960-1994. *Int. J. Obes. Relat. Metab. Disord.*, 1998; 22(1): 39-47.

[3] Costa, D.; Steckel, R. H. «Long-term trends in health, welfare, and economic growth in the United States» [Tendencias a largo plazo en salud, bienestar y crecimiento económico en Estados Unidos], en Steckel, R. H.; Floud, R. (eds.). *Health and Welfare during Industrialization* [Salud y bienestar durante la industrialización]. Univ. Chicago Press, 1997: 47-90.

[4] Klöting, N.; Fasshauer, M.; Dietrich, A., *et al.* «Insulin sensitive obesity» [Obesidad sensible a la insulina]. *Am. J. Phisiol. Endocrinol. Metab.*, 22 de junio de 2010 [publicación digital anterior a la impresa]. Véase también: DeMarco, V. G.; Johnson, M. S.; Whaley-Connell, A. T.; Sowers, J. R. «Cytokine abnormalities in the etiology of the cardiometabolic syndrome» [Anomalías de citoquina en la etiología del síndrome cardiometabólico]. *Curr. Hypertens. Rep.*, abril de 2010; 12(2): 93-98.

[5] Matsuzawa, Y. «Establishment of a concept of visceral fat syndrome and discovery of adiponectin» [Establecimiento de un concepto de síndrome de grasa visceral y descubrimiento de adiponectina]. *Proc. Jpn. Acad. Ser. B. Phys. Biol. Sci.*, 2010; 86(2): 131-141.

[6] Ibíd.

[7] Funahashi, T.; Matsuzawa, Y. «Hypoadiponectinemia: a common basis for diseases associated with overnutrition» [Hipoadiponectinemia: una base común para enfermedades asociadas con la sobrenutrición]. *Curr. Atheroscler. Rep.*, septiembre de 2006; 8(5): 433-438.

[8] Deprés, J.; Lemieux, I.; Bergeron, J., *et al.* «Abdominal obesity and the metabolic syndrome: contributions to global cardiometabolic risk» [Obesidad abdominal y el síndrome metabólico: contribuciones al riesgo cardiometabólico general]. *Arterioscl. Thromb. Vasc. Biol.*, 2008; 28: 1039-1049.

[9] Lee., Y.; Pratley, R. E. «Abdominal obesity and cardiovascular disease risk: the emerging role of the adipocyte» [Obesidad abdominal y riesgo de enfermedades cardiovasculares: el papel emergente de los adipocitos]. *J. Cardiopulm. Rehab. Prev.*, 2007; 27: 2-10.

[10] Lautenbach, A.; Budde, A.; Wrann, C. D. «Obesity and the associated mediators leptin, estrogen and IGF-I enhance the cell proliferation and early tumorigenesis of breast cancer cells» [Obesidad y los mediadores de leptina asociados, estrógenos e IGF-I mejoran la proliferación de células y la tumorigénesis temprana en células de cáncer de mama]. *Nutr. Cancer*, 2009; 61(4): 484-491.

[11] Endogenous Hormones and Breast Cancer Collaborative Group [Grupo Colaborativo de Hormonas Endógenas y Cáncer de Mama]. «Endogenous sex hormones and breast cancer in postmenopausal women: reanalysis of nine prospective studies» [Hormonas sexuales endógenas y cáncer de mama en mujeres posmenopáusicas: análisis repetido de nueve estudios prospectivos]. *J. Natl. Cancer Inst.*, 2002; 94: 606-616.

[12] Johnson, R. E.; Murah, M. H. «Gynecomastia: pathophysiology, evaluation, and management» [Ginecomastia: patofisiología, evaluación y control]. *Mayo Clinic. Proc.*, noviembre de 2009; 84(11): 1010-1015.

[13] Pynnönen, P. A.; Isometsä, E. T.; Verkasalo, M. A., *et al.* «Gluten-free diet may alleviate depressive and behavioral symptoms in adolescents with celiac disease: a prospective follow-up case-series study» [La dieta sin gluten puede aliviar síntomas depresivos y de comportamiento en adolescentes con enfermedad celiaca: un estudio de seguimiento prospectivo a series de casos]. *BMC Psychiatry*, 2005; 5: 14.

[14] Green, P.; Stavropoulos, S.; Pangi, S., *et al.* «Characteristics of adult celiac disease in the USA: results of a national survey» [Características de la enfermedad celiaca en Estados Unidos: resultados de una encuesta nacional]. *Am. J. Gastroenterol.*, 2001; 96: 126-131.

Véase también: Cranney, A.; Zarkadas, M.; Graham, I. D., *et al.* «The Canadian Celiac Health Survey» [La Encuesta de Salud Celiaca de Canadá]. *Dig. Dis. Sci.*, abril de 2007; (5294): 1087-1095.

[15] Barera, G.; Mora, S.; Brambill A. P., *et al.* «Body composition in children with celiac disease and the effects of a gluten-free diet: a prospective case-control study» [Composición corporal en niños con enfermedad celiaca y efectos de una dieta sin gluten: un estudio prospectivo de caso y control]. *Am. J. Clin. Nutr.*, julio de 2000; 72(1): 71-75.

[16] Cheng, J.; Brar, P. S.; Lee, A. R.; Green, P. H. «Body mass index in celiac disease: beneficial effect of a gluten-free diet» [Índice de masa corporal en la enfermedad celiaca: efecto benéfico de una dieta sin gluten]. *Am. J. Gastroenterol.*, abril de 2010; 44(4): 267-271.

[17] Dickey, W.; Kearney, N. «Overweight in celiac disease: prevalence, clinical characteristics, and effect of a gluten-free diet» [Sobrepeso en la enfermedad celiaca: predominio, características clínicas y efecto de una dieta sin gluten]. *Am. J. Gastroenterol.*, octubre de 2006; 101(10): 2356-2359.

[18] Murray, J. A.; Watson, T.; Clearman, B.; Mitros, F. «Effect of a gluten-free diet on gastrointestinal symptoms in celiac disease» [Efecto de una dieta sin gluten en síntomas gastrointestinales en la enfermedad celiaca]. *Am. J. Clin. Nutr.*, abril de 2004; 79 (4): 669-673.

[19] Cheng *et al.* Art. cit. *J. Clin. Gastroenterol.*, abril de 2010; 44(4): 267-271.

[20] Barrera, G., *et al. Am. J. Clin. Nutr.*, julio de 2000; 72(1): 71-75.

[21] Venkatasubramani, N.; Telega, G.; Werlin, S. L. «Obesity in pediatric celiac disease» [Obesidad en pacientes con enfermedad celiaca pediátrica]. *J. Pediat. Gastrolenterol. Nutr.*, 12 de mayo de 2010 [publicación digital anterior a la impresa].

[22] Bardella, M. T.; Fredella, C.; Prampolini, L., *et al.* «Body composition and dietary intakes in adult celiac disease patients consuming a strict gluten-free diet» [Composición corporal y consumos alimenticios en enfermedad celiaca en pacientes adultos que tienen una dieta estricta sin gluten]. *Am. J. Clin. Nutr.*, octubre de 2000; 72(4): 937-939.

[23] Smecuol, E.; González, D.; Mautalen, C., *et al.* «Longitudinal study on the effect of treatment on body composition and anthropometry of celiac disease patients» [Estudio longitudinal sobre el efecto del tratamiento en la composición del cuerpo y la antropometría de pacientes con enfermedad celiaca]. *Am. J. Gastroenterol.*, abril de 1997; 92(4): 639-643.

[24] Green, P.; Cellier, C. «Celiac disease» [Enfermedad celiaca]. *New Engl. J. Med.*, 25 de octubre de 2007; 357: 1731-1743.

[25] Foster G. D.; Wyatt, H. R.; Hill, J. O., *et al.* «A randomized trial of a low-carbohydrate diet for obesity» [Prueba aleatoria de una dieta baja en carbohidratos para la obesidad]. *N. Engl. J. Med.*, 2003; 348: 2082-2090. Véase también: Samaha, F. F.; Iqbal, N.; Seshadri, P., *et al.* «A low-carbohydrate as compared with a low-fat diet in sever obesity» [Una dieta baja en carbohidratos en comparación con una dieta baja en grasa en la obesidad severa]. *N. Engl. J. Med.*, 2003: 348: 2074-2081.

CAPÍTULO 6

HOLA, INTESTINO, SOY YO, EL TRIGO. EL TRIGO Y LA ENFERMEDAD CELIACA

Tu pobre e ignorante intestino. Ahí lo tienes, haciendo su trabajo todos los días, empujando los restos parcialmente digeridos de tu última comida a lo largo del intestino delgado de unos 6 metros de largo, más 1,5 metros de intestino grueso, generando el tema que domina las conversaciones de la mayor parte de los jubilados. Nunca se detiene a descansar y solo hace lo que tiene que hacer, sin pedir nunca un aumento ni seguro médico. Huevos rellenos, pollo asado o ensalada de espinacas se transforman en el familiar producto de la digestión, el desecho semisólido pintado de bilirrubina que, en nuestra sociedad moderna, dejas en el baño sin hacer ninguna pregunta.

Incorpora un intruso que puede alterar todo el sistema feliz: el gluten de trigo.

Después de que el *Homo sapiens* y nuestros antepasados inmediatos pasaran millones de años comiendo el limitado menú proveniente de la caza y la recolección, el trigo entró en la dieta de los seres humanos, una práctica que se desarrolló solo durante los últimos 10.000 años. Este tiempo relativamente breve (300 generaciones) fue insuficiente para permitir que todos los seres humanos se adaptaran a esta planta única. La evidencia más drástica del fracaso en la adaptación al trigo es la enfermedad celiaca, la alteración de la salud del intestino delgado a causa del gluten de trigo. Hay otros ejemplos del fracaso en la adaptación a ciertos alimentos, como la intolerancia a la lactosa, pero la enfermedad celiaca se cuece aparte en cuanto a la severidad de la respuesta y sus increíblemente variadas formas de expresarse.

Aunque no padezcas enfermedad celiaca, te animo a que sigas leyendo. Este libro no trata sobre dicha enfermedad. Sin embargo, es imposible hablar sobre los efectos del trigo para la salud sin mencionar esta enfermedad, ya que es el prototipo de la intolerancia al trigo, el parámetro con respecto al cual comparamos todas las demás formas de intolerancia al trigo. La enfermedad celiaca también está en aumento: se ha cuadriplicado en los últimos cincuenta años; un hecho que, a mi parecer, refleja los cambios que el trigo en sí ha sufrido. Que no tengas enfermedad celiaca a los 25 años no significa que no puedas desarrollarla a los 45 y cada vez se presenta más en una variedad de nuevas formas, además de la alteración de la función intestinal. Así que, aunque tengas una buena salud intestinal y seas capaz de competir con tu abuela en relatos afortunados sobre lo regular que eres, no puedes estar seguro de que otro sistema corporal no esté siendo afectado de una manera celiaca.

Descripciones floridas de los problemas característicos de diarrea de los celiacos comenzaron en el año 100 d.C. con el antiguo médico griego Areteo, quien aconsejaba ayuno a los pacientes celiacos. Muchas teorías surgieron a lo largo de los siglos para tratar de explicar por qué los celiacos tenían diarrea, retortijones y desnutrición imposibles de tratar. Esto llevó a tratamientos inútiles, como el aceite de castor, enemas frecuentes y comer pan solo si estaba tostado. Incluso hubo tratamientos que disfrutaron de cierto grado de éxito, incluida la dieta compuesta solo por mejillones del doctor Samuel Green, en la década de 1880, y la del doctor Sidney Haas, que recomendaba comer ocho plátanos al día.[1]

El pediatra holandés Willem-Karel Dicke fue el primero en establecer la relación entre la enfermedad celiaca y el consumo de trigo en 1953. La observación accidental de la madre de un niño celiaco que se dio cuenta de que el sarpullido de su hijo mejoraba cuando no le daba de comer pan fue lo que le hizo sospechar por primera vez. Durante las épocas de escasez de alimentos hacia finales de la Segunda Guerra Mundial, el pan escaseó y Dicke fue testigo de una mejoría en los síntomas de enfermedad celiaca en los niños. Después presenció su deterioro cuando los planes de ayuda suecos arrojaron pan en los Países Bajos. Posteriormente, el doctor Dicke realizó meticulosas mediciones del crecimiento de los niños y del contenido de grasa que había en los excrementos, lo cual finalmente confirmó que el gluten del trigo, la cebada y el centeno eran la fuente de estos problemas que ponían en riesgo la vida. La eliminación del gluten generó curas drásticas, mejoras enormes que superaban la dieta del plátano y los mejillones.[2]

Aunque la enfermedad celiaca no es la expresión más común de intolerancia al trigo, proporciona una imagen vívida y drástica de lo que el trigo es capaz de hacer cuando se encuentra con un intestino humano que no está preparado para él.

ENFERMEDAD CELIACA: CUIDADO CON LA PODEROSA MIGAJA DE PAN

La celiaquía es algo serio. Parece increíble que una enfermedad tan debilitante, potencialmente letal, pueda ser desencadenada por algo tan pequeño e inocente en apariencia como una migaja de pan o un trocito de pan frito.

Alrededor del 1 por 100 de la población no tolera el gluten de trigo, ni siquiera en pequeñas cantidades. Si les das gluten a esas personas, el recubrimiento del intestino delgado, la delicada barrera que separa la incipiente materia fecal del resto del cuerpo, se rompe. Esto conduce a retortijones, diarrea y excremento color amarillo que flota en el inodoro debido a las grasas no digeridas. Si se permite que esto progrese a lo largo de los años, la persona que padece enfermedad celiaca se vuelve incapaz de absorber nutrientes, pierde peso y desarrolla deficiencias nutricionales, por ejemplo de proteínas, ácidos grasos y vitaminas B_{12}, D, E, K, folato, hierro y cinc.[3]

El recubrimiento roto del intestino permite que varios componentes del trigo entren en lugares donde no deben estar, como el torrente sanguíneo, un fenómeno usado para diagnosticar la enfermedad: en la sangre se pueden encontrar anticuerpos contra la gliadina del trigo, uno de los componentes del gluten. También ocasiona que el organismo genere anticuerpos en contra de componentes del propio recubrimiento intestinal alterado, como la transglutaminasa y el endomisio, dos proteínas del músculo intestinal que también proporcionan la base de los otros dos exámenes de anticuerpos para el diagnóstico de la enfermedad celiaca, los antitransglutaminasa y los antiendomisio. A algunas bacterias que de otro modo serían «amistosas» y que normalmente habitan en el tracto intestinal también se les permite enviar sus productos al torrente sanguíneo, iniciando otro rango de respuestas anormales inflamatorias e inmunológicas.[4]

Hasta hace unos años se creía que la enfermedad celiaca era poco común, dado que afectaba solo a uno entre muchos miles. A medida que han mejorado los medios de diagnóstico de la enfermedad, el número de personas que la padecen ha aumentado a 1 de cada 133. Los parientes directos de los celiacos tienen un 4,5 por 100 de probabilidades de desarrollar también la enfermedad. Quienes manifiestan síntomas intestinales sugerentes tienen una probabilidad tan alta como del 17 por 100.[5]

Como veremos, no solo se ha revelado una mayor cantidad de casos de enfermedad celiaca a través de mejores pruebas de diagnóstico, sino que la propia incidencia de la enfermedad ha aumentado. No obstante, la enfermedad celiaca es un secreto bien guardado. En Estados Unidos, 1 de cada 133 equivale a más de dos millones de celiacos, aunque menos del 10 por 100 de ellos lo sabe. Una de las razones por las que 1.800.000 norteamericanos no saben que padecen enfermedad celiaca es que es «El Gran Imitador» —un honor que antes se le confería a la sífilis—, dado que se expresa de muchas formas distintas. Aunque el 50 por 100 con el tiempo experimenta los típicos retortijones, diarrea y pérdida de peso, la otra mitad muestra anemia, migrañas, síntomas neurológicos, infertilidad, baja estatura (en los niños), depresión, fatiga crónica o una variedad de síntomas y trastornos que, a primera vista, parece que no tienen nada que ver con la enfermedad celiaca.[6] En otras personas puede no ocasionar ningún síntoma, pero tal vez aparezca más adelante como un problema neurológico, incontinencia, demencia o cáncer gastrointestinal*.

Las formas en que la enfermedad celiaca se muestra a sí misma también están cambiando. Hasta mediados de la década de 1980, a los niños por lo general se les diagnosticaba a partir de síntomas de «problemas de desarrollo» (pérdida de peso, poco crecimiento), diarrea y distensión abdominal antes de los 2 años. Más recientemente, es más probable que los niños sean diagnosticados debido a anemia, dolor abdominal crónico o sin ningún síntoma, y el diagnóstico no se lleva a cabo sino hasta los 8 años o más.[7] En un amplio estudio clínico realizado en el Hospital Infantil Stollery en Edmonton (Alberta), el número de niños diagnosticados con enfermedad celiaca se multiplicó por 11 de 1998 a 2007.[8] Resulta interesante que el 53 por 100 de los niños del hospital que fueron diagnosticados mediante las pruebas de anticuerpos, no obstante, no mostraban síntomas de enfermedad celiaca pero referían que se encontraban mejor después de dejar de ingerir gluten.

Cambios paralelos se han observado en adultos, con menos quejas de síntomas «clásicos» de diarrea y dolor abdominal y más personas diagnosticadas con anemia, más con quejas de erupcio-

---

* La Federación de Asociaciones de Celiacos de España (FACE) estima que más de 450.000 personas pueden estar padeciendo esta enfermedad en nuestro país.

nes en la piel, como dermatitis herpetiforme y alergias, y más que no tenían ningún síntoma.[9]

Los investigadores no han logrado ponerse de acuerdo sobre por qué la enfermedad celiaca puede haber cambiado o por qué está aumentando. En la actualidad, la teoría más popular es que hay más madres que amamantan a sus hijos. (Sí, yo también me reí).

Gran parte del cambio de rostro de la enfermedad celiaca con toda seguridad se puede atribuir a diagnósticos más tempranos, favorecidos por las pruebas de anticuerpos de la sangre, ahora fácilmente disponibles. Pero también parece haber un cambio fundamental en la enfermedad. ¿El cambio de rostro de la enfermedad celiaca podría deberse al cambio del trigo en sí? Puede que esto haga que el creador del trigo enano, el doctor Norman Borlaug, se revuelva en su tumba, pero hay información que sugiere que algo cambió en el trigo mismo durante los últimos 50 años.

Un estudio fascinante realizado en la Clínica Mayo proporciona una imagen única de la incidencia celiaca en los residentes en Estados Unidos de hace medio siglo, lo más cerca que estaremos de tener una máquina del tiempo para responder a nuestra pregunta. Los investigadores consiguieron muestras de sangre tomadas hace 50 años para un estudio sobre infección de estreptococos, las cuales se mantuvieron congeladas desde entonces. Las muestras congeladas fueron tomadas durante el periodo de 1948 a 1954 a más de 9.000 reclutas masculinos en la Base de la Fuerza Área Warren (WAFB, por sus siglas en inglés) en Wyoming. Después de establecer la fiabilidad de las muestras que habían estado congeladas durante tanto tiempo, las examinaron en busca de marcadores celiacos (antitransglutaminasa y antiendomisio) y compararon los resultados con muestras de dos grupos modernos. Se eligió un grupo de «control» moderno formado por 5.500 hombres con años de nacimiento similares a los de los reclutas militares, con muestras obtenidas empezando en 2006 (la edad promedio de los hombres era de 70 años). Un segundo grupo de control moderno estaba formado por 7.200 hombres de edad similar (edad promedio de 37 años) a la que tenían los reclutas de la Fuerza Aérea cuando se les sacó sangre.[10]

Aunque se identificaron marcadores de anticuerpos celiacos anormales en un 0,2 por 100 de los reclutas de la WAFB, el 0,8 por 100 de los hombres con fechas de nacimiento similares y el 0,9 por 100 de los hombres actualmente jóvenes tenían marcadores celiacos anormales. Esto sugiere que la incidencia de la enfermedad celiaca se multiplicó por cuatro desde 1948 en los hombres a medida que envejecían y se ha multiplicado por cuatro en hombres jóvenes. (Es probable que la incidencia sea aún más alta en las mujeres, dado que hay más mujeres que hombres con enfermedad celiaca, pero todos los reclutas que participaron en el estudio original eran hombres). Los reclutas con marcadores celiacos positivos también tenían cuatro veces más probabilidades de morir, por lo general de cáncer, en los 50 años posteriores a haber proporcionado la muestra de sangre.

Le pregunté al doctor Joseph Murray, investigador principal del estudio, si esperaba encontrar ese marcado incremento en la incidencia de la enfermedad celiaca. «No. Mi suposición inicial era que la enfermedad celiaca siempre había estado ahí pero que no la habíamos detectado. Aunque eso en parte era cierto, los datos me enseñaron algo más: realmente está aumentando. Otros estudios que demuestran que la enfermedad celiaca se presenta por primera vez en pacientes de mayor edad respalda la imputación de que algo está afectando a la población de cualquier edad, no solo los patrones de alimentación de los niños».

Un grupo en Finlandia realizó un estudio diseñado de manera similar como parte de un esfuerzo mayor sobre cambios crónicos de salud originados con el tiempo. Aproximadamente 7.200 hombres y mujeres finlandeses de más de 30 años proporcionaron muestras de sangre para examinar marcadores celiacos de 1978 a 1980. Veinte años después, de 2000 a 2001, otros 6.700 hombres y mujeres finlandeses, también de más de 30 años, proporcionaron muestras de sangre. Al medir los niveles de anticuerpos antitransglutaminasa y antiendomisio en ambos grupos, la frecuencia de los marcadores celiacos anormales aumentó de 1,05 por 100 en los primeros participantes a 1,99 por 100, casi duplicándose.[11]

Nombra ese anticuerpo

Hoy día existen tres grupos de análisis de anticuerpos de la sangre para diagnosticar la enfermedad celiaca o por lo menos para sugerir con seguridad que se ha disparado una respuesta inmune contra el gluten.

Anticuerpos antigliadina. Los anticuerpos antigliadina IgA, de corta duración, e IgG, que tienen una vida más larga, con frecuencia se emplean para determinar si alguien padece enfermedad celiaca. Aunque ampliamente disponibles, es menos probable que permitan diagnosticar a todas las personas que padecen la enfermedad, ya que fracasan en diagnosticar aproximadamente entre el 20 y el 50 por 100 de los verdaderos celiacos.[12]

Anticuerpo transglutaminasa. El daño que el gluten produce en el recubrimiento intestinal deja al descubierto proteínas musculares que disparan la formación de anticuerpos. La transglutaminasa es una proteína de este tipo. Los anticuerpos contra esta proteína se pueden medir en el torrente sanguíneo y es posible usarlos para evaluar la respuesta autoinmune que se produce. En comparación con una biopsia intestinal, el ensayo de anticuerpo transglutaminasa identifica aproximadamente del 86 al 89 por 100 de los casos de enfermedad celiaca.[13]

Anticuerpo endomisio. Como la prueba de anticuerpo transglutaminasa, el anticuerpo endomisio identifica otra proteína del tejido intestinal que dispara una respuesta por parte de los anticuerpos. Introducida a mediados de la década de 1990, resulta ser la prueba de anticuerpos más precisa, ya que identifica más del 90 por 100 de los casos de enfermedad celiaca.[14]

Si ya te has divorciado del trigo, debes saber que estas pruebas pueden resultar negativas en unos cuantos meses y casi con toda seguridad serán negativas o mostrarán números reducidos después de seis meses. Así que las pruebas tienen valor solo para las personas que en la actualidad consumen productos de trigo o solo para aquellos que han dejado de consumirlos recientemente. Por fortuna, hay algunas otras pruebas disponibles.

HLA DQ2, HLA DQ8. Estos no son anticuerpos, sino marcadores genéticos de antígenos leucocitarios humanos, o HLA, por sus siglas en inglés, que, si están presentes, hacen que el portador sea más propenso a desarrollar enfermedad celiaca. Más del 90 por 100 de las personas que padecen enfermedad celiaca diagnosticada a través de biopsia intestinal tienen cualquiera de estos dos tipos de marcadores HLA, más comúnmente los DQ2.[15]

Un dilema: el 40 por 100 de la población tiene uno de los marcadores HLA y/o marcadores de anticuerpos que la predispone a ser celiacas; no obstante, estas personas no expresan síntomas ni ninguna otra evidencia de que el sistema inmune haya enloquecido. Sin embargo, este último grupo ha demostrado experimentar una mejor salud cuando se elimina el gluten de trigo.[16] Esto significa que una parte muy sustancial de la población es potencialmente sensible al gluten del trigo.

Desafío rectal. No se trata de un nuevo programa de televisión, sino de una prueba que involucra colocar una muestra de gluten en el recto para ver si se genera una respuesta inflamatoria. Aunque muy preciso, las dificultades logísticas de esta prueba de cuatro horas de duración limitan su utilidad.[17]

Biopsia del intestino delgado. La biopsia del yeyuno, la parte superior del intestino delgado, realizada a través de una endoscopia, es el «estándar de oro» según el cual se miden todas las demás pruebas. Lo positivo: los diagnósticos son fiables. Lo negativo: se necesita una endoscopia y biopsias. La mayoría de los gastroenterólogos aconsejan una biopsia del intestino delgado para confirmar el diagnóstico si hay síntomas que sugieren la enfermedad, como retortijones crónicos y diarrea, y si las pruebas de anticuerpos sugieren la presencia de enfermedad celiaca. Sin embargo, algunos expertos han afirmado —y yo estoy de acuerdo— que la fiabilidad cada vez mayor de las pruebas de anticuerpos, como la prueba de anticuerpos endomisio, hacen que la biopsia intestinal sea menos necesaria y que tal vez no se necesite.

La mayoría de los expertos en enfermedad celiaca aconsejan comenzar con una prueba de anticuerpos endomisio y/o transglutaminasa, seguida de una biopsia intestinal si la primera prueba resulta positiva. En los casos esporádicos en los que los síntomas sugieren fuertemente la presencia de enfermedad celiaca pero las pruebas de anticuerpos son negativas, de todas formas puede considerarse la biopsia intestinal.

La sabiduría popular afirma que, si una o más pruebas de anticuerpos son anormales pero la biopsia intestinal da negativo para enfermedad celiaca, entonces no es necesario eliminar el trigo. Yo creo que esto es muy equivocado, dado que muchos de los que padecen la denominada sensibilidad al gluten, o enfermedad celiaca latente, con el tiempo desarrollarán dicha enfermedad o alguna otra manifestación de la misma, como problemas neurológicos o artritis reumatoide.

Otra perspectiva: si estás comprometido con la idea de eliminar el trigo de tu dieta, junto con otras fuentes de gluten, como el centeno y la cebada, entonces la prueba puede no ser necesaria, ya que solo es preciso realizarla cuando existen síntomas serios o signos potenciales de intolerancia al trigo, y sería útil documentarlos para ayudar a descartar la posibilidad de otras causas. Saber que albergas los marcadores de enfermedad celiaca podría aumentar tu voluntad de vivir estrictamente sin gluten.

En consecuencia, tenemos evidencias de que el aparente incremento en la enfermedad celiaca —o por lo menos en los marcadores inmunológicos al gluten— no se debe solo a que existen mejores diagnósticos: la enfermedad misma ha incrementado su frecuencia, multiplicándose por cuatro en los últimos 50 años y por dos en los últimos 20. Para empeorar aún más las cosas, el incremento de la enfermedad celiaca ha sido paralelo al de la diabetes tipo 1, enfermedades autoinmunes como esclerosis múltiple y enfermedad de Crohn y alergias.[18]

Una evidencia emergente es que la mayor exposición al gluten que existe hoy en día con el trigo moderno puede ser responsable por lo menos en parte de la explicación del aumento en la incidencia de la enfermedad celiaca. Un estudio de los Países Bajos comparó 36 cepas modernas de trigo con 50 cepas representativas del trigo que crecía hasta hace un siglo. Al analizar las estructuras de la proteína del gluten que dispara la enfermedad celiaca, los investigadores encontraron que las proteínas del gluten que disparan la celiaquía se expresaban en niveles más altos en el trigo moderno, mientras que las proteínas que no disparan la celiaquía se expresaban menos.[19]

En resumen, mientras que la enfermedad celiaca se diagnostica por lo general en personas que se quejan de pérdida de peso, diarrea y dolor abdominal, en el siglo XXI puedes ser gordo y estreñido, o incluso delgado y regular, y de todas formas tener la enfermedad. Y tienes más probabilidades de padecerla que tus abuelos.

Aunque de 20 a 50 años puede ser un tiempo largo en términos de vinos o hipotecas, es muy poco tiempo para que los seres humanos hayan cambiado genéticamente. El momento de realización de los dos estudios que analizaron el incremento crónico de la incidencia de anticuerpos celiacos, uno en 1948 y el otro en 1978, considera paralelos los cambios en el tipo de trigo que ahora crece en la mayoría de los cultivos del mundo; es decir, el trigo enano.

La proteína gliadina del gluten del trigo, presente en todas las formas de trigo, desde el esponjoso pan de molde hasta la tosca hogaza de pan multicereales ecológica, tiene la capacidad única de hacer que tu intestino sea permeable.

Se supone que los intestinos no deben ser permeables por su cuenta. Sabes que el tracto intestinal humano es hogar de todo tipo de cosas extrañas, muchas de las cuales observas durante tu ritual matutino en el baño. La asombrosa transformación de un sándwich de jamón o una pizza de *pepperoni* en los componentes de tu cuerpo, cuyos restos desaparecen al tirar de la cadena, es verdaderamente fascinante. Sin embargo, el proceso necesita ser regulado con detalle, permitiendo que entren al torrente sanguíneo solo los componentes seleccionados de los alimentos y líquidos ingeridos.

Entonces, ¿qué sucede si varios componentes molestos entran por error en el torrente sanguíneo? Uno de los efectos indeseables es la autoinmunidad, es decir, la respuesta inmunológica del cuerpo es «engañada» para activarse y atacar órganos normales, como la glándula tiroides o el tejido de las articulaciones. Esto puede conducir a enfermedades autoinmunes, como la tiroiditis de Hashimoto o la artritis reumatoide.

Por tanto, regular la permeabilidad intestinal es una función fundamental del recubrimiento de las células de la frágil pared intestinal. Investigaciones recientes han señalado la gliadina como un detonante de la liberación intestinal de una proteína llamada zonulina, un regulador de la permeabilidad intestinal.[20]

Las zonulinas tienen el efecto peculiar de desensamblar las uniones estrechas, la barrera normalmente segura que hay entre las células intestinales. Cuando la gliadina dispara la liberación de zonulina, las uniones estrechas intestinales se alteran y proteínas indeseadas, como la gliadina y otras fracciones de proteínas de trigo, logran entrar en el torrente sanguíneo. Entonces, los linfocitos que activan una respuesta inmune, como las células T, se disparan para comenzar un proceso inflamatorio en contra de varias «autoproteínas», iniciando así enfermedades relacionadas con el gluten del trigo y con la gliadina, como enfermedad celiaca, enfermedad tiroidea, enfermedades de las articulaciones y asma. Las proteínas del trigo llamadas gliadinas se consideran responsables de abrir cualquier puerta, permitiendo que intrusos no deseados entren en lugares donde no deben estar.

Además de la gliadina, pocas cosas comparten un talento similar para abrir puertas y alterar el intestino. Otros factores que detonan la zonulina y alteran la permeabilidad intestinal incluyen los agentes infecciosos que ocasionan cólera y disentería.[21] La diferencia, por supuesto, es que puedes contraer cólera o disentería amebiana al ingerir alimentos o agua contaminada con heces y contraes enfermedades del trigo al comer un paquete de *pretzels* bien envasado o unas magdalenas de chocolate.

TAL VEZ DESEARÁS TENER DIARREA

Después de que leas algunos de los efectos potenciales que tiene la enfermedad celiaca a largo plazo, tal vez te descubras *deseando tener diarrea*.

Las ideas tradicionales respecto a la enfermedad celiaca giran en torno a la presencia de diarrea: sin diarrea no había enfermedad celiaca. No es cierto. La enfermedad celiaca es más que una enfermedad intestinal con diarrea. Puede extenderse más allá del tracto intestinal y revelarse de muchas otras formas.

El rango de enfermedades asociadas con la celiaquía es realmente sorprendente, desde diabetes infantil (tipo 1) hasta demencia o esclerodermia. Estas asociaciones también se encuentran entre las menos comprendidas. Por tanto, no queda claro si *anticiparse* a la sensibilidad al gluten suprimiendo todo el gluten, por ejemplo, eliminará o reducirá el desarrollo de diabetes infantil, una posibilidad a todas luces tentadora. Esas enfermedades, como la enfermedad celiaca, resultan positivas para los diversos marcadores de anticuerpos celiacos y se disparan por los fenómenos inmunes e inflamatorios puestos en marcha por la predisposición genética (presencia de marcadores HLA DQ2 y HLA DQ8) y la exposición al gluten del trigo.

Uno de los aspectos más problemáticos de las enfermedades asociadas con la celiaquía es que los síntomas intestinales de esta enfermedad pueden no expresarse. En otras palabras, quienes padecen celiaquía pueden tener deterioro neurológico, como pérdida de equilibrio y demencia, a pesar de no mostrar los característicos retortijones, diarrea y pérdida de peso. La falta de síntomas intestinales reveladores también significa que rara vez se realiza el diagnóstico correcto.

En vez de llamarla enfermedad celiaca sin expresión intestinal de la enfermedad, sería más preciso hablar de «intolerancia al gluten mediada por respuesta inmune». Sin embargo, como esas enfermedades no intestinales de la sensibilidad al gluten fueron identificadas primero porque comparten los mismos marcadores HLA e inmunológicos con la enfermedad celiaca, la convención es hablar de enfermedad celiaca «latente» o enfermedad celiaca sin participación intestinal. Yo pronostico que, a medida que el mundo de la medicina comience a reconocer mejor que la intolerancia al gluten mediada por respuesta inmune es mucho más que enfermedad celiaca, la llamaremos algo así como intolerancia al gluten mediada por respuesta inmune, de la cual la enfermedad celiaca será un subtipo.

Entre las enfermedades asociadas con la celiaquía, como la intolerancia al gluten mediada por respuesta inmune, se encuentran las siguientes:

- **Dermatitis herpetiforme.** Esta erupción característica se encuentra entre las manifestaciones más comunes de enfermedad celiaca o intolerancia al gluten mediada por respuesta inmune. La dermatitis herpetiforme es una erupción con pústulas que genera comezón, la cual por lo general se presenta en los codos, las rodillas o la espalda. La erupción desaparece al eliminar el gluten.[22]

- **Enfermedad del hígado.** Las enfermedades del hígado asociadas con celiaquía pueden asumir muchas formas, desde anomalías ligeras que se detectan al realizar pruebas en el hígado hasta hepatitis crónica, cirrosis biliar primaria o cáncer biliar.[23] Como otras formas de intolerancia al gluten mediada por respuesta inmune, a menudo no hay participación intestinal ni síntomas como diarrea, a pesar de que el hígado forma parte del sistema gastrointestinal.

- **Enfermedades autoinmunes.** Las enfermedades asociadas con ataques inmunes contra varios órganos, conocidas como enfermedades autoinmunes, son más comunes en las personas que padecen celiaquía. Las personas que padecen enfermedad celiaca son más propensas a desarrollar artritis reumatoide, tiroiditis de Hashimoto, enfermedades del tejido conectivo como lupus, asma, enfermedades inflamatorias intestinales como colitis ulcerativa y enfermedad de Crohn, así como otros trastornos inflamatorios e inmunes. La artritis reumatoide, un tipo de artritis dolorosa que deforma las articulaciones con agentes inflamatorios, ha demostrado mejorar, y en ocasiones remitir por completo, cuando se elimina el trigo.[24] El riesgo de padecer enfermedad inflamatoria intestinal autoinmune, colitis ulcerativa y enfermedad de Crohn es especialmente alto; la incidencia es 68 veces mayor en comparación con los no celiacos.[25]

- **Diabetes insulinodependiente.** Los niños que padecen diabetes tipo 1 insulinodependiente tienen una probabilidad inusualmente alta de tener marcadores de anticuerpos positivos para enfermedad celiaca, con un riesgo hasta 20 veces mayor de desarrollarla.[26] No está claro que el gluten del trigo sea *la causa* de la diabetes, pero algunos investigadores han especulado con que hay diabéticos tipo 1 que desarrollan la enfermedad detonada por la exposición al gluten.[27]

- **Daño neurológico.** Hay enfermedades neurológicas que se asocian con la exposición al gluten de las cuales hablaremos con mayor detalle más adelante en este libro. Hay una incidencia curiosamente alta (50 por 100) de marcadores celiacos entre personas que desarrollan una pérdida de equilibrio y coordinación (ataxia) que de otro modo sería inexplicable, o que padecen pérdida de sensación y de control muscular en las piernas (neuropatía periférica).[28] Incluso existe una terrorífica enfermedad llamada encefalopatía por gluten, caracterizada por alteraciones en el cerebro acompañadas de dolores de cabeza, ataxia y demencia, la cual puede resultar letal; las anomalías se ven en la sustancia blanca del cerebro a través de una resonancia magnética.[29]

- **Deficiencias nutricionales.** La anemia por deficiencia de hierro es muy común entre quienes padecen celiaquía y afecta hasta el 69 por 100. También son comunes las deficiencias de vitamina B_{12}, ácido fólico, cinc y las vitaminas solubles en grasa A, D, E y K.[30]

Más allá de las enfermedades de la lista anterior, hay cientos de enfermedades que se han asociado con la enfermedad celiaca y/o intolerancia al gluten mediada por respuesta inmune, aunque son menos comunes. Se ha documentado que las reacciones generadas por el gluten afectan a todos los órganos del cuerpo humano, sin ninguna excepción. Ojos, cerebro, senos nasales, pulmones, huesos..., el que se te ocurra: los anticuerpos del gluten han estado ahí.

En resumen, el alcance de las consecuencias del consumo del gluten es sorprendentemente amplio. Puede afectar a cualquier órgano y a cualquier edad, manifestándose en más formas que el número de amantes de Tiger Woods. Pensar en la enfermedad celiaca solo como diarrea, como a menudo sucede en muchas consultas médicas, es una simplificación enorme y potencialmente fatal.

¿Es enfermedad celiaca o no? Una historia real

Déjame contarte algo sobre Wendy.

Durante más de 10 años, Wendy luchó sin éxito con la colitis ulcerativa. Maestra de primaria de 36 años y madre de tres hijos, vivía con retortijones constantes, diarrea y sangrado frecuente, por lo que de vez en cuando necesitaba transfusiones sanguíneas. Se sometió a varias colonoscopias y requirió el uso de tres medicamentos para controlar su enfermedad, incluido el altamente tóxico metotrexato, también usado para el cáncer y los abortos médicos.

Conocí a Wendy porque se quejaba de palpitaciones menores del corazón, las cuales resultaron ser benignas y no requirieron ningún tratamiento. Sin embargo, me contó que, como su colitis ulcerativa no estaba respondiendo a los medicamentos, su gastroenterólogo le había aconsejado una extirpación de colon con ileostomía, que consiste en hacer un orificio artificial en el intestino delgado (íleon) en la superficie abdominal, en el cual se coloca una bolsa para contener las heces que se están vaciando continuamente.

Después de escuchar el historial médico de Wendy, la animé a que probara a eliminar el trigo. «En realidad no sé si va a funcionar —le dije—, pero como estás a punto de enfrentarte a una extirpación de colon y una ileostomía, pienso que deberías darle una oportunidad».

«Pero ¿por qué? —preguntó—. Ya me han hecho la prueba para ver si tengo la enfermedad celiaca y mi doctor dice que no».

«Sí, lo sé. Pero no tienes nada que perder. Inténtalo cuatro semanas y sabrás si estás respondiendo».

Wendy era escéptica, pero aceptó probar.

Regresó a mi consultorio tres meses después, sin ninguna bolsa de ileostomía a la vista.

«¿Qué ha pasado?», le pregunté.

«Bueno, primero adelgacé 13,5 kilos. —Se pasó la mano por el abdomen para mostrármelo—. Y mi colitis ulcerativa casi ha desaparecido. Ya no tengo retortijones ni diarrea. Dejé de tomar todo, menos el Asacol. —El Asacol es un derivado de la aspirina que a menudo se usa para tratar la colitis ulcerativa—. Realmente me siento genial».

Durante el siguiente año, Wendy ha evitado meticulosamente el trigo y el gluten y también ha eliminado el Asacol, sin que hayan regresado los síntomas. Curada. Sí, *curada* mediante la eliminación del gluten. ¿Cómo podríamos llamarlo? ¿Deberíamos llamarlo enfermedad celiaca negativa a anticuerpos? ¿Intolerancia al trigo negativa a anticuerpos?

Hay un gran riesgo al tratar de encasillar enfermedades como la de Wendy en algo como la enfermedad celiaca. Casi le hizo perder el colon y padecer dificultades de salud durante toda la vida asociadas con su extirpación, sin mencionar la vergüenza e incomodidad de llevar una bolsa de ileostomía.

Aún no existe un nombre definido para designar enfermedades como la de Wendy, a pesar de su extraordinaria respuesta a la eliminación del gluten del trigo. La experiencia de Wendy enfatiza los numerosos aspectos desconocidos en este mundo de las sensibilidades al trigo, muchos de los cuales son tan devastadores como simple es la cura.

COMER TRIGO Y HACER *PUENTING*

Comer trigo —como escalar, lanzarse en trineo por una montaña o hacer *puenting*— es un deporte extremo. Es el único alimento común que implica su propia tasa de mortalidad a largo plazo.

Algunos alimentos, como los mariscos y los cacahuetes, tienen el potencial de provocar reacciones alérgicas agudas —como urticarias y anafilaxis— que pueden ser peligrosas en ciertos casos e incluso letales en casos poco frecuentes. Sin embargo, el trigo es el único alimento común que tiene su propia tasa de mortalidad medible cuando se observa después de años de consumo. En un extenso análisis, realizado durante 8,8 años, se observó un incremento de hasta el 29,1 por 100 en la probabilidad de muerte en las personas que padecían la enfermedad celiaca o que daban resultados positivos en términos de anticuerpos sin tener la enfermedad celiaca, en comparación con el resto de la población.[31] La mayor mortalidad por exposición al gluten se observó en el grupo de 20 años o menos, seguido por el grupo de 23 a 39 años. La mortalidad también aumentó en todos los grupos de edad desde el 2000; la mortalidad en personas con anticuerpos positivos al gluten de trigo pero sin enfermedad celiaca es de más del doble en comparación con la mortalidad anterior al año 2000.

Los pimientos verdes no dan como resultado mortalidad a largo plazo, ni la calabaza ni las moras ni el queso. Solo el trigo. Y no tienes por qué mostrar síntomas de enfermedad celiaca para que esto suceda.

No obstante, el trigo es el alimento que el Departamento de Agricultura nos anima a consumir. Personalmente no creo que fuera una exageración que la FDA (que ahora regula el tabaco) exigiera una advertencia en los productos con trigo, como sucede con los cigarros.

Imagínate:

Las autoridades sanitarias advierten: El consumo de trigo en todas sus formas representa amenazas graves para la salud.

En junio de 2010, la FDA aprobó una regulación que exigía que los fabricantes de tabaco eliminaran los adjetivos engañosos de «light», «suave» y «bajo» de las cajetillas de cigarros, ya que son igual de malos que el resto. ¿No sería interesante ver una regulación similar que subrayara que *el trigo es trigo*, sin importar lo «integral», «multicereal» o «alto en fibra» que sea?

Investigadores europeos publicaron un extraordinario análisis de 8 millones de residentes del Reino Unido en el cual se identificaron más de 4.700 personas con enfermedad celiaca que fueron comparadas con 5 sujetos de control por cada participante celiaco. Luego, todos los participantes fueron observados durante tres años y medio para ver si se presentaban varios tipos de cáncer. Durante el periodo de observación, los participantes con enfermedad celiaca mostraron un 30 por 100 más de probabilidades de desarrollar algunos tipos de cáncer y, un resultado increíble, 1 de cada 33 participantes desarrolló cáncer a pesar del periodo relativamente corto de observación. La mayoría de los tipos de cáncer eran tumores malignos gastrointestinales.[32]

La observación de más de 12.000 suecos con enfermedad celiaca demostró un incremento similar del 30 por 100 en cuanto al riesgo de padecer algún tipo de cáncer gastrointestinal. El número elevado de participantes reveló la amplia variedad de tipos de cáncer gastrointestinal que se pueden desarrollar, incluidos pequeños linfomas intestinales malignos y cáncer de garganta, esófago, intestino grueso, sistema hepatobiliar (hígado y ductos biliares) y páncreas.[33] Durante un periodo de hasta 30 años, los investigadores registraron el doble de mortalidad en comparación con los suecos que no padecían enfermedad celiaca.[34]

Recordarás que la enfermedad celiaca «latente» significa dar positivo en una o más pruebas de anticuerpos para la enfermedad sin que se observe evidencia de inflamación intestinal a través de endoscopia y biopsia, lo que yo denomino intolerancia al gluten mediada por respuesta inmune. Al observar a 29.000 personas con enfermedad celiaca durante aproximadamente ocho años se demostró que, en los que padecían enfermedad celiaca «latente», había de un 30 a un 49 por 100 más de probabilidades de padecer algún tipo de cáncer mortal, enfermedades cardiovasculares o afecciones respiratorias.[35] Puede que esté latente, pero no está muerta. Está bien viva.

Si la enfermedad celiaca o la intolerancia al gluten mediada por respuesta inmune no se diagnostica, puede presentarse linfoma no Hodgkin del intestino delgado, una enfermedad difícil de tratar que a menudo es letal. Los celiacos tienen un riesgo 40 veces mayor de padecer este tipo de cáncer en comparación con los no celiacos. El riesgo se revierte a la normalidad después de cinco años de eliminar el trigo. Los celiacos que no logran evitar el trigo pueden experimentar un riesgo hasta 77 veces más alto de linfoma y hasta 22 veces más alto de cáncer de boca, garganta o esófago.[36]

Vamos a pensar al respecto: el trigo ocasiona enfermedad celiaca y/o intolerancia al gluten mediada por respuesta inmune, las cuales se encuentran subdiagnosticadas por un margen sorprendentemente amplio, ya que solo el 10 por 100 de los celiacos saben que padecen la enfermedad. Esto deja en la ignorancia al 90 por 100 restante. El cáncer no es un resultado poco común. Sí, de hecho, el trigo causa cáncer. Y a menudo causa cáncer en los desprevenidos.

Cuando haces *puenting* saltas al vacío desde un puente y te quedas colgado de una cuerda de 50 metros, pero por lo menos sabes que estás haciendo algo estúpido. Pero comer «cereales integrales saludables»... ¿Quién pensaría que esto hace que el *puenting* parezca un juego de niños?

NO COMAS HOSTIAS CUANDO HAS USADO EL PINTALABIOS

Aun sabiendo las consecuencias dolorosas y potencialmente severas de comer alimentos con gluten, los celiacos luchan por evitar los productos de trigo, aunque parece algo fácil de hacer. El trigo ha llegado a ser omnipresente y con frecuencia se le añade a alimentos procesados, medicamentos y hasta cosméticos. El trigo se ha vuelto la regla, sin excepción.

Intenta desayunar y descubrirás que los alimentos para el desayuno son terreno minado de exposición al trigo. Tortitas, gofres, pan francés, cereales, *muffins* ingleses, bagels, pan tostado... ¿Qué queda? Busca un aperitivo, te costará trabajo encontrar algo que no tenga trigo... Obviamente, olvídate de los *pretzels*, las galletas dulces y saladas. Toma un nuevo medicamento y tal vez experimentes diarrea o retortijones a causa de la diminuta cantidad de trigo que hay en una pequeña pastilla. Quita la envoltura a un chicle y la harina usada para evitar que la goma se pegue puede desatar una reacción. Lávate los dientes y puede que descubras que hay harina en la pasta de dientes. Ponte lápiz de labios y puede ser que, sin darte cuenta, al lamerte los labios, ingieras proteína de trigo hidrolizada, seguido de una irritación de garganta o dolor abdominal. En la iglesia, la comunión se hace con una hostia de... ¡trigo!

Para algunas personas, la ínfima cantidad de gluten del trigo contenida en unas cuantas migajas de pan o en la crema de manos con gluten que se te queda debajo de las uñas es suficiente para desatar diarrea y retortijones. Ser descuidado en cuanto a evitar el gluten puede tener consecuencias tremendas a largo plazo, como linfoma del intestino delgado.

Así que el celiaco termina siendo una molestia en restaurantes, ultramarinos y farmacias, pues tiene que preguntar si los productos contienen gluten. Con demasiada frecuencia, un vendedor que gana el salario mínimo o el farmacéutico que trabaja en exceso no tienen ni idea. La camarera de 19 años que te sirve la berenjena rebozada por lo general no sabe ni le importa si contiene gluten. Amigos, vecinos y familia te ven como un fanático.

Por tanto, el celiaco tiene que navegar por el mundo estando siempre atento a cualquier cosa que contenga trigo o a alguna otra fuente de gluten, como el centeno y la cebada. Para tristeza de la comunidad celiaca, el número de alimentos y productos que contienen trigo se ha incrementado durante los últimos años, como reflejo de la falta de conciencia ante la severidad y frecuencia de esta enfermedad y la popularidad creciente de los «cereales integrales saludables».

La comunidad celiaca ofrece varios recursos para ayudar a los celiacos a tener éxito. La Sociedad Celiaca (www.celiacsociety.com) proporciona una lista y búsqueda de características de alimentos, restaurantes y fabricantes sin gluten. La Fundación para la Enfermedad Celiaca (www.celiac.org) es una buena fuente para la ciencia emergente. Un peligro: algunas organizaciones dedicadas a la enfermedad celiaca obtienen ingresos promocionando productos sin gluten, un riesgo alimentario potencial, pues, aunque no tengan gluten, dichos productos pueden actuar como «carbohidratos basura». No obstante, muchos de los recursos y la información proporcionada por esas organizaciones pueden ser útiles. La Asociación de la Celiaquía (www.csaceliacs.org), el esfuerzo más fundamental, es la menos comercial. Lleva una lista y organiza grupos de apoyo regionales.

ENFERMEDAD CELIACA *LIGHT*

Aunque la enfermedad celiaca afecta solo al 1 por 100 de la población, dos enfermedades intestinales comunes afectan a muchas personas más: el síndrome del intestino irritable (SII) y el reflujo (también llamado reflujo esofágico cuando se documenta inflamación en el esófago). Ambas pueden representar formas más leves de la enfermedad celiaca, lo que yo denomino enfermedad celiaca *light*.

El SII es una enfermedad que no ha sido bien entendida, a pesar de que se presenta con frecuencia. Consiste en retortijones, dolor abdominal y diarrea o excrementos sueltos alternados con estreñimiento y afecta a entre un 5 y un 20 por 100 de la población, dependiendo de la definición.[37] Piensa en el SII como un tracto intestinal confundido que sigue un guion trastornado que complica tus horarios de ir al baño. Se suelen realizar varias endoscopias y colonoscopias. Como quienes padecen SII no identifican patologías visibles, no es poco común que la enfermedad sea descartada o tratada con antidepresivos.

El reflujo se presenta cuando el ácido del estómago logra subir por el esófago debido a un esfínter gastroesofágico laxo, la válvula circular destinada a confinar el ácido en el estómago. Como el esófago no está equipado para tolerar los contenidos ácidos del estómago, el ácido del esófago hace lo mismo que le haría el ácido a la pintura de tu coche: lo disuelve. El reflujo a menudo se experimenta como agruras acompañadas de un sabor amargo en la parte trasera de la boca.

Hay dos categorías generales de cada una de estas enfermedades: el SII y el reflujo *con* marcadores positivos para enfermedad celiaca y el SII y el reflujo *sin* marcadores positivos para enfermedad celiaca. Las personas que padecen SII tienen cuatro veces más probabilidades de mostrar un resultado positivo en la prueba para uno o más marcadores celiacos.[38] Las personas con reflujo cuentan con el 10 por 100 de probabilidades de tener marcadores celiacos positivos.[39]

Por su parte, el 55 por 100 de los celiacos padecen síntomas de SII y entre el 7 y el 19 por 100 tienen reflujo.[40] Resulta interesante que el 75 por 100 de los celiacos se alivian del reflujo al eliminar el trigo, mientras que los no celiacos que no eliminan el trigo casi siempre recaen después de un tratamiento para el reflujo si siguen consumiendo gluten.[41] ¿Podría ser el trigo?

Elimina el trigo y el reflujo mejora, al igual que los síntomas de SII. Por desgracia, este efecto no ha sido cuantificado, a pesar de que los investigadores han especulado sobre la magnitud del papel que desempeña el gluten en quienes padecen SII y reflujo, pero que no tienen enfermedad celiaca.[42] Cientos de veces he sido testigo del alivio parcial o total de los síntomas del SII y del reflujo al eliminar el trigo de la dieta, tanto con los marcadores celiacos anormales o no.

La enfermedad celiaca es permanente. Aunque el gluten se elimine durante muchos años, la enfermedad celiaca y otras formas de intolerancia al gluten mediada por respuesta inmune regresan a toda velocidad al reanudar el consumo.

Como la susceptibilidad a la enfermedad celiaca, por lo menos en parte, está determinada genéticamente, no se disipa con una dieta saludable, ejercicio, pérdida de peso, suplementos alimenticios, medicamentos, enemas diarios, piedras de sanación ni disculpas a tu suegra. Se queda contigo mientras vivas y mientras no seas capaz de intercambiar tus genes con otro organismo. En otras palabras, la enfermedad celiaca es de por vida.

Significa que incluso la exposición ocasional al gluten tiene consecuencias en la salud del celiaco o del individuo sensible al gluten, aun si no provoca síntomas inmediatos como diarrea.

No todo está perdido si padeces celiaquía. Puedes disfrutar igual de la comida sin trigo, hasta más. Uno de los fenómenos esenciales, pero poco apreciados, que acompañan la eliminación del trigo y del gluten, seas celiaco o no, es que aprecias más la comida. Comes los alimentos porque necesitas sustento y disfrutas su sabor y su textura. No estás motivado por impulsos incontrolables escondidos como los que desata el trigo.

No pienses en la enfermedad celiaca como una carga. Piensa en ella como *una liberación*.

Notas

[1] Paveley, W. F. «From Aretaeus to Crosby: a history of coeliac disease» [De Areteo a Crosby: una historia de la enfermedad celiaca]. *Brit. Med. J.*, 24-31 de diciembre de 1988; 297: 1646-1649.

[2] Van Berge-Henegouwen, Mulder C. «Pioneer in the gluten free-diet: Willem-Karel Dicke 1905-1962 over 50 years of gluten free diet» [Willliem-Karel Dicke, pionero en la dieta sin gluten, 1905-1962, más de 50 años de dieta sin gluten]. *Gut.*, 1993; 34: 1473-1475.

[3] Barton, S. H.; Kelly, D. G.; Murray, J. A. «Nutritional deficiencies in celiac disease» [Deficiencias nutricionales en la enfermedad celiaca]. *Gastroenterol. Clin. N. Am.*, 2007; 36: 93-108.

[4] Fasano, A. «Systemic autoimmune disorders in celiac disease» [Trastornos autoinmunes sistémicos en la enfermedad celiaca]. *Curr. Opin. Gastroenterol.*, 2006; 22(6): 674-679.

[5] Fasano, A.; Berti, I.; Gerarduzzi, T., *et al.* «Prevalence of celiac disease in at-risk and not-at-risk groups in the United States: a large multicenter study» [Prevalencia de la enfermedad celiaca en grupos de riesgo y sin riesgo en Estados Unidos: un amplio estudio multicentros]. *Arch. Intern. Med.*, 10 de febrero de 2003; 163(3): 286-292.

[6] Farrell, R. J.; Kelly, C. P. «Celiac sprue» [Celiaquía]. *N. Engl. J. Med.*, 2002; 346(3): 180-188.

[7] Garampazzi, A.; Rapa, A.; Mura, S., *et al.* «Clinical pattern of celiac disease is still changing» [El patrón clínico de la enfermedad celiaca sigue cambiando]. *J. Ped. Gastroenterol. Nutr.*, 2007; 45: 611-614. Véase también: Steens, R.; Csizmadia, C.; Goerge, E., *et al.* «A national prospective study on childhood celiac disease in the Netherlands 1993-2000: An increasing recognition and a changing clinical picture» [Un estudio prospectivo nacional en niños con enfermedad celiaca en los Países Bajos, 1993-2000. Un mayor reconocimiento y una imagen clínica cambiante]. *J. Pediatr.*, 2005; 147: 239-243. También se puede consultar: McGowan, K. E.; Castiglione, D. A.; Butzner, J. D. «The changing face of childhood celiac disease in North America: impact of serological testing» [El rostro cambiante de la enfermedad celiaca infantil en Norteamérica: impacto de la prueba serológica]. *Pediatrics*, diciembre de 2009, 124(6): 1572-1578.

[8] Rajani S.; Huynh, H. Q.; Turner, J. «The changing frequency of celiac disease diagnosed at the Stollery Children's Hospital» [La frecuencia cambiante de la enfermedad celiaca diagnosticada en el Hospital Infantil Stollery]. *Can. J. Gastroenterol.*, febrero de 2010; 24(2): 109-112.

[9] Bottaro, G.; Cataldo, F.; Rotolo, N., *et al.* «The clinical pattern of subclinical/silent celiac disease: an analysis on 1026 consecutive cases» [El patrón clínico de la enfermedad celiaca subclínica/silente: un análisis en 1.026 casos consecutivos]. *Am. J. Gastroenterol.*, marzo de 1999; 94(3): 691-696.

[10] Rubio-Tapia, A.; Kyle, R. A.; Kaplan, E., *et al.* «Increased prevalence and mortality in undiagnosed celiac disease» [Prevalencia aumentada y mortalidad en casos de enfermedad celiaca no diagnosticada]. *Gastroenterol.*, julio de 2009; 137(1): 88-93.

[11] Lohi, S.; Mustalahti, K.; Kaukinen, K., *et al.* «Increasing prevalence of celiac disease over time» [Prevalencia aumentada de la enfermedad celiaca con el tiempo]. *Aliment. Pharmacol. Ther.*, 2007; 26: 1217-1225.

[12] Van der Windt, D.; Jellema, P.; Mulder, C. J., *et al.* «Diagnostic testing for celiac disease among patients with abdominal symptoms: a systematic review» [Prueba de diagnóstico de enfermedad celiaca entre pacientes con síntomas abdominales: una revisión sistemática]. *J. Am. Med. Assoc.*, 2010; 303(17): 1738-1746.

[13] Johnston, S. D.; McMillan, S. A.; Collins, J. S., *et al.* «A comparison of antibodies to tissue transglutaminase with conventional serological tests in the diagnosis of coeliac disease» [Una comparación de anticuerpos contra transglutaminasa tisular con pruebas serológicas convencionales en el diagnóstico de enfermedad celiaca]. *Eur. J. Gastroenterol. Hepatol.*, septiembre de 2003; 15(9): 1001-1004. Véase también: Van der Windt *et al.* Art. cit. *J. Am. Med. Assoc.*, 2010; 303(17): 1738-1746.

[14] Johnston, S. D. *et al. Eur. J. Gastroenterol. Hepatol.*, septiembre de 2003; 15(9): 1001-4. Véase también: Van der Windt *et al. J. Am. Med. Assoc.*, 2010; 303(17): 1738-1746.

[15] NIH Consensus Development Conference on Celiac Disease. [Conferencia de los NIH para la Generación de Consenso sobre la Enfermedad Celiaca]. *NIH Consens State Sci. Statements*, junio de 2004, 28-30; 21(1): 1-23.

[16] Mustalahti, K.; Lohiniemi, S.; Collin, P., *et al.* «Gluten-free diet and quality of life in patients with screen-detected celiac disease» [Dieta sin gluten y calidad de vida de pacientes con enfermedad celiaca detectada]. *Eff. Clin. Pract.*, mayo-junio de 2002; 5(3): 105-113.

[17] Ensari, A.; Marsh, M. N.; Morgan, S., *et al.* «Diagnosing coeliac disease by rectal gluten challenge: a prospective study based on immunopathology, computerized image analysis and logistic regression analysis» [Diagnóstico de la enfermedad celiaca a través del reto rectal del gluten: un estudio prospectivo basado en inmunopatología, análisis de imagen computarizada y análisis de regresión logística]. *Clin. Sci.* (Londres), agosto de 2001; 101(2): 199-207.

[18] Bach, J. F. «The effect of infections on susceptibility to autoimmune and allergic disease» [El efecto de las infecciones en la susceptibilidad a enfermedades autoinmunes y alérgicas]. *N. Engl. Med.*, 2002; 347: 911-920.

[19] Van den Broeck, H. C.; De Jong, H. C.; Salentijn, E. M., *et al.* «Presence of celiac disease epitopes in modern and old hexaploid wheat varieties: Wheat breeding may have contributed to increased prevalence of celiac disease» [Presencia de epítopes de enfermedad celiaca en variedades de trigo hexaploides modernas y antiguas]. *Theor. Appl. Genet.*, 28 de julio de 2010 [publicación digital anterior a la impresa].

[20] Drago, S.; El Asmar, R.; Di Pierro, M., *et al.* «Gliadin, zonulin and gut permeability: effects on celiac disease and nonceliac intestinal mucosa and intestinal cell lines» [Gliadina, zonulina y permeabilidad del intestino: efectos en la enfermedad celiaca y en la mucosa intestinal no celiaca y en las líneas celulares intestinales]. *Scand. J. Gastroenterol.*, 2006; 41: 408-419.

[21] Guttman, J. A.; Finlay, B. B. «Tight junctions as targets of infection agents» [Las uniones estrechas como blanco de agentes infecciosos]. *Biochim. Biophys. Acta*, abril de 2009; 1788(4): 832-41.

[22] Parnell, N.; Ciclitira, P. J. «Celiac disease» [Enfermedad celiaca]. *Curr. Opin. Gastroenterol.*, marzo de 1999; 15(2): 120-124.

[23] Peters, U.; Asling, J.; Gridley, G., *et al.* «Causes of death in patients with celiac disease in a population-based Swedish cohort» [Causas de muerte en pacientes con enfermedad celiaca sobre una población base sueca]. *Arch. Intern. Med.*, 2003; 163: 1566-1572.

[24] Hafström, I.; Ringertz, B.; Spängberg, A., *et al.* «A vegan diet free of gluten improves the signs and symptoms of rheumatoid arthritis: the effects on arthritis correlate with a reduction in antibodies to food antigens» [Una dieta vegana sin gluten mejora los signos y síntomas de artritis reumatoide: los efectos en la artritis se relacionan con una reducción en los anticuerpos contra los antígenos de los alimentos]. *Rheumatology*, Oxford, octubre de 2001; 40(10): 1175-1179.

[25] Peters *et al.* Art. cit. *Arch. Intern. Med.*, 2003; 163: 1566-1572.

[26] Barrera, G.; Bonfanti, R.; Viscardi, M., *et al.* «Occurrence of celiac disease after onset of type 1 diabetes: a 6-year prospective longitudinal study» [Incidencia de enfermedad celiaca después del inicio de diabetes tipo 1: un estudio longitudinal prospectivo de 6 años]. *Pediatrics*, 2002; 109: 833-838.

[27] Ascher, H. «Coeliac disease and type 1 diabetes: an affair still with much hidden behind the veil» [Enfermedad celiaca y diabetes tipo 1: un asunto con muchos aspectos aún escondidos tras el velo]. *Acta Paediatr.*, 2001; 90: 1217-1225.

[28] Hadjivassiliou, M.: Sanders, D. S.; Grünewald, R. A., *et al.* «Gluten sensitivity: from gut to brain» [Sensibilidad al gluten: del intestino al cerebro]. *Lancet*, marzo de 2010; 9: 318-330.

[29] Hadjivassiliou, M; Grünewald, R. A.; Lawden, M., *et al.* «Headache and CNS white matter abnormalities associated with gluten sensitivity» [Dolor de cabeza y anomalías en sustancia blanca del sistema nervioso central asociadas con la sensibilidad al gluten]. *Neurology*, 13 de febrero de 2001; 56(3): 385-388.

[30] Barton, S. H.; Kelly, D. G.; Murray, J. A. Art. cit. *Gastroenterol., Clin. N. Am.*, 2007; 36: 93-108.

[31] Ludvigsson, J. F.; Montgomery, S. M.; Ekbom, A., *et al.* «Small-intestinal histopathology and mortality risk in celiac disease» [Histopatología del intestino delgado y riesgo de mortalidad en la enfermedad celiaca]. *J. Am. Med. Assoc.*, 2009; 302(11): 1171-1178.

[32] West, J.; Logan, R.; Smith, C., *et al.* «Malignancy and mortality in people with celiac disease: population based cohort study» [Malignidad y mortalidad en personas con enfermedad celiaca: estudio basado en una población base]. *Brit. Med. J.*, 21 de julio de 2004; doi:10.1136/bmj.38169.486701.7C.

[33] Askling, J.; Linet, M.; Gridley, G., *et al.* «Cancer incidence in a population-based cohort of individuals hospitalized with celiac disease or dermatitis herpetiformis» [Incidencia de cáncer en grupo de población basada en individuos hospitalizados con enfermedad celiaca o dermatitis herpetiforme]. *Gastroenterol.*, noviembre de 2002; 123(5): 1428-1435.

[34] Peters *et al.* Art. cit. *Arch. Intern. Med.*, 2003; 163: 1566-1572.

[35] Ludvigsson, *et al.* Art. cit. *J. Am. Med. Assoc.*, 2009; 302(11): 1171-1178.

[36] Holmes, G. K. T.; Prior, P., Lane, M. R., *et al.* «Malignancy in celiac disease —effect of a gluten free diet» [Tumores malignos en la enfermedad celiaca: efecto de una dieta sin gluten]. *Gut.*, 1989; 30: 333-338.

[37] Ford, A. C.; Chey, W. D.; Talley, N. J., *et al.* «Yield of diagnostic tests for celiac disease in individuals with symptoms suggestive of irritable bowel syndrome: systematic review and meta-analysis» [Resultados de las pruebas de diagnóstico de enfermedad celiaca en individuos con síntomas que sugieren síndrome del intestino irritable: revisión sistemática y metaanálisis]. *Arch. Intern. Med.*, 13 de abril; 169(7): 651-658.

[38] Ibíd.

[39] Bagci, S.; Ercin, C. N.; Yesilova, Z., *et al.* «Levels of serologic markers of celiac disease in patients with reflux esophagitis» [Niveles de marcadores serológicos de enfermedad celiaca en pacientes con reflujo gastroesofágico]. *World J. Gastroenterol.*, 7 de noviembre de 2006; 12(41): 6707-6710.

[40] Usai, P.; Manca, R.; Cuomo, R., *et al.* «Effect of gluten-free diet and co-morbidity of irritable bowel syndrome-type symptoms on health-related quality of life in adult coeliac patients» [Efecto de una dieta sin gluten y comorbilidad de síntomas tipo síndrome del intestino irritable en la calidad de vida relacionada con la salud de los pacientes celiacos adultos]. *Dig. Liver. Dis.*, septiembre de 2007; 39(9): 824-828. Véase también: Collin, P. M.; Mustalahti, K.; Kyrönpalo, S., *et al.* «Should we screen reflux oesophagitis patients for coeliac disease?» [¿Debemos revisar a los pacientes con reflujo gastroesofágico para ver si padecen enfermedad celiaca?]. *Eur. J. Gastroenterol. Hepatol.*, septiembre de 2004; 16(9): 917-920. También se puede consultar: Cuomo, A.; Romano, M.; Rocco, A., *et al.* «Reflux oesophagitis in adult coeliac disease: beneficial effect of a gluten free diet» [Reflujo gastroesofágico en enfermedad celiaca en adultos: efectos benéficos de una dieta sin gluten]. *Gut.*, abril de 2003, 52(4): 514-517.

[41] Cuomo, A.; Romano, M.; Rocco, A., *et al.* «Reflux oesophagitis in adult coeliac disease: beneficial effect of a gluten free diet» [Reflujo gastroesofágico en enfermedad celiaca en adultos: efectos benéficos de una dieta sin gluten]. *Gut.*, abril de 2003, 52(4): 514-517.

[42] Verdu, E. F.; Armstrong, D.; Murray, J. A. «Between celiac disease and irritable bowel syndrome: the "no man's land" of gluten sensitivity» [Entre la enfermedad celiaca y el síndrome del intestino irritable: la «tierra de nadie» de la sensibilidad al gluten]. *Am. J. Gastroenterol.*, junio de 2009; 104(6): 1587-1594.

CAPÍTULO 7

EL PAÍS DE LA DIABETES: EL TRIGO
Y LA RESISTENCIA A LA INSULINA

La he golpeado en la mandíbula, la he pegado y la he insultado.
A continuación, vamos a mirar directamente a los ojos a eso llamado diabetes.

PRESIDENTE DEL CLUB DE SOPA DE MÉDULA

Cuando era niño y vivía en Lake Hiawatha (Nueva Jersey), mi
madre solía señalar a una u otra persona y nombrarla «presidente
del club de sopa de médula». Ese era el título que les daba a quienes ella consideraba personas importantes en nuestro pequeño
pueblo de 5.000 habitantes. Por ejemplo, una vez el marido de
una de sus amigas se puso a hablar sin parar sobre cómo arregla-
ría todos los males del país si lo eligieran presidente..., aunque
estaba desempleado, le faltaban dos dientes delanteros y había
sido arrestado dos veces en los últimos dos años por conducir
ebrio. De ahí la simpática designación de mi madre como el presidente del club de sopa de médula.

El trigo, también, es el líder de un grupo nada envidiable, el
peor carbohidrato de la pandilla, el que con más probabilidad nos
llevará por el camino de la diabetes. El trigo es presidente de su

propio club de sopa de médula, jefe entre los carbohidratos. Borracho, malhablado y sin ducharse, todavía con la misma camiseta de la semana pasada, es elevado al estatus especial de «rico en fibra», «carbohidrato complejo» y «cereal integral saludable» por todos los organismos que emiten consejos sobre alimentación.

Debido a la increíble capacidad que tiene el trigo de elevar los niveles de azúcar, iniciar el paseo por la montaña rusa de la glucosa-insulina que maneja el apetito, generar exorfinas adictivas activas en el cerebro y acumular grasa visceral, es uno de los alimentos esenciales que hay que suprimir en un esfuerzo serio por prevenir, reducir o eliminar la diabetes. Podrías eliminar las nueces, pero no tendrías ningún impacto en el riesgo de diabetes. Podrías eliminar las espinacas o los pepinos y no tendrías ningún efecto en el riesgo de diabetes. Podrías suprimir toda la carne de cerdo y de vaca de tu mesa y, aun así, no obtener ningún efecto.

Sin embargo, podrías eliminar el trigo y tendría lugar todo un efecto dominó de cambios: menos aumentos en el azúcar de la sangre, no se producirían las exorfinas que generan el deseo de consumir más, no se iniciaría el ciclo glucosa-insulina del apetito. Y, si no hay ciclo glucosa-insulina, hay poco que genere apetito, excepto una necesidad fisiológica genuina de sustento, no los antojos excesivos. Si el apetito se reduce, el consumo de calorías disminuye, la grasa visceral desaparece, la resistencia a la insulina mejora, el azúcar de la sangre baja. Los diabéticos pueden volverse no diabéticos, los prediabéticos pueden ser no prediabéticos. Todos los fenómenos asociados con un mal metabolismo de la glucosa retroceden, incluidos la tensión alta, los fenómenos inflamatorios, la glicación, las partículas de LDL pequeñas, los triglicéridos.

En pocas palabras, elimina el trigo y, como resultado, revierte toda una constelación de fenómenos que de otro modo resultarían en diabetes y en todas las consecuencias para la salud que se asocian con ella, como tener que tomar tres o cuatro medicamentos, si no siete, y como vivir menos años.

Piensa en esto un momento: los costes personales y sociales de desarrollar diabetes son sustanciales. De promedio, una persona con diabetes desembolsa de 180.000 a 250.000 dólares en gastos directos e indirectos de salud si se le diagnostica a los 50 años[1] y muere ocho años antes que alguien que no padece diabetes.[2] Esto representa casi 250.000 dólares y la mitad del tiempo que pasarías viendo crecer a tus hijos, lo cual se sacrifica a causa de esta enfermedad, que está ocasionada en gran medida por los alimentos..., especialmente por una lista específica de alimentos. El presidente del club de sopa de médula: el trigo.

La información clínica que documenta los efectos de la eliminación del trigo en la diabetes de alguna manera se ve opacada al incluir al trigo en la categoría más amplia de carbohidratos. Por lo general, las personas conscientes de la salud que siguen los consejos alimentarios convencionales proponen reducir la grasa y comer más «cereales integrales saludables», de modo que el 75 por 100 de las calorías de sus carbohidratos provengan de productos de trigo. Esa es una relación más que suficiente con el club de la sopa de médula para llevarte por el camino de mayores costes médicos, complicaciones de salud y una esperanza de vida acortada por la diabetes. Pero también significa que, si acabas con el perro que está al frente, la manada se dispersa.

TRAGAR AGUA QUE SABE A MIEL

El trigo y la diabetes están estrechamente ligados. De muchas formas, la historia del trigo es también la de la diabetes. Donde hay trigo, hay diabetes. Donde hay diabetes, hay trigo. Es una relación tan estrecha como la de McDonald's y las hamburguesas. Pero no fue sino hasta la Edad Moderna cuando la diabetes se convirtió en una enfermedad no solo de los ricos, sino de todos los niveles de la sociedad. La diabetes se ha convertido en la enfermedad «de todo el mundo».

La diabetes era prácticamente desconocida en el Neolítico, cuando los natufianos comenzaron por primera vez a cosechar el trigo silvestre llamado *einkorn*. A todas luces, era desconocida en el Paleolítico, millones de años antes de las ambiciones agrícolas de los natufianos neolíticos. Las observaciones arqueológicas y el registro de sociedades modernas de cazadores-recolectores sugieren que los seres humanos casi nunca desarrollan diabetes ni mueren a causa de complicaciones diabéticas antes de que los granos estén presentes en su dieta.[3] Tras la adopción de cereales en la dieta humana, se constató evidencia arqueológica de un incremento en infecciones y en enfermedades óseas como la osteoporosis, un aumento en la mortalidad infantil y una reducción en la esperanza de vida, así como diabetes.[4]

Por ejemplo, el «papiro Ebers» del 1534 a. de C. descubierto en la necrópolis de Tebas, que data del periodo en el que los egipcios incorporaron el trigo antiguo en su dieta, describe la producción excesiva de orina de la diabetes. La diabetes del adulto (tipo 2) fue descrita por el médico indio Sushruta en el siglo v a. de C., quien la llamó *madhumea* u «orina similar a miel», debido a su sabor dulce (sí, diagnosticaba la diabetes al probar la orina) y a la manera en que la orina de los diabéticos atraía a hormigas y moscas. Sushruta, proféticamente, también atribuía la diabetes a la obesidad y la inactividad y aconsejaba tratamiento con ejercicio.

El médico griego Areteo llamó «diabetes» a esta misteriosa enfermedad, que significa «pasar agua como sifón». Muchos siglos después, otro médico que diagnosticaba al probar la orina, el doctor Thomas Willis, agregó la palabra «mellitus», que significa «que sabe a miel». Sí, pasar como sifón agua que sabe a miel. Nunca más volverás a ver de la misma forma a tu tía diabética.

A partir de la década de 1920, el tratamiento de la diabetes dio un enorme salto hacia delante con la administración de insulina, lo que logró salvarles la vida a niños con esta enfermedad. Los niños diabéticos experimentan daños en las células beta del páncreas que producen insulina, lo cual afecta su capacidad de producir esta hormona. Si no se revisa, la glucosa en sangre se eleva a niveles peligrosos, actuando como diurético (lo que ocasiona la pérdida de agua a través de la orina). El metabolismo se ve afectado, dado que la glucosa es incapaz de entrar en las células del cuerpo debido a la falta de insulina. A menos que se administre insulina, se desarrolla una enfermedad conocida como cetoacidosis diabética, seguida de coma y muerte. El descubrimiento de la insulina le mereció al médico canadiense sir Frederick Banting el Premio Nobel en 1923, dando paso a una era en la que a los diabéticos, tanto niños como adultos, se les administra insulina.

Aunque el descubrimiento de la insulina realmente les salvó la vida a los niños, durante muchas décadas confundió la comprensión de la diabetes de los adultos. Después de haberse descubierto la insulina, la distinción entre diabetes tipo 1 y tipo 2 siguió en tinieblas. Por tanto, en la década de 1950, fue una sorpresa cuando se descubrió que los adultos diabéticos tipo 2 no carecen de insulina sino hasta fases avanzadas de la enfermedad. De hecho, la mayoría de los adultos diabéticos tipo 2 tienen cantidades altas de insulina (varias veces más alta de lo normal). Hasta la década de 1980 no se descubrió el concepto de resistencia a la insulina, el cual explica por qué los adultos diabéticos tenían niveles anormalmente altos de insulina.[5]

Por desgracia, el descubrimiento de la resistencia a la insulina no logró iluminar al mundo de la medicina cuando la idea de los ochenta de reducir de la dieta la grasa saturada llevó a todo el país a una temporada de cacería dedicada a los carbohidratos. En particular, condujo a la idea de que «los cereales integrales saludables» salvarían la salud de los norteamericanos, que se creía amenazada por el consumo excesivo de grasas. Sin querer, esto llevó a un experimento de 30 años de duración sobre lo que puede sucederles a las personas que reducen las grasas pero reemplazan las calorías perdidas de la grasa con «cereales integrales saludables» como el trigo.

El resultado: aumento de peso, obesidad, abdómenes abultados con grasa visceral, prediabetes y diabetes en una escala nunca vista antes, lo cual afecta a hombres y mujeres por igual, ricos y pobres, herbívoros y carnívoros, de todas las razas y edades, todos «pasando como un sifón agua que sabe a miel».

EL PAÍS DE LOS CEREALES INTEGRALES

Durante muchos años, la diabetes del adulto fue en su mayoría exclusiva de los privilegiados que no tenían que cazar para obtener su comida, ni cultivar la tierra, ni preparar sus propios alimentos. Piensa en Enrique VIII, con gota y obesidad, que cargaba con un perímetro abdominal de 137 centímetros y engullía noche tras noche banquetes repletos de mazapán, hogazas de pan, pudines dulces y cerveza *ale*. La diabetes se generalizó durante la última mitad del siglo XIX y tras la llegada del siglo XX, cuando el consumo de sacarosa (azúcar de mesa) se incrementó en todas las clases sociales, desde el obrero común para arriba.[6]

La transición del siglo XIX al XX, por tanto, fue testigo de un incremento en la diabetes, que luego se estabilizó durante muchos años. Durante la mayor parte del siglo XX, la incidencia de diabetes del adulto en Estados Unidos permaneció relativamente constante... hasta mediados de la década de 1980.

Actualmente, la diabetes es una epidemia tan común como las revistas de cotilleo. En 2009, padecían diabetes 24 millones de norteamericanos, un número que representa un crecimiento explosivo en comparación con unos cuantos años antes. La diabetes está creciendo más rápido que con ninguna otra enfermedad, a excepción de la obesidad —si es que se puede llamar enfermedad a la obesidad—. Si tú no tienes diabetes, entonces es probable que tengas amigos diabéticos, compañeros de trabajo diabéticos, vecinos diabéticos. Dada la incidencia excepcionalmente alta en personas mayores, tus padres son (o fueron) propensos a ser diabéticos*.

---

* En España, según los resultados del Estudio di@bet.es, la prevalencia total de diabetes se sitúa cerca del 14 por 100. De este porcentaje, el 95 por 100 corresponde a pacientes con diabetes tipo 2.

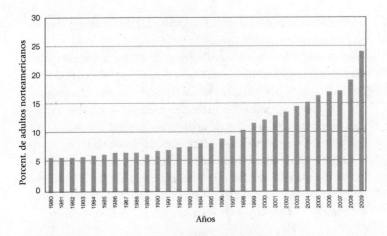

Porcentaje de adultos norteamericanos con diabetes, 1980-2009. El final de la década de 1980 marcó una fuerte tendencia al alza, con los puntos más drásticos en 2009 y 2010 (que no se muestran). FUENTE: Centros para el Control y la Prevención de Enfermedades.

Y la diabetes es solo la punta del iceberg. Por cada diabético hay tres o cuatro personas con prediabetes tras bambalinas —que incluye los trastornos de la afectación de la glucosa en ayunas, la alteración de la tolerancia a la glucosa y el síndrome metabólico—. Dependiendo de qué definición se use, entre el 22 y el 39 por 100 del total de adultos norteamericanos tiene prediabetes.[7] El total de las personas con diabetes y prediabetes en 2008 era de 81 millones, o uno de cada tres adultos de más de 18 años.[8] Eso es más del número total de personas, adultos y niños, diabéticos y no diabéticos, que vivían en el territorio completo de Estados Unidos en 1900.

Si también cuentas las personas que no cumplen del todo los criterios de prediabetes pero que tienen un nivel alto de azúcar después de la comida, triglicéridos altos, partículas de LDL pequeñas y una mala respuesta a la insulina (resistencia a la insulina) —fenómenos que pueden llevar a enfermedades cardiacas, cataratas, enfermedades de los riñones y finalmente diabetes—, encontrarás pocas personas en la Era Moderna que no se encuentren en este grupo, incluidos los niños.

Esta enfermedad no solo consiste en estar gordo y tener que tomar medicamentos; conduce a serias complicaciones, como insuficiencia renal —el 40 por 100 de todas las fallas renales son ocasionadas por la diabetes— y amputación de extremidades —se llevan a cabo más amputaciones a causa de la diabetes que por cualquier otra enfermedad no traumática—. Hablamos de algo muy serio.

Es un fenómeno moderno atemorizante, la democratización global de una enfermedad que antes era desconocida. ¿El consejo que más se da para detenerlo? Haz más ejercicio, come menos a deshoras... y consume más «cereales integrales saludables».

BATERÍAS Y ASALTO AL PÁNCREAS

La explosión de diabetes y prediabetes se ha visto acompañada de un incremento en las personas que padecen sobrepeso y obesidad.

De hecho, sería más preciso decir que la explosión de diabetes y prediabetes en gran medida ha sido *ocasionada* por el desmesurado aumento del sobrepeso y la obesidad, ya que subir de peso conduce a una afectación en la sensibilidad a la insulina y a una mayor probabilidad de que se acumule un exceso de grasa visceral, las condiciones fundamentales que se necesitan para generar diabetes.[9] Cuanto más gordos se vuelven los norteamericanos, mayor es el número que desarrolla prediabetes y diabetes. En 2009, el 26,7 por 100 de los norteamericanos adultos, o 75 millones de personas, cumplían los criterios de obesidad —es decir, tener un índice de masa corporal (IMC) de 30 o más— y había un número aún más alto de personas en la categoría de sobrepeso —IMC de 25 a 29,9—.[10] Ningún estado ha cumplido, ni se acerca siquiera, a la meta del 15 por 100 que el director general de Salud Pública fijó en su *Llamamiento a la acción para prevenir y disminuir el sobrepeso y la obesidad*. (Como resultado, la oficina del director general de Salud Pública en repetidas ocasiones ha insistido en que los norteamericanos necesitan incrementar su nivel de actividad física, comer más alimentos con poca grasa y, sí, consumir más cereales integrales).

Predeciblemente, el aumento de peso se ve acompañado por diabetes y prediabetes, aunque el punto de peso preciso en el que estas se desarrollan puede variar de un individuo a otro; es un componente genético de riesgo. Una mujer que mide 1,65 podría desarrollar diabetes con un peso de 105 kilos, mientras que otra mujer de la misma altura podría tener diabetes con 65 kilos. Esta variación está determinada genéticamente.

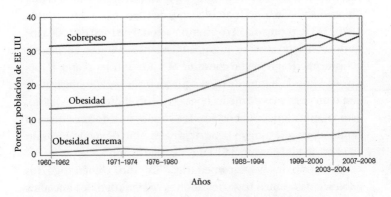

Tendencias en obesidad y sobrepeso de los norteamericanos, 1960-2008. El sobrepeso se define como un IMC de 25 a 30; la obesidad corresponde a un IMC mayor o igual a 35. Mientras que el porcentaje de norteamericanos que padecen sobrepeso se ha mantenido, el de los que tienen obesidad se ha disparado y el de aquellos con obesidad extrema también ha aumentado a una tasa alarmante. FUENTE: Centros para el Control y Prevención de Enfermedades.

Los costes económicos de dichas tendencias son asombrosos. Subir de peso es excepcionalmente caro, tanto en términos de los costes de los servicios médicos como en términos del daño que genera para la salud.[11] Algunos cálculos muestran que, en los siguientes 20 años, del 16 al 18 por 100 de todos los costes por servicios médicos serán consumidos por problemas de salud generados por el exceso de peso. No por infortunios genéticos, defectos de nacimiento, enfermedades psiquiátricas, quemaduras ni trastorno de estrés postraumático por los horrores de la guerra... No, solo por engordar. El coste de que los norteamericanos se hayan vuelto obesos reduce la suma de lo que se gasta en el cáncer. Se gastará más dinero en combatir las consecuencias de la obesidad en la salud que en educación.

No obstante, hay otro factor que acompaña las tendencias en diabetes, prediabetes y aumento de peso. Sí, lo adivinaste: el consumo de trigo. Ya sea por conveniencia, sabor o en nombre de la «salud», los norteamericanos se han convertido en trigocólicos, con un aumento de casi 12 kilos en el consumo anual per cápita de productos de trigo (pan blanco y de trigo, pasta dura) desde 1970.[12] Si se promedia el consumo nacional de trigo de todos los norteamericanos (bebés, niños, adolescentes, adultos, ancianos), el norteamericano medio consume 61 kilos de trigo al año. (Nota que 61 kilos de harina de trigo equivalen a unas 200 hogazas de pan o un poco más de media hogaza de pan al día). Por supuesto, esto significa que muchos adultos comen mucho más que esa cantidad, ya que ningún bebé ni ningún niño pequeño incluido en el promedio consume 61 kilos de trigo al año*.

Dicho esto, los bebés comen trigo, los niños comen trigo, los adolescentes comen trigo, los adultos comen trigo, los ancianos comen trigo. Cada grupo tiene sus variedades preferidas: comida para bebé y galletas en forma de animalitos, sándwiches de mantequilla de cacahuete y galletas, pizza y galletas Oreo, pasta de trigo y pan integral, pan tostado y galletas saladas..., pero al final todo es lo mismo. Paralelo al incremento en el consumo, también tenemos el reemplazo silente del trigo de 1,20 metros de alto, el *Titricum aestivum*, por las cepas enanas de alto rendimiento y las nuevas estructuras de gluten que antes nunca habían consumido los seres humanos.

---

* En España el promedio es 42,77 kilos al año, mientras que el de bollería, galletas y cereales alcanza 12,52 (datos del MARM, 2008).

Fisiológicamente, la relación del trigo con la diabetes tiene mucha lógica. Los productos elaborados con trigo dominan nuestra dieta y elevan el azúcar de la sangre mucho más que prácticamente cualquier otro alimento. Esto eleva medidas como las de HbA1c (hemoglobina glucosilada) —que refleja el promedio de la glucosa en la sangre en los 60 a 90 días previos—. El ciclo de glucosa-insulina que alcanza niveles altos varias veces al día provoca la acumulación de grasa visceral. La grasa visceral —barriga de trigo— está estrechamente relacionada con la resistencia a la insulina, que, a su vez, conduce a niveles aún más altos de glucosa e insulina.[13]

La fase temprana de acumulación de grasa visceral y diabetes es acompañada por un incremento del 50 por 100 en las células beta del páncreas que son responsables de producir insulina, una adaptación fisiológica para cumplir con las enormes exigencias de un cuerpo resistente a la insulina. Sin embargo, la adaptación de las células beta tiene límites.

Niveles altos de azúcar, como los que se presentan después de comer una magdalena de arándanos en el coche camino al trabajo, provocan el fenómeno de «glucotoxicidad», un daño a las células beta del páncreas que es resultado de niveles altos de azúcar.[14] Cuanto más alto es el nivel de azúcar en la sangre, más se dañan las células beta. El efecto es progresivo y comienza con un nivel de glucosa de 100 mg/dl, un valor que muchos médicos llaman normal. Después de comer dos rebanadas de pan de trigo integral con pechuga de pavo baja en grasa, un incremento típico en el nivel de glucosa en la sangre sería de 140 a 180 mg/dl en un adulto no diabético, más que suficiente para perjudicar las preciadas células beta..., que nunca se reemplazan.

Tus pobres y vulnerables células beta del páncreas también son dañadas por el proceso de lipotoxicidad, pérdida de células beta a causa del incremento en los triglicéridos y los ácidos grasos, como los que se desarrollan por la ingesta repetida de carbohidratos. Recuerda que una dieta inclinada hacia los carbohidratos aboca a un aumento en las partículas de lipoproteínas de muy baja densidad, VLDL, por sus siglas en inglés, y en los triglicéridos, que persiste tanto después de comer como entre comidas, condiciones que exacerban aún más el desgaste de las células del páncreas.

El daño al páncreas empeora todavía más por fenómenos inflamatorios, como lesión oxidativa, leptina, varias interleucinas y factor de necrosis tumoral. Todas resultan de la grasa visceral que es el origen de la inflamación y todas son características de estados prediabéticos y diabéticos.[15]

Con el tiempo y con los golpes repetidos de la glucotoxicidad, la lipotoxicidad y la destrucción inflamatoria, las células beta se marchitan y mueren, reduciendo gradualmente el número de células beta a menos del 50 por 100 del número normal del inicio.[16] Ahí es cuando la diabetes se establece de manera irreversible.

En resumen, los carbohidratos —en especial los que, como los de los productos elaborados con trigo, incrementan el azúcar y la insulina de la sangre de manera más drástica— inician una serie de fenómenos metabólicos que acaban llevando a una pérdida irreversible de la capacidad del páncreas para producir insulina: la diabetes.

¿COMBATIR CARBOHIDRATOS CON CARBOHIDRATOS?

En el Paleolítico o el Neolítico, el desayuno de un ser humano podía consistir en pescado, reptiles, pájaros o algún otro tipo de ave de corral —no siempre cocido—, hojas, raíces, bayas o insectos. Hoy en día, lo más probable es que sea un tazón de cereal para el desayuno elaborado con harina de trigo, almidón de maíz, avena, jarabe de maíz con alto contenido de fructosa y sacarosa. Obviamente, no lo llamarán «harina de trigo, almidón de maíz, avena, jarabe de maíz alto en fructosa y sacarosa», sino algo más atractivo, como bolitas crujientes saludables o cuadraditos de frutas silvestres. O pueden ser gofres o tortitas con sirope de arce. O un *muffin* inglés tostado con mermelada o un bagel integral de centeno con crema de queso bajo en grasa. Para la mayoría de los norteamericanos, los antojitos cargados de carbohidratos comienzan temprano y continúan a lo largo de todo el día.

No nos sorprendería que, a medida que nuestras vidas se han vuelto menos exigentes en cuanto a esfuerzos físicos (¿cuándo fue la última vez que despellejaste un animal y lo partiste en trozos, que cortaste madera para todo el invierno o que lavaste a mano tu ropa interior en el río?) y los alimentos cómodos que engordan y se metabolizan deprisa han proliferado, surjan enfermedades ocasionadas por el exceso.

Nadie se vuelve diabético por engullir demasiada carne del jabalí salvaje que ha cazado ni por comer demasiados ajos silvestres y bayas que ha recolectado..., ni por demasiadas tortillas de vegetales, demasiado salmón o demasiada col rizada, pimientos y salsa de pepino. Sin embargo, muchas personas desarrollan diabetes por comer demasiados *muffins*, bagels, cereales para el desayuno, tortitas, gofres, *pretzels*, galletas, pasteles, magdalenas, cuernecitos, *donuts* y tartas.

Como hemos explicado, los alimentos que más incrementan el nivel de azúcar en la sangre también causan diabetes. La secuencia es simple. Los carbohidratos disparan la liberación de insulina del páncreas, ocasionando la acumulación de grasa visceral, la cual genera la resistencia a la insulina y la inflamación. Niveles altos de azúcar, triglicéridos y ácidos grasos dañan el páncreas. Después de años de trabajar en exceso, el páncreas sucumbe ante el ataque prolongado recibido a causa de la glucotoxicidad, la lipotoxicidad y la inflamación, básicamente «quemándose» y dejando una deficiencia de insulina y un incremento en la glucosa en sangre, es decir, diabetes.

Los tratamientos para la diabetes reflejan su progresión. Medicamentos como la pioglitazona (Actos) para reducir la resistencia a la insulina se prescriben en las primeras etapas de la enfermedad. La metformina, que también se prescribe en las primeras etapas, reduce la producción de glucosa del hígado. Puesto que el páncreas está exhausto tras años de palizas glucotóxicas, lipotóxicas e inflamatorias, ya no es capaz de producir insulina y entonces se prescriben inyecciones de insulina.

Parte del estándar que prevalece en términos de cuidados para prevenir y tratar la diabetes, una enfermedad ocasionada en gran medida por el consumo de carbohidratos..., es aconsejar un aumento en el consumo de carbohidratos.

Hace años usé la dieta de la ADA (Asociación de Diabéticos Americana) en pacientes diabéticos. Después de seguir el consejo de dicha asociación de consumir carbohidratos, vi cómo los pacientes subían de peso, experimentaban un deterioro en el control de la glucosa en sangre y una mayor necesidad de medicamentos y desarrollaban complicaciones relacionadas con la diabetes, como enfermedades renales y neuropatía. De la misma manera en que Ignaz Semmelweis hizo que la incidencia de fiebre puerperal casi se desvaneciera por completo en su consultorio solo con lavarse las manos, ignorar el consejo de la ADA y reducir el consumo de carbohidratos conduce a un mejor control del azúcar de la sangre, una menor HbA1c, una pérdida de peso drástica y una mejoría en todo el desorden metabólico que genera la diabetes, como tensión alta y triglicéridos elevados.

La ADA aconseja a los diabéticos reducir la grasa en general y la grasa saturada, e incluir de 45 a 60 gramos de carbohidratos —preferentemente «cereales integrales saludables»— en cada comida, o de 135 a 180 gramos de carbohidratos al día, sin incluir los refrigerios. En esencia, es una dieta grasofóbica, centrada en carbohidratos, con el 55 o el 65 por 100 de calorías provenientes de estos últimos. Si tuviera que resumir la visión de la ADA con respecto a la dieta, sería: «Adelante, come alimentos azucarados que incrementan el nivel de azúcar de la sangre. Solo asegúrate de ajustar tus medicamentos para compensarlo».

Sin embargo, aunque «combatir fuego con fuego» puede funcionar en el control de plagas y con vecinos pasivo-agresivos, con ese método no te puedes librar de las deudas de tus tarjetas de crédito y tampoco puedes salir de la diabetes comiendo cosas llenas de carbohidratos.

La ADA ejerce una poderosa influencia en Estados Unidos y generaliza determinadas ideas sobre la nutrición. Cuando a alguien se le diagnostica diabetes, lo envían con un especialista en diabetes o con una enfermera que le da consejos basados en los principios alimentarios de la ADA. Si un paciente ingresa en el hospital y padece diabetes, el médico ordena una «dieta de la ADA». En efecto, según la «ley» médica, se pueden recomendar esas pautas alimentarias. He visto enfermeras y especialistas en diabetes inteligentes que, tras entender que los carbohidratos ocasionan diabetes, van en contra del consejo de la ADA y recomiendan a sus pacientes que reduzcan el consumo de carbohidratos. Como ese consejo se encuentra a la cabeza de las recomendaciones de la ADA, la institución médica demuestra su desacuerdo despidiendo a esos empleados desobedientes. Nunca subestimes las convicciones de las personas convencionales, en particular en medicina.

La lista de alimentos recomendados por la ADA incluye:

- panes de cereales integrales, como trigo o centeno integral
- cereales integrales con un contenido alto de fibra
- cereales cocinados, como avena, polenta, maíz molido o crema de trigo
- arroz, pasta, tortillas
- legumbres y guisantes cocinados, como alubias pintas, blancas, etcétera.
- galletas bajas en grasa y tentempiés, *pretzels* y palomitas sin grasa

En pocas palabras: «Come trigo, trigo, maíz, arroz y trigo».

Adiós al trigo, adiós a la diabetes

Maureen, de 63 años, madre de tres hijos y con cinco nietos, vino a mi consultorio para pedirme mi opinión sobre cómo prevenir enfermedades cardiacas. Le habían hecho dos cateterizaciones y le habían puesto tres cánulas en los últimos dos años, a pesar de tomar medicamentos con estatinas para bajar el colesterol.

Los análisis de laboratorio de Maureen incluyeron un análisis de lipoproteínas que, además de mostrar un colesterol bajo HDL, de 39 mg/dl, y triglicéridos altos, en 233 mg/dl, reveló un exceso de partículas de LDL pequeñas; el 85 por 100 de las partículas de LDL de Maureen estaban clasificadas como pequeñas..., una anomalía severa.

A Maureen también le habían diagnosticado diabetes dos años antes, que habían identificado por primera vez en una de sus hospitalizaciones. La habían asesorado sobre las restricciones tanto de la dieta «saludable» para el corazón de la Asociación Americana del Corazón como de la dieta de la Asociación Americana de Diabetes. Su primer acercamiento a los medicamentos para la diabetes fue a través de la metformina. Sin embargo, después de unos meses necesitó que le agregaran otro medicamento y luego otro más —este último consistía en una inyección dos veces al día— para mantener sus niveles de azúcar en el rango deseado. Recientemente, el médico de Maureen había empezado a hablar sobre la posibilidad de administrarle inyecciones de insulina.

Como el patrón de partículas LDL pequeñas, junto con niveles altos de triglicéridos y HDL bajo se relaciona estrechamente con la diabetes, aconsejé a Maureen sobre cómo aplicar la dieta para corregir el espectro completo de anomalías. El elemento fundamental de la dieta: la eliminación del trigo. Debido a la severidad de su patrón de partículas LDL pequeñas y diabetes, también le pedí que restringiera otros carbohidratos, en especial el almidón de maíz y los azúcares, así como avenas, legumbres, arroz y patatas. (Esta restricción tan severa no es necesaria en la mayoría de las personas).

En los tres primeros meses después de haber comenzado la dieta, Maureen bajó 12,5 kilos de su peso inicial de 102 kilos. Esta primera pérdida de peso le permitió dejar la inyección que se ponía dos veces al día. Tres meses después ya había perdido 7 kilos más y Maureen redujo sus medicamentos solo a la metformina inicial.

Pasado un año, Maureen había bajado en total 23 kilos y pesaba menos de 90 kilos por primera vez en 20 años. Como los niveles de glucosa en la sangre de Maureen estaban por debajo de 100 mg/dl de manera constante, le aconsejé que dejara de tomar la metformina. Mantuvo la dieta y siguió bajando de peso de forma gradual. Mantuvo sin problemas los niveles de glucosa en la sangre en un rango no diabético.

Un año, 23 kilos menos y Maureen le dijo adiós a la diabetes. Siempre y cuando no regrese a sus viejos hábitos, entre ellos el de ingerir muchos «cereales integrales saludables», básicamente *está curada*.

Pregúntale a cualquier diabético sobre los efectos de esta estrategia nutricional y te dirá que cualquiera de estos alimentos incrementa el nivel de azúcar hasta un rango de 200 a 300 mg/dl o más. De acuerdo con el consejo de la ADA, eso está bien..., pero tienes que asegurarte de medir tu nivel de azúcar en la sangre y hablar con tu médico sobre los ajustes necesarios de insulina o medicamentos.

¿La dieta de la ADA contribuye a curar la diabetes? Existe la afirmación arbitraria y comercial de que «se está trabajando hacia la cura». Pero ¿hablar *en serio* sobre una cura?

En su defensa puedo decir que no creo que la mayoría de las personas de la ADA sean malas; muchas, de hecho, están dedicadas a ayudar a descubrir la cura de la diabetes infantil. Sin embargo, creo que fueron apartados del camino correcto por el error de la alimentación baja en grasa, que desvió a todo Estados Unidos. Hasta la fecha, continúa vigente la idea de tratar la diabetes incrementando el consumo de los alimentos que han ocasionado la enfermedad en primer lugar y luego controlando con medicamentos el desorden del azúcar de la sangre.

Por supuesto, tenemos la ventaja de que, en retrospectiva, podemos ver los efectos de este enorme paso en falso de la alimentación como si fuera una mala película en el vídeo. Vamos a rebobinar la película completa con imágenes granuladas, filmada con mano temblorosa: elimina los carbohidratos, en especial los de los «cereales integrales saludables», y toda una constelación de enfermedades modernas se revertirá.

UN *DÉJÀ VU* DE LOS CEREALES

Sushruta, un médico indio del siglo v a. de C., prescribía ejercicio a sus pacientes obesos con diabetes en una época en que sus colegas observaban señales de la naturaleza o la posición de los astros para diagnosticar las afecciones. Apollinaire Bouchardat, un médico francés del siglo xix, observó que el azúcar en la orina de los pacientes había disminuido durante los cuatro meses que duró el sitio de París a manos del ejército prusiano en 1870, cuando había poco suministro de comida, en especial de pan. Cuando terminó el sitio, para tratar la diabetes imitó ese efecto aconsejando a sus pacientes que redujeran el consumo de panes y otros almidones o recomendándoles que ayunaran intermitentemente, a pesar de la práctica de otros médicos que aconsejaba aumentar el consumo de almidones.

En el siglo xx, el acreditado libro *Principios y práctica de la medicina*, de William Osler, emblemático profesor de medicina y uno de los cuatro fundadores del Hospital John Hopkins, aconsejaba para los diabéticos una dieta del 2 por 100 de carbohidratos. En la edición original de Frederick Banting de 1922, en donde describe sus experiencias iniciales inyectando extracto pancreático a niños diabéticos, comenta que la dieta que el hospital usaba para ayudar a controlar la glucosa urinaria era una estricta limitación de carbohidratos a 10 gramos diarios.[17]

Tal vez sea imposible descubrir una cura basada en métodos primitivos tales como ver si las moscas se reúnen alrededor de la orina, métodos realizados sin herramientas modernas como las pruebas de glucosa y de hemoglobina A1c. Si esos métodos hubieran estado disponibles, creo que habría habido mejores resultados de diabetes. La moda moderna de «reduce la grasa y come más cereales integrales saludables» nos hizo olvidar las lecciones aprendidas por observadores astutos como Osler y Banting. Como muchas otras, la idea de restringir los carbohidratos para tratar la diabetes es una lección que es necesario volver a aprender.

Sí veo una luz al final del túnel. El concepto de que la diabetes debería ser tratada como una enfermedad de *intolerancia a los carbohidratos* está comenzando a ganar terreno en la comunidad médica. Considerar la diabetes como un resultado derivado de la intolerancia a los carbohidratos es algo que están defendiendo activamente médicos e investigadores como Eric Westman, de la Universidad de Duke; Mary Vernon, exdirectora de medicina del Programa de Control de Peso de la Universidad de Kansas y expresidenta de la Sociedad Americana de Médicos Bariatras, y el prolífico investigador Jeff Volek, de la Universidad de Connecticut. Westman y Vernon explican, por ejemplo, que por lo general necesitan reducir la dosis de insulina al 50 por 100 *el primer día* que un paciente se compromete a reducir los carbohidratos para evitar niveles de azúcar extremadamente altos.[18] El doctor Volek y su equipo, en repetidas ocasiones, han demostrado, tanto en seres humanos como en animales, que una fuerte reducción en los carbohidratos revierte la resistencia a la insulina, las distorsiones posprandiales y la grasa visceral.[19]

Varios estudios realizados durante la última década han demostrado que, en las personas con diabetes, reducir los carbohidratos conduce a bajar de peso y a tener mejores niveles de azúcar en la sangre.[20] En uno de esos estudios, en el que los carbohidratos fueron reducidos a 30 gramos diarios, resultó una pérdida de peso promedio de 5 kilos y la HbA1c —que refleja el promedio de glucosa en la sangre de los últimos entre 60 y 90 días— se redujo del 7,4 al 6,6 por 100 en el transcurso de un año.[21] Un estudio de la Universidad de Temple en diabéticos con obesidad mostró que reducir los carbohidratos a 21 gramos diarios llevaba a una pérdida de peso media de 1,57 kilos en dos semanas, junto con una reducción de HbA1c del 7,3 al 6,8 por 100 y un 75 por 100 de mejoría en las respuestas a la insulina.[22]

El doctor Westman ha estado validando con éxito lo que muchos de nosotros aprendemos en la práctica clínica: la eliminación de carbohidratos —incluido el carbohidrato «dominante» de las dietas «saludables»: el trigo— no solo mejora el control de azúcar de la sangre, sino que puede *borrar* la necesidad de insulina y de medicamentos para la diabetes en la diabetes del adulto (tipo 2)..., lo que de otro modo se conoce como cura.

En uno de los estudios recientes del doctor Westman, 84 diabéticos con obesidad siguieron una estricta dieta baja en carbohidratos —sin trigo, almidón de maíz, azúcares, patatas, arroz ni fruta—, reduciendo el consumo de carbohidratos a 20 gramos al día —similar a las prácticas del Osler y Banting de comienzos del siglo xx—. Después de seis meses, las cinturas (representantes de la grasa visceral) se redujeron en más de 12 centímetros, los triglicéridos bajaron en 70 mg/dl, el peso disminuyó 11 kilos y la HbA1c se redujo del 8,8 al 7,3 por 100. Y el 95 por 100 de los participantes pudieron reducir sus medicamentos, mientras que el 25 por 100 lograron *eliminar sus medicamentos por completo*, incluso la insulina.[23]

El trigo y la diabetes infantil (tipo I)

Antes de descubrir la insulina, la diabetes infantil, o tipo 1, era letal a los pocos meses de su inicio. El descubrimiento de la insulina, realizado por Frederick Banting, realmente supuso un punto de inflexión de importancia histórica. Pero, en primer lugar, ¿por qué los niños desarrollan la diabetes?

Los anticuerpos antiinsulina, las células beta y otras «autoproteínas» dan como resultado la destrucción autoinmune del páncreas.

Los niños con diabetes también desarrollan anticuerpos en otros órganos del cuerpo. Un estudio reveló que el 24 por 100 de los niños con diabetes había incrementado sus niveles de «autoanticuerpos», es decir, los anticuerpos en contra de las «autoproteínas», en comparación con el 6 por 100 de los niños sin diabetes.[24]

La incidencia de la llamada diabetes del adulto (tipo 2) está aumentando en los niños debido al sobrepeso, la obesidad y la inactividad, las mismas razones por las cuales se está yendo por las nubes en los adultos. Sin embargo, la incidencia de diabetes tipo 1 también está aumentando. Los Institutos Nacionales de Salud y los Centros para el Control y Prevención de las Enfermedades patrocinaron en conjunto el estudio SEARCH de diabetes en jóvenes, el cual demostró que, de 1978 a 2004, la incidencia de diabetes tipo 1 recién diagnosticada se incrementó un 2,7 por 100 al año. La tasa de incremento más rápida se está observando en niños de menos de 4 años.[25] Los registros de la enfermedad de 1990 a 1999 en Europa, Asia y América del Sur ahora muestran incrementos similares.[26]

¿Por qué estará aumentando la diabetes tipo 1? Es probable que nuestros niños estén expuestos a algo. Algo desata una respuesta inmunológica muy anormal en esos niños. Algunas autoridades sanitarias han propuesto que una infección viral enciende el proceso, mientras que otras han señalado factores que desenmascaran la expresión de respuestas autoinmunes en quienes son susceptibles genéticamente.

¿Podría ser el trigo?

Los cambios en la genética del trigo desde 1960, como las cepas enanas de alto rendimiento, podrían ser responsables del reciente aumento en la incidencia de diabetes tipo 1. Su aparición coincide con el incremento de la enfermedad celiaca y otras dolencias.

Resalta una conexión muy clara: los niños con enfermedad celiaca son 10 veces más propensos a desarrollar diabetes tipo 1; los niños con diabetes tipo 1 son de 10 a 20 veces más propensos a tener anticuerpos contra el trigo y/o enfermedad celiaca.[27] Las dos enfermedades comparten destino con más probabilidades de las que podría explicar la casualidad.

La estrecha relación entre la diabetes tipo 1 y la enfermedad celiaca también aumenta con el tiempo. Aunque algunos niños celiacos muestran evidencia de celiaquía cuando se les diagnostica diabetes por primera vez, más niños manifestarán señales en años sucesivos.[28]

Una pregunta asombrosa: si se evita el trigo desde el nacimiento, ¿se puede evitar el desarrollo de la diabetes tipo 1? Después de todo, los estudios realizados en ratones genéticamente susceptibles a la diabetes tipo 1 muestran que eliminar el gluten del trigo reduce el desarrollo de diabetes del 64 al 15 por 100[29] y previene el daño intestinal característico de la enfermedad celiaca.[30] El mismo estudio no se ha llevado a cabo en bebés ni en niños, de modo que, inevitablemente, esta pregunta crucial sigue sin respuesta.

Aunque no comparto muchas ideas de la Asociación Americana de Diabetes, en este punto sí que estamos de acuerdo: a los niños diagnosticados con diabetes tipo 1 se les deberían realizar pruebas de enfermedad celiaca. Yo agregaría que deberían ser revisados cada pocos años para determinar si la enfermedad celiaca se desarrolla más adelante en la infancia o incluso de adulto. Aunque ningún organismo oficial lo aconseja, no creo que fuera un desatino sugerir a los padres de los niños con diabetes que consideren realmente eliminar de su alimentación el gluten del trigo, junto con otras fuentes de gluten.

¿Las familias que tienen uno o más miembros con diabetes tipo 1 deberían eliminar el trigo de su dieta desde el inicio de la vida y evitar que se desate el efecto autoinmune que conduce a esa enfermedad de por vida llamada diabetes tipo 1? Nadie lo sabe, pero es una pregunta que realmente necesita respuesta. La incidencia cada vez mayor de esta enfermedad hará que el tema sea más urgente en los años venideros.

En otras palabras, en el protocolo del doctor Westman, que incluía *nutrición* y no solo medicamentos, el 25 por 100 de los participantes ya no padecían diabetes o, por lo menos, habían logrado mejorar el control del azúcar en la sangre lo suficiente como para manejarlo solo con la dieta. Los restantes, aunque seguían teniendo diabetes, disfrutaban de un mejor control de la glucosa en la sangre y una menor necesidad de insulina y otros medicamentos.

Hasta la fecha, los estudios han logrado pruebas: la reducción de carbohidratos mejora el comportamiento del azúcar en la sangre, reduciendo la tendencia diabética. Si se lleva al extremo, es posible *eliminar* los medicamentos para la diabetes en un tiempo tan corto como seis meses. En algunos casos, creo que es seguro denominar a esto cura, siempre y cuando el exceso de carbohidratos no regrese a la dieta. Permíteme decirlo otra vez: si suficientes células beta pancreáticas permanecen y no han sido diezmadas por la glucotoxicidad, la lipotoxicidad y la inflamación de tanto tiempo atrás, es completamente posible para algunos si no es que para la mayoría de los prediabéticos y diabéticos curarse de su enfermedad, algo que casi nunca sucede con las dietas bajas en grasa convencionales como las que defiende la Asociación Americana de Diabetes.

También sugieren que *prevenir* la diabetes, en vez de *revertir* la diabetes se puede lograr con menos esfuerzos alimentarios. Después de todo, algunas fuentes de carbohidratos, como los arándanos, las frambuesas, los melocotones y los boniatos, proporcionan importantes nutrientes y no incrementan el azúcar en la sangre hasta el mismo punto que los carbohidratos más «odiosos» (ya sabes de cuáles estoy hablando).

Entonces, ¿qué tal si seguimos un programa no tan estricto como el del estudio de Westman para «curar la diabetes» y eliminamos tan solo el alimento más omnipresente, más dominante de la dieta y más responsable del aumento del azúcar de la sangre? Según mi experiencia, bajarás el azúcar de la sangre y la HbA1c, perderás grasa visceral (la barriga de trigo) y te liberarás del riesgo de ser parte de la epidemia nacional de obesidad, prediabetes y diabetes. Esto reduciría la diabetes a los niveles que había antes de 1985, restauraría la talla de los vestidos y pantalones de la década de 1950 e incluso te permitiría volver a sentarte cómodamente en el asiento del avión junto a una persona que tenga un peso normal.

SI NO TE SIENTA BIEN, DÉJALO MARCHAR

El trigo, el culpable de ocasionar obesidad y diabetes, me recuerda el juicio por asesinato de O. J. Simpson: prueba encontrada en la escena del crimen, comportamiento sospechoso por parte del acusado, un guante con sangre que relacionaba al asesino con la víctima, motivo, oportunidad..., pero absuelto mediante hábiles triquiñuelas legales.

El trigo a todas luces parece ser el culpable de causar obesidad: incrementa el azúcar en la sangre casi más que cualquier otro alimento, proporcionando una vasta oportunidad de que se genere glucotoxicidad, lipotoxicidad e inflamación; favorece la acumulación de grasa visceral; hay una correlación con el aumento de peso y las tendencias de obesidad de los últimos 30 años que queda como anillo al dedo, no obstante ha sido absuelto de todos los crímenes por el «gran equipo» del Departamento de Agricultura, la Asociación Americana de Diabetes y demás, y todos ellos están de acuerdo en que el trigo debería consumirse en cantidades generosas. No creo que ni siquiera el abogado Johnnie Cochran hubiera podido hacerlo mejor.

¿Puedes decir «juicio nulo»?

Sin embargo, en la corte de la salud humana tienes la oportunidad de rectificar los errores en la condena del culpable y proscribir el trigo de tu vida.

[1] Zhao, X., 434-PP. Presentado en las Sesiones Científicas número 70 de la Asociación Americana de Diabetes; 25 de junio de 2010.

[2] Franco, O. H.; Steyerberg, E. W.; Hu, F. B., *et al.* «Associations of diabetes mellitus with total life expectancy and life expectancy with and without cardiovascular disease» [Asociaciones de la diabetes mellitus con la esperanza de vida total y la esperanza de vida con y sin enfermedad cardiovascular]. *Arch. Intern. Med.*, 11 de junio de 2007, 167(11): 1145-1151.

[3] Daniel, M.; Rowley, K. G.; McDermott, R., *et al.* «Diabetes incidence in an Australian aboriginal population: a 8-year follow-up study [Incidencia de la diabetes en una población aborigen australiana: un estudio de seguimiento de 8 años]. *Diabetes Care*, 1999; 22: 1993-1998. Véase también: Ebbesson, S. O.; Schraer, C. D.; Risica, P. M., *et al.* «Diabetes and impaired glucose tolerance in three Alaskan Eskimo populations: the Alaska-Siberia Project» [Diabetes y afectación de la tolerancia a la glucosa en tres poblaciones esquimales de Alaska: el proyecto Alaska-Siberia]. *Diabetes Care*, 1998; 21: 563-569.

[4] Cordain, L. «Cereal grains: Humanity's double-edged sword» [Granos de cereales: la espada de dos filos de la humanidad], en Simopoulous, A. P. (ed.). «Evolutionary aspects of nutrition and health» [Aspectos evolutivos de la nutrición y la salud]. *World Rev. Nutr. Diet.*, 1999; 84: 19-73.

[5] Reaven, G. M. «Banting Lecture 1988: Role of insulin resistance in human disease» [Conferencia Banting de 1988: papel de la resistencia a la insulina en la enfermedad humana]. *Diabetes*, 1988; 37: 1595-1607.

[6] Crawford, E. M. «Death rates from diabetes mellitus in Ireland 1833-1983: a historical commentary» [Tasas de mortalidad por diabetes mellitus en Irlanda 1833-1983: un comentario histórico]. *Ulster Med. J.*, octubre de 1987; 56(2): 109-115.

[7] Ginsberg, H. N.; MacCallum, P. R. «The obesity, metabolic syndrome, and type 2 diabetes mellitus pandemic: Part I. Increased cardiovascular disease risk and the importance of atherogenic dyslipidemia in persons with the metabolic syndrome and type 2 diabetes mellitus» [La pandemia de la obesidad, el síndrome metabólico y la diabetes mellitus tipo 2: Parte I. Aumento en el riesgo de enfermedad cardiovascular y la importancia de dislipidemia aterogénica en personas con síndrome metabólico y diabetes mellitus tipo 2]. *J. Cardiometab. Syndr.*, 2009; 4(2): 113-119.

[8] Centros para el Control de Enfermedades. Acta nacional de diabetes 2011, en apps.nccd. cdc.gov/DDTSTRS/FactSheet.aspx.

[9] Ginsberg *et al.* Art. cit. *J. Cardiometab. Syndr.*, 2009; (4): 113-119.

[10] Centros para el Control de Enfermedades. «Overweight and obesity trends among adults» [Tendencias de sobrepeso y obesidad en adultos]. 2011, en www.cdc.gov/obesity/data/index.html.

[11] Wang, Y.; Beydoun, M. A.; Liang, *et al.* «Will all Americans become overweight or obese? Estimating the progression and cost of the US obesity epidemic» [¿Todos los norteamericanos tendrán sobrepeso u obesidad? Valoración de la progresión y costes de la epidemia de obesidad en Estados Unidos]. *Obesity*, Silver Spring, octubre de 2008; 16(10): 2323-2330.

[12] USDA. «U. S. Per capita wheat use» [Uso per cápita de trigo en Estados Unidos], en http://www.ers.usda.gov/amberwaves/september08/findings/wheatflour.htm.

[13] Macor, C.; Ruggeri, A.; Mazzonetto, P., *et al.* «Visceral adipose tissue impairs insulin secretion and insulin sensitivity but not energy expenditure in obesity» [El tejido adiposo visceral disminuye la secreción de insulina y la sensibilidad a la insulina, pero no el gasto de energía en la obesidad]. *Metabolism*, febrero de 1997; 46(2): 123-129.

[14] Marchetti, P.; Lupi, R.; Del Guerra, S., *et al.* «The beta-cell in human type 2 diabetes» [Las células beta en la diabetes tipo 2 en seres humanos]. *Adv. Exp. Med. Biol.*, 2010; 654: 501-514.

[15] Ibíd.

[16] Wajchenberg, B. L. «Beta-cell failure in diabetes and preservation by clinical treatment» [Alteración de las células beta en la diabetes y preservación mediante tratamiento clínico]. *Endocr. Rev.*, abril de 2007; 28(2): 187-218.

[17] Banting, F. G.; Best, C. H.; Collip, J. B., *et al.* «Pancreatic extracts in the treatment of diabetes mellitus: preliminary report» [Extractos pancreáticos en el tratamiento de diabetes mellitus: un informe preliminar]. *Can. Med. Assoc. J.*, marzo de 1922; 12(3): 141-146.

[18] Westman, E. C.; Vernon, M. C. «Has carbohydrate-restriction been forgotten as a treatment for diabetes mellitus? A perspective on the ACCORD study design» [¿Acaso se ha olvidado la restricción de carbohidratos como tratamiento para la diabetes mellitus? Una perspectiva sobre el diseño de estudio ACCORD]. *Nutr. Metab.*, 2008; 5: 10.

[19] Volek, J. S.; Sharman, M.; Gómez, A., *et al.* «Comparison of energy-restricted very low-carbohydrate and low-fat diets on weight loss and body composition in overweight men and women» [Comparación de dietas muy bajas en carbohidratos con restricción de energía y dietas bajas en grasa en la pérdida de peso y la composición corporal en hombres y mujeres con sobrepeso]. *Nutr. Metab.*, Londres, 8 de noviembre de 2004; 1(1): 13. Véase también: Volek, J. S.; Phinney, S. D.; Forsythe, C. E., *et al.* «Carbohydrate restriction has a more favorable impact on the metabolic syndrome than a low-fat diet» [La restricción de carbohidratos tiene un impacto más favorable en el síndrome metabólico que una dieta baja en grasa]. *Lipids*, abril de 2009; 44(4): 297-309.

[20] Ster, L.; Iqbal, N.; Seshadri, P., *et al.* «The effects of a low-carbohydrate versus conventional weight loss diets in severely obese adults: one-year follow-up of a randomized trial» [Los efectos de una dieta baja en carbohidratos frente a dietas convencionales para perder peso en adultos con obesidad severa: seguimiento de un año en una prueba aleatoria]. *Ann. Intern. Med.*, 2004; 140: 778-785. Véase también: Samaha, F. F.; Iqbal, N.; Seshadri, P., *et al.* «A low-carbohydrate as compared with a low-fat diet in severe obesity» [Una dieta baja en carbohidratos en comparación con una dieta baja en grasa en la obesidad severa]. *N. Engl. J. Med.*, 2003; 348: 2074-2081. También se puede consultar: Gannon, M. C.; Nuttall, F. Q. «Effect of a high-protein, low-carbohydrate diet on blood glucose control in people with type 2 diabetes» [Efecto de una dieta alta en proteínas, baja en carbohidratos en el control de la glucosa de la sangre en personas con diabetes tipo 2]. *Diabetes,* 2004; 53: 2375-2382.

[21] Stern *et al.* Art. cit. *Ann. Intern. Med.*, 2004; 140: 778-785.

[22] Boden, G.; Sargrad, K.; Homko, C., *et al.* «Effect of a low-carbohydrate diet on appetite, blood glucose levels and insulin resistance in obese patients with type 2 diabetes» [Efecto de una dieta baja en carbohidratos en el apetito, los niveles de glucosa en la sangre y la resistencia a la insulina en pacientes obesos con diabetes tipo 2]. *Ann. Intern. Med.*, 2005; 142: 403-411.

[23] Westman, E. C.; Yancy, W. S.; Mavropoulos, J. C., *et al.* «The effect of a low-carbohydrate, ketogenic diet versus a low-glycemic index diet on glycemic control in type 2 diabetes mellitus» [El efecto de una dieta baja en carbohidratos, cetogénica frente a una dieta de bajo índice glucémico para el control glucémico en la diabetes mellitus tipo 2]. *Nutr. Metab.*, 9 de diciembre de 2008; 5: 36.

[24] Ventura, A.; Neri, E.; Ughi, C., *et al.* «Gluten-dependent diabetes-related and thyroid related autoantibodies in patients with celiac disease» [Autoanticuerpos dependientes del

gluten, relacionados con la diabetes y relacionados con la tiroides en pacientes con enfermedad celiaca]. *J. Pediatr.*, 2000; 137: 263-265.

[25] Vehik, K.; Hamman, R. F.; Lezotte, D., *et al.* «Increasing incidence of type 2 diabetes in 0 to 17-year-old in Colorado youth» [Incremento en la incidencia de diabetes tipo 2 en personas de 0 a 17 años en la juventud de Colorado]. *Diabetes Care*, marzo de 2007; 30(3): 503-509.

[26] Diamond Project Group. «Incidence and trends of childhood type 1 diabetes worldwide 1990-1999» [Incidencia y tendencias de la diabetes tipo 1 infantil a nivel mundial, 1990-1999]. *Diabet. Med.*, agosto de 2006; 23(8): 857-866.

[27] Hansen, D.; Bennedbaek, F. N.; Hansen, L. K., *et al.* «High prevalence of coeliac disease in Danish children with type 1 diabetes mellitus» [Alta prevalencia de enfermedad celiaca en niños daneses con diabetes mellitus tipo 1]. *Acta Pediatr.*, noviembre de 2001; 90(11): 1238-1243. Véase también: Barera, G.; Bonfanti, R.; Viscsrdi, M., *et al.* «Occurrence of celiac disease after onset of type 1 diabetes: A 6-year prospective longitudinal study» [Incidencia de la enfermedad celiaca tras el inicio de la diabetes tipo 1: un estudio prospectivo longitudinal de 6 años]. *Pediatrics*, 2002; 109: 833-938.

[28] Ibíd.

[29] Funda, D. P.; Kaas, A.; Bock, T., *et al.* «Gluten-free diet prevents diabetes in NOD mice» [Una dieta sin gluten previene la diabetes en ratones NOD]. *Diabetes Metab. Res. Rev.*, 1999; 15: 323-327.

[30] Maurano, F.; Mazzarella, G.; Luongo, D., *et al.* «Small intestinal enteropathy in non-obese diabetic mice fed a diet containing wheat» [Enteropatía del intestino delgado en ratones diabéticos sin obesidad alimentados con una dieta que contiene trigo]. *Diabetologia*, mayo de 2005; 48(5): 931-937.

CAPÍTULO 8

A DISMINUIR EL ÁCIDO: EL TRIGO COMO EL GRAN ENEMIGO DEL PH

El cuerpo humano es un barco controlado con firmeza. Si se produce una brusca variación hacia arriba o hacia abajo del pH normal, que es de 7,4, en tan solo 0,5, estás... muerto.

El estatus ácido del cuerpo está sintonizado con precisión y es conservado con mayor firmeza de la que usa el Gobierno para regular la tasa de descuentos. Por ejemplo, las enfermedades bacterianas severas pueden ser mortales porque la infección genere productos ácidos que afecten la capacidad del cuerpo de neutralizar la carga ácida. De igual manera, las enfermedades renales conducen a problemas de salud debido a la alteración de la capacidad de los riñones de deshacerse de los subproductos ácidos del cuerpo.

En la vida diaria, el pH del cuerpo está fijo en 7,4, gracias a un elaborado sistema de control. Los subproductos del metabolismo, como el ácido láctico, son ácidos. Los ácidos disminuyen el pH, provocando una respuesta de pánico en el cuerpo para compensarlo. El cuerpo responde recurriendo a cualquier fuente alcalina disponible, desde el bicarbonato del torrente sanguíneo hasta el calcio alcalino, como el carbonato de calcio y el fosfato de calcio de los huesos. Dado que mantener un pH normal es tan crucial, el cuerpo está dispuesto a sacrificar la salud de los huesos para mantener estable el pH. En el gran sistema de medicina de urgencias que es tu cuerpo, tus huesos se descalcificarán con tal de que el pH consiga retomar su curso. Cuando se logra un buen equilibrio alcalino, los huesos están fuertes y las articulaciones también.

Aunque los extremos del pH en cualquier dirección son peligrosos, el cuerpo funciona bien con una ligera inclinación alcalina. Esto es sutil y no se refleja en el pH de la sangre, pero resulta evidente a través de métodos como medir los productos ácidos y alcalinos en la orina.

Los ácidos que afectan el pH del cuerpo también pueden provenir de la dieta. Hay fuentes alimenticias obvias de ácido, como refrescos carbonatados que contienen ácido carbónico. Algunos refrescos, como la Coca-Cola, también contienen ácido fosfórico. Las cargas extremas de ácido de los refrescos carbonatados llevan hasta su límite a la capacidad de neutralización del ácido de tu cuerpo. El hecho de que se recurra constantemente al calcio de los huesos, por ejemplo, se asocia con un número cinco veces mayor de fracturas en las chicas de secundaria que consumen los refrescos de cola más carbonatados.[1]

Sin embargo, ciertos alimentos pueden ser fuentes no tan obvias de ácidos en este medio tan controlado del pH. Sin importar la fuente, el cuerpo debe «amortiguar» la modificación del ácido. La composición de la dieta puede determinar si el efecto neto es una modificación ácida o alcalina.

Las proteínas provenientes de productos animales deben ser los principales generadores de modificaciones de ácido en la dieta de los seres humanos. Así, el pollo, la carne de cerdo a la plancha y los sándwiches de *roast beef* de Arby's, una cadena de restaurantes de comida rápida, son una fuente considerable de ácido en la dieta norteamericana. Los ácidos producidos por las carnes, como el ácido úrico y el ácido sulfúrico —el mismo que hay en la batería de tu coche y en la lluvia ácida—, necesitan que el cuerpo los amortigüe. Los productos fermentados de las glándulas ma-

marias bovinas (¡el queso!) son otro grupo de alimentos muy ácidos, en particular los quesos reducidos en grasa y altos en proteínas. En resumen, cualquier alimento derivado de fuente animal genera una modificación del ácido, ya sea fresco, fermentado, crudo, bien cocido, con o sin salsa especial.[2]

No obstante, los productos animales pueden no ser tan dañinos para el pH como parece a primera vista. Investigaciones recientes sugieren que las carnes ricas en proteínas tienen otros efectos que niegan parcialmente la carga ácida. Las proteínas animales ejercen un efecto de fortalecimiento de los huesos a través de la estimulación del factor de crecimiento insulínico (IGF-1), que dispara el crecimiento de los huesos y la mineralización («insulínico» se refiere a su similitud en estructura con la insulina, no a su similitud en términos de efecto). El efecto neto de las proteínas de fuentes animales, a pesar de sus propiedades generadoras de ácido, es incrementar la salud de los huesos. Por ejemplo, los niños, adolescentes y ancianos que incrementan el consumo de proteínas de carne muestran un aumento en el contenido de calcio de los huesos y mejores niveles de fuerza ósea.[3]

Por otra parte, las verduras y las frutas son los alimentos alcalinos de la dieta. Prácticamente todas las frutas y verduras que hay que tu casa llevará el pH en dirección alcalina. Desde la col rizada hasta el colirrábano, un generoso consumo de verduras y frutas sirve para neutralizar la carga ácida de los productos animales.

HUESOS ROTOS

Las dietas de los cazadores-recolectores, compuestas por carnes, verduras y frutas, junto con nueces y raíces relativamente neutras, producen un efecto alcalino neto.[4] Por supuesto, la lucha del cazador-recolector no era por regular el pH, sino por esquivar las flechas de un conquistador invasor o los estragos de la gangrena. Así es que tal vez el equilibrio ácido-base no desempeñaba un papel importante en la salud y la longevidad de las personas primitivas, que rara vez sobrevivían más allá de los 35 años. No obstante, los hábitos alimentarios de nuestros ancestros sentaron las bases bioquímicas para la adaptación humana moderna a la dieta.

Hace aproximadamente 10.000 años, el equilibrio del pH de la dieta humana, que antes era alcalino, pasó al lado ácido a causa de la introducción de cereales, especialmente el más extendido de todos: el trigo. La dieta humana moderna de muchos «cereales integrales saludables», pero sin verduras ni frutas, está muy cargada hacia lo ácido, induciendo a una enfermedad llamada acidosis. Con los años, la acidosis le pasa factura a tus huesos.

Al igual que la Reserva Federal, el sistema bancario central de los Estados Unidos, los huesos, desde el cráneo hasta el coxis, sirven como repositorio, no de dinero sino de sales de calcio. El calcio, idéntico al que hay en las rocas y las conchas de los moluscos, mantiene los huesos rígidos y fuertes. Las sales de calcio de los huesos están en equilibrio dinámico con la sangre y los tejidos y proporcionan una fuente disponible de material alcalinizante para contrarrestar la modificación en el ácido. Sin embargo, como el dinero, el suministro no es infinito.

Aunque por término medio pasamos los primeros 18 años de vida creciendo y conformando nuestros huesos, durante el resto volvemos a deshacerlos, un proceso regulado por el pH del cuerpo. La acidosis metabólica crónica ligera generada por nuestra dieta empeora conforme envejecemos, comienza en la adolescencia y continúa a lo largo de nuestra octava década de vida.[5] El pH ácido toma carbonato de calcio y fosfato de calcio de los huesos para mantener el pH del cuerpo en 7,4. El medio ácido también estimula a las células que están dentro de los huesos, conocidas como osteoclastos, a trabajar más y con mayor rapidez para disolver el tejido de los huesos con el fin de liberar el preciado calcio. El problema se presenta cuando ingieres ácidos de manera habitual en tu dieta, porque entonces tomas el calcio almacenado una, otra y otra vez para neutralizar dichos ácidos. Aunque los huesos tienen mucho calcio almacenado, el suministro no es inagotable. Los huesos terminarán por quedar desmineralizados, es decir, desprovistos de calcio. Es entonces cuando se desarrolla la osteopenia (desmineralización ligera) y la osteoporosis (desmineralización severa), así como fragilidad y fracturas.[6] (La fragilidad y la osteoporosis por lo general van de la mano, dado que la densidad de los huesos y la masa muscular son paralelas). Además, tomar suplementos de calcio no es más efectivo para revertir la pérdida de masa ósea de lo que sería aventar al azar unos cuantos sacos de cemento y unos cuantos ladrillos en el jardín para construir un nuevo patio. Una dieta excesivamente ácida terminará por manifestarse en forma de fracturas. Un análisis impresionante de la incidencia mundial de fractura de cadera demostró una relación asombrosa: cuanto más alta es la proporción entre el consumo de proteínas de verduras y el consumo de proteínas de productos animales, menos fracturas de cadera se presentan.[7] La magnitud de la diferencia fue sustancial: mientras que una proporción de 1:1 o menos de proteínas vegetales con respecto a proteínas animales se asociaba con 200 fracturas de cadera en una población de 100.000, una proporción de 2:1 y de 5:1 de proteínas vegetales con respecto a proteínas animales se asociaba con menos de 10 fracturas en una población de 100.000, una reducción de más del 95 por 100. (En consumos más altos de proteína vegetal, la incidencia de fractura de cadera prácticamente *se desvanecía*).

Las fracturas debidas a la osteoporosis no son solo las que se producen cuando te caes por las escaleras, sino que también las ocurridas por estornudar (fractura vertebral), por no ver bien la banqueta (fractura de cadera) o la ocasionada al utilizar un rodillo de amasar (fractura de antebrazo).

En consecuencia, los patrones alimentarios modernos crean una acidosis crónica que a su vez nos lleva a la osteoporosis, fragilidad de los huesos y fracturas. A los 50 años, el 53,2 por 100 de las mujeres pueden experimentar fracturas en el futuro, así como el

20,7 por 100 de los hombres.[8] Compara esto con el riesgo del 10 por 100 que tiene una mujer de 50 años de padecer cáncer de mama y el riesgo del 2,6 por 100 de desarrollar cáncer de endometrio.[9]

Hasta hace poco, la osteoporosis se consideraba en gran medida una enfermedad particular de las mujeres posmenopáusicas que habían perdido los efectos de preservación de los huesos que tienen los estrógenos. Ahora se sabe que la disminución de la densidad ósea comienza años antes de la menopausia. En el Estudio Multicentro Canadiense de la Osteoporosis realizado con 9.400 participantes, las mujeres comenzaron a mostrar disminución en la densidad ósea en la cadera, las vértebras y el fémur a los 25 años, con un declive pronunciado a los 40 años, el cual resultaba en una pérdida acelerada; los hombres mostraron un declive menos marcado a los 40.[10] Tanto hombres como mujeres mostraron otra fase de pérdida ósea acelerada de los 70 en adelante. A los 80, el 97 por 100 de las mujeres padecen osteoporosis.[11]

Así que ni siquiera la juventud garantiza estar protegido de pérdida ósea. De hecho, la pérdida de fuerza en los huesos es una regla con el tiempo y se debe en gran medida a la acidosis crónica de bajo nivel que creamos con la dieta.

¿QUÉ TIENEN EN COMÚN LA LLUVIA ÁCIDA, LAS BATERÍAS DE LOS COCHES Y EL TRIGO?

A diferencia de otros alimentos derivados de plantas, los cereales generan productos ácidos y son las únicas plantas que lo hacen. Como el trigo es, con mucho, el cereal que más se consume en la dieta norteamericana, contribuye de manera sustancial a la carga ácida de una dieta que contiene carne.

El trigo se encuentra entre las fuentes más potentes de ácido sulfúrico, pues produce más ácido sulfúrico por gramo que cualquier carne.[12] (El trigo es superado solo por las avenas en cuanto a la cantidad de ácido sulfúrico producido). El ácido sulfúrico es algo peligroso. Mete la mano en este tipo de ácido y te ocasionará una quemadura severa. Póntelo en los ojos y te puedes quedar ciego. (Ve a echarle un vistazo a la advertencia que hay en la batería de tu coche). El ácido sulfúrico de la lluvia ácida erosiona monumentos de piedra, mata árboles y plantas y altera el comportamiento reproductivo de los animales acuáticos. El ácido sulfúrico producido por el consumo de trigo sin duda está diluido. Pero, aunque en cantidades diminutas de manera diluida, es un ácido increíblemente potente que rebasa con rapidez los efectos neutralizantes de las bases alcalinas.

Los cereales como el trigo son responsables del 38 por 100 de la carga ácida diaria de los norteamericanos, más que suficiente para inclinar la balanza al rango del ácido. Incluso en una dieta limitada a un 35 por 100 de productos animales, agregar trigo cambia la dieta de alcalina a fuertemente ácida.[13]

Una forma de evaluar la extracción de calcio inducida por el ácido es medir la pérdida de calcio que hay en la orina. Un estudio de la Universidad de Toronto examinó el efecto que tiene incrementar el consumo del gluten del pan en el nivel de calcio perdido en la orina. Un aumento en el consumo de gluten incrementaba la pérdida de calcio en la orina en un 63 por 100, junto con un aumento en los marcadores de resorción ósea, es decir, marcadores sanguíneos que indican un debilitamiento de los huesos que conduce a enfermedades óseas como la osteoporosis.[14]

Entonces, ¿qué sucede cuando consumes una cantidad sustancial de productos de carne, pero fracasas cuando intentas contrarrestar la carga ácida con muchos productos alcalinos vegetales, como espinacas, calabazas y pimientos verdes? Lo que resulta es una situación muy ácida. ¿Qué pasa si los ácidos del consumo de carne no se equilibran con plantas alcalinas y los niveles de pH se inclinan aún más hacia el lado ácido a causa de productos derivados de cereales, como el trigo? Ahí es cuando la cosa se pone fea. Entonces, la dieta cambia de repente a una situación rica en ácidos.

TRIGO, TUPÉ Y UN DESCAPOTABLE

¿Te acuerdas de Ötzi? El hombre de hielo tirolés que fue descubierto enterrado y momificado en los glaciares de los Alpes italianos y que se conservó desde su muerte hace más de 5.000 años, alrededor del 3300 a. de C. Aunque se descubrieron restos de pan *einkorn* sin levadura en el tracto gastrointestinal de Ötzi, la mayor parte de los contenidos digestivos eran carnes y plantas. Ötzi vivió y murió 4.700 años después de que los seres humanos comenzaran a incorporar en su dieta cereales como el *einkorn* tolerante al frío, pero el trigo seguía siendo una parte relativamente menor de la dieta de esta cultura que vivía en la montaña. Ötzi se dedicaba a la caza y la recolección durante la mayor parte del año. De hecho, es probable que estuviera cazando con su arco y su flecha cuando encontró su violento fin a manos de otro cazador-recolector.

La dieta rica en carne de los cazadores-recolectores como Ötzi proporcionaba una carga ácida sustancial. El consumo de carne de Ötzi, superior al de la mayoría de los seres humanos modernos (de 35 a 55 por 100 de calorías provenientes de productos animales) proporcionaba más ácido sulfúrico y otros ácidos orgánicos.

A pesar del consumo relativamente alto de productos animales, las plantas sin granos que eran abundantes en las dietas de los cazadores recolectores proporcionaban cantidades generosas de sales de potasio alcalinizantes, como el citrato de potasio y acetato de potasio, que equilibraban la carga ácida. Se calcula que la alcalinidad de las dietas primitivas era de 6 a 9 veces mayor que la de las dietas modernas debido al alto contenido de plantas.[15]

Esto resultaba en un pH alcalino en la orina tan alto como de 7,5 a 9,0, en comparación con el rango ácido moderno de 4,4 a 7,0.[16]

No obstante, el trigo y otros granos entran en escena y el equilibrio vuelve a cambiar a ácido, acompañado de pérdida de calcio de los huesos.

El consumo relativamente modesto de trigo *einkorn* de Ötzi significaba que su dieta permanecía alcalina durante la mayor parte del año. En contraste, en nuestro mundo moderno, en el que hay un suministro ilimitado de alimentos baratos que contienen trigo en cada esquina y en cada mesa, la carga ácida inclina con fuerza la balanza hacia el lado ácido.

Si el trigo y otros cereales son responsables de inclinar la balanza del pH hacia el ácido, ¿qué sucede solo con eliminar el trigo de la dieta moderna y reemplazar las calorías perdidas con otros alimentos vegetales, como verduras, frutas, alubias y nueces? La balanza vuelve a regresar al rango alcalino, imitando la experiencia de pH del cazador-recolector.[17]

El trigo es, pues, el gran causante de la alteración. Es la amante que tiene un hombre que está pasando por la crisis de la edad madura, alterando a toda la familia feliz. El trigo vuelve ácida una dieta que tenía la esperanza de ser alcalina, y esto hace que se deba recurrir constantemente al calcio de los huesos.

La solución convencional a la dieta de los «cereales integrales saludables» y a sus efectos que favorecen la osteoporosis consiste en prescribir medicamentos como Fosamax y Boniva, agentes que se supone reducen el riesgo de fracturas por osteoporosis, en especial la de cadera. El mercado de los medicamentos contra la osteoporosis ha superado los 10.000 millones de dólares al año; mucho dinero, incluso según los saturados parámetros de la industria farmacéutica.

Una vez más, el trigo entra en escena, añadiendo sus peculiares efectos para afectar la salud, apoyado por el Departamento de Agricultura, y proporcionando nuevas y cuantiosas oportunidades de ingresos al gran mercado farmacéutico.

¿Alguna vez te has dado cuenta de que las personas que tienen barriga de trigo casi siempre padecen artritis en una o más articulaciones? Si no, observa cuántas veces alguien que tiene esa carga frontal característica también cojea o se queja de dolor de cadera, rodilla o espalda.

La osteoartritis es la forma más común de artritis que hay en el mundo, más común que la artritis reumatoide, la gota o cualquier otra variedad. La dolorosa pérdida ósea de cartílago estuvo presente en 773.000 casos de reemplazo de rodilla y cadera en los norteamericanos solo en 2010.[18]*

No es un problema menor. Más de 46 millones de personas, o uno de cada siete norteamericanos, han sido diagnosticadas con osteoartritis.[19] Muchos más andan por ahí cojeando sin un diagnóstico formal.

Durante años, se pensó que la artritis de cadera y rodillas era el resultado más simple del desgaste excesivo, demasiados kilómetros para tus piernas. Mujer de 50 kilos: es probable que sus rodillas y su cadera duren toda la vida. Mujer de 100 kilos: las rodillas y la cadera sufren una paliza y se desgastan. El exceso de peso en cualquier parte del cuerpo —nalgas, abdomen, pecho, piernas, brazos— genera un desgaste mecánico en las articulaciones.

Se ha demostrado que el asunto es más complicado que eso. La misma inflamación que proviene de la grasa visceral de la barriga de trigo y que da como resultado diabetes, enfermedades cardiacas y cáncer también genera inflamación en las articulaciones. Se ha observado que las hormonas que intervienen en la inflamación, como el factor de necrosis tumoral alfa, las interleucinas y la leptina, inflaman y erosionan el tejido de las articulaciones.[20] La leptina, en particular, ha demostrado tener efectos destructivos directos en las articulaciones: cuanto más alto sea el nivel de sobrepeso

---

* En España se implantan unas 30.000 prótesis de cadera y unas 45.000 de rodilla al año.

—es decir, cuanto más alto sea el IMC—, mayor es la cantidad de leptina sin fluido en las articulaciones y mayor es la severidad del daño a los cartílagos y las articulaciones.[21] El nivel de leptina en las articulaciones refleja con precisión el nivel que hay en la sangre.

El riesgo de padecer artritis, por tanto, es aún más alto para alguien que tiene grasa visceral del tipo de la barriga de trigo, como se evidencia en la probabilidad tres veces más alta de reemplazo de rodilla y cadera en personas que tienen mayor perímetro abdominal.[22] Esto explica además por qué las articulaciones que no pueden soportar el peso agregado por la obesidad, como las de las manos y los dedos, también desarrollan artritis.

Bajar de peso, y por tanto perder grasa visceral, mejora la artritis más de lo que se puede esperar simplemente al disminuir la carga que genera ese peso.[23] En un estudio de participantes obesos que padecen osteoartritis, hubo una mejoría del 10 por 100 en los síntomas y en la función de las articulaciones por cada 1 por 100 de reducción de grasa corporal.[24]

La omnipresencia de la artritis, las imágenes comunes de personas que se frotan las manos y las rodillas doloridas, te lleva a creer que la artritis es algo inevitable que acompaña al envejecimiento, tan inevitable como la muerte, los impuestos y las hemorroides. No es cierto. Las articulaciones tienen el potencial de servirnos durante las ocho décadas aproximadas de nuestra vida... hasta que las arruinamos con ofensas repetidas, como la acidez excesiva y la presencia de moléculas inflamatorias como la leptina que se origina de las células de la grasa visceral.

Otro fenómeno que se suma a los golpes inducidos por el trigo que las articulaciones soportan durante años: la glicación. Recordarás que, más que ningún otro alimento, el trigo produce un incremento en el nivel de azúcar, es decir, en la glucosa en sangre, a medida que se da más glicación. La glicación representa una modificación irreversible de las proteínas del torrente sanguíneo y los tejidos del cuerpo, incluyendo articulaciones como las rodillas, las caderas y las manos.

El cartílago de las articulaciones es susceptible a la glicación de una manera única, dado que las células de los cartílagos tienen una vida extremadamente larga y son incapaces de reproducirse. Una vez dañadas, no se recuperan. Las mismas células de los cartílagos que se encuentran en tu rodilla a los 25 años seguirán ahí (esperemos) cuando tengas 80. Por tanto, esas células son susceptibles a todos los altibajos bioquímicos de tu vida, incluidas las aventuras del azúcar de tu sangre. Si las proteínas de los cartílagos, como el colágeno y el aggrecan, padecen glicación, se vuelven anormalmente rígidas. El daño de la glicación es acumulativo y tiene como consecuencia que el cartílago se quiebre, se endurezca y termine por romperse.[25] Como resultado, se presentan la inflamación, el dolor y la destrucción de las articulaciones, el preludio de la artritis.

Así es que niveles altos de azúcar que fomentan la acumulación de la grasa de la barriga de trigo, junto con la actividad inflamatoria de las células de la grasa visceral y la glicación del cartílago, conducen a la destrucción del tejido de los huesos y el cartílago de las articulaciones. Con los años, el resultado es el conocido dolor y la hinchazón de las caderas, las rodillas y las manos.

Puede que la *baguette* parezca inocente, pero es mucho más dura para las articulaciones de lo que crees.

Un hombre camina después de eliminar el trigo

Jason es programador de software y tiene 26 años. Es inteligente y siempre está atento para pescar una idea. Jason vino a mi consultorio con su joven esposa porque quería ayuda para ser más «saludable».

Cuando me contó que de muy pequeño le habían corregido un defecto cardiaco congénito complejo, de inmediato lo interrumpí:

—Mira, Jason, creo que estás con la persona equivocada. Esa no es mi especialidad.

—Sí, lo sé. Solo necesito ayuda para ser más saludable. Me dicen que puedo llegar a necesitar un trasplante de corazón. Siempre me quedo sin aliento y me han tenido que hospitalizar para tratar el problema cardiaco. Me gustaría ver si hay algo que pueda hacer para evitar el trasplante o, si me lo tengo que hacer, para ser más saludable después.

Pensé que era algo razonable y le hice un ademán para que se sentara en la mesa de exploración.

—Muy bien. Entiendo. Déjame escuchar.

Jason se levantó muy despacio de la silla y, cojeando visiblemente, se acercó a la mesa con mucho dolor.

—¿Cuál es el problema? —le pregunté.

Jason se sentó en la mesa de exploración y suspiró:

—Me duele todo. Todas las articulaciones. Apenas puedo caminar. A veces, casi no me puedo levantar de la cama.

—¿Has ido a ver a un reumatólogo? —le pregunté.

—Sí. A tres. Ninguno ha descubierto cuál es el problema, así que solo me han recetado antiinflamatorios y analgésicos.

—¿Has pensado modificar tu alimentación? —le pregunté—. He visto a muchas personas obtener alivio al eliminar el trigo de su dieta.

—¿El trigo? ¿Como el pan y la pasta? —preguntó Jason, desorientado.

—Sí, el trigo: pan blanco, pan integral, pan multicereales, bagels, magdalenas, *pretzels,* galletas, cereales para el desayuno, pasta, *noodles,* tortitas y gofres. Aunque parezca que es gran parte de tu alimentación, créeme, quedan muchas cosas que comer.

Le di un texto en donde se detalla cómo seguir la dieta sin trigo.

—Inténtalo. Elimina el trigo solo durante cuatro semanas. Si te sientes mejor, tendrás la respuesta. Si no sientes nada, entonces a lo mejor no es una solución para ti.

Jason regresó al consultorio tres meses después. Lo que me impresionó es que entró fácilmente en la habitación sin mostrar señales de dolor.

Las mejoras que había experimentado habían sido profundas y casi inmediatas.

—Después de cinco días, no podía creérmelo: no tenía el más mínimo dolor. No podía creer que fuera cierto..., tenía que ser una coincidencia. Así es que me comí un sándwich. Cinco minutos después había regresado más o menos el 80 por 100 del dolor. Aprendí la lección.

Lo que me impresionó todavía más fue que cuando lo había examinado la primera vez Jason tenía insuficiencia cardiaca ligera. En esta visita ya no mostraba evidencias de insuficiencia cardiaca. Junto con el alivio del dolor de las articulaciones, también me contó que su respiración había mejorado hasta el punto de que podía trotar distancias cortas e incluso era capaz de echar un partidillo de baloncesto, algo que no había hecho desde hacía años. Hemos comenzado a disminuir los medicamentos que estaba tomando para la insuficiencia cardiaca.

Obviamente, yo creo en una vida sin trigo. Pero como testigo de experiencias como la de Jason, que cambian la vida, se me sigue poniendo la carne de gallina ante el hecho de que exista una solución tan simple a problemas de salud que tenían casi incapacitado a un hombre joven.

LA ARTICULACIÓN DE LA BARRIGA ESTÁ CONECTADA CON LA ARTICULACIÓN DE LA CADERA

Como sucede con la pérdida de peso y el cerebro, las personas que padecen enfermedad celiaca pueden darnos algunas lecciones sobre los efectos del trigo en los huesos y en las articulaciones.

La osteopenia y la osteoporosis son comunes en personas con enfermedad celiaca, pueden estar presentes con o sin que haya síntomas intestinales y afecta hasta al 70 por 100 de las personas que tienen anticuerpos celiacos.[26] Como la osteoporosis es tan común entre los celiacos, algunos investigadores argumentan que cualquier persona que padezca osteoporosis debería hacerse las pruebas de la enfermedad celiaca. Un estudio de la Clínica Ósea de la Universidad de Washington encontró enfermedad celiaca no diagnosticada en el 3,4 por 100 de los participantes que tenían osteoporosis, en comparación con el 0,2 por 100 que no la padecían.[27] La eliminación del gluten en los participantes celiacos con osteoporosis mejoró rápidamente las medidas de densidad ósea sin el uso de medicamentos para esta enfermedad.

Las razones de la baja densidad ósea incluyen una mala absorción de nutrientes, en especial vitamina D y calcio, y un aumento en la inflamación que desata la liberación de citosinas desmineralizantes de los huesos, como las interleucinas.[28] De modo que eliminar el trigo de la dieta redujo la inflamación y permitió una mejor absorción de nutrientes.

La severidad de los efectos debilitantes de los huesos se ve enfatizada por historias terroríficas, como la de la mujer que sufrió diez fracturas en la columna y las extremidades a lo largo de veintiún años, empezando a los 57, todas ellas espontáneas. Tras quedar discapacitada, finalmente le diagnosticaron enfermedad celiaca.[29] En comparación con las personas sin celiaquía, los celiacos tienen un riesgo tres veces más alto de padecer fracturas.[30]

El asunto espinoso de los individuos que dan positivo a los anticuerpos antigliadina sin presentar síntomas intestinales se aplica también a la osteoporosis. En un estudio, el 12 por 100 de las personas con osteoporosis dieron positivo al anticuerpo antigliadina, pero no mostraron ningún síntoma de enfermedad celiaca, es decir, intolerancia al gluten o enfermedad celiaca «silente».[31]

El trigo puede manifestarse a través de enfermedades inflamatorias de los huesos, además de osteoporosis y fracturas. Las personas que tienen artritis reumatoide, un tipo de artritis inhabilitante y dolorosa que puede dejar a quien la padece con las articulaciones de las manos, las rodillas, las caderas, los codos y los hombros desfiguradas, pueden padecer sensibilidad al trigo. Un estudio de participantes con artritis reumatoide, ninguno de los cuales padecía celiaquía, que siguieron una dieta vegetariana, sin gluten, demostró una mejoría en los signos de la artritis en el 40 por 100 de los participantes, así como niveles reducidos de anticuerpos antigliadina.[32] Tal vez sea exagerado sugerir que el gluten del trigo era la causa inicial de la artritis, pero puede ejercer de una manera excesiva efectos inflamatorios en las articulaciones que son susceptibles a causa de otras enfermedades, como la artritis reumatoide.

En mi experiencia, la artritis acompañada de anticuerpos celiacos con frecuencia responde a la eliminación del trigo. Algunas de las mejorías de salud más drásticas de las que he sido testigo se han producido al obtener alivio de un dolor inhabilitante de las articulaciones. Como los anticuerpos celiacos convencionales no logran identificar a la mayoría de estas personas, esto ha sido difícil de cuantificar y verificar, más allá de la experiencia subjetiva de mejoría que refieren esas personas. Sin embargo, esto puede apuntar a fenómenos que representan las mayores promesas en términos de alivio de la artritis.

¿Acaso el mayor riesgo de padecer osteoporosis y enfermedades articulares inflamatorias en personas con celiaquía representa *una exageración* de la situación en quienes consumen trigo y que no padecen enfermedad celiaca ni tienen anticuerpos al gluten? Mi sospecha es que sí: el trigo ejerce efectos destructivos directos e indirectos en los huesos y las articulaciones de cualquier persona que lo consuma, solo que se expresan con más fuerza en aquellas que dan positivo a los anticuerpos celiacos o del gluten.

¿Qué tal si en lugar de un reemplazo total de cadera o de rodilla a los 62 años optaras por un reemplazo total del trigo?

Los efectos de salud más amplios de la alteración del equilibrio ácido-base apenas están en fase incipiente. Cualquiera que haya seguido una clase de química básica entiende que el pH es un factor poderoso para determinar cómo proceden las reacciones químicas. Un pequeño cambio en el pH puede tener una profunda influencia en el equilibrio de una reacción. Y esto mismo sucede en el cuerpo humano.

Los «cereales integrales saludables», como el trigo, son la causa de la naturaleza altamente ácida de la dieta moderna. Más allá de la salud de los huesos, hay experiencias que sugieren que seguir una dieta que favorezca los alimentos alcalinos tiene el potencial de reducir el desgaste muscular relacionado con la edad, las piedras en los riñones, la hipertensión a causa de la sal, la infertilidad y las enfermedades renales.

Elimina el trigo y así experimenta menos inflamación de las articulaciones y menos subidas del azúcar de la sangre, que ocasionan la glicación de los cartílagos, y convierte el equilibrio del pH en alcalino. Seguro que es mejor que tomar Vioxx.

Notas

[1] Wyshak, G. «Teenaged girls, carbonated beverage consumption, and bone fractures» [Chicas adolescentes, consumo de bebidas carbonatadas y fracturas de huesos] *Arch. Pediatr. Adolesc. Med.*, junio de 2000; 154(6): 610-613.

[2] Remer, T.; Manz, F. «Potential renal acid load foods and its influence on urine pH» [Carga ácida potencial renal de los alimentos y su influencia en el pH de la orina]. *J. Am. Diet. Assoc.*, 1995; 95: 791-797.

[3] Alexy, U.; Remer, T.; Manz, F., *et al.* «Long-term protein intake and dietary potential renal acid load are associated with bone modeling and remodeling at the proximal radius in healthy children» [El consumo de proteínas a largo plazo y la carga ácida renal potencial de la dieta se asocian con el modelado y remodelado de los huesos en el radio proximal de niños saludables]. *Am. J. Clin. Nutr.*, noviembre de 2005; 82(5): 1107-1114.

[4] Sebastian, A.; Frassetto, L. A.; Sellmeyer, D. E., *et al.* «Estimation of the net acid load of the diet of ancestral preagricultural *Homo sapiens* and their hominid ancestors» [Estimación de la carga ácida neta de la dieta del *Homo sapiens* ancestral previo a la agricultura y sus ancestros homínidos]. *Am. J. Clin. Nutr.*, 2002; 76: 1308-1316.

[5] Kurtz, I.; Maher, T.; Hulter, H. N., *et al.* «Effect of diet on plasma acid-base composition in normal humans» [Efecto de la dieta en la composición ácido-base del plasma en seres humanos normales]. *Kidney Int.*, 1983; 24: 670-680. Véase también: Frassetto, L.; Morris, R. C.; Sellmeyer, D. E., *et al.* «Diet evolution and aging» [Evolución de la dieta y envejecimiento]. *Eur. J. Nutr.*, 2001; 40: 200-213.

[6] Ibíd.

[7] Frassetto, L. A.; Todd, K. M.; Morris, R. C. Jr.; Sebastian, A. «Worldwide incidence of hip fracture in elderly women: relation to consumption of animal and vegetable foods» [Incidencia a nivel mundial de fractura de cadera en mujeres ancianas: relación con el consumo de alimentos animales y vegetales]. *J. Gerontol. A. Biol. Sci. Med. Sci.*, 2000; 55: M585-M592.

[8] Van Staa, T. P.; Dennison, E. M.; Leufkens, H. G., *et al.* «Epidemiology fractures in England and Wales» [Epidemiología de las fracturas en Inglaterra y Gales]. *Bone*, 2001; 29: 517-522.

[9] Grady, D.; Rubin, S. M.; Petitti, D. B., *et al.* «Hormone therapy to prevent disease and prolong life in postmenopausal women» [Terapia hormonal para prevenir enfermedades y prolongar la vida en mujeres posmenopáusicas]. *Ann. Intern. Med.*, 1992; 117: 1016-1037.

[10] Dennison, E.; Mohamed, M. A.; Cooper, C. «Epidemiology of osteoporosis» [Epidemiología de la osteoporosis]. *Rheum. Dis. Clin. N. Am.*, 2006; 32: 617-629.

[11] Berger, C.; Langsetmo, L.; Joseph, L., *et al.* «Change in bone mineral density as a function of age in women and men and association with the use of antiresorptive agents» [Cambio en la densidad mineral de los huesos en función de la edad en mujeres y hombres y asociación con el uso de agentes antirresortivos]. *CMAJ*, 2008; 178: 1660-1668.

[12] Massley, L. K. «Dietary animal and plant protein and human bone health: a whole foods approach» [Proteínas animales y vegetales de la dieta y salud ósea en los seres humanos: perspectiva desde los alimentos integrales]. *J. Nutr.*, 133: 862S-865S.

[13] Sebastian *et al.* Art. cit. *Am. J. Clin. Nutr.*, 2002; 76: 1308-1316.

[14] Jenkins, D. J.; Kendall, C. W.; Vidgen, E., *et al.* «Effect of high vegetable protein diets on urinary calcium loss in middle-aged men and women» [Efecto de las dietas altas en proteínas vegetales en la pérdida de calcio a través de la orina en hombres y mujeres de mediana edad]. *Eur. J. Clin. Nutr.*, febrero de 2003; 57(2): 376-382.

[15] Sebastian *et al.* Art. cit. *Am. J. Clin. Nutr.*, 2002; 76: 1308-1316.

[16] Denton, D. *The Hunger for Salt*. Nueva York, Springer-Verlag, 1962.

[17] Sebastian *et al.* Art. cit. *Am. J. Clin. Nutr.*, 2002; 76: 1308-1316.

[18] Asociación Americana de Cirujanos Ortopédicos. Actas sobre reemplazo de cadera, en http://www.aaos.org/research/stats/Hip_Facts.pdf.

[19] Sacks, J. J.; Luo, Y. H.; Helmick, C. G. «Prevalence of specific types of arthritis and other rheumatic conditions in the ambulatory health care system in the United States, 2001-2005» [Prevalencia de tipos específicos de artritis y otras enfermedades reumáticas en el sistema de salud ambulatorio de Estados Unidos, 2001-2005]. *Arthr. Care Res.*, abril de 2010; 62(4): 460-464.

[20] Katz, J. D.; Agrawal, S.; Velasquez, M. «Getting to the heart of the matter: osteoarthritis takes place as part of the metabolic syndrome» [Hasta el meollo del asunto: la osteoartritis tiene lugar como parte del síndrome metabólico]. *Curr. Opin. Rheumatol.*, 28 de junio de 2010. [Publicación digital anterior a la impresa].

[21] Dumond, H.; Presle, N.; Terlain, B., *et al.* «Evidence for a key role of leptin in osteoarthritis» [Evidencia del papel clave de la leptina en la osteoartritis]. *Arthr. Rheum.*, noviembre de 2003; 48(11): 3118-3129.

[22] Wang, Y.; Simpson, J. A.; Wluka, A. E., *et al.* «Relationship between body adiposity measures and risk of primary knee and hip replacement for osteoarthritis: a prospective cohort study» [Relación entre la medidas de adiposidad corporal y riesgo de reemplazo primario de rodilla y cadera en la osteoartritis: un estudio prospectivo de población base]. *Arthr. Res. Ther.*, 2009; 11: R31.

[23] Toda, Y.; Toda, T.; Takemura, S., *et al.* «Change in body fat, but not body weight or metabolic correlates of obesity, is related to symptomatic relief of obese patients with knee osteoarthritis after a weight control program» [El cambio en la grasa corporal, pero no en el peso corporal ni en correlaciones metabólicas de la obesidad, se relaciona con alivio sintomático de pacientes obesos con osteoartritis de rodilla después de seguir un programa de control de peso]. *J. Rheumatol.*, noviembre de 1998, 25(11): 2181-2186.

[24] Christensen, R.; Astrup, A.; Bliddal, H., *et al.* «Weight loss: the treatment of choice for knee osteoarthritis? A randomized trial» [Pérdida de peso: ¿el tratamiento que hay que elegir para la osteoartritis de rodilla?]. *Osteoarthr. Cart.*, enero de 2005; 13(1): 20-27.

[25] Anderson, A. S.; Loeser, R. F. «Why is osteoarthritis an age-related disease?» [¿Por qué la osteoartritis es una enfermedad relacionada con la edad?]. *Best Prac. Res. Clin. Rheum.*, 2010; 24: 15-26.

[26] Meyer, D.; Stavropolous, S.; Diamond, B., *et al.* «Osteoporosis in a North American adult population with celiac disease» [Osteoporosis en una población de adultos con enfermedad celiaca en Norteamérica]. *Am. J. Gastroenterol.*, 2001; 96: 112-119. Véase también: Mazure, R.; Vázquez, H.; González, D., *et al.* «Bone mineral affection in asymptomatic adult patients with celiac disease» [Afección mineral ósea en pacientes adultos asintomáticos con enfermedad celiaca]. *Am. J. Gastroenterol.*, diciembre de 1994, 89(12): 2130-2134.

[27] Stenson, W. F.; Newberry, R.; Lorenz, R., *et al.* «Increased prevalence of celiac disease and need for routine screening among patients with osteoporosis» [Aumento en la prevalencia de la enfermedad celiaca y necesidad de exámenes de rutina entre los pacientes con osteoporosis]. *Arch. Intern. Med.*, 28 de febrero de 2005; 165(4): 393-399.

[28] Bianchi, M. L.; Bardella, M. T. «Bone in celiac disease» [Los huesos en la enfermedad celiaca]. *Osteoporos Int.*, 2008; 19: 1705-1716.

[29] Fritzsch, J.; Hennicke, G.; Tannapfel, A. «Ten fractures in 21 years» [Diez fracturas en 21 años]. *Unfallchirug*, noviembre de 2005; 1058(11): 994-997.

[30] Vásquez, H.; Mazure, R.; González, D., *et al.* «Risk of fractures in celiac disease patients: a cross-sectional, case-control study» [Riesgo de fracturas en pacientes con enfermedad celiaca: un estudio transversal de control de casos]. *Am. J. Gastroenterol.*, enero de 2000; 95(1): 183-189.

[31] Lindh, E.; Ljunghall, S.; Larsson, K.; Lavö, B. «Screening for antibodies against gliadin patients with osteoporosis» [Buscando anticuerpos contra la gliadina en pacientes con osteoporosis]. *J. Int. Med.*, 1992; 231: 403-406.

[32] Hafström, I.; Ringertz, B.; Spangberg, A., *et al.* «A vegan diet free of gluten improves the signs and symptoms of rheumatoid arthritis: the effects on arthritis correlate with a reduction in antibodies to food antigens» [Una dieta vegana sin gluten mejora los signos y síntomas de artritis reumatoide: los efectos en la artritis se relacionan con una reducción en los anticuerpos contra los antígenos de la comida]. *Rehumatol.*, 2001; 1175-1179.

CAPÍTULO 9

CATARATAS, ARRUGAS Y JOROBAS:
EL TRIGO Y EL PROCESO
DE ENVEJECIMIENTO

El secreto para mantenerse joven es vivir honestamente, comer lentamente y mentir sobre tu edad.

Lucille Ball

Tal vez al vino y al queso les beneficie el envejecimiento. Pero para los seres humanos envejecer puede conducir a todo tipo de situaciones, desde mentiras piadosas hasta el deseo de hacerse una cirugía plástica radical.

¿Qué significa envejecer?

Aunque muchas personas tienen dificultades para describir los rasgos específicos del envejecimiento, probablemente todos estaríamos de acuerdo en que, como con la pornografía, lo reconocemos cuando lo vemos.

El ritmo de envejecimiento varía de un individuo a otro. Todos hemos conocido algún hombre o alguna mujer de, digamos, 65 años que podía pasar por alguien de 45, alguien que conservaba flexibilidad juvenil y destreza mental, menos arrugas, una columna vertebral más recta, una cabellera más abundante. La mayoría de nosotros también hemos conocido personas que muestran la disposición opuesta y que parecen mayores de su edad. La *edad biológica* no siempre corresponde con la *edad cronológica*.

No obstante, envejecer es inevitable. Todos envejecemos. Nadie se escapa, aunque cada uno progresa a un ritmo un poco distinto. Y, aunque medir la edad cronológica es una cuestión simple que consiste en ver tu partida de nacimiento, señalar la edad biológica es algo totalmente diferente. ¿Cómo puedes evaluar lo bien que el cuerpo ha mantenido su juventud o, por el contrario, lo que se ha sometido al deterioro de la edad?

Supongamos que ves a una mujer por primera vez. Cuando le preguntas qué edad tiene, responde: «25 años». Tú lo dudas porque tiene arrugas profundas alrededor de los ojos, manchas en el dorso de las manos y un ligero temblor en las manos. La parte superior de su espalda está inclinada hacia delante —es decir, tiene joroba—, su cabello es gris y fino. Parece preparada para el asilo, no como alguien en la flor de la juventud. No obstante, ella insiste. No tiene partida de nacimiento ni ninguna evidencia legal de su edad, pero insiste en que tiene 25 años..., incluso se ha tatuado en la muñeca las iniciales de su nuevo novio.

¿Puedes demostrar que está equivocada?

No es tan fácil. Si fuera un caribú, podrías medir la envergadura de su cornamenta. Si fuera un árbol, podrías cortarla y contar sus anillos.

Obviamente, en los seres humanos no hay anillos ni cornamenta que proporcionen una marca biológica objetiva que demuestre que esta mujer realmente tiene setenta y tantos y no veintitantos, con o sin tatuaje.

Nadie ha definido todavía un marcador de edad visible que te permita discernir, con exactitud, qué edad tiene tu nuevo novio. Y no es porque no se haya intentado. Los investigadores que se ocupan del envejecimiento durante mucho tiempo han buscado esos marcadores biológicos, medidas que puedan ser rastreadas porque aumenten un año cada vez que avanza un año de vida cronológico. Se han identificado mediciones de edad generales, las cuales incluyen medir el consumo máximo de oxígeno —la cantidad de oxígeno que se consume durante un ejercicio y en niveles próximos al agotamiento—, el ritmo cardiaco máximo durante ejercicio controlado y la velocidad del pulso arterial; es decir, la cantidad de tiempo requerido para que el pulso se transmita a lo largo de una arteria, un fenómeno que no refleja la flexibilidad arterial. Todas estas medidas disminuyen con el tiempo, pero no son un correlato perfecto de la edad.

¿No sería más interesante que los investigadores sobre envejecimiento identificaran una medición biológica de la edad que pudieras realizar tú mismo? Por ejemplo, a los 55 años podrías saber que, gracias al ejercicio y a una alimentación saludable, biológicamente tienes 45. O que 20 años de cigarrillos, alcohol y patatas fritas han hecho que tengas 67 años biológicamente y es momento de corregir tus hábitos de salud. Aunque hay esquemas de prueba elaborados que afirman que pueden proporcionar ese índice de envejecimiento, no hay una prueba sencilla que puedas hacer tú mismo que te indique con seguridad la relación entre tu edad biológica y la cronológica.

Los investigadores del envejecimiento se han esmerado en buscar un marcador útil de edad porque, para manipular el proceso de envejecimiento, necesitan seguir un parámetro medible. Las investigaciones relacionadas con retrasar el proceso de envejecimiento no se pueden basar solo en *la apariencia*. Se necesita algún marcador biológico objetivo que se pueda rastrear con el tiempo.

Con toda seguridad, hay varias teorías y opiniones diferentes —que algunos consideran complementarias— sobre el envejecimiento y sobre qué marcador biológico podría proporcionar la mejor medición de envejecimiento biológico. Algunos investigadores creen que la lesión oxidativa es el proceso principal que subyace al envejecimiento y que un marcador de edad debe incorporar una medida de lesión oxidativa acumulativa. Otros han propuesto que los desechos celulares se acumulan debido a lecturas genéticas equivocadas, lo cual conduce a envejecimiento;

una medida de desecho celular sería entonces necesaria para proporcionar la edad biológica. Por su parte, hay otros que creen que el envejecimiento está programado genéticamente con anticipación y es inevitable, dado que está determinado por una secuencia programada de hormonas que disminuyen, junto con otros fenómenos fisiológicos.

La mayoría de los investigadores creen que no hay una sola teoría que explique todas las variadas experiencias del envejecimiento, desde los ágiles años de adolescencia llenos de energía en los que uno cree saberlo todo hasta la octava década de vida en la que estamos tiesos, cansados y todo se nos olvida. La edad biológica tampoco puede ser identificada con precisión mediante ninguna otra medida. Los investigadores proponen que las manifestaciones del envejecimiento humano se pueden explicar solo por la acción de más de un proceso.

Podríamos tener una mejor comprensión del proceso de envejecimiento si fuéramos capaces de observar los efectos del *envejecimiento acelerado*. No necesitamos observar ningún modelo experimental en ratones para ver un envejecimiento acelerado; solo necesitamos ver a los seres humanos que padecen diabetes. La diabetes proporciona un terreno de prueba del envejecimiento acelerado, ya que todos los fenómenos del envejecimiento suceden más rápido y se presentan de manera más temprana: enfermedades cardiacas, infarto, tensión alta, insuficiencia renal, osteoporosis, artritis, cáncer. Las investigaciones sobre diabetes han relacionado de manera específica tener un nivel alto de glucosa en la sangre, como el que se presenta después de consumir carbohidratos, con acelerar el momento en que estés en silla de ruedas y ya no puedas vivir solo.

NO ES UN PAÍS PARA LOS COMEDORES DE PAN EMPEDERNIDOS

Recientemente, los norteamericanos han sido bombardeados con una oleada de nuevos términos complejos, desde «obligaciones de deuda colateralizada» hasta «contratos derivados de transacciones de intercambio», el tipo de cosas que preferirías dejar a expertos como tu amigo, que se dedica a la inversión financiera. Aquí tienes otro término complejo del que vas a escuchar hablar mucho en los años venideros: PGA.

Desechos de glicación avanzada —que en español se abrevia como PGA, pero cuyas siglas en inglés son AGE y coinciden con la palabra «edad» y «envejecimiento»— es el nombre que reciben los elementos que endurecen las arterias (arteriosclerosis), que nublan los cristalinos de los ojos (cataratas) y fastidian las conexiones neuronales del cerebro (demencia) y que se encuentran en abundancia en las personas mayores.[1] Cuanto más envejecemos, más PGA se pueden encontrar en los riñones, ojos, hígado, piel y demás órganos. Aunque algunos de los efectos de los PGA sean visibles, como las arrugas en el rostro de nuestra pretendida amiga de 25 que seguía el consejo de Lucille Ball, no son una medición precisa de la edad capaz de revelar que es una mentirosa. Aunque podemos ver pruebas de algunos efectos de los PGA —piel colgando y arrugas, la opacidad lechosa de las cataratas, las manos retorcidas por la artritis—, ninguno es realmente cuantitativo. No obstante, los PGA, por lo menos de forma cualitativa, identificados mediante biopsia, al igual que algunos aspectos que se observan a simple vista, revelan un índice de deterioro biológico.

Los PGA por lo general son desechos inútiles que resultan del deterioro del tejido a medida que se acumulan. No tienen ninguna función útil: los PGA no se pueden quemar para producir energía, no proporcionan ningún lubricante ni tienen funciones de comunicación, no dan apoyo a las enzimas ni a las hormonas cercanas ni te puedes acurrucar con ellos en una fría noche de invierno. Más allá de los efectos que puedes ver, los PGA acumulados también representan una pérdida de la capacidad de los riñones para filtrar la sangre con el fin de eliminar desechos y retener proteínas, así como una acumulación de placa ateroesclerótica en las arterias, la cual genera rigidez, endurecimiento y deterioro del cartílago de articulaciones —como la rodilla y la cadera— y pérdida de neuronas funcionales, que son reemplazadas por grupos de desechos de PGA. Como la arena que encuentras en tu ensalada de espinacas o el corcho en tu cabernet, los PGA pueden arruinar una buena fiesta.

Aunque algunos PGA entran en el cuerpo directamente porque se encuentran en varios alimentos, también son el subproducto de un nivel alto de azúcar en la sangre (glucosa), el fenómeno que define la diabetes.

La secuencia de eventos que conduce a la formación de PGA es la siguiente: ingieres alimentos que incrementan el nivel de glucosa en la sangre. Una mayor disponibilidad de glucosa en los tejidos del cuerpo permite que las moléculas de glucosa reaccionen con cualquier proteína, creando una molécula combinada de glucosa y proteína. Los químicos hablan de productos reactivos complejos, como productos Amadori e intermediarios de Schiff, y todos ellos generan un grupo de combinaciones de glucosa y proteínas que colectivamente se denominan PGA. Una vez que se forman los PGA, son irreversibles, no se pueden deshacer. También se reúnen en cadenas de moléculas, formando polímeros de PGA que son especialmente destructivos.[2] Los PGA destacan por acumularse justo donde están, formando montones de desechos inútiles resistentes a cualquier proceso digestivo o de limpieza del cuerpo.

En consecuencia, los PGA resultan de un efecto dominó que se pone en marcha cada vez que aumenta la glucosa. A donde quiera que vaya la glucosa —prácticamente cualquier lugar del cuerpo— la siguen los PGA. Cuanto más alta es la glucosa en la sangre, más PGA se acumulan y más rápido es el deterioro del envejecimiento.

La diabetes es el ejemplo concreto que nos demuestra lo que sucede cuando la glucosa en sangre permanece alta, dado que, por lo general, los diabéticos tienen valores de glucosa en el rango de

100 a 300 mg/dl a lo largo del día, a medida que atacan a sus azúcares con insulina o medicamentos orales. (Un nivel normal de glucosa en ayunas es de 90 mg/dl o menos). La glucosa en la sangre en ocasiones es mucho más alta. Por ejemplo, después de un tazón de avena cocinada a fuego lento, la glucosa fácilmente puede alcanzar un nivel de 200 a 400 mg/dl.

Si esos niveles altos de azúcar repetidos conducen a problemas de salud, deberíamos esperar que esos mismos problemas se expresen de forma exagerada en los diabéticos... Y es justo así. Los diabéticos, por ejemplo, tienen de dos a cinco veces más probabilidades de padecer enfermedades coronarias y ataques al corazón, el 44 por 100 desarrollará aterosclerosis de las arterias carótidas y otras arterias fuera del corazón y del 20 al 25 por 100 desarrollará problemas en la función renal o insuficiencia renal en un promedio de 11 años después del diagnóstico.[3] De hecho, tener niveles altos de azúcar sostenidos durante varios años prácticamente garantiza el desarrollo de complicaciones.

Con los niveles altos de glucosa en sangre repetitivos de la diabetes, también sería esperable ver niveles más altos de PGA en la sangre y, de hecho, así es. Los diabéticos tienen un nivel un 60 por 100 más alto de PGA en comparación con quienes no padecen diabetes.[4]

Los PGA que resultan de tener niveles de azúcar altos son responsables de la mayoría de las complicaciones de la diabetes, desde neuropatía —nervios dañados que conducen a una pérdida de sensación en los pies— hasta retinopatía —defectos de visión y ceguera— y nefropatía —enfermedad renal e insuficiencia renal—. Cuanto más alto es el nivel de azúcar de la sangre y cuanto más tiempo se mantenga alto, más productos PGA se acumularán y más daño a órganos habrá.

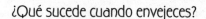

¿Qué sucede cuando envejeces?

Además de las complicaciones de la diabetes, se han asociado enfermedades graves con la producción excesiva de PGA.

- Enfermedad renal. Cuando se administran PGA a animales de forma experimental, estos desarrollan todos los síntomas de la enfermedad renal.[5] Los PGA también se pueden encontrar en los riñones humanos de quienes padecen enfermedad renal.

- Aterosclerosis. La administración oral de PGA tanto en animales como en humanos ocasiona que las arterias se constriñan, es decir, que se presente el tono excesivo anormal (disfunción endotelial) de las arterias que se asocia con la lesión fundamental que prepara el terreno para la aterosclerosis.[6] Los PGA también modifican las partículas de colesterol LDL, bloqueando su consumo normal por parte del hígado y haciendo que las células inflamatorias las absorban en las paredes celulares, el proceso que genera la placa aterosclerótica.[7] Los PGA pueden ser recuperados de los tejidos y se relacionan con la severidad de la placa: cuanto más alto sea el contenido de PGA de varios tejidos, más severa será la aterosclerosis en las arterias.[8]

- Demencia. En quienes padecen alzhéimer, el contenido de PGA del cerebro es tres veces mayor que en cerebros normales, acumulándose en las placas amiloides y en los nudos neurofibrales, que son característicos de esta enfermedad.[9] En sintonía con el marcado incremento en formación de PGA en los diabéticos, la demencia es un 500 por 100 más común en las personas con diabetes.[10]

- Cáncer. Aunque la información es irregular, la relación de los PGA con el cáncer puede ser uno de los fenómenos más importantes relacionados con los PGA. Se han encontrado pruebas de una acumulación anormal de PGA en los cánceres de páncreas, mama, pulmón, colon y próstata.[11]

- Disfunción eréctil masculina. Si aún no he logrado captar la atención de los lectores masculinos, esto debería conseguirlo: los PGA dañan la capacidad eréctil. Los PGA se encuentran depositados en la parte del tejido del pene responsable de generar respuestas eréctiles (el corpus cavernosum), lo cual afecta la capacidad del pene para hincharse de sangre, el proceso que genera las erecciones.[12]

- Salud ocular. Los PGA dañan el tejido ocular, desde los cristalinos (cataratas) hasta la retina (retinopatía) y las glándulas lacrimales (ojos secos).[13]

Muchos de los efectos destructivos de los PGA funcionan al incrementar el estrés oxidativo y la inflamación, dos procesos que subyacen a numerosas enfermedades.[14] Por otra parte, estudios recientes han mostrado que una menor exposición a los PGA conduce a una menor expresión de marcadores inflamatorios, como la proteína C reactiva (CRP) y el factor de necrosis tumoral.[15]

La acumulación de PGA explica muy bien por qué se desarrollan muchos de los fenómenos de envejecimiento. Por consiguiente, el control de la glicación y de la acumulación de PGA proporciona medios potenciales de reducir todas las consecuencias de la acumulación de los PGA.

Los diabéticos que tienen niveles de azúcar en sangre mal controlados y que se mantienen altos demasiado tiempo son especialmente propensos a padecer complicaciones diabéticas, y todo se debe a la formación de abundantes PGA, incluso desde que son jóvenes. (Antes de que se reconociera la importancia de tener niveles de azúcar «meticulosamente» controlados en la diabetes tipo 1, o infantil, no era raro ver casos de insuficiencia renal y ceguera antes de los 30. A medida que ha mejorado el control de la glucosa, dichas complicaciones se han vuelto menos comunes). Estudios extensos, como el Ensayo de Control y Complicaciones de la Diabetes (DCCT, por sus siglas en inglés),[16] han demostrado que llevar a cabo reducciones estrictas en la glucosa en sangre genera un riesgo menor de padecer complicaciones relacionadas con la diabetes.

Esto se debe a que el ritmo al que se forman los PGA depende del nivel de glucosa en sangre. Cuanto más alta es la glucosa, más PGA se crean.

Los PGA se forman incluso cuando el azúcar de la sangre es normal, aunque a un ritmo mucho más lento en comparación con un índice de azúcar en la sangre alto. Por consiguiente, la formación de los PGA caracteriza el envejecimiento normal que permite que una persona de 60 años se vea como una persona de 60 años. Sin embargo, los PGA acumulados por el diabético que tiene un nivel de azúcar mal controlado ocasionan un *envejecimiento acelerado*. Como resultado, la diabetes ha servido como modelo viviente para que los investigadores observen los efectos de *envejecimiento acelerado* que tiene la glucosa alta en sangre. Así pues, las complicaciones de la diabetes, como la aterosclerosis, la enfermedad renal y la neuropatía, son también las enfermedades del envejecimiento, comunes en personas que se encuentran en su sexta, séptima u octava década de vida, poco comunes en personas más jóvenes de veintitantos o treinta y tantos años. Por tanto, la diabetes nos enseña lo que les sucede a las personas cuando la glicación ocurre a un ritmo más rápido y cuando a los PGA se les permite acumularse. No es algo agradable.

La historia no termina con niveles más altos de PGA. Niveles más altos de PGA en sangre producen la manifestación de estrés oxidativo y marcadores inflamatorios.[17] El receptor de PGA es el portero de una amplia variedad de respuestas oxidativas e inflamatorias, como las citosinas inflamatorias, el factor de crecimiento endotelial vascular y el factor de necrosis tumoral.[18] En consecuencia, los PGA ponen en marcha un ejército de respuestas oxidativas e inflamatorias, las cuales conducen a enfermedades cardiacas, cáncer, diabetes y más.

La formación de PGA es, pues, un continuo. Sin embargo, aunque los PGA se forman incluso teniendo niveles de azúcar en sangre normales (glucosa en ayunas de 90 mg/dl o menos), se acumulan más rápido cuando los niveles de azúcar son más altos. Cuanto más alta sea la glucosa en la sangre, más PGA se forma. Realmente no existe un nivel de glucosa en el que se pueda esperar que la formación de PGA se detenga por completo.

No tener diabetes no significa que te librarás de ese destino. Los PGA también se acumulan en los no diabéticos y producen sus efectos de aceleración del envejecimiento. Lo único que se necesita es un poco de azúcar adicional en la sangre, apenas unos cuantos miligramos por encima de lo normal, y ¡listo!, tienes a tus PGA haciendo su trabajo sucio y mordiendo tus órganos. Con el tiempo, tú también puedes desarrollar todas las condiciones que se ven en la diabetes si tienes una acumulación suficiente de PGA.

Además de los 25,8 millones de diabéticos, hay 79 millones de prediabéticos en Estados Unidos en la actualidad.[19] Hay muchos norteamericanos más que todavía no cumplen con los criterios para ser prediabéticos, pero a los que, de cualquier manera, cuando consumen cierta cantidad de carbohidratos, les sube mucho el azúcar en la sangre, un nivel de azúcar lo suficientemente alto para producir más PGA de lo normal. (Si dudas de que los niveles de azúcar de la sangre aumentan después de comer, por ejemplo, una manzana o una rebanada de pizza, compra un simple medidor de glucosa en la farmacia. Prueba el azúcar en sangre que tienes una hora después de consumir el alimento que quieras. Con mucha frecuencia, te sorprenderá lo alto que tienes el azúcar. ¿Recuerdas mi «experimento» de las dos rebanadas de pan blanco? La glucosa en la sangre fue de 167 mg/dl. Eso no es poco común).

Aunque los huevos no incrementan el nivel de azúcar de la sangre, ni las nueces ni el aceite de oliva ni las chuletas de cerdo ni el salmón, los carbohidratos sí...; todos los carbohidratos, desde las manzanas y las naranjas hasta los caramelos rellenos de chicle de fresa y los cereales de siete granos. Como hemos explicado antes, desde el punto de vista del azúcar en la sangre, los productos de trigo son peores que cualquier otro alimento y elevan a las nubes el azúcar de la sangre, hasta niveles que rivalizan con los de los diabéticos declarados..., incluso si no eres diabético.

Recuerda: el carbohidrato «complejo» contenido en el trigo es la única variedad de amilopectina, la amilopectina A, una forma distinta de la amilopectina que hay en otros carbohidratos, como las judías o los plátanos. La amilopectina del trigo es la forma más fácilmente digerible por la enzima amilasa, lo cual explica la propiedad que tienen los productos de trigo de incrementar más el azúcar de la sangre. Una digestión más rápida y eficiente de la amilopectina del trigo significa niveles de azúcar más altos en las dos horas posteriores al consumo de productos de trigo, lo cual, a su vez, implica que se dispare una mayor formación de PGA. Si la formación de PGA fuera un concurso, el trigo ganaría casi todas las veces, por encima de otras fuentes de carbohidratos, como manzanas, naranjas, boniatos, helados y barritas de chocolate.

En consecuencia, los productos de trigo, como tu magdalena de semillas de amapola o la *focaccia* de vegetales asados, son detonantes de una producción extravagante de PGA. Suma 2 más 2: el trigo, debido a su efecto único para incrementar la glucosa en sangre, te hace envejecer más rápido. A través de sus efectos para incrementar el nivel de PGA y de azúcar en la sangre, el trigo acelera el ritmo en el cual desarrollas señales de envejecimiento en la piel, disfunción renal, demencia, aterosclerosis y artritis.

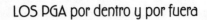

LOS PGA por dentro y por fuera

Aunque hasta ahora nos hemos centrado en los PGA que se forman en el cuerpo y que, en gran medida, se derivan del consumo de carbohidratos, hay una segunda fuente de PGA que proviene directamente de la dieta: los productos animales. Esto se puede volver terriblemente confuso, así es que vamos a empezar desde el principio.

Los PGA se originan de dos fuentes generales:

PGA endógenos. Son los PGA que se forman dentro del cuerpo, como hemos mencionado antes. El principal camino para formar PGA endógenos comienza con la glucosa en sangre. Los alimentos que incrementan la glucosa en sangre también aumentan la formación de PGA endógenos. Los alimentos que más incrementan la glucosa en la sangre desatan una mayor formación de PGA. Esto significa que todos los carbohidratos, dado que todos elevan la glucosa, provocan la formación de PGA endógenos. Algunos carbohidratos elevan la glucosa más que otros. Desde el punto de vista de los PGA endógenos, una barrita de chocolate Snickers desencadena una formación modesta de PGA, mientras que el pan de trigo integral desata de manera vigorosa los PGA, dado que tiene un efecto mayor en el incremento de la glucosa en sangre.

Resulta interesante saber que la fructosa, otro azúcar cuya popularidad ha aumentado mucho como ingrediente en los alimentos procesados modernos, incrementa la formación de PGA dentro del cuerpo cientos de veces más que la glucosa.[20] En forma de jarabe de maíz alto en fructosa, la fructosa a menudo acompaña al trigo en panes y productos horneados. Te costará trabajo encontrar alimentos procesados que no contengan fructosa en alguna forma, desde la salsa barbacoa hasta los pepinillos. También debes tener en cuenta que el azúcar de mesa, o sacarosa, es un 50 por 100 fructosa y el otro 50 por 100 glucosa. El sirope de arce, la miel y el sirope de agave son otros endulzantes ricos en fructosa.

PGA exógenos. Los PGA exógenos se encuentran en alimentos que entran al cuerpo en el desayuno, la comida o la cena. En contraste con los PGA endógenos, no se forman en el cuerpo, sino que se ingieren ya formados.

Los alimentos varían ampliamente en cuanto a su contenido de PGA. Los alimentos más ricos en PGA son los productos animales, como las carnes y el queso. En particular las carnes y los productos animales cocinados a altas temperaturas, por ejemplo asados o fritos, incrementan el contenido de PGA más de mil veces.[21] Además, cuanto más tiempo se cocine un alimento de origen animal, más aumenta el contenido de PGA.

Una demostración impresionante de la capacidad de los PGA exógenos para afectar la función arterial se realizó cuando dos grupos de diabéticos voluntarios consumieron dietas idénticas de pechuga de pollo, patatas, zanahorias, tomates y aceite vegetal. La única diferencia: la comida del primer grupo se cocinaba 10 minutos al vapor o hervida, mientras que la comida del segundo grupo era frita o asada a 220° C durante 20 minutos. El grupo al que se le dio comida cocinada más tiempo y a temperatura más alta mostró una reducción del 67 por 100 en términos de relajación arterial, junto con PGA y marcadores oxidativos más altos en la sangre.[22]

Los PGA exógenos se encuentran en carnes que también son ricas en grasas saturadas. Esto significa que la grasa saturada ha sido acusada equivocadamente de ser poco saludable para el corazón porque con frecuencia se presentaba en compañía del verdadero culpable: los PGA. Las carnes curadas, como el tocino, chorizo, *pepperoni* y salchichas, no suelen ser altas en PGA. Así que las carnes no son malas en sí mismas, sino que se pueden volver poco saludables a través de manipulaciones que incrementan la formación de PGA.

Además de la prescripción alimentaria de la filosofía que defendemos en este libro, es decir, eliminar el trigo y mantener un consumo restringido de carbohidratos, es inteligente evitar fuentes de PGA exógenos, a saber, carnes ahumadas, carnes cocinadas a altas temperaturas (más de 180° C) durante periodos prolongados y cualquier cosa que esté frita. Cuando sea posible, evita la carne bien cocida y elige carne casi cruda o en su punto. (¿El *sashimi* es la carne perfecta?). Cocinar en líquidos en vez de en aceite también ayuda a limitar la exposición a los PGA.

Dicho esto, la ciencia de los PGA sigue en pañales y aún quedan muchos detalles por descubrir. Sin embargo, dado lo que sabemos sobre los efectos potenciales que tienen los PGA a largo plazo en la salud y en el envejecimiento, no creo que sea prematuro empezar a pensar un poco cómo reducir tu exposición personal a los PGA. Tal vez me lo agradezcas cuando cumplas 100 años.

LA GRAN CARRERA DE LA GLICACIÓN

Hay una prueba muy accesible que, aunque no es capaz de ofrecernos un índice de edad biológica, proporciona una medida del *ritmo* de envejecimiento biológico ocasionado por la glicación. Saber la rapidez o lentitud con la que estás glicando las proteínas de tu cuerpo te ayuda a saber si el envejecimiento biológico está teniendo lugar más rápido o más lento que la edad cronológica. Aunque los PGA pueden ser evaluados a través de una biopsia de la piel o de los órganos internos, la mayoría de las personas no se muestran muy entusiastas —lo cual es entendible— con la idea de que les inserten un par de fórceps en alguna cavidad del cuerpo para cortarles un pedazo de tejido. Por fortuna, un análisis de sangre sencillo se puede usar para medir el ritmo de formación actual de PGA a través de la hemoglobina A1c o HbA1c. La HbA1c es una prueba de sangre común que, aunque generalmente se usa para controlar la diabetes, también puede servir como un índice de glicación simple. La hemoglobina es la proteína compleja que se encuentra dentro de los glóbulos rojos y es la responsable de que puedan llevar oxígeno.

Como todas las demás proteínas del cuerpo, la hemoglobina está sujeta a glicación, es decir, a la modificación de la molécula hemoglobina mediante la glucosa. La reacción sucede de inmediato y, como otras reacciones de PGA, es irreversible. Cuanto más alta es la glucosa, mayor es el porcentaje de hemoglobina que es glicada.

Los glóbulos rojos tienen un espectro de vida de 60 a 90 días. Medir el porcentaje de moléculas de hemoglobina en la sangre que son glicadas proporciona un índice de cómo de alta ha sido la glucosa en los últimos 60 o 90 días, una herramienta útil para evaluar la adecuación del control de glucosa en sangre en los diabéticos o para diagnosticar diabetes.

Una persona delgada con respuestas normales a la insulina que consume una cantidad limitada de carbohidratos tendrá aproximadamente de 4,0 a 4,8 por 100 de hemoglobina glicada (es decir, tendrá una HbA1c de 4,0 a 4,8 por 100), lo que refleja una tasa de glicación normal, inevitable y de bajo nivel. Los diabéticos por lo general tienen 8, 9 o hasta 12 por 100 e incluso más hemoglobina glicada, el doble o más de la tasa normal.

La mayoría de los norteamericanos que no padecen diabetes en cierta forma están en el punto medio, con un rango de 5,0 a 6,4 por 100, por encima del rango perfecto, pero aún por debajo del umbral «oficial» de diabetes del 6,5 por 100.[23] De hecho, un 70 por 100 de los adultos norteamericanos tienen una HbA1c entre 5,0 y 6,9 por 100.[24]

La HbA1c no tiene que ser del 6,5 por 100 para generar consecuencias adversas para la salud. La HbA1c en el rango «normal» se asocia con un mayor riesgo de ataques cardiacos, cáncer y un aumento del 28 por 100 en la mortalidad por cada 1 por 100 de incremento en la HbA1c.[25] La ida al bufet ilimitado de pastas, las cuales acompañas con un par de rebanadas de pan italiano y que finaliza con un pequeño pudín de pan eleva tu glucosa a un nivel de 150 a 250 mg/dl durante tres o cuatro horas. Tener la glucosa alta durante un periodo sostenido genera hemoglobina glicada, lo que se refleja en una HbA1c más alta.

Oye, está un poco borroso aquí

Los cristalinos de tus ojos son los maravillosos dispositivos ópticos diseñados por la naturaleza que forman parte de tu aparato ocular y te permiten ver el mundo. Las palabras que estás leyendo en este momento constituyen imágenes, que son enfocadas por los cristalinos de tu retina y luego enviadas en forma de señales del sistema nervioso para que tu cerebro las interprete como imágenes de letras negras sobre un fondo blanco. Los cristalinos son como diamantes: sin imperfecciones, son transparentes como el cristal y permiten que la luz pase sin ningún obstáculo. Cuando lo piensas, es algo asombroso.

Sin embargo, si tienen imperfecciones, el paso de la luz se ve afectado.

Los cristalinos consisten en proteínas estructurales llamadas cristalinas que, como todas las demás proteínas del cuerpo, están sujetas a glicación. Cuando las proteínas en los cristalinos se glican y forman PGA, los PGA se entrecruzan y se acumulan. Como las pequeñas manchas que se pueden ver en un diamante con imperfecciones, en los cristalinos se acumulan pequeños defectos. La luz se dispersa al chocar con los defectos. Tras años de formación de PGA, los defectos acumulados ocasionan opacidad en los cristalinos o cataratas.

La relación entre la glucosa en sangre, los PGA y las cataratas está bien definida. En animales de laboratorio, las cataratas se pueden producir en un margen tan breve como de 90 días solo con mantener alta su glucosa.[26] Los diabéticos son especialmente propensos a las cataratas —lo cual no es sorprendente— y tienen un riesgo cinco veces mayor en comparación con quienes no padecen diabetes.[27]

En Estados Unidos, las cataratas son comunes y afectan al 42 por 100 de los hombres y mujeres entre los 52 y los 64 años y se incrementan en un 91 por 100 en edades comprendidas entre 65 y 85 años.[28] De hecho, ninguna estructura del ojo escapa a los efectos dañinos de los PGA, incluidos la retina (degeneración macular), el vítreo (el líquido gelatinoso que llena el globo ocular) y la córnea.[29]

Cualquier alimento que incremente el azúcar de la sangre, por tanto, tiene el potencial de ocasionar glicación en los cristalinos de tus ojos. En algún punto, la lesión de los cristalinos excede su capacidad limitada de resorción de defectos y de renovación del cristalino. Es entonces cuando el automóvil que se encuentra frente a ti se pierde en una niebla borrosa, que no logras definir poniéndote las gafas ni entrecerrando los ojos.

Así pues, la HbA1c, es decir, la hemoglobina glicada, proporciona un índice del control de la glucosa. También refleja hasta qué punto estás glicando proteínas del cuerpo además de la hemoglobina. Cuanto más alta es tu HbA1c, más estás glicando las proteínas que están en tus cristalinos, tejidos renales, arterias, piel, etcétera.[30] En efecto, la HbA1c proporciona un índice del ritmo de envejecimiento: cuanto más alta sea tu HbA1c, más rápido estás envejeciendo.

Así es que la HbA1c es mucho más que solo una herramienta de retroalimentación para el control de la glucosa en sangre en los diabéticos. También refleja el ritmo al cual estás glicando otras proteínas del cuerpo, el ritmo al cual estás envejeciendo. Si te mantienes en el 5 por 100 o menos, estás envejeciendo a un ritmo normal; más del 5 por 100 significa que el tiempo para ti se está moviendo más rápido de lo que debería, acercándote al gran asilo que está en el cielo.

Así que los alimentos que más incrementan los niveles de glucosa y que se consumen con mayor frecuencia se reflejan en niveles más altos de HbA1c, que a su vez se refleja en un ritmo más rápido de envejecimiento y en un daño más veloz a los órganos.

De modo que, si odias a tu jefe y quisieras acelerar su camino a la vejez y a la enfermedad, hornéale un buen pastel de café.

NO CONSUMIR TRIGO POSTERGA EL ENVEJECIMIENTO

Recordarás que los alimentos elaborados con trigo incrementan el azúcar de la sangre más que cualquier otro alimento, incluido el azúcar de mesa. Enfrentar al trigo con otros alimentos sería como poner en el ring a Mike Tyson contra Truman Capote: no hay competencia, un fuera de combate inmediato del azúcar de la sangre. A menos que seas una mujer que no ha llegado a la menopausia, talla 34, de 23 y corredora de largas distancias que, gracias a tu poca grasa abdominal, tu vigorosa sensibilidad a la insulina y las ventajas de contar con estrógenos abundantes, disfrutas de un bajo incremento en el azúcar de la sangre, dos rebanadas de pan blanco probablemente lanzarán tu nivel de azúcar a un rango de 150 mg/dl o más, más que suficiente para poner en marcha la cascada de formación de los PGA.

Si la glicación acelera el envejecimiento, ¿la no glicación podría retrasarlo?

Dicho estudio ha sido realizado en un modelo experimental con ratones, en los que una dieta rica en PGA generó más aterosclerosis, cataratas, enfermedades renales y diabetes, así como una esperanza de vida menor en comparación con los ratones más saludables y más longevos que consumieron una dieta baja en PGA.[31]

El ensayo clínico requerido para contar con la prueba final de este concepto en los seres humanos aún no se ha llevado a cabo, es decir, comparar una dieta rica en PGA frente a una dieta baja en PGA y luego realizar exámenes de los órganos para analizar el daño del envejecimiento. Este es un obstáculo práctico para básicamente todas las investigaciones sobre el envejecimiento. Imagina el planteamiento: «Señor, vamos a ponerlo en una de las dos "ramas" del estudio: seguirá una dieta alta en PGA o una dieta baja en PGA. Después de cinco años, mediremos su edad biológica». ¿Aceptarías participar en el grupo de dieta alta en PGA? ¿Y cómo medimos la edad biológica?

Parece plausible que si la glicación y la formación de PGA subyacen a tantos de los fenómenos del envejecimiento y si algunos alimentos disparan la formación de PGA con más intensidad que otros, una dieta baja en esos alimentos debería retrasar el proceso de envejecimiento o, por lo menos, las facetas del envejecimiento que avanzan a través del proceso de glicación. Un valor bajo de HbA1c significa que está teniendo lugar menos glicación endógena promovida por la edad. Serás menos propenso a cataratas, enfermedades renales, arrugas, artritis, aterosclerosis y todas las demás expresiones de la glicación que acosan a los seres humanos, en especial las relacionadas con el consumo de trigo.

Tal vez incluso te permitirá ser sincero respecto a tu edad.

Notas

[1] Bengmark, S. «Advanced glycation and lipoxidation end products —amplifiers of inflammation: The role of food» [Glicación avanzada y desechos de lipoxidación, amplificadores de inflamación. El papel de los alimentos]. *J. Parent. Enter. Nutr.*, septiembre-octubre de 2007; 31(5): 430-440.

[2] Uribarri, J.; Cai, W.; Peppa, M., *et al.* «Circulating glycotoxins and dietary advanced glycation end products: Two links to inflammatory response, oxidative stress and aging» [Glicotoxinas circulantes y desechos de glicación avanzada dietaria: dos nexos con respuesta inflamatoria, estrés oxidativo y envejecimiento]. *J. Gastroenterol.*, abril de 2007; 62A: 427-433.

[3] Epidemiology of Diabetes Interventions and Complications (EDIC). «Design, implementation, and preliminary results of a long-term follow-up of the Diabetes Control and Complications. Trial cohort» [Diseño, aplicación y resultados preliminares de un seguimiento a largo plazo del control y complicaciones de la diabetes. Prueba en población base]. *Diabetes Care*, enero de 1999; 22(1): 99-111.

[4] Kilhovd, B. K.; Giardino, I.; Torjesen, P. A., *et al.* «Increased serum levels of the specific AGE-compound methylglyoxal-derived hydroimidazolone in patients with type 2 diabetes» [Incremento en los niveles de suero del compuesto específico PGA de hidroimidazolona derivada del metilglioxal en pacientes con diabetes tipo 2]. *Metabolism.*, 1003; 52: 163-167.

[5] Goh, S.; Cooper, M. E. «The role of advanced glycation end products in progression and complications of diabetes» [El papel de los desechos de glicación avanzada en la progresión y las complicaciones de la diabetes]. *J. Clin. Endocrinol. Metab.*, 2008; 93: 1143-1152.

[6] Uribarri, J.; Tuttle, K. R. «Advanced glycation end products and nephrotoxicity of high-protein diets» [Desechos de glicación avanzada y nefrotoxicidad de dietas altas en proteínas]. *Clin. J. Am. Soc. Nephrol.*, 2006; 1: 1293-1299.

[7] Bucala, R.; Makita, Z.; Vega, G., *et al.* «Modification of low density lipoprotein by advanced glycation end products contributes to the dyslipidemia of diabetes and renal insufficiency» [Modificación de lipoproteínas de baja densidad a causa de desechos de glicación avanzada contribuyen a la dislipidemia de diabetes e insuficiencia renal]. *Proc. Natl. Acad. Sci. USA*, 1994; 91: 9441-9445.

[8] Stitt, A. W.; He, C.; Friedman, S., *et al.* «Elevated AGE-modified Apo B in sera of euglycemic, normolipidemic patients with atherosclerosis: relationship to tissue AGE's [Apo B modificados por PGA elevados en sueros de pacientes euglicémicos normolipidémicos con aterosclerosis: relación con los PGA del tejido]. *Mol. Med.*, 1997; 3: 614-627.

[9] Moreira, P. I.; Smith, M. A.; Zhu, X., *et al.* «Oxidative stress and neurodegeneration» [Estrés oxidativo y neurodegeneración]. *Ann. NY Acad. Sci.*, 2005; 1043: 543-552.

[10] Nicolls, M. R. «The clinical and biological relationship between type 2 diabetes mellitus and Alzheimer's disease» [Relación clínica y biológica entre la diabetes mellitus tipo 2 y el alzhéimer]. *Curr. Alzheimer Res.*, 2004; 1: 47-54.

[11] Bengmark. *J. Parent. Enter. Nutr.*, septiembre-octubre de 2007; 31(5): 430-440.

[12] Seftel, A. D.; Vaziri, N. D.; Ni, Z., *et al.* «Advanced glycation end products in human penis: elevation in diabetic tissue, site of deposition, and possible effect through iNOS ore NOS» [Desechos de glicación avanzada en el pene humano: elevación en el tejido diabético, lugar de depósito y posible efecto a través de iNOS o NOS]. *Urology*, 1997; 50: 1016-1026.

[13] Stitt, A. W. «Advanced glycation: an important pathological event in diabetic and age related ocular disease» [Glicación avanzada: un evento patológico importante en enfermedad ocular relacionada con la diabetes y con la edad]. *Br. J. Ophtalmol.*, 2001; 85: 746-753.

[14] Uribarri, J. Art. cit. *Gerontol.*, abril de 2007; 62A: 427-433.

[15] Vlassara, H.; Cai, W.; Crandall, J., *et al.* «Inflammatory mediators are induced by dietary glycontoxins, a major risk for complications of diabetic angiopathy» [Los mediadores de inflamación son inducidos por las glicotoxinas de la dieta, un riesgo importante para complicaciones de la angiopatía diabética]. *Proc. Natl. Acad. Sci. USA*, 2002; 99: 15596-15601.

[16] Monnier, V. M.; Battista, O.; Kenny, D., *et al.* «Skin collagen glycation, glycoxidation, and crosslinking are lower in subjects with long-term intensive versus conventional therapy of type 1 diabetes: Relevance of glycated collagen product versus HbA1c as markers of diabetic complications» [La glicación del colágeno de la piel, la glicoxidación y los enlaces cruzados son menores en sujetos con terapia intensiva a largo plazo que con terapia convencional para la diabetes tipo 1. Relevancia del producto de colágeno glicado versus HbA1c como marcadores de complicaciones diabéticas]. Grupo de Estudio Auxiliar sobre el Colágeno de la Piel. Ensayo de Control y Complicaciones de la Diabetes, *Diabetes*, 1999; 48: 870-880.

[17] Negrean, M.; Stirban, A.; Stratmann, B., *et al.* «Effects of low- and high-advanced glycation endproduct meals on macro- and microvascular endothelial function and oxidative stress in patients with type 2 diabetes mellitus» [Efectos de comidas que generan productos de glicación avanzada altos y bajos en la función endotelial macro y microvascular y estrés oxidativo en pacientes con diabetes mellitus tipo 2]. *Am. J. Clin. Nutr.*, 2007; 85: 1236-1243.

[18] Goh *et al.* Art. cit. *J. Clin. Endocrinol. Metab.*, 2008; 93: 1143-1152.

[19] Asociación Americana de Diabetes, en http://www.diabetes.org/diabetes-basics/diabetes-statistics/?loc=db-slabnav.

[20] Saki, M.; Oimomi, M.; Kasuga, M. «Experimental studies on the role of fructose in deve-lopment of diabetic complications» [Estudios experimentales sobre el papel de la fructosa en el desarrollo de complicaciones diabéticas]. *Kobe. J. Med. Sci.*, 2002; 48(5): 125-136.

[21] Goldberg, T.; Cai, W.; Peppa, M., *et al.* «Advanced glycoxidation end products in commonly consumed foods» [Desechos de glicoxidación avanzada en alimentos que se consumen comúnmente]. *J. Am. Clin. Nutr.*, 2007; 85: 1236-1243.

[22] Negrean *et al.* Art. cit. *Am. J. Clin. Nutr.*, 2007; 85: 1236-1243.

[23] Sarwar, N.; Aspelund, T.; Eiriksdottir, G., *et al.* «Markers of dysglycaemia and risk of co-ronary heart disease in people without diabetes: Reykjavik prospective study and systema-tic view» [Marcadores de disglicemia y riesgo de enfermedades coronarias en personas sin diabetes: estudio prospectivo y visión sistemática en Reikiavik]. *PLos. Med.*, 25 de mayo de 2010; 7(5): e1000278. Véase también: Comité Internacional de Expertos. «International Expert Committee report on the role of the HbA1c assay in the diagnosis of diabetes» [Informe del Comité Internacional de Expertos en el papel del ensayo de la HbA1c en el diagnóstico de la diabetes]. *Diabetes Care*, 2009; 32: 1327-1344.

[24] Khaw, K. T.; Wareham, N., *et al.* «Glycated hemoglobin, diabetes, and mortality in men in Norfolk cohort of European Prospective Investigation of Cancer and Nutrition (EPIC-Norfolk)» [Hemoglobina glicada, diabetes y mortalidad en una población base de hombres en Norfolk del Estudio Prospectivo Europeo sobre Cáncer y Nutrición]. *Brit. Med. J.*, 6 de enero de 2001; 322(7277): 15-18.

[25] Gerstein, H. C.; Swedberg, K.; Carlsson, J., *et al.* «The hemoglobin A1c level as a progressive risk factor for cardiovascular death, hospitalization for heart failure, or death in patients with chronic heart failure: an analysis of the Candesartan in Heart Failure: Assessment of Reduction in Mortality and Morbidity (CHARM) program» [El nivel de hemoglobin A1c como factor de riesgo progresivo para enfermedad cardiovascular, hospitalización por insuficiencia cardiaca o muerte en pacientes con insuficiencia cardiaca crónica: un análisis del Candesartán en la Insuficiencia Cardiaca: Evaluación de la Reducción de Mortalidad y Morbilidad (CHARM, por sus siglas en inglés)]. *Arch. Med. Intern.*, 11 de agosto de 2008; 168(15): 1699-1704. Véase también: Khaw *et al.* Art. cit. *Brit. Med. J.*, 6 de enero de 2001; 322(7277): 15-18.

[26] Swami-Mruthinti, S.; Shaw, S. M.; Zhao, H. R., *et al.* «Evidence of a glycemic threshold for the development of cataracts in diabetic rats» [Evidencia de umbral glucémico para el desarrollo de cataratas en ratas con diabetes]. *Curr. Eye Res.*, junio de 1999; 18(6): 423-429.

[27] Rowe, N. G.; Mitchell, P. G.; Cumming, R. G.; Wans, J. J. «Diabetes, fasting blood gluco-se and age-related cataract: the Blue Mountains Eye Study» [Diabetes, glucosa en sangre en ayunas y cataratas relacionadas con la edad. El estudio ocular Blue Mountains]. *Ophtalmic. Epidemiol.*, junio de 2000; 7(2): 103-114.

[28] Sperduto, R. D.; Seigel, D. «Senile lens and senile macular changes in a population-based sample» [Cristalinos seniles y degeneraciones maculares seniles en una muestra de pobla-ción base]. *Am. J. Ophtalmol.*, julio de 1980; 90(1): 86-91.

[29] Stitt *et al.* Art. cit. *Mol. Med.*, 1997; 3: 617-627.

[30] Ishibashi, T.; Kawaguchi, M.; Sugimoto, K., *et al.* «Advanced glycation end product-media-ted matrix metalloproteinase-9 and apoptosis via reninangiotensin in type 2 diabetes» [Ma-triz de metaloproteinasa 9 mediada por desechos de glicación avanzada y apoptosis a través de renina-angiotensina en diabetes tipo 2]. *J. Atheroscler. Thromb.*, 2010; 17(6): 578-589.

[31] Vlassara, H.; Torreggiani, M.; Post, J. B., *et al.* «Role of oxidants/inflammation in declining renal function in chronic kidney disease and normal aging» [Papel de oxidantes/inflama-ción en la disminución de funciones renales en enfermedades renales crónicas y el enve-jecimiento normal]. *Kidney Int. Suppl.*, diciembre de 2009; (114): S3-11.

CAPÍTULO 10

MIS PARTÍCULAS SON MÁS GRANDES QUE LAS TUYAS: EL TRIGO Y LAS ENFERMEDADES CARDIACAS

En biología, el tamaño lo es todo.

Unas gambas que se alimentan por filtración, que apenas miden cinco centímetros, se dan un banquete a base de las algas microscópicas y el plancton que están suspendidos en el agua del océano. Depredadores más grandes, como peces y aves, a su vez se comen a los camarones.

En el mundo vegetal, las plantas más altas, como las ceibas, unos árboles de 60 metros de altura que habitan en el bosque tropical, obtienen ventaja de su altura, pues crecen hacia el cielo por encima del follaje de la selva y obtienen la luz del sol, necesaria para la fotosíntesis, y producen sombra a los árboles y plantas que luchan más abajo.

Y lo mismo sucede con el resto, desde los depredadores carnívoros hasta las presas herbívoras. Este sencillo principio es anterior a los seres humanos, anterior al primer primate que caminó sobre la tierra y data de hace más de 1.000 millones de años, desde que los organismos multicelulares ganaron una ventaja evolutiva sobre los organismos unicelulares, que luchaban por abrirse paso en los mares primordiales. En incontables situaciones de la naturaleza, ser más grande es mejor.

La «ley de lo grande» del océano y del mundo vegetal también se aplica dentro del microcosmos del cuerpo humano. En el torrente sanguíneo de los seres humanos, las partículas de lipoproteínas de baja densidad (LDL), lo que la mayor parte del mundo denomina «colesterol LDL», siguen las mismas reglas de tamaño que las gambas y el plancton.

Las partículas de LDL grandes, como su nombre indica, son relativamente grandes. Las partículas de LDL pequeñas son (lo adivinaste) pequeñas. Dentro del cuerpo humano, las partículas de LDL grandes proporcionan una ventaja de supervivencia al ser humano que las alberga. Estamos hablando de diferencias de tamaño en un nivel nanométrico (nm), un nivel de milmillonésimas de metro. Las partículas de LDL grandes miden 25,5 nm de diámetro o más, mientras que las partículas de LDL pequeñas miden menos de 25,5 nm de diámetro. (Esto significa que las partículas LDL, grandes o pequeñas, son miles de veces más pequeñas que un glóbulo rojo, pero más grandes que una molécula de colesterol. Alrededor de 10.000 partículas de LDL cabrían en el punto que se encuentra al final de esta oración).

Para las partículas LDL, el tamaño por supuesto no hace la diferencia entre comer o ser comido. Determina si las partículas de LDL se acumularán en las paredes de las arterias, como las de tu corazón (arterias coronarias), el cuello o el cerebro (arteria carótida y cerebral)..., o no. En resumen, el tamaño de las LDL determina en gran medida si a los 57 años te dará un ataque al corazón o un infarto o si seguirás dándole a la palanca de las máquinas tragaperras del casino a los 87.

De hecho, las partículas de LDL pequeñas son una causa muy común de enfermedades cardiacas y se manifiestan como ataques al corazón, anginoplastia, cánulas cardiacas, *bypass* y muchas otras manifestaciones de enfermedades coronarias ateroscleróticas.[1] En mi experiencia con miles de pacientes con enfermedades cardiacas, casi el 90 por 100 expresa el patrón de partículas de LDL pequeñas en un nivel por lo menos moderado, cuando no severo.

A la industria farmacéutica le ha parecido conveniente y rentable clasificar este fenómeno en la categoría mucho más fácil de «colesterol alto». Sin embargo, el colesterol alto tiene poco que ver con la aterosclerosis; el colesterol es un consenso de medición, un remanente de una época en la que no era posible caracterizar y medir las diversas lipoproteínas (es decir, las proteínas acarreadoras de lípidos) del torrente sanguíneo que ocasionan lesiones, acumulación de placa aterosclerótica y, por último, infarto y ataque al corazón.

Las magdalenas te encogen

«Bébeme».

Entonces, Alicia bebió la poción y vio que medía siete centímetros de alto y que ahora era capaz de cruzar la puerta para ir a jugar con el Sombrero Loco y el Gato de Cheshire.

Para las partículas de LDL, la magdalena de salvado o el bagel de 10 cereales que te comiste esta mañana es igual que la poción de Alicia que decía «Bébeme»: hace que te encojas. Comenzando, por decir algo, con un diámetro de 29 nm, las magdalenas de salvado y otros productos de trigo harán que las partículas de LDL se encojan a 23 o 24 nm.[2]

Igual que Alicia pudo cruzar la diminuta puerta una vez que se encogió a siete centímetros, así también el tamaño reducido de las partículas de LDL les permite comenzar una serie única de desventuras que las partículas de LDL de tamaño normal no pueden disfrutar.

Como los seres humanos, las partículas de LDL presentan una amplia gama de tipos de personalidad. Las partículas de LDL grandes son el flemático servidor público que cuenta su tiempo y recoge su cheque, esperando tener un retiro cómodo pagado por el Estado. Las partículas de LDL pequeñas son las partículas frenéticas, antisociales, alocadas por la cocaína, que no obedecen las reglas normales, ocasionando un daño indiscriminado solo por diversión. De hecho, si pudieras diseñar una partícula malhechora perfectamente adecuada para la placa aterosclerótica semejante al potaje de maíz que se encuentra en las paredes de las arterias, serían las partículas de LDL pequeñas.

Las partículas de LDL grandes son captadas por el receptor LDL del hígado, siguiendo la ruta fisiológica normal del metabolismo de las partículas de LDL. En cambio, el receptor LDL del hígado no reconoce bien las partículas de LDL pequeñas, permitiéndoles quedarse mucho más tiempo en el torrente sanguíneo. Como resultado, las partículas de LDL pequeñas tienen más tiempo para ocasionar placa aterosclerótica, durando un promedio de cinco días en comparación con los tres días de las partículas de LDL grandes.[3] Incluso si las partículas de LDL grandes se producen al mismo ritmo que las partículas de LDL pequeñas, las pequeñas serán sustancialmente más numerosas que las grandes debido al incremento de su longevidad. Las partículas de LDL pequeñas también son captadas por los glóbulos blancos inflamatorios (macrófagos) que residen en las paredes de las arterias, un proceso que rápidamente genera placa aterosclerótica.

¿Has oído hablar sobre el beneficio de los antioxidantes? La oxidación es parte del proceso del envejecimiento, pues deja una secuela de proteínas modificadas por oxidación y otras estructuras que pueden ocasionar cáncer, enfermedades cardiacas y diabetes. Cuando están expuestas a un ambiente oxidante, las partículas de LDL pequeñas tienen un 25 por 100 más de probabilidades de oxidarse que las partículas de LDL grandes. Cuando se oxidan, las partículas de LDL son más propensas a causar aterosclerosis.[4]

El fenómeno de glicación, del cual he hablado en el capítulo 9, se manifiesta también con las partículas de LDL pequeñas. En comparación con las partículas grandes, las partículas de LDL pequeñas son ocho veces más susceptibles de glicación endógena; las partículas de LDL pequeñas glicadas, como el LDL oxidado, contribuyen mucho más a la placa aterosclerótica.[5] Por tanto, la acción de los carbohidratos es doble: cuando hay muchos carbohidratos en la dieta, se forman partículas de LDL pequeñas; los carbohidratos también incrementan la glucosa en la sangre que genera glicación en las partículas de LDL pequeñas. Los alimentos que incrementan la glucosa en la sangre deben, pues, traducirse tanto en mayores *cantidades* de partículas de LDL pequeñas como en un incremento en la *glicación* de las partículas de LDL pequeñas.

De modo que las enfermedades cardiacas y los infartos no solo tienen que ver con el colesterol alto, sino que son ocasionados por oxidación, glicación, inflamación, partículas de LDL pequeñas... Sí, los procesos desatados por carbohidratos, en especial los constituidos por trigo.

Así que en realidad no se trata del colesterol, sino de las partículas que ocasionan aterosclerosis. Hoy, tú y yo somos capaces de cuantificar y caracterizar directamente las lipoproteínas, relegando al colesterol a que se una a las lobotomías frontales que se encuentran en el basurero del olvido de las prácticas médicas pasadas de moda.

Un grupo crucial de partículas, el abuelo de todas ellas, son las lipoproteínas de muy baja densidad, o VLDL. El hígado empaqueta varias proteínas (como la apoproteína B) y grasas (en su mayoría triglicéridos) como partículas VLDL, llamadas de este modo debido a que las grasas abundantes hacen que la partícula tenga una menor densidad que el agua —razón por la cual el aceite de oliva flota en el vinagre del aliño para la ensalada—. Entonces, las partículas VLDL son liberadas y es la primera lipoproteína en entrar al torrente sanguíneo.

Las partículas de LDL grandes y pequeñas comparten los mismos padres, es decir, las partículas VLDL. Una serie de cambios en el torrente sanguíneo determina si las VLDL se convertirán en partículas de LDL grandes o pequeñas. Resulta interesante que la composición de la dieta tiene una influencia muy poderosa en el destino de las partículas VLDL, determinando qué proporción habrá de LDL grandes y qué proporción de LDL pequeñas. Quizá no puedas elegir a los miembros de tu familia, pero puedes influir en qué tipo de partículas tendrá la descendencia del VLDL y si se desarrollará o no aterosclerosis como resultado.

LA BREVE Y MARAVILLOSA VIDA DE LAS PARTÍCULAS DE LDL

Con riesgo a sonar tedioso, permíteme decirte unas cuantas cosas sobre esas lipoproteínas de tu torrente sanguíneo. Todo esto tendrá sentido en unos cuantos párrafos. Al final, sabrás más sobre este tema que el 98 por 100 de los médicos.

Las lipoproteínas «padres» de las partículas de LDL, las VLDL, entran en el torrente sanguíneo después de ser liberadas del hígado, listas para engendrar a su descendencia de partículas de LDL. Al ser liberadas del hígado, las partículas VLDL están muy cargadas de triglicéridos, la moneda de cambio de la energía en muchos procesos metabólicos. Dependiendo de la dieta, se producen más o menos VLDL en el hígado. Las partículas VLDL varían en cuanto a contenido de triglicéridos. En el contexto estándar del colesterol, un exceso de VLDL se reflejaría en niveles más altos de triglicéridos, una anomalía común.

Las VLDL son muy sociables y viven una vida lipoproteínica de fiesta, interactuando libremente con otras lipoproteínas que andan por ahí. A medida que las partículas VLDL hinchadas con triglicéridos circulan en el torrente sanguíneo, dan triglicéridos tanto a las LDL como a las HDL (lipoproteínas de alta densidad) a cambio de una molécula de colesterol. Entonces, las partículas de LDL enriquecidas con triglicéridos son procesadas mediante otra reacción —a través de la lipasa hepática— que elimina los triglicéridos proporcionados por la VLDL.

De modo que las partículas de LDL comienzan siendo grandes, de 25,5 nm o más de diámetro, y reciben triglicéridos de las VLDL a cambio de colesterol. Entonces, pierden los triglicéridos. El resultado: las partículas de LDL se vacían tanto de triglicéridos como de colesterol y, en consecuencia, se vuelven varios nanómetros más pequeñas.[6]

No se necesita mucho en el camino del exceso de triglicéridos de VLDL para comenzar la oleada hacia la creación de partículas de LDL pequeñas. En un nivel de triglicéridos de 133 mg/dl o más, dentro del límite «normal» de 150 mg/dl, el 80 por 100 de las personas desarrollan partículas de LDL pequeñas.[7] Una amplia encuesta realizada a norteamericanos de 20 años y más encontró que el 33 por 100 tienen niveles de triglicéridos de 150 mg/dl y más altos, lo cual es más que suficiente para crear partículas de LDL pequeñas, que aumentan a un 42 por 100 en aquellos de 60 años o más.[8] En personas que padecen enfermedades coronarias, la proporción de los que tienen partículas de LDL pequeñas rebasa a la de cualquier otro trastorno. Las partículas de LDL pequeñas, por mucho, son el patrón más frecuente expresado.[9]

Eso es solo en cuanto a los triglicéridos y VLDL presentes en una muestra de sangre normal en ayunas. Si se incluye el incremento en triglicéridos que por lo general tiene lugar después de una comida —el periodo «posprandial»—, incrementos que por lo general elevan los niveles de triglicéridos al doble o cuádruple durante varias horas, las partículas de LDL pequeñas se disparan en un nivel aún mayor.[10] Probablemente, esto es una buena parte de la razón por la cual los triglicéridos que se miden sin estar en ayunas están resultando un increíble elemento para predecir el riesgo de padecer ataques al corazón si hay niveles más altos de triglicéridos cuando no se está en ayunas.[11]

Por tanto, las VLDL son el punto de partida crucial de lipoproteínas que inician la oleada de acontecimientos que conducen a partículas de LDL pequeñas. Cualquier cosa que incremente la producción de partículas VLDL en el hígado y/o incremente el contenido de triglicéridos de las partículas VLDL echará a andar el proceso. Cualquier alimento que incremente los triglicéridos y las VLDL durante varias horas después de comer —es decir, en el periodo posprandial— también genera un incremento en las partículas de LDL pequeñas.

ALQUIMIA NUTRICIONAL: CONVERTIR PAN EN TRIGLICÉRIDOS

Entonces, ¿qué es lo que pone en marcha el proceso, ocasionando un incremento en VLDL/triglicéridos que, a su vez, dispara la formación de partículas de LDL pequeñas que ocasionan placa ateroesclerótica?

Simple: los carbohidratos. ¿Y el jefe de los carbohidratos? El trigo, por supuesto.

El patrón de lípidos y el papel del trigo

Como señalé antes, el consumo de trigo incrementa el colesterol LDL y eliminarlo lo reduce, todo debido a las partículas de LDL pequeñas. Pero puede que no se vea así al principio.

Aquí es donde se pone confuso.

El patrón de lípidos estándar en el que se basa tu doctor para medir el riesgo de enfermedades cardiacas incluye un valor de colesterol LDL calculado, no un valor medido. Lo único que necesitas es una calculadora para sumar el colesterol LDL de la siguiente ecuación (denominada ecuación Friedewald):

Colesterol LDL = colesterol total – colesterol HDL – (triglicéridos : 5)

Los tres valores que están del lado derecho de la ecuación (colesterol total, colesterol HDL y triglicéridos) sí se miden. Solo el colesterol LDL se calcula.

El problema es que esta ecuación fue desarrollada a partir de varias suposiciones. Para que esta ecuación funcione y produzca valores fiables de colesterol LDL, por ejemplo, el HDL debe ser de 40 mg/dl o más y los triglicéridos de 100 mg/dl o menos. Con cualquier desviación de esos parámetros, el valor calculado de LDL se complica.[12] La diabetes, en particular, afecta la precisión del cálculo, a menudo a un grado extremo; 50 por 100 de precisión es algo común. Las variantes genéticas también pueden afectar el cálculo (por ejemplo, las variantes apo E).

Otro problema: si las partículas de LDL son pequeñas, las LDL calculadas *subestimarán* las verdaderas LDL. En cambio, si las partículas de LDL son grandes, las LDL calculadas *sobreestimarán* las verdaderas LDL.

Para complicarlo más, si cambias las partículas de LDL pequeñas por partículas más grandes, y por tanto más saludables, al realizar alguna variación en tu dieta —lo cual es bueno—, el valor calculado de LDL a menudo parecerá *elevarse,* mientras que el real en realidad está *disminuyendo.* Aunque has logrado un cambio benéfico y genuino al reducir las partículas LDL pequeñas, tu médico intenta persuadirte de que tomes un medicamento del tipo de las estatinas para que *aparezca* colesterol alto LDL. (Por eso al colesterol LDL lo llamo «colesterol ficticio LDL», una crítica que no ha impedido a la industria farmacéutica, siempre con afán de hacer negocio, obtener unos ingresos anuales de 27.000 millones de dólares gracias a la venta de estatinas. Tal vez resultan beneficiosas o tal vez no. El colesterol LDL calculado quizá no te diga, aunque esa es la indicación aprobada por la FDA, que es colesterol alto LDL *calculado).*

La única forma de que tú y tu médico sepáis realmente dónde os encontráis es medir las partículas de LDL de alguna manera, como el número de partículas de LDL —mediante un análisis de lipoproteínas realizado a través del método de laboratorio llamado resonancia magnética nuclear o RMN— o de apolipoproteína B. (Como hay una molécula de apolipoproteína B por una partícula de LDL, la apolipoproteína B proporciona una cuenta de partículas LDL virtual). No es tan difícil, pero es necesario que un médico quiera invertir un poco más de su educación médica en entender estos temas.

Durante años, este simple hecho se les escapó a los especialistas en nutrición. Después de todo, las grasas de la dieta, consideradas malignas y temidas, están compuestas de triglicéridos. Lógicamente, un mayor consumo de alimentos grasos, como carnes grasas y mantequilla, debería incrementar los niveles de triglicéridos en la sangre. Esto es verdad, pero solo hasta cierto punto.

Más recientemente, ha quedado claro que, aunque el aumento en el consumo de grasas sí genera cantidades mayores de triglicéridos en el hígado y el torrente sanguíneo, también afecta la producción de triglicéridos del cuerpo. Como el cuerpo es capaz de producir grandes cantidades de triglicéridos que de inmediato dejan en nada la modesta cantidad que se consume en una comida, el efecto neto de un alto consumo de grasa es pequeño o incluso no modifica los niveles de triglicéridos.[13]

Por otro lado, los carbohidratos prácticamente no contienen triglicéridos. Dos rebanadas de pan integral, un bagel de cebolla o un *pretzel* de masa fermentada contienen una cantidad insignificante de triglicéridos. Sin embargo, los carbohidratos poseen una capacidad única para estimular la insulina, lo cual, a su vez, desencadena la síntesis de ácidos grasos en el hígado, un proceso que inunda de triglicéridos el torrente sanguíneo.[14] Dependiendo de la susceptibilidad genética al efecto, los carbohidratos pueden elevar los triglicéridos a un rango de cientos o incluso miles de miligramos por decilitro. El cuerpo es tan eficiente en producir triglicéridos que los niveles altos, por ejemplo, 300 mg/dl, 500 mg/ dl, incluso 1.000 mg/dl o más, se pueden mantener durante veinticuatro horas al día, siete días a la semana a lo largo de años..., siempre y cuando el flujo de carbohidratos continúe.

De hecho, el reciente descubrimiento del proceso de lipogénesis de novo, la alquimia del hígado que convierte los azúcares en triglicéridos, ha revolucionado la forma en que los nutricionistas ven la comida y sus efectos en las lipoproteínas y el metabolismo. Uno de los fenómenos cruciales requeridos para iniciar esta cascada metabólica es tener niveles altos de insulina en el torrente sanguíneo.[15] Los niveles altos de insulina estimulan la maquinaria de la lipogénesis de novo en el hígado, transformando de manera eficaz los carbohidratos en triglicéridos, que luego son empaquetados en forma de partículas VLDL.

Hoy en día, aproximadamente la mitad del total de calorías que consumen la mayoría de los norteamericanos provienen de los carbohidratos.[16]* Los comienzos del siglo XXI pasarán a la historia como la «era del consumo de carbohidratos». Este patrón alimentario significa que la lipogénesis de novo puede proceder a tales grados que el exceso de grasa creada infiltra el hígado. Por eso, la enfermedad llamada hígado graso no alcohólico (HGNA) y la esteatosis no alcohólica (ENA) han alcanzado las proporciones actuales de epidemia que hacen que los gastroenterólogos tengan sus propias abreviaturas para denominarlas. El HGNA y la ENA conducen a cirrosis hepática, una enfermedad irreversible, similar a la que experimentan los alcohólicos, de ahí que se mencione que no es ocasionada por el alcohol.[17]

Los patos y los gansos también son capaces de llenar de grasa sus hígados, una adaptación que les permite volar grandes distancias sin comer y emplear la grasa almacenada en el hígado para obtener energía durante la migración anual. Para las aves de caza,

---

* La Guía de Alimentación de la UNED recomienda entre un 55 y un 60 por ciento de carbohidratos, y considera el aporte actual insuficiente un 12 por ciento por debajo. Pero el consumo de bollería, pan... va en aumento.

es parte de una adaptación evolutiva. Los granjeros aprovechan este hecho cuando producen hígados llenos de grasa en sus patos y gansos: si alimentas a las aves con granos, obtendrás *foie gras*, el paté grasoso que untas en galletas de trigo. Sin embargo, en los seres humanos el hígado graso es una consecuencia perversa no fisiológica de que te hayan dicho que debías consumir más carbohidratos. A menos que estés cenando con Hannibal Lecter, no quieres tener un hígado graso en tu abdomen.

Tiene sentido: los carbohidratos son los alimentos que fomentan más almacenamiento de grasa, un medio de mantenerse durante los tiempos de vacas flacas. Si fueras un ser humano primitivo, saciado con tu comida de jabalí asado acompañado de bayas y frutas silvestres, almacenarías el exceso de calorías para el caso de que no lograras cazar otro jabalí u otra presa en los próximos días o semanas. La insulina ayuda a almacenar el exceso de energía en forma de grasa, transformándola en triglicéridos que llenan el hígado y se derraman en el torrente sanguíneo, reservas de energía a las que se recurría cuando la caza fracasaba. Pero en nuestros tiempos modernos de abundancia, el flujo de calorías, en especial las provenientes de carbohidratos como los cereales, nunca se detiene, sino que fluye sin parar. En la actualidad, *todos los días* son días de abundancia.

La situación empeora cuando se acumula un exceso de grasa visceral, ya que esta actúa como repositorio de triglicéridos que entran y salen de las células grasas, triglicéridos que entran en el torrente sanguíneo.[18] Como resultado de este proceso el hígado queda expuesto a niveles sanguíneos más altos de triglicéridos, lo cual genera una mayor producción de VLDL.

La diabetes proporciona un terreno de prueba conveniente para conocer los efectos de comer alimentos altos en carbohidratos, como una dieta rica en «cereales integrales saludables». La mayoría de los casos de diabetes del adulto (tipo 2) son ocasionados por el consumo excesivo de carbohidratos; el azúcar alto y la diabetes misma se revierten en muchos, si no en la gran mayoría, de los casos de reducción de carbohidratos.[19]

La diabetes se asocia con una «tríada lipídica» característica de HDL bajo, triglicéridos altos y partículas de LDL pequeñas, el mismo patrón creado por el consumo excesivo de carbohidratos.[20]

Por consiguiente, las grasas de la dieta hacen una contribución modesta a la producción de VLDL, mientras que los carbohidratos hacen una contribución mucho mayor. Esta es la razón por la cual las dietas bajas en grasa y ricas en «cereales integrales saludables» se destacan por incrementar los niveles de triglicéridos, un hecho que con frecuencia se califica de inofensivo por parte de quienes defienden esas dietas. (Mi aventura personal con una dieta baja en grasa hace muchos años, en la que restringía el consumo de todas las grasas, animales y de cualquier índole, a menos del 10 por 100 de las calorías —una dieta muy estricta, semejante a la dieta de Ornish—, me dio un nivel de triglicéridos de 350 mg/dl debido a la abundancia de «cereales integrales saludables» con los que sustituía las grasas y carnes). Las dietas bajas en grasa por lo general elevan los triglicéridos hasta un rango de 150, 200 o 250 mg/dl. En personas genéticamente susceptibles, que luchan con el metabolismo de los triglicéridos, las dietas bajas en grasa pueden hacer que los triglicéridos se eleven a las nubes, con un rango de miles de miligramos por decilitro, lo suficiente para ocasionar hígado graso HGNA y ENA, así como daño al páncreas.

Las dietas bajas en grasa no son buenas. El consumo alto de carbohidratos de muchos cereales integrales, que inevitablemente resulta cuando las calorías de la grasa se reducen, dispara un nivel más alto de glucosa en la sangre, una insulina más alta, una acumulación mayor de grasa visceral y más VLDL y triglicéridos. Todo esto genera mayores proporciones de partículas de LDL pequeñas.

Si los carbohidratos como el trigo desatan el efecto dominó completo de VLDL/triglicéridos/partículas de LDL pequeñas, entonces, reducir los carbohidratos debería hacer lo opuesto, en particular limitar el carbohidrato dominante en la dieta: el trigo.

Si, pues, tu ojo derecho te es ocasión de tropiezo, arráncalo y échalo lejos de ti. Porque es preferible que perezca uno de tus miembros, a que todo tu cuerpo sea arrojado al infierno.

Mateo 5, 29

El doctor Ronald Krauss y sus colegas de la Universidad de California-Berkeley fueron pioneros en establecer la conexión entre el consumo de carbohidratos y las partículas de LDL pequeñas.[21] En una serie de estudios demostraron que, a medida que aumentaba el porcentaje de carbohidratos de la dieta del 20 al 65 por 100 y disminuía el contenido de grasa, había una explosión de las partículas de LDL pequeñas. Incluso las personas que comenzaban con *cero* partículas de LDL pequeñas podían verse forzadas a desarrollarlas si incrementaban el contenido de carbohidratos de su dieta. En cambio, las personas con muchas partículas de LDL pequeñas en unas cuantas semanas muestran marcadas reducciones —aproximadamente el 25 por 100— al disminuir los carbohidratos e incrementar el consumo de grasa.

¿Dijiste estatinas?

Chuck vino a verme porque había oído que era posible bajar el colesterol sin medicamentos.

Aunque había sido etiquetado como «colesterol alto», lo que Chuck tenía en realidad era, como indicó una prueba de lipoproteínas, un gran exceso de partículas de LDL pequeñas. La técnica de RMN reveló 2.440 nmol/L de partículas de LDL pequeñas. (Lo deseable es tener poco o nada). Esto le daba a Chuck un colesterol alto de

190 mg/dl, junto con un colesterol HDL bajo de 39 mg/dl y triglicéridos altos en 173 mg/dl.

Tres meses después de seguir la dieta sin trigo —reemplazó las calorías perdidas del trigo con alimentos reales, como nueces, huevos, queso, verduras, carnes, aguacates y aceite de oliva—, las partículas de LDL pequeñas de Chuck habían disminuido a 320 nmol/L. Esto se reflejó en los resultados de un colesterol LDL de 123 mg/dl, un incremento en el HDL a 45 mg/dl, una disminución de los triglicéridos a 45 mg/dl y 6 kilos de pérdida de peso del abdomen.

Sí, así es: una reducción marcada y rápida del «colesterol» sin necesidad de medicamentos como las estatinas.

El doctor Jeff Volek y sus colegas de la Universidad de Connecticut también han publicado varios estudios que demuestran los efectos que tiene la reducción de carbohidratos en las lipoproteínas. En uno de esos estudios, los carbohidratos, incluidos los productos elaborados con harina de trigo, los refrescos azucarados, los alimentos hechos con almidón de maíz o harina de maíz, las patatas y el arroz, fueron eliminados, reduciendo los carbohidratos al 10 por 100 del total de calorías. A los sujetos se les dijo que consumieran de manera ilimitada carne de vacuno, aves, pescado, huevo, queso, nueces y semillas, así como verduras y aliños para ensalada bajos en carbohidratos. Después de 12 semanas, las partículas de LDL pequeñas se redujeron en un 26 por 100.[22]

Desde el punto de vista de las partículas de LDL pequeñas, es casi imposible separar los efectos del trigo de los de otros carbohidratos, como dulces, refrescos y patatas fritas, dado que todos esos alimentos generan la formación de partículas de LDL pequeñas, en distintos grados. Sin embargo, podemos predecir con seguridad que los alimentos que más elevan el azúcar de la sangre también son los que más disparan la insulina, seguida por una estimulación más vigorosa de la lipogénesis de novo en el hígado y una mayor acumulación de grasa visceral, tras la cual se presenta un incremento de VLDL/triglicéridos y partículas de LDL pequeñas.

Así pues, la reducción o eliminación del trigo genera una drástica reducción de las partículas de LDL pequeñas, siempre y cuando las calorías perdidas sean reemplazadas por vegetales, proteínas y grasas.

¿LO «SALUDABLE PARA EL CORAZÓN» PUEDE *OCASIONAR* ENFERMEDADES DEL CORAZÓN?

¿A quién no le encanta una historia de agentes dobles estilo *Misión imposible,* donde el compañero o amante de confianza de repente resulta ser un agente secreto que ha estado trabajando para el enemigo todo el tiempo?

¿Qué hay de la cara oscura del trigo? Es un alimento que ha sido pintado como tu salvador en la batalla contra las enfermedades cardiacas y, en cambio, las investigaciones más recientes demuestran que es todo lo contrario. (Angelina Jolie hizo una película sobre las múltiples capas del espionaje y la traición titulada *Salt.* ¿Qué tal si Russell Crowe protagonizara una película similar llamada *Trigo,* sobre un hombre de negocios de mediana edad que piensa que está comiendo alimentos saludables pero se descubre que...? Está bien. Tal vez no).

Aunque una marca estadounidense de pan de molde afirma que «ayuda a construir un cuerpo fuerte de 12 maneras», las muchas variedades «saludables para el corazón» de pan y otros productos elaborados de trigo se presentan con una amplia gama de disfraces. Sin embargo, ya sea molido, germinado o fermentado, ecológico, de «comercio justo», «artesanal» u «horneado en casa», sigue siendo trigo. Sigue siendo una combinación de gluten, proteínas, gluteninas y amilopectina que desatan el panel único del trigo de efectos inflamatorios, exorfinas activas neurológicamente y niveles excesivos de glucosa.

No te confundas a causa de otras afirmaciones asociadas con un producto de trigo. Puede que esté «enriquecido con vitaminas», con vitaminas B sintéticas, pero sigue siendo trigo. Puede que lo hayan molido artesanalmente y que sea un pan integral al que se le ha agregado omega 3 de aceite de linaza, pero sigue siendo trigo. Quizá podría ayudarte a regular tu tránsito intestinal y a salir del baño de mujeres con una sonrisa de satisfacción, pero sigue siendo trigo. Podría considerarse un sacramento y ser bendecido por el papa, pero, sagrado o no, sigue siendo trigo.

Creo que ya te haces una idea. Enfatizo este punto porque expone un ardid muy usado en la industria alimentaria: agrega ingredientes «saludables para el corazón» a un alimento y lo llama magdalena, galleta o pan «saludable para el corazón». La fibra, por ejemplo, sí tiene modestos beneficios para la salud. Lo mismo sucede con el ácido linolénico de la linaza y el aceite de linaza. Pero ningún ingrediente «saludable para la salud» borrará los efectos adversos para la salud del trigo. El pan «saludable para la salud» repleto de fibra y grasas omega 3 sigue siendo un detonador de azúcar alta, glicación, acumulación de grasa visceral, partículas de LDL pequeñas, liberación de exorfinas y respuestas inflamatorias.

SI NO PUEDES SOPORTAR EL TRIGO, SAL DE LA COCINA

Por consiguiente, los alimentos que incrementan la glucosa en sangre a un nivel mayor disparan la producción de VLDL por parte del hígado. Una mayor disponibilidad de VLDL a través de la interacción con partículas de LDL favorece la formación de partículas de LDL pequeñas que permanecen durante periodos más largos en el torrente sanguíneo. Un nivel alto de glucosa favorece la glicación de las partículas de LDL, en especial las que ya están oxidizadas.

Longevidad de las partículas de LDL, oxidación, glicación…, todo se suma a un elevado potencial de provocar la formación y el crecimiento de placa aterosclerótica en las arterias. ¿Y quién es el cabecilla, el líder de la manada, el maestro en crear VLDL, partículas de LDL pequeñas y glicación? El trigo, por supuesto.

Sin embargo, detrás de esta nube hay un rayo de sol: si el consumo de trigo ocasiona un marcado incremento de las partículas de LDL pequeñas y todos sus fenómenos asociados, entonces, la eliminación del trigo debería revertirlo. De hecho, eso es lo que sucede.

El Estudio de China: una historia de amor

El Estudio de China es un esfuerzo de 20 años dirigido por el doctor Colin Campbell, de la Universidad Cornell, centrado en los hábitos alimentarios de los chinos. El doctor Campbell afirma que los datos demuestran que «las personas que comían más alimentos de origen animal contraían más enfermedades crónicas... Las personas que comían más alimentos de origen vegetal eran las más saludables y tendían a evitar las enfermedades crónicas». Los hallazgos del Estudio de China han sido usados como prueba de que todos los productos de origen animal ejercen efectos adversos y que la dieta humana debería basarse en productos vegetales. Hay que agradecer al doctor Campbell que pusiera la información a disposición de todo el que estuviera interesado en revisarla en su libro de 894 páginas titulado *Diet, Style and Mortality in China* [Dieta, estilo y mortalidad en China] (1990).

Una persona con una profunda fascinación por la salud y los números aceptó su oferta y, durante meses de procesamiento de datos, volvió a realizar el análisis. Denise Minger, de 23 años, defensora de la comida natural y exvegetariana, se volcó en interpretar los datos de Campbell, esperando entender sus descubrimientos, e hizo públicos sus análisis en un blog que comenzó en enero de 2010.

Entonces empezaron los fuegos artificiales.

Después de meses de volver a analizar la información, Minger pensaba que las conclusiones originales de Campbell estaban equivocadas y que muchos de los hallazgos documentados se debían a una interpretación selectiva de la información. Pero lo más asombroso fue lo que reveló sobre el trigo. Dejemos que Denise Minger cuente la historia con sus propias palabras:

Cuando comencé a analizar los datos del Estudio de China, no tenía intención de escribir una crítica al tan elogiado libro del doctor Campbell. Me fascinan los datos. Principalmente quería ver por mí misma cuánto se acercaban las afirmaciones de Campbell a la información de donde las había extraído... Solo para satisfacer mi curiosidad personal.

Fui vegetariana durante una década y siento mucho respeto por quienes eligen una dieta basada en los vegetales, aunque ya no soy vegetariana. Mi meta, con el análisis del Estudio de China y en general, es descubrir la verdad sobre la nutrición y la salud, sin interferencias ocasionadas por inclinaciones y dogmas. No tengo ningún interés personal.

No planteo que las hipótesis de Campbell estén mal, sino que, dicho con más precisión, son incompletas. Aunque ha identificado con gran destreza la importancia de los alimentos integrales y sin procesar para una buena salud, su enfoque al relacionar los productos animales con las enfermedades ha sido a expensas de explorar (o incluso reconocer) la presencia de otros patrones de enfermedad ocasionados por la dieta que pueden ser más fuertes, más relevantes y, al final, más imperativos para la salud pública y la investigación nutricional.

Pecados de omisión

Denise Minger a continuación se refiere a valores llamados correlación de coeficientes, que tienen el símbolo *r*. Una *r* de 0 significa que dos variables no comparten ninguna relación y que cualquier supuesta asociación es meramente aleatoria, mientras que una *r* de 1,00 significa que dos variables coinciden perfectamente, como el blanco al arroz. Una *r* negativa significa que dos variables se comportan en direcciones opuestas, como tú y tu exesposa. Minger continúa diciendo:

Tal vez, más perturbador que los hechos distorsionados en el Estudio de China son los detalles que Campbell deja fuera. ¿Por qué Campbell acusa a los alimentos animales de generar enfermedades cardiovasculares —correlación de 0,01 para proteínas animales y –0,11 para proteínas de pescado— y, no obstante, no menciona que la harina de trigo tiene una correlación del 0,67 con los ataques cardiacos y las cardiopatías coronarias, mientras que las proteínas vegetales tienen una correlación de 0,25 con esas enfermedades?

¿Por qué Campbell no indica también las correlaciones exorbitantes que tiene la harina de trigo con varias enfermedades: 0,46 con cáncer cervical, 0,54 con hipertensión, 0,47 con infarto, 0,41 con enfermedades de la sangre y de los órganos que forman la sangre y el 0,67 antes mencionado con infarto de miocardio y cardiopatías coronarias? ¿Acaso «el gran gurú de la epidemiología» descubrió accidentalmente un vínculo entre la causa principal de muerte en el mundo y su cereal glutenoso favorito? ¿El «personal de la vida» es en realidad el personal de la muerte?

Cuando tomamos la variable del trigo del cuestionario del Estudio de China II de 1989 —que tiene más información registrada— y consideramos la no linealidad potencial, el resultado es aún más escalofriante.

El trigo es el elemento más importante para la predicción del peso corporal (en kilogramos; $r = 0,65$, $p < 0,001$) de cualquier dieta variable. Y no solo porque quienes comen trigo son más altos, porque el consumo de trigo también se relaciona estrechamente con el índice de masa corporal ($r = 0,58$, $p < 0,001$).

¿Qué es lo único que tienen en común las regiones propensas a enfermedades cardiacas con las naciones occidentalizadas? Exactamente: el consumo de altas cantidades de harina de trigo.

El impresionante texto completo de las ideas de Denise Minger se puede encontrar en su blog, *Raw Food SOS*, en http://rawfoodsos.com.

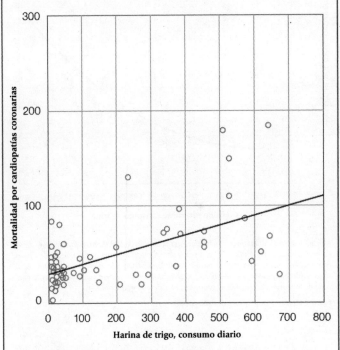

Mortalidad por cardiopatías coronarias en una población de 100.000 con un consumo diario de harina de trigo en gramos al día. Esto refleja algunos de los datos del Estudio de China, lo cual demuestra una relación lineal entre el consumo de harina de trigo y la mortalidad por cardiopatías coronarias: cuanto mayor sea el consumo de trigo más probable es la muerte por enfermedades cardiacas.

FUENTE: Denise Minger, rawfoodsos.com.

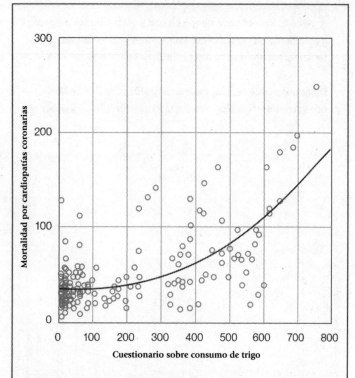

Mortalidad por cardiopatías coronarias en una población de 100.000 con un consumo diario de harina de trigo en gramos al día, a partir de información posterior del Estudio de China. Aún más preocupante que la información previa, esta sugiere que incrementar el consumo de trigo conduce a muerte por cardiopatías coronarias, con un incremento especialmente marcado de la mortalidad cuando se consumen más de 400 gramos al día.

FUENTE: Denise Minger, rawfoodsos.com.

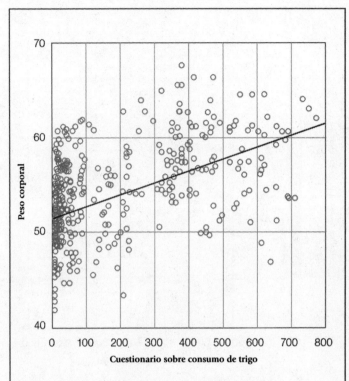

Peso corporal en kilogramos y consumo de trigo diario en gramos al día. Cuanto más trigo se consume mayor es el peso corporal.

Fuente: Denise Minger, rawfoodsos.com.

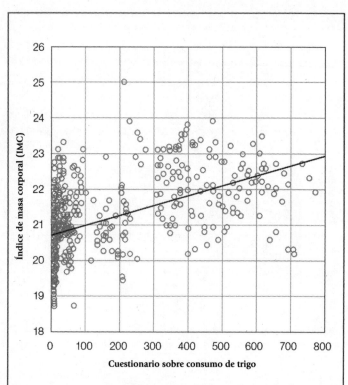

IMC y consumo de trigo en gramos al día. *Cuanto mayor es el consumo de trigo más alto es el IMC. Usar el IMC en lugar del peso corporal sugiere que es realmente el peso y no la altura lo que determina el incremento en la talla del cuerpo asociado con el consumo de trigo.*

Fuente: Denise Minger, rawfoodsos.com.

Se pueden lograr reducciones drásticas en las partículas de LDL pequeñas eliminando los productos elaborados con trigo siempre y cuando tu dieta sea saludable y no reemplaces las calorías perdidas del trigo por otros alimentos que contienen azúcar o que rápidamente se convierten en azúcar al consumirlos.

Piénsalo de esta manera: cualquier cosa que provoque un incremento en el azúcar de la sangre también, paralelamente, provocará partículas de LDL pequeñas. Cualquier cosa que impida que el azúcar aumente, como las proteínas, las grasas y la reducción de carbohidratos como el trigo, reduce las partículas de LDL pequeñas.

Observa que el conocimiento obtenido a partir de analizar las partículas de LDL, en vez del colesterol LDL, nos lleva a conclusiones sobre la dieta que contradicen por completo los consejos convencionales de salud cardiaca. De hecho, la creencia popular de colesterol LDL calculado ha perpetuado otra ficción, la de los beneficios para la salud de reducir la grasa e incrementar el consumo de «cereales integrales saludables». Mientras tanto, cuando se tienen en cuenta los conocimientos obtenidos a partir del uso de técnicas como el análisis de lipoproteínas, vemos que este consejo logra lo opuesto de lo que pretendía.

Notas

[1] Stalenhoef, A. F.; De Graaf, J. «Association of fasting and nonfasting serum triglycerides with cardiovascular disease and the role of remnant-like proteins and small dense LDL» [Asociación de triglicéridos en suero en ayunas y no en ayunas con enfermedades cardiovasculares y el papel de proteínas tipo remanentes y LDL pequeñas y densas]. *Curr. Opin. Lipidol.*, 2008; 19: 355-361.

[2] Lamarche, B.; Lemieux, I.; Després, J. P. «The small, dense LDL phenotype and the risk of coronary heart disease: epidemiology, patho-physiology and therapeutic aspects» [El fenotipo de LDL pequeñas y densas y el riesgo de enfermedades cardiacas coronarias: epidemiología, patofisiología y aspectos terapéuticos]. *Diabetes Metb.*, septiembre de 1999; 25(3): 199-211.

[3] Packard, C. J. «Triacylglycerol-rich lipoproteins and the generation of small, dense low-density lipoprotein» [Lipoproteínas ricas en triacilglicerol y generación de lipoproteínas pequeñas y densas de baja densidad]. *Biochem. Soc. Trans.*, 2003; 31: 1066-1069.

[4] De Graaf, J.; Hak-Lemmers, H. L.; Hectors, M. P., *et al.* «Enhanced susceptibility to in vitro oxidation of the dense low density lipoprotein subfraction in healthy subjects» [Aumento de la susceptibilidad a la oxidación in vitro de la subfracción densa de lipoproteína de baja densidad en sujetos saludables]. *Arterioscler. Thromb.*, marzo-abril de 1991; 11(2): 298-306.

[5] Younis, N.; Sharma, R.; Soran, H., *et al.* «Glycation as an atherogenic modification of LDL» [La glicación como modificación aterogénica del LDL]. *Curr. Opin. Lipidol.*, agosto de 2008, 19(4): 378-384.

⁶ Zambon, A.; Hokanson, J. E.; Brown, B. G.; Brunzell, J. D. «Evidence for a new pathophysiological mechanism for coronary artery disease regression: hepatic lipase-mediated changes in LDL density» [Evidencia de un nuevo mecanismo patofisiológico de regresión de enfermedades en las arterias coronarias: cambios hepáticos mediados por la lipasa en la densidad de las LDL]. *Circulation*, 20 de abril de 1999; 99(15): 1959-1964. Véase también: Ginsberg, H. N. «New perspectives on atherogenesis: role of abnormal triglyceride-rich lipoprotein metabolism» [Nuevas perspectivas sobre aterogénesis: papel de un metabolismo anormal de lipoproteínas ricas en triglicéridos]. *Circulation*, 2002; 106: 2137-2142.

⁷ Stalenhoef *et al.* Art. Cit. *Curr. Opin. Lipdiol.*, 2008; 19: 355-361.

⁸ Ford, E. S.; Li, C.; Zhgao, G., *et al.* «Hypertriglyceridemia and its pharmacologic treatment among US adults» [Hipertrigliceridemia y su tratamiento farmacológico en adultos norteamericanos]. *Arch. Intern. Med.*, 23 de marzo de 2009; 169(6): 572-578.

⁹ Superko, H. R. «Beyond LDL cholesterol reduction» [Más allá de la reducción del colesterol LDL]. *Circulation*, 15 de noviembre de 1996; 94(10): 2351-2354.

¹⁰ Lemieux, I.; Couillard, C.; Pascot, A., *et al.* «The small, dense LDL phenotype as a correlate of posprandial lipemia in men» [El fenotipo de LDL pequeñas y densas como una correlación de la lipemia potprandial en hombres]. *Atherosclerosis*, 2000; 153: 423-432.

¹¹ Nordestgaard, B. G.; Benn, M.; Schnohr, P., *et al.* «Nonfasting triglycerides and risk of myocardial infarction, ischemic heart disease, and death in men and women» [Triglicéridos no en ayunas y riesgo de infarto al miocardio, cardiopatía isquémica y muerte en hombres y mujeres]. *JAMA*, 18 de julio de 2007, 298(3): 299-308.

¹² Sniderman, A. D. «How, when, and why to use apolipoprotein B in clinical practice» [Cómo, cuándo y por qué usar la apolipoproteína B en la práctica clínica]. *Am. J. Cardiol.*, 17 de octubre de 2002; 90(8A): 48i-54i. Véase también: Otvos, J. D.; Jeverajah, E. J.; Cromwell, W. C. «Measurement issues related to lipoprotein heterogeneity» [Problemas de medición relacionados con la heterogeneidad de las lipoproteínas]. *Am. J. Cardiol.*, 17 de octubre de 2002; 90(80A): 22i-29i.

¹³ Parks, E. J.; Hellerstein, M. K. «Carbohydrate-induced hypertriacylglycerolemia: Historical perspective and review of biological mechanisms» [Hipertriacilglicerolemia inducida por carbohidratos: perspectiva histórica y revisión de mecanismos biológicos]. *Am. J. Clin. Nutr.*, 2007; 71: 412-423.

¹⁴ Hudgins, L. C. «Effect of high-carbohydrate feeding on triglyceride and saturated fatty acid synthesis» [Efecto de una alimentación alta en carbohidratos en la síntesis de triglicéridos y ácidos grasos saturados]. *Proc. Soc. Exp. Biol. Med.*, 2000; 225: 178-183.

¹⁵ Savage, D. B.; Semple, R. K. «Recent insights into fatty liver, metabolic dyslipidaemia and their links to insulin resistance» [Revelaciones recientes del hígado graso, la dislipidemia metabólica y sus vínculos con la resistencia a la insulina]. *Curr. Opin. Lipidol.*, agosto de 2010; 21(4): 329-336. Véase también: Therond, P. «Catabolism of lipoproteins and metabolic syndrome» [Catabolismo de las lipoproteínas y síndrome metabólico]. *Cur. Opin. Clin. Nutr. Metab. Care*, 2009; 12: 366-371.

¹⁶ Centros para el Control de la Diabetes, 2010. «Dietary intake for adults 20 years of age and over» [Consumo alimentario para adultos de veinte años en adelante], en http://www.cdc.gov/nchs/fastats/diet.htm.

¹⁷ Capeau, J. «Insulin resistance and steatosis in humans» [Resistencia a la insulina y esteatosis en seres humanos]. *Diabetes Metab.*, 2008; 34: 649-657.

¹⁸ Adiels, M.; Olofsson, S.; Taskinen, R.; Borén, J. «Overproduction of very low-density lipoproteins is the hallmark of the dyslipidemia in the metabolic syndrome» [La sobrepro-

ducción de lipoproteínas de muy baja densidad es el preámbulo de la dislipidemia en el síndrome metabólico]. *Ateroscler. Thromb. Vasc. Biol.*, 2008; 28: 1225-1236.

[19] Westman, E. C.; Yancy, W. S. Jr., Mavropoulos, J. C., *et al.* «The effect of a low carbonate, ketogenic diet versus a low-glycemic index diet on glyucemic control in type 2 diabetes mellitus» [Los efectos de una dieta cetogénica baja en carbonatos frente a una dieta de bajo índice glucémico en el control glucémico en la diabetes mellitus tipo 2]. *Nutr. Metab.* Londres, 19 de diciembre de 2008; 5: 36.

[20] Temelkova-Kurktschiev, T.; Hanefeld, M. «The lipid triad in type 2 diabetes —prevalence and relevance of hypertriglyceridaemia/low high-density lipoprotein syndrome in type 2 diabetes» [La tríada lipídica en la diabetes tipo 2: prevalencia y relevancia de la hipertrigliceridemia/síndrome de bajas lipoproteínas de alta densidad en diabetes tipo 2]. *Exp. Clin. Endocrinol. Diabetes*, febrero de 2004; 112 (2); 75-79.

[21] Krauss, R. M. «Atherogenic lipoprotein phenotype and diet-gene interactions» [Fenotipo de lipoproteína aterogénica e interacciones de la dieta en los genes]. *J. Nutr.*, febrero de 2001; 131(2): 340S-343S.

[22] Wood, R. J.; Volek, J. S.; Liu, Y., *et al.* «Carbohydrate restriction alters lipoprotein metabolism by modifying VLDL, LDL and HDL subfraction distribution and size in overweight men» [La restricción de carbohidratos altera el metabolismo de las lipoproteínas al modificar la distribución de las subfracciones de VLDL, LDL y HDL y la talla en hombres con sobrepeso]. *J. Nutr.*, 2006; 136: 384-389.

CAPÍTULO 11

TODO ESTÁ EN TU MENTE: EL TRIGO Y EL CEREBRO

Está bien. El trigo se mete con tus intestinos, aumenta tu apetito y te convierte en blanco de bromas sobre barrigas cerveceras. Pero ¿realmente es tan malo?

Los efectos del trigo llegan al cerebro en la forma de péptidos opioides. Sin embargo, las exorfinas polipéptidas responsables de esos efectos van y vienen, disipándose con el tiempo. Las exorfinas hacen que tu cerebro te instruya a ingerir más comida, a incrementar el consumo de calorías y a rascar las migajas de galletas rancias que hay en el fondo de la caja cuando no queda nada más.

Sin embargo, todos esos efectos son reversibles. Si dejas de comer trigo, el efecto se va, el cerebro se recupera y tú otra vez estás listo para ayudar a tu hijo adolescente con las ecuaciones de segundo grado.

Pero los efectos del trigo no terminan ahí. Entre los más perturbadores están los que se ejercen en el tejido cerebral..., no «solo» en pensamientos y comportamientos, sino en el cerebro, el cerebelo y otras estructuras del sistema nervioso, con consecuencias que van desde la falta de coordinación hasta la incontinencia, desde convulsiones hasta la demencia. Y, a diferencia del fenómeno adictivo, estas no son del todo reversibles.

Imagínate que te colocara una venda en los ojos y te pusiera a caminar en un cuarto que no te es familiar y que está lleno de ángulos extraños, salientes, ranuras y objetos colocados al azar con los cuales podrías tropezarte. A los pocos pasos es probable que te encuentres mordiendo el polvo de la alfombra. Esas son las dificultades a las que se enfrenta una persona que padece ataxia cerebelar. Sin embargo, esas personas tienen los ojos bien abiertos.

Son personas que a menudo ves con bastones y andadores o tropezándose en la banqueta, lo cual trae como resultado una fractura de pierna o cadera. Algo ha dañado su capacidad para navegar por el mundo, haciéndoles perder el control sobre el equilibrio y la coordinación, funciones centradas en una región del cerebro llamada cerebelo.

La mayoría de las personas con ataxia cerebelar consultan a un neurólogo, quien normalmente les dice que su enfermedad es idiopática, sin que se conozca la causa. No se indica ningún tratamiento porque no se ha desarrollado ninguno. El neurólogo simplemente sugiere el uso de un andador, recomienda quitar cualquier obstáculo potencial en la casa y aconseja usar pañales para adulto para la incontinencia urinaria que se va a desarrollar. La ataxia cerebelar es progresiva y empeora año tras año hasta que quien la padece es incapaz de peinarse, lavarse los dientes e ir al baño solo. Incluso las actividades más básicas del cuidado de sí mismos tendrán que ser realizadas por otra persona. En este punto, el final está cerca, dado que la debilitación extrema acelera que se presenten complicaciones como neumonía y úlceras infectadas.

Entre el 10 y el 22,5 por 100 de las personas con enfermedad celiaca muestran problemas del sistema nervioso.[1] De todas las formas de ataxia que se diagnostican, el 20 por 100 manifiesta marcadores anormales de gluten. De las personas que padecen ataxia sin que se sepa por qué —es decir, no se puede identificar otra causa—, los marcadores anormales de gluten en la sangre se encuentran en el 50 por 100 de los afectados.[2]

Problema: la mayoría de las personas con ataxia detonada por el gluten del trigo no tienen síntomas ni señales de enfermedad intestinal ni advertencias semejantes a las de la celiaquía que envíen la señal de que hay sensibilidad al gluten.

La respuesta inmune destructiva responsable de la diarrea y los cólicos abdominales de la enfermedad celiaca también se puede dirigir contra del tejido cerebral. Aunque desde 1966 se sospechó de la relación entre el gluten y el cerebro que subyace al daño neurológico, se pensó que se debía a las deficiencias nutricionales que acompañan a la enfermedad celiaca.[3] Más recientemente, ha quedado claro que la participación del cerebro y del sistema nervioso es el resultado de un ataque inmunológico directo a las células nerviosas. Los anticuerpos antigliadina disparados por el gluten pueden unir las células de Purkinje del cerebro, células únicas del cerebelo.[4] El tejido cerebral, como las células de Purkinje, no tiene la capacidad de regenerarse: una vez dañadas, las células de Purkinje se han ido... para siempre.

Además de la pérdida de equilibrio y coordinación, la ataxia cerebelar puede mostrar fenómenos tan raros como, dicho en el lenguaje arcano de la neurología, nistagmus (parpadeo involuntario lateral del globo ocular), mioclono (sacudidas involuntarias de los músculos) y corea (movimientos involuntarios caóticos de las extremidades). Un estudio sobre 104 personas con ataxia cerebelar también reveló problemas de memoria y de las habilidades verbales, lo cual sugiere que la destrucción inducida por el trigo puede involucrar al tejido cerebral, la sede de los pensamientos y la memoria.[5]

La edad típica del inicio de los síntomas de la ataxia cerebelar inducida por el trigo es entre los 48 y los 53 años. En una RMI del cerebro, el 60 por 100 mostró atrofia del cerebelo, lo cual refleja la destrucción irreversible de células de Purkinje.[6]

Con la eliminación del gluten, debido a la poca capacidad que tiene el tejido cerebral de regenerarse, solo se produce una recuperación limitada de la función neurológica. La mayoría de las personas simplemente dejan de empeorar una vez que el flujo de gluten se detiene.[7]

El primer obstáculo en el diagnóstico de la ataxia que se desarrolla debido a la exposición al trigo es que el médico tenga en cuenta esa valoración como primera opción. Este puede ser el mayor obstáculo, puesto que gran parte de la comunidad médica abraza la idea de que el trigo es bueno para ti. Sin embargo, una vez que se tiene en cuenta, la evaluación es un poco más engañosa que un simple diagnóstico de enfermedad celiaca, sobre todo porque algunos anticuerpos (la IgA específicamente) no están involucrados en la enfermedad cerebral inducida por trigo. Añade a esto el pequeño problema de que una biopsia cerebral es un procedimiento al que la mayoría de las personas se resiste y que se requiere un neurólogo experto. El diagnóstico puede basarse en una combinación entre sospecha y marcadores positivos HLA DQ, junto con la observación de una mejoría o estabilización cuando se eliminan el trigo y el gluten.[8]

La dolorosa realidad de la ataxia cerebelar es que, en la gran mayoría de los casos, no te darás cuenta de que la tienes hasta que empiezas a tropezar con tus propios pies, a chocar contra las paredes o a mojarte los pantalones. Una vez que se manifiesta, es probable que tu cerebelo ya esté encogido y dañado. Detener por completo la ingesta de trigo y gluten en este punto quizá solo te ayude a mantenerte alejado de vivir en un hospital.

Y todo esto por las magdalenas y bagels que tanto se te antojan.

DE LOS PIES A LA CABEZA: EL TRIGO Y LA NEUROPATÍA PERIFÉRICA

Mientras que la ataxia cerebelar se debe a reacciones inmunológicas en el cerebro provocadas por el trigo, en los nervios de las piernas, la pelvis y otros órganos se presenta una enfermedad paralela. Se llama neuropatía periférica.

Una causa común de la neuropatía periférica es la diabetes. La presencia continua de niveles altos de azúcar en sangre durante varios años daña los nervios de las piernas, provocando reducción de la sensación —tan intensa que es posible que un diabético pise una chincheta sin darse cuenta—, disminución del control de la presión sanguínea y de la frecuencia cardiaca y vaciado lento del estómago (gastroparesia diabética), entre otras manifestaciones de un sistema nervioso fuera de control.

A bailar sin trigo

La primera vez que conocí a Meredith, estaba sollozando. Vino a verme por una cuestión cardiaca menor (una alteración de ECG que resultó benigna).

«¡Todo me duele! Especialmente los pies —dijo—. Me han tratado con toda clase de medicamentos. Los odio porque he tenido un montón de efectos secundarios. Con el que acabo de empezar hace dos meses me da tanta hambre que no puedo parar de comer. ¡Ya he engordado siete kilos!».

Meredith describió cómo en su trabajo como maestra de escuela ya apenas podía estar de pie durante la clase debido al dolor de pies. Más recientemente, empezó también a dudar de su capacidad para caminar, pues comenzaba a sentirse inestable y con mala coordinación. Tan solo vestirse por la mañana le llevaba cada vez más tiempo a causa tanto del dolor como de la torpeza creciente, que le impedían actividades tan simples como ponerse unos pantalones. A pesar de tener solo 56 años, se vio obligada a usar bastón.

Le pregunté si su neurólogo tenía alguna explicación para su discapacidad.

«Ninguna. Todos dicen que no hay una buena razón. Tengo que vivir con esto. Pueden darme medicinas para aliviar el dolor, pero probablemente seguirá empeorando».

Entonces rompió a llorar de nuevo.

Sospeché que había un problema relacionado con el trigo solo con ver a Meredith. Aparte de la obvia dificultad con la que había entrado en la habitación, su cara estaba hinchada y enrojecida. Describió sus problemas de reflujo y los retortijones y distensión abdominal diagnosticados como síndrome del intestino irritable. Tenía un sobrepeso de alrededor de 30 kilos y una cantidad moderada de edema (retención de líquido) en las pantorrillas y los tobillos.

Así que le propuse a Meredith que se aventurara por el camino sin trigo. En ese momento ya estaba tan desesperada por recibir algún consejo que la ayudara que aceptó intentarlo. También aposté y la programé para una prueba de estrés en la que tendría que andar a una velocidad moderada cuesta arriba en una cinta de correr.

Meredith regresó dos semanas después. Le pregunté si creía que podría con la cinta de correr.

«¡Sin problemas! Dejé el trigo inmediatamente después de hablar contigo. Tardó como una semana, pero el dolor empezó a desaparecer. Ahora tengo como un 90 por 100 menos de dolor del que tenía hace un par de semanas. Yo diría que ya casi no hay. Ya dejé una de las medicinas para el dolor y creo que dejaré la otra en el transcurso de esta semana».

También estaba claro que ya no necesitaba el bastón.

Relató cómo el reflujo y los síntomas del intestino irritable también habían desaparecido por completo. Y había perdido cuatro kilos en dos semanas.

Meredith hizo la prueba de la cinta de correr sin dificultad, dominando con comodidad los 5,5 kilómetros por hora con una pendiente del 14 por 100.

Un grado similar de caos ocurre en el sistema nervioso con la exposición al trigo. La edad promedio de inicio de la neuropatía periférica inducida por el gluten es 55 años. Así como en la ataxia cerebelar, la mayoría de los enfermos no presentan síntomas intestinales que indiquen enfermedad celiaca.[9] A diferencia de la incapacidad de regenerarse de las células cerebelares de Purkinje, los nervios periféricos tienen una limitada capacidad para llevar a cabo la reparación una vez que se retira el trigo y el gluten nocivos, y la mayoría de las personas experimentan al menos una reversión parcial de su neuropatía. En un estudio sobre 35 pacientes sensibles al gluten con neuropatía periférica que dieron positivo en anticuerpos antigliadina, los 25 participantes que seguían una dieta sin trigo ni gluten mejoraron en el transcurso de un año, mientras que los 10 participantes del grupo de control que no retiraron el trigo y el gluten se deterioraron.[10] También se realizaron estudios formales de conducción nerviosa que demostraron que esta era mejor en el grupo sin trigo ni gluten y que experimentaba deterioro en el grupo que consumía trigo y gluten.

Debido a que el sistema nervioso humano es una compleja telaraña de redes y células nerviosas, la neuropatía periférica causada por la exposición al gluten de trigo puede manifestarse en una amplia variedad de formas, dependiendo del grupo de nervios afectados. La más frecuente es la pérdida de sensación en ambas piernas, junto con un mal control de los músculos de las piernas, llamada neuropatía periférica axonal sensitivomotora. De manera menos frecuente, puede verse afectado solo un lado del cuerpo (neuropatía asimétrica) o puede estar afectado el sistema nervioso autónomo, la parte del sistema nervioso responsable de las funciones automáticas, como la presión sanguínea, la frecuencia cardiaca y el control de intestinos y vejiga.[11] Si el sistema nervioso autónomo se encuentra afectado, pueden resultar fenómenos tales como pérdida del conocimiento o sentirse mareado al estar de pie debido a un mal control de la presión sanguínea, incapacidad para vaciar la vejiga o los intestinos y una frecuencia cardiaca demasiado elevada.

La neuropatía periférica, sin importar cómo se manifieste, es progresiva e irá empeorando a menos que se retiren por completo el trigo y el gluten.

CEREBRO DE CEREAL INTEGRAL

Creo que todos estamos de acuerdo: las funciones cerebrales «superiores», como el pensamiento, el aprendizaje y la memoria, deberían estar fuera del alcance de los intrusos. Nuestras mentes son profundamente personales, representan la suma de todo lo que eres tú y tus experiencias. Nadie quiere que vecinos curiosos o anunciantes de productos tengan acceso a los dominios privados de la mente. Aunque la idea de la telepatía sea algo fascinante, es también muy perturbador pensar que alguien pudiera leerte la mente.

Para el trigo nada es sagrado. Ni tu cerebelo ni tu corteza cerebral. Aunque no sea capaz de leer tu mente, seguro que puede influir en lo que sucede en su interior.

El efecto del trigo en el cerebro no es solo una influencia en el humor, la energía y el sueño. Realmente puede haber *daño cerebral*, como se ha visto con la ataxia cerebelar. Sin embargo, la corteza cerebral, centro de la memoria y el pensamiento superior, almacén de lo que eres tú, de tu personalidad única y tus memorias, la «materia gris» del cerebro, también puede caer en la batalla inmunológica contra el trigo, dando como resultado encefalopatía o enfermedad cerebral.

La encefalopatía por gluten se manifiesta como dolores de cabeza ocasionados por migraña y síntomas tipo ataque, tales como pérdida del control de un brazo o una pierna, dificultad para hablar o problemas visuales.[12] En una resonancia magnética del cerebro hay evidencia característica del daño que rodea a los vasos sanguíneos del tejido cerebral. La encefalopatía por gluten también mostrará muchos de los síntomas de equilibrio y coordinación que se dan en la ataxia cerebelar.

En un estudio de la Clínica Mayo particularmente perturbador realizado con 13 pacientes a los que recientemente se les había diagnosticado enfermedad celiaca, también se diagnosticó demencia. En esos 13 casos no se pudo identificar mediante biopsia de lóbulo frontal (sí, biopsia cerebral) ni mediante estudios post mórtem del cerebro ninguna patología más que la asociada con la exposición al gluten de trigo.[13] Antes de la muerte o la biopsia, los síntomas más frecuentes fueron pérdida de memoria, incapacidad para realizar operaciones aritméticas simples, confusión y cambios de personalidad. De los 13 casos, 9 murieron a causa del deterioro progresivo de la función cerebral. Sí: demencia mortal por trigo.

¿En qué porcentaje de los enfermos de demencia se puede culpar al trigo por el deterioro de la mente y la memoria? Esta pregunta aún no ha sido respondida de manera satisfactoria. Sin embargo, un grupo de científicos británicos que ha investigado activamente esta pregunta hasta la fecha ha diagnosticado 61 casos de encefalopatía, demencia incluida, debidos al gluten de trigo.[14] Por tanto, el trigo se asocia con demencia y disfunción cerebral, lo que desencadena una respuesta inmunológica que se infiltra en la memoria y la mente. Las investigaciones sobre la relación entre el trigo, el gluten y el daño cerebral son aún preliminares y quedan muchas preguntas sin contestar, pero lo que sabemos es profundamente inquietante. Me da escalofríos pensar en lo que podemos descubrir.

La sensibilidad al gluten también puede manifestarse en convulsiones. Las convulsiones que se presentan como respuesta al trigo tienden a ocurrir en gente joven, a menudo adolescentes. Por lo general, las convulsiones son del tipo de lóbulo temporal, es decir, se originan en el lóbulo temporal del cerebro, justo debajo de los oídos. Las personas con convulsiones de lóbulo temporal experimentan alucinaciones del olfato y el gusto, emociones raras e inapropiadas como un miedo abrumador sin motivo y comportamientos repetitivos como chasquidos de los labios o movimientos de las manos. Un síndrome peculiar de convulsiones de lóbulo temporal que no responde a medicamentos anticonvulsivos y que se desencadena por el depósito de calcio en una parte del lóbulo temporal llamada hipocampo —responsable de la formación de nuevos recuerdos— se ha asociado tanto con enfermedad celiaca como con sensibilidad al gluten (positiva a anticuerpos antigliadina y marcadores HLA, sin enfermedad intestinal).[15]

De los enfermos de celiaquía, se puede esperar que del 1 al 5,5 por 100 sean diagnosticados con convulsiones.[16] Las convulsiones de lóbulo temporal desencadenadas por el gluten del trigo mejoran después de la eliminación del gluten.[17] En un estudio se demostró que los epilépticos que experimentan convulsiones generalizadas (el gran mal), mucho más graves, tenían el doble de probabilidad (el 19,6 por 100 comparado con el 10,6 por 100) de mostrar sensibilidad al gluten en forma de mayores niveles de anticuerpos antigliadina sin enfermedad celiaca.[18]

Es algo digno de analizarse que el trigo tenga la capacidad de llegar hasta el cerebro humano y causar cambios en el pensamiento, el comportamiento y la estructura, en ocasiones hasta el grado de provocar convulsiones.

¿ES TRIGO O ES GLUTEN?

El gluten es el componente del trigo que sin lugar a dudas está vinculado con el desencadenamiento de fenómenos inmunológicos destructivos, expresados como enfermedad celiaca, ataxia cerebelar o demencia. Sin embargo, muchos efectos del trigo sobre la salud, incluidos los mencionados sobre el cerebro y el sistema nervioso, no tienen *nada que ver* con los fenómenos inmunológicos desencadenados por el gluten. Las propiedades adictivas del trigo, por ejemplo, que se expresan como tentación irresistible y obsesión, obstruidas por fármacos bloqueadores de opiáceos, no se deben directamente al gluten sino a las exorfinas, el producto de la descomposición del gluten. Aunque no se ha identificado el componente del trigo responsable de las distorsiones del comportamiento en personas con esquizofrenia y niños con autismo y TDAH, es probable que estos fenómenos también se deban a las exorfinas del trigo y no a una respuesta inmunológica desencadenada por el gluten. A diferencia de la sensibilidad al gluten, que se diagnostica con estudios de anticuerpos, en la actualidad no hay un marcador que se pueda medir para evaluar los efectos de las exorfinas.

Los efectos no asociados al gluten pueden *sumarse* a los efectos del gluten. La influencia psicológica de las exorfinas del trigo sobre el apetito y el impulso, así como los efectos glucosa-insulina y quizá otros efectos del trigo que aún no se han descrito, pueden darse independientemente o en combinación con efectos inmunológicos. Alguien que sufre de enfermedad celiaca intestinal no diagnosticada puede tener antojos extraños de comida que daña su intestino delgado, pero también mostrar niveles diabéticos de azúcar en sangre con el consumo de trigo, además de grandes cambios de humor. Otra persona sin enfermedad celiaca puede acumular grasa visceral y manifestar deterioro neurológico a causa del trigo. Otros pueden estar agotados, con sobrepeso y ser diabéticos, y no sufrir ningún efecto intestinal ni nervioso del gluten del trigo. La maraña de consecuencias sobre la salud ocasionadas por el consumo de trigo es realmente impresionante.

La gran variedad de formas en las que se experimentan los efectos neurológicos del trigo complica la realización del «diagnóstico». Los efectos inmunológicos potenciales pueden calibrarse con estudios sanguíneos de anticuerpos. Sin embargo, los efectos no inmunológicos no son revelados por ninguna prueba sanguínea y, por tanto, son más difíciles de identificar y cuantificar.

El mundo del «cerebro de trigo» acaba de salir a la luz del día. Cuanta más luz hay, más fea se pone la situación.

Notas

[1] Hadjivassiliou, M.; Sanders, D. S.; Grünewald, R. A., *et al.* «Gluten sensitivity: from gut to brain» [Sensibilidad al gluten: desde el intestino hasta el cerebro]. *Lancet,* marzo de 2010, 9: 318-330. Véase también: Holmes, G. N.; Anderman, F.; Naccarato, S., *et al.* (eds.). *Epilepsy and other neurological disorders in coeliac disease* [Epilepsia y otros trastornos neurológicos en la enfermedad celiaca]. Londres, John Libbey; 1997: 251-264.

[2] Hadjivassiliou, M.; Grünewald, R. A.; Sharrack, B., *et al.* «Gluten ataxia in perspective: epidemiology, genetic susceptibility and clinical characteristics» [La ataxia por gluten en perspectiva: epidemiología, susceptibilidad genética y características clínicas]. *Brain,* 2003; 126: 685-691.

[3] Cooke, W.; Smith, W. «Neurological disorders associated with adult coeliac disease» [Trastornos neurológicos asociados con la enfermedad celiaca en adultos]. *Brain,* 1996; 89: 683-722.

[4] Hadjivassiliou, M.; Boscolo, S.; Davies-Jones, G. A., *et al.* «The humoral response in the pathogenesis of gluten ataxia» [La respuesta humoral en la patogénesis de la ataxia por gluten]. *Neurology,* 23 de abril de 2002; 58(8): 1221-1226.

[5] Bürk, K.; Bösch, S.; Müller, C. A., *et al.* «Sporadic cerebellar ataxia associated with gluten sensitivity» [Ataxia cerebelar esporádica asociada con la sensibilidad al gluten]. *Brain,* 2001; 124: 1013-1019.

[6] Wilkinson, I. D.; Hadjivassiliou, M.; Dickinson, J. M., *et al.* «Cerebellar abnormalities on proton MR spectroscopy in gluten ataxia» [Anomalías cerebelares en espectroscopía por resonancia magnética de protón en la ataxia por gluten]. *J. Neurol. Neurosurg. Psychiatry,* 2005; 76: 1011-1013.

[7] Hadjivassiliou, M.; Davies-Jones G.; Sanders, D. S.; Grünewald, R. A. «Dietary treatment of gluten ataxia» [Tratamiento alimentario para la ataxia por gluten]. *Brain,* 2003; 126: 685-691.

[8] Hadjivassiliou *et al.* Art. cit. *Brain,* 2003; 126: 685-691.

[9] Ibíd.

[10] Hadjivassiliou, M.; Kandler, R. H.; Chattopadhyay, A. K., *et al.* «Dietary treatment of gluten neuropathy» [Tratamiento alimentario para la neuropatía por gluten]. *Muscle Nerve,* diciembre de 2006; 34(6): 762-766.

[11] Bushara, K. O. «Neurological presentation of celiac disease» [Presentación neurológica de la enfermedad celiaca]. *Gastroenterol.,* 2005; 128: S92-S97.

[12] Hadjivassiliou, *et al.* Art. cit. *Lancet,* marzo de 2010; 9: 318-330. Véase también: Hu, W. T.; Murray, J. A.; Greenway, M. C., *et al.* «Cognitive impairment and celiac disease» [Problemas cognitivos y enfermedad celiaca]. *Arch. Neurol.,* 2006; 63: 1440-1446.

[13] Ibíd.

[14] Hadjivassiliou, *et al.* Art. cit. *Lancet,* marzo de 2010; 9: 318-330.

[15] Peltola, M.; Kaukinen, K.; Dastidar, P., *et al.* «Hippocampal sclerosis in refractory temporal lobe epilepsy is associated with gluten sensitivity» [La esclerosis del hipocamo en epilepsia refractaria de lóbulo temporal se asocia con la sensibilidad al gluten]. *J. Neurol. Neurosurg. Psychiatry,* junio de 2009; 80(6): 626-630.

[16] Cronin, C. C.; Jackson, L. M.; Freighery, C., *et al.* «Coeliac disease and epilepsy» [Enfermedad celiaca y epilepsia]. *QJM,* 1998; 91: 303-308. Véase también: Chapman, R. W.; Laidlow, J. M.; Colin-Jones, D., *et al.* «Increased prevalence of epilepsy in celiac disease» [Prevalencia aumentada de epilepsia en la enfermedad celiaca]. *Brit. Med. J.,* 1978; 2: 250-251.

[17] Mavroudi, A.; Karatza, E.; Papastravrou, T., *et al.* «Successful treatment of epilepsy and celiac disease with a gluten-free diet» [Tratamiento exitoso de la epilepsia en la enfermedad celiaca con una dieta sin gluten]. *Pediatr. Neurol.,* 2005; 33: 292-295. Véase también: Harper, E.; Moses, H.; Lagrange, A. «Occult celiac disease presenting as epilepsy and MRI changes that responded to gluten-free diet» [La enfermedad celiaca oculta que se presenta como epilepsia y cambios de RMI que respondieron a una dieta sin gluten]. *Neurology,* 2007; 68: 533.

[18] Ranua, J.; Luoma, K.; Auvinen, A., *et al.* «Celiac disease-related antibodies in an epilepsy cohort and matched reference population» [Anticuerpos relacionados con la enfermedad celiaca en un grupo con epilepsia y en una población de referencia emparejada]. *Epilepsy Behav.,* mayo de 2005; 6(3): 388-392.

CAPÍTULO 12

CARA DE BAGEL: EL EFECTO DESTRUCTIVO DEL TRIGO EN LA PIEL

Si el efecto del trigo alcanza órganos como el cerebro, los intestinos, las arterias y los huesos, ¿puede también afectar al órgano más grande del cuerpo: la piel?

Así es, puede. Y puede exhibir sus efectos peculiares de más formas que los diferentes tipos de *donuts* del mercado.

A pesar de su tranquila apariencia exterior, la piel es un órgano activo, un semillero de actividad fisiológica, una barrera impermeable que rechaza los ataques de miles de millones de organismos extraños, que regula la temperatura corporal mediante el sudor, que resiste golpes y rasguños todos los días y se regenera para repeler el bombardeo constante. La piel es la barrera física que te separa del resto del mundo. La piel de cada persona provee de un hogar a 10.000 millones de bacterias, la mayoría de las cuales viven en una serena simbiosis con su mamífero anfitrión.

Cualquier dermatólogo te puede decir que la piel es el reflejo exterior de los procesos internos del cuerpo. Un simple rubor demuestra este hecho: la vasodilatación (dilatación capilar) facial aguda e intensa que resulta al darte cuenta de que el conductor al que acabas de hacer gestos obscenos desde tu coche es tu jefe. Pero la piel refleja más que nuestros estados emocionales. También exhibe pruebas de los procesos físicos internos.

El trigo puede ejercer efectos aceleradores de la edad en la piel, como arrugas y pérdida de la elasticidad mediante la formación de productos finales de glicación avanzada. Sin embargo, el trigo tiene mucho más que ver con tu piel que el solo hecho de hacer que envejezcas más rápido.

El trigo se expresa —de hecho, la *reacción* del cuerpo al trigo se expresa— a través de la piel. Al igual que los subproductos del trigo producen inflamación articular, azúcar en sangre elevada y efectos cerebrales, también pueden provocar reacciones de la piel, efectos que van desde molestias menores hasta úlceras y gangrena que ponen en peligro la vida.

Los cambios en la piel normalmente no ocurren aislados: si una anomalía a causa del trigo se expresa en la superficie de la piel, entonces, por lo general, eso significa que la piel no es el único órgano que está experimentando una respuesta no deseada. Otros órganos pueden estar involucrados, desde los intestinos hasta el cerebro, aunque no seas consciente de ello.

OYE, TÚ, CARA DE GRANO

Acné: aflicción común de adolescentes y adultos jóvenes, culpable de provocar más angustia que la noche del baile escolar.

Los doctores del siglo XIX lo llamaban *stone-pock* («pústula piedra»), mientras que los médicos antiguos a menudo se preguntaban por su apariencia de erupción sin acompañamiento de picor. Esta enfermedad ha sido atribuida a todo, desde problemas emocionales —especialmente los que tienen que ver con vergüenza y culpa— hasta una conducta sexual anormal.

Los tratamientos con frecuencia eran espantosos: incluían laxantes potentes y enemas, fétidos baños de azufre y exposición prolongada a rayos X.

¿No son ya suficientemente complicados los años de la adolescencia?

Como si los adolescentes necesitaran más razones para sentirse incómodos, el acné visita al grupo de 12 a 18 años con excepcional frecuencia. Es, junto con el embate de los efectos desconcertantes de las hormonas, un fenómeno casi universal en las culturas occidentales que afecta a más del 80 por 100 de los adolescentes, hasta el 90 por 100 de los que tienen entre 16 y 18 años, a veces con efectos deformadores. Los adultos no se salvan, pues el 50 por 100 de los mayores de 25 años son atacados de forma intermitente.[1]

Aunque el acné puede ser casi universal en los adolescentes norteamericanos, no es un fenómeno universal en todas las culturas. Algunas culturas no muestran acné. Culturas tan extendidas como los isleños de Kitava en Papúa Nueva Guinea, los cazadores-recolectores aché de Paraguay, los nativos del valle del Purus en Brasil, los bantúes y zulúes de África, los okinawenses de Japón y los inuit de Canadá están curiosamente exentos de la molestia y vergüenza del acné.

¿Acaso a estas culturas se les perdona la amargura del acné solo por una inmunidad genética exclusiva?

Las pruebas indican que no es un asunto genético, sino de la dieta. Las culturas que dependen solo de los alimentos provistos por su ubicación y clima distintivos nos permiten observar los efectos de los alimentos agregados o sustraídos a la dieta. Las poblaciones sin acné, como los habitantes de Kitava, sobreviven a base de una dieta tipo cazador-recolector compuesta de verduras, frutas, tubérculos, cocos y pescado. Los cazadores-recolectores aché paraguayos siguen una dieta similar, además de consumir animales terrestres y mandioca, cacahuetes, arroz y maíz cultivados, y también están exentos por completo de acné.[2] Los okinawenses japoneses, quizá el grupo más longevo del planeta Tierra, hasta la década de 1980 consumían una dieta rica en una variedad increíble de verduras, batatas, soja, cerdo y pescado; el acné era prácticamente desconocido para ellos.[3] La dieta tradicional inuit —que consiste en foca, pescado, caribú y las pocas algas marinas, bayas y raíces que se pueden encontrar en las regiones árticas— también mantiene sin acné a los esquimales. Las dietas de los bantúes y zulúes africanos difieren según la temporada y el terreno, pero son ricas en plantas silvestres nativas, como guayabas, mangos y tomates, además de pescado y animales de caza; de nuevo, nada de acné.[4] En otras palabras, las culturas que carecen de acné consumen poco o nada de trigo, azúcar y productos lácteos. A medida que la influencia occidental introdujo almidones procesados como el trigo y azúcares en grupos como los okinawenses, los inuit y los zulúes, enseguida llegó el acné.[5] En otras palabras, las culturas sin acné no tenían una protección genética especial contra el acné, sino que simplemente seguían una dieta carente de los alimentos que provocan esta afección. Agrega trigo, azúcar y lácteos y las ventas del Clearasil se disparan.

Irónicamente, en los inicios del siglo XX era «de conocimiento público» que el acné venía causado o empeorado por comer alimentos ricos en almidón, como tortitas y galletas. Esta noción perdió fuerza durante la década de 1980, después de que se llevara a cabo un único estudio mal dirigido que comparaba los efectos de una barrita de chocolate con los de una barrita de caramelo «placebo». En el estudio se concluyó que no había diferencia en el acné observado entre los 65 participantes, independientemente de qué hubieran consumido; pero la barrita placebo era casi igual a la barrita de chocolate en calorías, azúcar y contenido de grasa, y solo se diferenciaba por la presencia del cacao.[6] (Los amantes del cacao tienen motivos para regocijarse: el cacao no causa acné. Disfruten su chocolate negro con un 85 por 100 de cacao). De todos modos, esto no impidió que la comunidad dermatológica desdeñara la relación entre acné y dieta durante muchos años, basándose en gran medida en este único estudio, que era citado repetidas veces.

De hecho, la dermatología moderna ignora en muchos sentidos por qué tantos adolescentes y adultos modernos experimentan esta enfermedad crónica y en ocasiones deformante. Aunque las discusiones se centran alrededor de la infección por *Propionibacterium acnes* —inflamación y producción excesiva de sebo—, los tratamientos se dirigen a la supresión de las erupciones del acné, no a identificar las causas. Así que los dermatólogos prescriben de inmediato cremas y ungüentos antibacterianos tópicos, antibióticos orales y fármacos antiinflamatorios.

Más recientemente, los estudios han apuntado de nuevo a los carbohidratos como el detonante de la formación del acné, que ejercen este efecto mediante niveles aumentados de insulina.

La manera en que la insulina desencadena la formación de acné está empezando a salir a la luz. La insulina estimula la liberación de una hormona llamada factor de crecimiento insulínico tipo 1 o IGF-1 (por sus siglas en inglés) dentro de la piel. El IGF-1, a su vez, estimula el crecimiento de tejido en los folículos pilosos y en la dermis, la capa de piel que está justo debajo de la superficie.[7] La insulina y el IGF-1 también estimulan la producción de sebo, la película protectora oleosa que producen las glándulas sebáceas.[8] La producción excesiva de sebo, junto con el crecimiento de tejido cutáneo, lleva a la característica espinilla rojiza y protuberante.

La prueba indirecta del papel de la insulina en la formación de acné también proviene de otras experiencias. Las mujeres con síndrome de ovario poliquístico (SOP), en las que se demostraron respuestas exageradas de insulina y niveles más altos de azúcar en sangre, son sorprendentemente propensas al acné.[9] Los medicamentos que reducen la insulina y la glucosa en mujeres con SOP, como el fármaco metformina, reducen el acné.[10] Aunque por lo general no se administran medicamentos orales para diabetes a niños, se ha observado que la gente joven que toma medicamentos orales para diabetes que reducen el azúcar en sangre y la insulina experimenta menos acné.[11]

Los niveles de insulina están al máximo cuando se consumen carbohidratos; cuanto más alto es el índice glucémico del carbohidrato consumido, más insulina es liberada por el páncreas. Por supuesto, el trigo, con su índice glucémico extraordinariamente alto, dispara niveles de azúcar en sangre más altos que casi cualquier otro alimento, por lo que desencadena la insulina más que casi cualquier otro alimento. No sorprende que el trigo —en especial en forma de *donuts* o galletas azucaradas, es decir, trigo de índice glucémico alto con sacarosa de índice glucémico alto— cause acné. Pero esto también ocurre con tu pan multicereal, astutamente disfrazado como sano.

En paralelo con la capacidad de la insulina de provocar acné, se encuentra el papel de los lácteos. Aunque la mayoría de las autoridades sanitarias están obsesionadas con el contenido de grasa de los lácteos y recomiendan productos bajos en grasa o desnatados, el acné no lo provoca la grasa. Las proteínas exclusivas de los productos bovinos son las culpables de alterar la proporción de insulina con respecto al contenido de azúcar, una propiedad insulinotrópica especial que explica el aumento del 20 por 100 en el acné severo en adolescentes que consumen leche.[12]

Los adolescentes con sobrepeso y obesidad por lo general no llegan a ese estado por un consumo excesivo de espinacas o pimientos verdes ni de salmón o pescado, sino de alimentos compuestos por carbohidratos, como los cereales para el desayuno. Por consiguiente, los adolescentes con sobrepeso y obesidad deberían tener más acné que los adolescentes esbeltos y, en efecto, así es: cuanto más pesado es el adolescente, más probable es que él o ella tenga acné[13] (esto no significa que los chicos esbeltos no puedan tener acné, pero la propensión estadística al acné aumenta con el peso corporal).

Como podríamos esperar siguiendo este razonamiento, los esfuerzos realizados en la dieta por rebajar la insulina y el azúcar en la sangre deberían reducir el acné. En un estudio reciente se comparó una dieta de índice glucémico alto con una de índice glucémico bajo seguidas por estudiantes universitarios en un periodo de 12 semanas. La dieta de bajo IG arrojó un 23,5 por 100 menos de lesiones de acné, en comparación con un 12 por 100 de reducción en el grupo control.[14] Los participantes que más restringieron su consumo de carbohidratos disfrutaron de una reducción casi del 50 por 100 en el número de lesiones de acné.

En resumen, los alimentos que incrementan el azúcar en sangre y la insulina desencadenan la formación de acné. El trigo incrementa el azúcar en sangre y, por ende, la insulina más que casi cualquier otro alimento. El pan de cereales integrales con el que alimentas a tu adolescente en nombre de la salud en realidad empeora el problema. Aunque no ponga en peligro la vida por sí mismo, el acné puede llevar al enfermo a recurrir a toda clase de tratamientos, algunos potencialmente tóxicos como la isotretinoína, que afecta a la visión nocturna, puede modificar el pensamiento y el comportamiento y provoca malformaciones congénitas grotescas en fetos en desarrollo.

En cambio, la eliminación del trigo reduce el acné. Al eliminar también los lácteos y otros carbohidratos procesados, como patatas fritas, tacos y nachos, inhabilitarás en gran medida la maquinaria de la insulina que desencadena la formación de acné. Si eso fuese posible en este mundo, incluso un adolescente podría agradecértelo.

¿QUIERES VER MI ERUPCIÓN?

La dermatitis herpetiforme (DH), que se describe como una inflamación cutánea con aspecto de herpes, es una forma más en la que la reacción inmunológica al gluten de trigo puede manifestarse fuera del tracto intestinal. Es una erupción que produce picor, tipo herpes —es decir, con lesiones cutáneas similares, aunque no tiene nada que ver con el virus del herpes—, que persiste y, con el tiempo, puede dejar manchas y cicatrices descoloridas. Las áreas que suelen verse más afectadas son los codos, las rodillas, las nalgas, el cuero cabelludo y la espalda, y por lo general afectan a ambos lados del cuerpo simétricamente. Sin embargo, la DH también puede aparecer en formas menos comunes, como llagas en la boca, el pene o la vagina, o hematomas extraños en las palmas de las manos. A menudo se requiere una biopsia de la piel para identificar la respuesta inflamatoria característica.

Curiosamente, la mayoría de los afectados por DH no experimentan síntomas intestinales de enfermedad celiaca, pero la mayoría sí muestra[15] la inflamación y la destrucción intestinales características de la celiaquía. Por tanto, si continúan consumiendo gluten de trigo, las personas con DH están sujetas a todas las complicaciones potenciales que padece la gente con enfermedad celiaca típica, las cuales incluyen linfoma intestinal, enfermedades inflamatorias autoinmunes y diabetes.[16]

Como es obvio, el tratamiento para la DH es la estricta eliminación del trigo y otras fuentes de gluten. Las erupciones pueden mejorar en pocos días en algunas personas, mientras que en otras se disipan poco a poco en el transcurso de meses. Casos particularmente molestos o DH recurrente debido al consumo continuo de gluten de trigo —por desgracia muy común— pueden ser tratados con dapsona, que se toma por vía oral. También utilizado para tratar la lepra, la dapsona es un fármaco potencialmente tóxico que se caracteriza por sus efectos secundarios, como dolor de cabeza, debilidad, daño hepático y, en ocasiones, convulsiones y coma.

Bueno, así que consumimos trigo y, como resultado, desarrollamos erupciones que producen picor, son molestas y deforman. Entonces, aplicamos un fármaco potencialmente tóxico que nos permita seguir consumiendo trigo, pero nos exponemos a un riesgo muy alto de cánceres intestinales y enfermedades autoinmunes. ¿De verdad tiene sentido?

Después del acné, la DH es la manifestación cutánea más común de reacción al gluten de trigo. Pero, más allá de la DH, también se desencadena una increíble variedad de enfermedades por el consumo de gluten de trigo, algunas de ellas asociadas a niveles aumentados de anticuerpos celiacos, otras no.[17] La mayoría de estas enfermedades también pueden ser causadas por otros factores, como fármacos, virus o cáncer. El gluten de trigo, como los fármacos, virus y cáncer, por tanto, comparte el potencial de causar cualquiera de estas erupciones.

Las erupciones y otras manifestaciones cutáneas relacionadas con el gluten de trigo incluyen:

- **Úlceras orales.** Lengua inflamada y roja (glositis), queilitis angular (llagas dolorosas en las comisuras de la boca) y ardor en la boca son formas comunes de erupciones asociadas al gluten de trigo.
- **Vasculitis cutánea.** Lesiones elevadas en la piel tipo hematoma, que tienen vasos sanguíneos inflamados que se identifican a través de una biopsia.
- **Acantosis nigricans.** Piel negra aterciopelada que crece, por lo general, en la parte trasera del cuello, pero también en las axilas, codos y rodillas. La acantosis nigricans es terriblemente común en niños y adultos propensos a diabetes.[18]
- **Eritema nudoso.** Lesiones rojo brillante, calientes y dolorosas, que miden de 2,5 a 5 centímetros y suelen aparecer en las espinillas, pero que pueden darse casi en cualquier otra parte. El eritema nudoso representa inflamación de la capa grasa de la piel. Al sanar, dejan una cicatriz hundida de color marrón.
- **Psoriasis.** Erupción enrojecida y escamosa que por lo general se presenta en los codos, las rodillas, el cuero cabelludo y en ocasiones en todo el cuerpo. La mejoría si se sigue una dieta sin trigo ni gluten podría tardar varios meses.
- **Vitíligo.** Manchas comunes no dolorosas de piel no pigmentada (blanca). Una vez que se manifiesta, el vitíligo responde de forma inconsistente a la eliminación del gluten del trigo.
- **Enfermedad de Behçet.** Estas úlceras en la boca y los genitales generalmente afligen a adolescentes y adultos jóvenes. La enfermedad de Behçet puede manifestarse también en una gran variedad de formas distintas, como psicosis debida a participación del cerebro, fatiga incapacitante y artritis.

- **Dermatomiositis.** Erupción roja hinchada que se da en combinación con debilidad muscular e inflamación de los vasos sanguíneos.
- **Dermatosis ictiosiforme.** Erupción escamosa rara —«ictiosiforme» quiere decir con forma de pez— que por lo general involucra la boca y la lengua.
- **Pioderma gangrenoso.** Úlceras deformantes horrendas que afectan a la cara y los miembros y que provocan cicatrices profundas y pueden hacerse crónicas. Los tratamientos incluyen agentes supresores de la inmunidad, como esteroides y ciclosporina. Esta enfermedad puede conducir a gangrena, amputación de miembros y muerte.

Todas estas enfermedades se han asociado a la exposición al gluten de trigo y se ha observado mejoría o cura al eliminarlo. Para la mayoría de estas enfermedades no se sabe en qué proporción se deben al gluten de trigo con respecto a otras causas, ya que con frecuencia el gluten no es considerado una causa potencial. De hecho, en la mayor parte de los casos no se busca una causa y se establece el tratamiento a ciegas en forma de cremas esteroides y otros fármacos.

Aunque no lo creas, por aterradora que parezca la lista anterior, solo es parcial. Todavía hay algunas enfermedades más de la piel asociadas al gluten de trigo que no están clasificadas aquí.

Puedes ver que las enfermedades de la piel desencadenadas por el gluten de trigo van desde simples molestias hasta enfermedades que causan deformidades. Aparte de las úlceras orales y la acantosis nigricans, que son bastante comunes, la mayoría de estas manifestaciones cutáneas de la exposición al gluten de trigo son poco frecuentes. Pero en total se suman a una lista impresionante de enfermedades socialmente perjudiciales, emocionalmente difíciles y físicamente deformantes.

¿Tienes la impresión de que los humanos y el gluten de trigo podrían ser incompatibles?

En comparación con los grandes simios y otros primates, el *Homo sapiens* moderno es relativamente lampiño. Así es que atesoramos el poco pelo que tenemos.

El picor del séptimo año

Kurt vino a verme porque le habían dicho que tenía colesterol alto. Lo que su doctor etiquetó como «colesterol alto» resultó ser un exceso de partículas de LDL pequeñas, bajo colesterol HDL y triglicéridos altos. Naturalmente, con este patrón combinado aconsejé a Kurt eliminar el trigo en el acto.

Así lo hizo y perdió 3,5 kilos en tres meses, todos del abdomen. Pero lo curioso fue lo que la dieta le hizo a su erupción.

Kurt me dijo que había padecido una erupción color rojizo-marrón en el hombro derecho hacia el codo y la parte superior de la espalda que le llevaba molestando desde hacía más de siete años. Había consultado a tres dermatólogos, lo que dio lugar a tres biopsias, ninguna de las cuales llevó a un diagnóstico contundente. No obstante, los tres se mostraron de acuerdo en que Kurt «necesitaba» una crema esteroide para tratar la erupción. Kurt siguió su consejo, ya que en ocasiones la erupción le causaba mucho picor y las cremas le aliviaban, por lo menos de forma temporal.

Sin embargo, a las cuatro semanas de su nueva dieta sin trigo Kurt me mostró su brazo y hombro derechos completamente libres de erupción.

Siete años, tres biopsias, tres diagnósticos erróneos... y la solución fue tan simple como no comer pan.

Mi padre solía insistir en que comiera chiles rojos picantes porque, según decía, «hará que te crezca pelo en el pecho». ¿Y si el consejo de mi padre, en cambio, hubiera sido evitar el trigo porque me haría perder el pelo de la cabeza? Más que cultivar un «escote masculino» muy varonil, evitar perder mi pelo habría llamado mi atención. Los chiles rojos picantes en realidad no generan el crecimiento de pelo en el pecho ni en ninguna otra parte, pero el trigo sí que puede desencadenar la caída del pelo.

El pelo puede ser algo muy íntimo para mucha gente, una marca personal de apariencia y personalidad. Para algunas personas, que se les caiga el pelo puede ser tan devastador como perder un ojo o un pie.

La caída del pelo a veces es inevitable, debido a los efectos de fármacos tóxicos o enfermedades graves. La gente sometida a quimioterapia por cáncer, por ejemplo, pierde temporalmente el pelo debido a que los agentes empleados están diseñados para matar células cancerosas que se reproducen de manera activa, pero como efecto secundario también matan células activas no cancerosas, como las de los folículos pilosos. La enfermedad inflamatoria llamada lupus eritematoso sistémico, que con frecuencia conduce a enfermedad renal y artritis, también puede estar acompañada por caída de pelo debido a inflamación autoinmune de los folículos pilosos.

La caída de pelo también puede suceder en situaciones más comunes. Los hombres de mediana edad pueden perder el pelo, circunstancia rápidamente seguida por el deseo de conducir coches deportivos descapotables.

Suma el consumo de trigo a la lista de causas de caída del pelo. La alopecia areata se refiere a la caída de pelo que se presenta en parches, por lo general en el cuero cabelludo pero en ocasiones en otras partes del cuerpo. La alopecia puede afectar incluso a todo el cuerpo, dejando al afectado completamente lampiño de pies a cabeza y todo lo de en medio.

El consumo de trigo provoca alopecia areata debido a una inflamación de la piel tipo celiaquía. El folículo piloso inflamado tiene menos fuerza para mantener cada cabello individual, lo que provoca su caída.[19] En los puntos sensibles en los que se ha caído el pelo, hay mayores niveles de mediadores de la inflamación, como el factor de necrosis tumoral, interleucinas e interferones.[20]

Cuando es provocada por el trigo, la alopecia puede persistir durante todo el tiempo que continúe el consumo de trigo. Como completar un tratamiento de quimioterapia para combatir el cáncer, la eliminación del trigo y de todas las fuentes de gluten generalmente da como resultado una pronta recuperación del crecimiento del pelo, sin necesidad de cremas tópicas ni implantes quirúrgicos de pelo.

ADIÓS A MI LLAGA

En mi experiencia, el acné, las llagas bucales, una erupción en la cara o en la parte de atrás, la caída del pelo o casi cualquier otra anomalía de la piel deberían sugerir considerar que se trata de una reacción al gluten de trigo. Podría tener menos que ver con la higiene, los genes de tus padres o compartir toallas con tus amigos que con el sándwich de pavo de trigo integral que almorzaste ayer.

El caso del panadero calvo

Me costó muchísimo trabajo convencer a Gordon de que dejara el trigo.

Conocí a Gordon porque tenía una enfermedad coronaria. Entre las causas, abundantes partículas de LDL pequeñas. Le pedí que eliminara por completo el trigo de su dieta para reducir o eliminar las partículas de LDL pequeñas y así obtener un mejor control sobre la salud de su corazón.

El problema: Gordon era dueño de una panadería. Pan, bollos y magdalenas formaban parte de su vida diaria, siete días a la semana. Era natural que ingiriera sus productos en la mayoría de las comidas. Durante dos años recomendé en vano a Gordon que dejara el trigo.

Un día, Gordon vino a mi consultorio con una gorra de esquiador. Me comentó que había empezado a perder mechones de pelo y que le habían quedado calvas por todo el cuero cabelludo. Su médico de cabecera le diagnosticó alopecia, pero no pudo averiguar la causa. Por su parte, un dermatólogo tampoco daba con la explicación para el dilema de Gordon. La caída del pelo le estaba afectando mucho, lo que le llevó a que le pidiera a su médico un antidepresivo y a ocultar su vergonzosa situación con una gorra.

El trigo, por supuesto, fue en lo primero que pensé. Se ajustaba al cuadro general de salud de Gordon: partículas de LDL pequeñas, configuración corporal de barriga de trigo, tensión alta, niveles de azúcar en sangre de prediabético, quejas de síntoma estomacal vago y ahora caída de pelo. Hice un intento más para que Gordon eliminara el trigo de su dieta por completo y de una vez por todas. Después del trauma emocional de perder la mayor parte de su pelo y de tener que esconder su cuero cabelludo lleno de calvas, finalmente aceptó. Significaba llevar comida a su panadería y no comer sus propios productos, algo que le era difícil explicar a sus empleados. No obstante, siguió la dieta.

Gordon me comunicó que en el transcurso de tres semanas le había empezado a brotar pelo en las calvas. En los siguientes dos meses recuperó el crecimiento vigoroso. Al tiempo que recuperó una coronilla digna de orgullo, también perdió 5 kilos y otros 5 centímetros de cintura. La molestia abdominal intermitente desapareció, así como su nivel prediabético de azúcar en sangre. Seis meses después, la reevaluación de sus partículas de LDL pequeñas demostró una reducción de 67 por 100.

¿Inconveniente? Quizá. Pero seguro que es mejor que un tupé.

¿Cuántos otros alimentos se han asociado a tan compleja serie de enfermedades de la piel? Seguro que los cacahuetes y mariscos pueden provocar urticaria, pero ¿a qué otro alimento se puede culpar de una gama tan increíble de enfermedades de la piel, desde una erupción común hasta la gangrena, la desfiguración y la muerte? La verdad, no conozco ninguno además del trigo.

Notas

[1] Smith, R. N.; Mann, N. J.; Braue, A., *et al.* «A low-glycemic-load diet improves symptoms in acne vulgaris patients: a randomized controlled trial» [Una dieta con baja carga glucémica mejora los síntomas en pacientes con acné vulgaris: una prueba controlada aleatorizada]. *Am. J. Clin. Nutr.*, julio de 2007, 86(1): 107-115.

[2] Cordain, L.; Lindeberg, S.; Hurtado, M., *et al.* «Acne vulgaris: A disease of Western civilization» [Acné vulgaris: una enfermedad de la civilización occidental]. *Arch. Dermatol.*, diciembre de 2002; 138: 1584-1590.

[3] Miyagi, S.; Iwama, N.; Kawabata, T.; Hasegawa, K. «Longevity and diet in Okinawa, Japan: the past, present and future» [Longevidad y dieta en Okinawa (Japón): pasado, presente y futuro]. *Asia Pac. J. Public Health*, 2003; 15 Supl.: S3-S9.

[4] Cordain. Art. cit. *Arch. Dermatol.*, diciembre de 2002; 138: 1584-1590.

[5] Bendiner, E. «Disastrous trade-off: Eskimo health for white civilization» [Intercambio desastroso: salud esquimal por civilización blanca]. *Hosp. Pract.*, 1974; 9: 156-189. Véase también: Steiner, P. E. «Necropsies on Okinawans: anatomic and pathologic observations» [Necropsias en okinawenses: observaciones anatómicas y patológicas]. *Arch. Pathol.*, 1946; 42: 359-380. También se puede consultar: Schaefer, O. «When the Eskimo comes to town» [Cuando el esquimal viene a la ciudad]. *Nutr. Today,* 1971; 6: 8-16.

[6] Fulton, J. E.; Plewig, G.; Kligman, A. M. «Effect of chocolate on acne vulgaris» [Efecto del chocolate en el acné vulgaris]. *JAMA*, 15 de diciembre de 1969; 210(11): 2071-2074.

[7] Rudman, S. M.; Philpott, M. P.; Thomas, G.; Kealey, T. «The role of IGF-I in human skin and its appendages: morphogen as well as mitogen?» [El papel del IGF-I en la piel humana y sus extremidades: ¿morfógeno y mitógeno?]. *J. Invest. Dermatol.*, diciembre de 1997; 109(6): 770-777.

[8] Cordain. Art. cit. *Arch. Dermatol.*, diciembre de 2002; 138: 1584-1590.

[9] Franks, S. «Polycystic ovary syndrome» [Síndrome de ovario poliquístico]. *N. Engl. J. Med.,* 2003; 13: 853-861.

[10] Tan, S.; Hahn, S.; Benson, S., *et al.* «Metformin improves polycystic ovary syndrome symptoms irrespective of pre-treatment insuline resistance» [La metformina mejora los síntomas del síndrome de ovario poliquístico independientemente de la resistencia a la insulina previa al tratamiento]. *Eur. J. Endocrinol.*, noviembre de 2007; 157(5): 669-676.

[11] Cordain, L. «Implications for the role of diet in acne» [Implicaciones del papel de la dieta en el acné]. *Semin. Cutan. Med. Surg.*, junio de 2005; 24(2): 84-91.

[12] Frid, H.; Nilsson, M.; Holst, J. J.; Björck, I. M. «Effect of whey on blood glucose and insulin responses to composite breakfast and lunch meals in type 2 diabetic subjects» [Efecto del trigo en la glucosa en sangre y respuestas insulínicas a desayunos y almuerzos compuestos en sujetos con diabetes tipo 2]. *Am. J. Clin. Nutr.*, julio de 2005, 82(1): 69-75. Véase también: Adebamowo, C. A.; Spiegelman, D.; Danby, F. W., *et al.* «High school dietary dairy intake and teenage acne» [Consumo de lácteos en la dieta de secundaria y acné adolescente]. *J. Am. Acad. Dermatol.*, febrero de 2005; 52(2): 207-214.

[13] Abulnaja, K. O. «Changes in the hormone and lipid profile of obese adolescent Saudi females with acne vulgaris» [Cambios en el perfil hormonal y lipídico de adolescentes obesas sauditas con acné vulgaris]. *Braz. J. Med. Biol. Res.*, junio de 2009; 42(6): 501-505.

[14] Smith, R. N.; Mann, N. J.; Braue, A., *et al.* «A low-glycemic-load diet improves symptoms in acne vulgaris patients: a randomized controlled trial» [Una dieta con baja carga glucémica mejora los síntomas en pacientes con acné vulgaris: una prueba controlada aleatorizada]. *Am. J. Clin. Nutr.*, julio de 2007; 86(1): 107-115.

[15] Abenavoli, L.; Leggio, L.; Ferrulli, A., *et al.* «Cutaneous manifestations in celiac disease» [Manifestaciones cutáneas en la enfermedad celiaca]. *World J. Gastroenterol.*, 16 de febrero de 2006; 12(6): 843-852.

[16] Junkins-Hopkins, J. «Dermatitis herpetiformis: Pearls and pitfalls in diagnosis and management» [Dermatitis herpetiforme: pros y contras en el diagnóstico y el tratamiento]. *J. Am. Acad. Dermatol.*, 2001; 63: 526-528.

[17] Abenavoli *et al.* Art. cit. *World J. Gastroenterol.*, 16 de febrero de 2006; 12(6): 843-52.

[18] Kong, A. S.; Williams, R. L.; Rhyne, R., *et al.* «Acanthosis nigricans: high prevalence and association with diabetes in a practice-based research network consortium — a PRImary care Multi-Etnich network (PRIME Net) study» [Acanthosis nigricans: alta prevalencia y asociación con la diabetes en un consorcio de investigación basado en la práctica: estudio de red multiétnica de cuidado primario (PRIME Net)]. *J. Am. Board Fam. Med.*, julio-agosto de 2010; 23(4): 476-485.

[19] Corazza, G. R.; Andreani, M. L.; Venturo, N., *et al.* «Celiac disease and alopecia areata: report of a new association» [Enfermedad celiaca y alopecia areata: informe de una nueva asociación]. *Gastroenterol.*, octubre de 1995; 109(4): 1333-1337.

[20] Gregoriou, S.; Papafragkaki, D.; Kontochristopoulos, G., *et al.* «Cytokines and other mediators in alopecia areata» [Citocinas y otros mediadores en la alopecia areata]. *Mediators Inflamm.*, 2010; 928030.

TERCERA PARTE

DILE ADIÓS AL TRIGO

CAPÍTULO 13

ADIÓS, TRIGO. PLANTÉATE UNA VIDA SANA, DELICIOSA Y SIN TRIGO

Es aquí donde llegamos al verdadero meollo del asunto: igual que intentar quitarnos la arena del bañador, puede ser difícil eliminar de nuestros hábitos alimentarios este alimento omnipresente, esta cosa que parece pegarse a todo recoveco, grieta y rendija de las dietas norteamericanas.

Mis pacientes a menudo se asustan cuando se dan cuenta de la gran transformación que tendrán que hacer en los contenidos de sus armarios y neveras, y en sus arraigados hábitos de comprar, cocinar y comer. «¡No queda nada que comer! ¡Me moriré de hambre!». Muchos también se dan cuenta de que estar más de dos horas sin un producto de trigo genera antojos insaciables y la ansiedad de la abstinencia. Cuando Bob y Jillian cogen pacientemente de la mano a los concursantes del programa televisivo *Biggest Loser* que lloran amargamente porque solo han perdido un kilo esa semana, te haces una idea de lo que la eliminación del trigo puede significar para algunas personas.

Confía en mí, vale la pena. Si ya has leído hasta aquí, supongo que por lo menos estás considerando divorciarte de este compañero infiel y abusador. Mi consejo: no muestres clemencia. No te obsesiones con los viejos tiempos de hace 20 años, cuando el pastel de cabello de ángel y los rollitos de canela te proporcionaban consuelo después de que te despidieran del trabajo, ni pienses en la hermosa tarta de siete pisos que comiste en tu boda. Piensa en las palizas a tu salud, en las patadas emocionales en el estómago que has soportado, en las veces en que te rogó que lo aceptaras de nuevo porque de verdad había cambiado.

Olvídalo. No sucederá. No hay rehabilitación, solo eliminación. Ahórrate el espectáculo del juicio de divorcio: declárate libre del trigo, no pidas pensión alimenticia ni manutención de los hijos, no mires atrás ni te quedes pensando en los buenos tiempos. *Solo corre.*

PREPÁRATE PARA LA SALUD

Olvida todo lo que has aprendido sobre los «cereales integrales saludables». Durante años nos han dicho que deben abundar en nuestra dieta. Esta forma de pensar dice que una dieta llena de «cereales integrales saludables» te volverá animado, popular, guapo, sexi y exitoso. También gozarás de niveles saludables de colesterol y movimientos intestinales regulares. Escatima los cereales integrales y tendrás mala salud, mala nutrición, sucumbirás ante enfermedades cardiacas o cáncer. Te echarán del club de campo, te vetarán en la liga de bolos y te desterrarán de la sociedad.

Mejor recuerda que la necesidad de «cereales integrales saludables» es ficción pura. Los cereales como el trigo no son más necesarios para la dieta humana que contar con un equipo privado de abogados de lesiones en una fiesta en la piscina de tu patio trasero.

Déjame describir a una persona típica con deficiencia de trigo: esbelta, abdomen plano, triglicéridos bajos, colesterol HDL («bueno») alto, azúcar en sangre normal, tensión arterial normal, mucha energía, duerme bien, función intestinal normal.

En otras palabras, el signo de que tienes «síndrome de deficiencia de trigo» es que eres normal, esbelto y sano.

En contra de lo que opina la sabiduría popular, incluido tu amigo dietista del vecindario, no se desarrolla ninguna deficiencia por la eliminación del trigo, siempre que las calorías perdidas sean reemplazadas por los alimentos adecuados.

Si el vacío que deja el trigo se llena con verduras, frutos secos, carnes, huevos, aguacates, aceitunas, queso, es decir, *comida real*, entonces no solo no desarrollarás una deficiencia nutricional, sino que también gozarás de mejor salud, más energía, dormirás sin dificultad y experimentarás una pérdida de peso y reversión de todos los fenómenos abdominales que hemos expuesto. Si llenas el vacío que queda al desterrar los productos de trigo con aperitivos de maíz frito, barritas energéticas y bebidas de frutas, solo habrás reemplazado un grupo no deseable de alimentos con otro grupo igual de indeseable; habrás logrado poco. En ese caso sí podrías generar deficiencia de varios nutrientes importantes, así como continuar en la experiencia norteamericana que consiste en engordar y volverse diabético.

Así que eliminar el trigo es el primer paso. El segundo paso consiste en encontrar reemplazos adecuados para llenar la pequeña disminución de calorías (recuerda, la gente sin trigo consume de manera natural e inconsciente de 350 a 400 calorías menos por día).

En su forma más simple, una dieta en la que eliminas el trigo pero en la que incrementas la ración de los demás alimentos proporcionalmente para compensar la supresión de este cereal, aunque no es perfecta, es mucho mejor que la misma dieta que incluye trigo. En otras palabras, elimina el trigo y come solo un poco más de los alimentos que quedan en tu dieta: come una porción mayor de pollo asado, judías verdes, huevos revueltos, ensalada Cobb, etcétera. Todavía podrías darte cuenta de muchos de los beneficios comentados aquí. Sin embargo, yo sería culpable de simplificar demasiado si sugiriera que lo único que se requiere es eliminar el trigo. Si tu objetivo es *la salud ideal*, entonces sí importa qué alimentos escojas para llenar el vacío dejado por el trigo.

Si eliges ir más allá de la sola eliminación del trigo, debes reemplazar las calorías del trigo perdidas con *comida real*. Distingo la comida real de los productos muy procesados, con herbicidas, genéticamente modificados, listos para consumirse, llenos de jarabe de maíz rico en fructosa, comidas a las que solo hay que agregarles agua, alimentos empaquetados con caricaturas de personajes, estrellas del deporte y otras tácticas astutas de marketing.

En esta batalla se debe luchar en todos los frentes, ya que existen presiones sociales increíbles para que no se consuma comida real. Enciende la televisión y no verás anuncios de pepinos, quesos artesanales ni huevos de granjas locales donde las gallinas no están en jaulas. Te inundarán con anuncios de patatas fritas, cenas congeladas, refrescos y el resto del universo de los alimentos procesados de ingredientes baratos.

Una gran cantidad de dinero se gasta en promocionar los productos que debes evitar. Kellogg's, una marca conocida por sus cereales de desayuno —6.500 millones de dólares en ventas de cereales de desayuno en 2010—, está también detrás del yogur Yoplait, el helado Häagen-Dazs, las barritas saludables Lärabar, Keebler Graham Crackers, las galletas con trocitos de chocolate Famous Amos, las galletas Cheez-It, así como los Cheerios y los Apple Jacks. Estos alimentos llenan los estantes de los supermercados, se anuncian al final de los pasillos, están colocados de forma estratégica al nivel de la vista en las estanterías y dominan la televisión diurna y nocturna. Conforman el grueso de anuncios de muchas revistas. Y Kellog's es solo una compañía alimentaria entre muchas. Big Food también patrocina gran parte de la «investigación» que llevan a cabo dietistas y científicos de la nutrición, financian puestos en universidades e influyen en los contenidos de los medios. En resumen, están en todas partes.

Y son extremadamente efectivos. La gran mayoría de los norteamericanos han mordido el anzuelo, y se lo han tragado, del marketing. Esto es aún más difícil de ignorar cuando la Asociación Americana del Corazón y otras organizaciones de salud avalan sus productos (el sello que muestra la aprobación de la Asociación Americana del Corazón, por ejemplo, ha sido otorgado a más de 800 alimentos, entre los que se encuentran los Honey Nut Cheerios y, hasta hace poco, los Cocoa Puffs).

Y ahí estás tú tratando de ignorarlos, de desconectarte de ellos y de marchar al ritmo de tu propio tambor. No es fácil.

Una cosa sí está clara: *no se desarrolla ninguna deficiencia nutricional al dejar de consumir trigo y otros alimentos procesados.* Además, simultáneamente experimentarás una menor exposición a sacarosa, jarabe de maíz rico en fructosa, colorantes comestibles y saborizantes artificiales, almidón de maíz y la lista de aditivos impronunciables de la etiqueta del producto. De nuevo, no hay *ninguna deficiencia nutricional genuina* por prescindir de nada de esto. Pero eso no ha evitado que la industria alimentaria y sus amigos del Departamento de Agricultura, la Asociación Americana del Corazón, la Asociación Americana de Dietética y la Asociación Americana de Diabetes indiquen que estos alimentos son, de alguna manera, necesarios y que el no consumirlos podría ser malo para la salud. Tonterías. Tonterías de cereal integral no adulterado al cien por cien.

A algunas personas, por ejemplo, les preocupa no comer suficiente fibra si eliminan el trigo. Irónicamente, si sustituyes las calorías del trigo por las de las verduras y frutos secos crudos, el consumo de fibra *aumenta*. Si dos rebanadas de pan de trigo integral que contienen 138 calorías se reemplazan por un puñado equivalente en calorías de frutos secos crudos, como almendras o nueces —aproximadamente 24 frutos secos—, igualarás o excederás los 3,9 gramos de fibra del pan. De igual forma, una ensalada equivalente en calorías de verduras, zanahorias y pimientos igualará o excederá la cantidad de fibra del pan. Así es, después de todo, la forma en que las culturas primitivas de cazadores-recolectores, las que en un principio nos enseñaron la importancia de la fibra dietética, obtenían su fibra: mediante el consumo abundante de alimentos vegetales, no de cereales con salvado u otras fuentes de fibras procesadas. El consumo de fibra no es, por tanto, preocupante si la eliminación del trigo se acompaña con un mayor consumo de alimentos saludables.

La comunidad dietética supone que vives a base de nachos y caramelos *jelly beans* y, por tanto, necesitas alimentos «enriquecidos» con varias vitaminas. Sin embargo, todas esas suposiciones se caen si no vives de lo que puedes obtener en una bolsa de la tienda de la esquina y consumes alimentos reales. Las vitaminas B, como la B_6, B_{12}, ácido fólico y tiamina, se añaden a los productos procesados horneados de trigo; los dietistas, por ende, nos advierten que no consumir estos productos nos ocasionará deficiencias de vitamina B. También falso. Las vitaminas B están presentes en cantidades más que abundantes en las carnes, verduras y frutos secos. Aunque el pan y otros productos de trigo por ley estén obligados a tener ácido fólico añadido, excederás el contenido de ácido fólico de los productos de trigo varias veces solo con ingerir un puñado de semillas de girasol o de espárragos. Un cuarto de taza de espinacas o cuatro tallos de espárragos, por ejemplo, igualan la cantidad de ácido fólico de la mayoría de los cereales de desayuno (también los *folatos* de fuentes naturales pueden ser superiores al *ácido fólico* de los alimentos procesados enriquecidos). Los frutos secos y las verduras en general son fuentes excepcionalmente ricas en folato y representan la manera en que los humanos tendrían que obtenerlo (las mujeres embarazadas o en lactancia son la excepción y sí podrían beneficiarse de un suplemento de ácido fólico o folato para cubrir sus necesidades y prevenir defectos del tubo neural). Igualmente, la vitamina B_6 y la tiamina se obtienen en cantidades mucho mayores con 100 gramos de pollo o cerdo, un aguacate o un cuarto de taza de semillas de linaza molidas que con un peso equivalente de productos de trigo.

Además, la eliminación del trigo de tu dieta de hecho mejora la absorción de vitamina B_6. No es raro, por ejemplo, que al eliminar el trigo aumenten la vitamina B_{12} y el folato, junto con los niveles de hierro, cinc y magnesio, ya que la salud gastrointestinal mejora y con ella la absorción de nutrientes.

Eliminar el trigo puede ser incómodo, pero lo seguro es que no es malo para la salud.

PROGRAMA TU TRIGOECTOMÍA RADICAL

Por suerte, eliminar el trigo de tu dieta no es tan malo como utilizar espejos y escalpelos para extirparte el apéndice sin anestesia. Para algunas personas es tan simple como pasar de largo por delante de la tienda de bagels o no aceptar los panecillos dulces. Para otras puede ser una experiencia desagradable semejante a una endodoncia o a vivir con tus suegros durante un mes.

En mi experiencia, la forma más efectiva y, al final, la más fácil de eliminar el trigo es hacerlo de golpe y por completo. La montaña rusa de insulina y glucosa causada por el trigo, junto con los efectos de las exorfinas adictivas, a algunas personas les dificulta la reducción gradual del trigo, así que el cese total puede ser preferible. La eliminación repentina y completa del trigo desencadenará, en las personas más sensibles, el fenómeno de abstinencia. Pero salir de la abstinencia que acompaña al cese radical puede ser más fácil que pasar por las constantes fluctuaciones de antojos que por lo general acompañan a la reducción, lo cual no se diferencia mucho de un alcohólico que intenta estar sobrio. No obstante, algunas personas se sienten más cómodas con la reducción gradual que con la eliminación total. De cualquier manera, el resultado final es el mismo.

A estas alturas, estoy seguro de que estás en sintonía con el hecho de que el trigo no solo se trata de pan. El trigo es omnipresente, está en todo.

Muchas personas, cuando comienzan a identificar los alimentos que contienen trigo, lo encuentran en casi todos los productos procesados que han estado consumiendo, incluso en los lugares más improbables, como las sopas de «crema» enlatadas o las cenas congeladas «saludables». El trigo está ahí por dos razones: una, sabe bien; dos, estimula el apetito. La última no es para *tu benefi-cio*, por supuesto, sino para el de los fabricantes de alimentos, para quienes el trigo es como la nicotina de los cigarrillos: el mejor seguro que tienen para fomentar el consumo continuo. (A propó-sito, otros ingredientes comunes en los alimentos procesados que aumentan su consumo, aunque no tan potentes como el efecto del trigo, son el jarabe de maíz rico en fructosa, el almidón de maíz y la sal; también merece la pena evitarlos).

Eliminar el trigo requiere, sin lugar a dudas, algo de planifica-ción. Los alimentos elaborados con trigo tienen la indiscutible ventaja de la comodidad: sándwiches y *wraps* (burritos rellenos), por ejemplo, son fáciles de llevar y se comen con la mano. Evitar el trigo significa llevar tu propia comida al trabajo y utilizar un tenedor o una cuchara para comerla. Puede que también tengas que ir a la compra más veces y, no lo quiera Dios, cocinar. Una mayor dependencia de las verduras y frutas frescas hace inevitable ir más a la tienda, al mercado de agricultores o a la frutería un par de veces a la semana.

Sin embargo, el factor de la incomodidad está muy lejos de ser insuperable. Puede significar unos cuantos minutos de pre-paración previa, como cortar y envolver un trozo de queso y po-nerlo en una bolsa para llevarla al trabajo, junto con varios pu-ñados de almendras crudas y sopa de verduras en un recipiente. Puede significar guardar un poco de tu ensalada de espinacas de la cena para comer a la mañana siguiente en el desayuno (sí: la cena de desayuno, una estrategia útil que comentaré más ade-lante).

La gente que habitualmente consume productos de trigo se en-cuentra malhumorada, confusa y cansada solo un par de horas después de haber comido un producto de trigo. A menudo buscan desesperadamente alguna migaja o pedazo para aliviar el dolor, un fenómeno que he observado divertido desde mi cómoda po-sición aventajada sin trigo, pero, una vez que has eliminado el trigo de tu dieta, el apetito ya no lo maneja la montaña rusa de glucosa e insulina de la saciedad y el hambre, y no necesitarás tu «dosis» de exorfinas cerebrales activas. Después de desayunar a las siete de la mañana dos huevos revueltos con verduras, pimientos y aceite de oliva, por ejemplo, es probable que no vuelvas a sentir hambre hasta las doce o la una. Compara esto con el ciclo de 90 a 120 minutos de hambre insaciable que experimenta la mayoría de la gente después de desayunar un tazón de cereales con alto contenido en fibra a las siete de la mañana, por lo que necesitan un bocadillo a las nueve y otro bocadillo a las once o comer más temprano. Puedes comprobar lo fácil que se te hace la reducción de 350 a 400 calorías diarias de tu consumo total, consecuencia natural e inconsciente de la eliminación del trigo. También evitarás la depresión de por la tarde que mucha gente experimenta alrededor de las dos o las tres, la confusión perezosa que se presenta después de comer un sándwich de pan de trigo integral, el apagón mental que ocurre debido a la subida de glucosa seguida de la bajada. Una comida, por ejemplo, compuesta de atún (sin pan) mezclado con un aliño de mayonesa o aceite de oliva, junto con rebanadas de calabacín y un puñado (o varios) de nueces no generará el altibajo de glucosa e insulina, solo un nivel de azúcar en sangre normal constante que no tiene ningún efecto que cause sueño ni pereza.

Ayuno: más fácil de lo que piensas

Ayunar puede ser una de las herramientas más poderosas para recuperar la salud: pérdida de peso, reducción de la tensión arterial, mejores respuestas a la insulina, longevidad, así como mejoría de numerosas enfermedades.[1] Aunque con frecuencia el ayuno se considera una práctica religiosa —por ejemplo, el Ramadán en el islam o el ayuno de la Natividad, la Cuaresma y la Asunción de la Iglesia cristiana ortodoxa griega—, está entre las estrategias para mejorar la salud menos valoradas.

Sin embargo, para la persona media que sigue una dieta típica norteamericana que incluye trigo, el ayuno puede ser una experiencia dolorosa que requiere una fuerza de voluntad monumental. La gente que consume productos de trigo generalmente es raro que pueda ayunar con éxito durante más de unas cuantas horas y con frecuencia se rinde al frenesí de comer todo lo que esté a la vista.

Resulta interesante que la eliminación del trigo haga mucho más fácil el ayuno, casi sin esfuerzo.

Ayuno significa nada de comida, solo agua —una fuerte hidratación también es clave para un ayuno seguro—, durante un periodo que va de 18 horas a varios días. La gente que no consume trigo puede ayunar durante 18, 24, 36, 72 o más horas con poca o nada de incomodidad. El ayuno, por supuesto, imita la situación natural de un cazador-recolector, que podía estar sin alimento durante días o incluso semanas cuando la caza fallaba o surgía algún otro obstáculo natural que dificultara encontrar alimento.

La capacidad para ayunar cómodamente es *natural;* la incapacidad para permanecer unas cuantas horas sin comer antes de buscar calorías con desesperación *no es natural.*

Para la mayoría de la gente es difícil creer que la eliminación del trigo a la larga puede hacerle la vida más fácil, no más difícil. Quienes no consumen trigo se liberan de las búsquedas desesperadas cíclicas de comida cada dos horas y se sienten cómodos durante periodos largos sin alimento. Cuando se sientan a comer, se conforman con menos. La vida... simplificada.

En efecto, mucha gente está esclavizada por el trigo y los horarios y hábitos dictados por su disponibilidad. Una trigoectomía radical, por tanto, significa algo más que retirar solo un componente de la dieta. Elimina un estimulante potente del apetito de tu vida que gobierna el comportamiento y el impulso frecuente e implacablemente. Eliminar el trigo te hará libre.

TRIGOHÓLICOS Y EL SÍNDROME DE ABSTINENCIA DEL TRIGO

En torno al 30 por 100 de la gente que elimina los productos de trigo de repente de su dieta experimentará las consecuencias de la abstinencia. A diferencia de la provocada por los opiáceos o el alcohol, la abstinencia del trigo no causa convulsiones, alucinaciones, desvanecimientos ni otros fenómenos peligrosos. La comparación más cercana a la abstinencia del trigo es la de la nicotina, que resulta de dejar el cigarrillo. Para algunas personas, la experiencia es casi igual de intensa. Al igual que la abstinencia de nicotina, la de trigo puede causar fatiga, confusión mental e irritabilidad. También puede estar acompañada por una vaga disforia, un sentimiento de humor apagado y tristeza. La abstinencia de trigo normalmente tiene el único efecto de que disminuye la capacidad de hacer ejercicio, lo cual por lo general dura de dos a cinco días. La abstinencia del trigo tiende a ser de corta duración, mientras que los exfumadores por lo general se siguen subiendo por las paredes después de tres o cuatro semanas. En cambio, la mayoría de los excomedores de trigo se sienten mejor después de una semana (lo máximo que he visto persistir los síntomas de abstinencia del trigo han sido cuatro semanas, pero eso fue inusual).

La gente que sufre por la abstinencia por lo general es la misma que experimentaba antojos increíbles de productos de trigo en su dieta anterior, la que habitualmente come *pretzels*, galletas y pan todos los días debido al poderoso impulso alimentario desencadenado por el trigo. Los antojos se presentan en ciclos de aproximadamente dos horas, lo que refleja las fluctuaciones de glucosa e insulina consecuencia de los productos de trigo. Saltarse un refrigerio o una comida les altera y les provoca temblores, nerviosismo, dolor de cabeza, fatiga y antojos intensos; todos estos síntomas pueden persistir durante el periodo completo de abstinencia.

¿Cuál es la causa de la abstinencia de trigo? Es probable que los años de consumo abundante de carbohidratos hagan que el metabolismo dependa de un suplemento constante de azúcares que se absorben fácilmente, como los que se encuentran en el trigo. La eliminación de las fuentes de azúcar obliga al cuerpo a adaptarse a movilizar y quemar ácidos grasos, en lugar de azúcares de más fácil acceso, un proceso que requiere varios días para iniciarse. Sin embargo, este paso es necesario para convertir el *depósito* de grasa en *movilización* de grasa y para lograr el encogimiento de la grasa visceral de la barriga de trigo. La abstinencia de trigo comparte efectos fisiológicos con las dietas restringidas en carbohidratos —los partidarios de la dieta Atkins lo llaman resfriado de inducción, el sentimiento de cansancio y dolor que se desarrolla con la fase de inducción sin carbohidratos del programa—. Privar al cerebro de las exorfinas derivadas del gluten de trigo también se suma al efecto de abstinencia, fenómeno que probablemente es responsable de los antojos de trigo y la disforia.

Hay dos formas de suavizar el golpe. Una es reducir el trigo gradualmente durante una semana, una manera que funciona solo para algunos. Sin embargo, ten cuidado: algunas personas son tan adictas al trigo que este proceso de reducción les resulta insoportable, porque la adicción despierta con cada mordisco que le dan a un bagel o a un bollo. Para las personas que tienen una adicción muy fuerte al trigo, cortarlo de tajo podría ser la única forma de romper el ciclo. Es similar al alcoholismo. Si tu amigo bebe dos botellas de whisky al día y le aconsejas que lo reduzca a dos vasos al día, con toda seguridad él prefiera ser más sano y vivir más, pero le resultará prácticamente imposible conseguirlo.

Segundo, si crees que estás entre los que experimentarán la abstinencia, es importante elegir el mejor momento para hacer la transición de la eliminación del trigo. Elige un periodo de tiempo en el que no necesites estar a tu máximo nivel, por ejemplo, cuando estés de vacaciones del trabajo o un fin de semana largo. La confusión y la pereza mentales que experimentan algunas personas pueden ser importantes, porque dificultan la concentración prolongada y el rendimiento en el trabajo. Ciertamente, no esperarás comprensión de tu jefe ni de tus compañeros de trabajo, que es probable que se burlen de tu explicación y te digan cosas como: «¡Tom les tiene miedo a los bagels!».

Aunque la abstinencia de trigo puede ser molesta e incluso hacer que quieras morder a tus seres queridos y compañeros de trabajo, es inofensiva. Nunca he visto un efecto adverso importante, ni se ha documentado ninguno más que los descritos anteriormente. Decir no al pan tostado y las magdalenas es difícil para algunos y está cargado de muchos matices emocionales, con antojos crónicos que pueden asaltarte durante meses y años, pero es bueno para tu salud, no dañino.

Afortunadamente, no todos experimentan el síndrome completo de abstinencia. Algunos no lo sienten y se preguntan por qué tanto escándalo. Hay personas que pueden dejar de fumar de golpe y sin mirar atrás. Lo mismo ocurre con el trigo.

NO HAY VUELTA ATRÁS

Otro fenómeno extraño: una vez que has seguido una dieta sin trigo durante unos cuantos meses, puedes notar que volver a consumir trigo provoca efectos indeseables, que van desde dolores articulares hasta asma y alteración gastrointestinal. Esto puede ocurrir haya habido o no abstinencia en un principio. El «síndrome» de reexposición más frecuente consiste en gases, hinchazón, retortijones y diarrea durante de seis a 48 horas. De hecho, los efectos gastrointestinales de la reexposición al trigo en muchas formas reflejan los de la intoxicación alimentaria aguda, es decir, no son diferentes a haber consumido pollo en mal estado o una salchicha contaminada con materia fecal.

El siguiente fenómeno más común por reexposición son los dolores articulares, el dolor sordo tipo artritis, que afecta por lo general a múltiples articulaciones, como codos, hombros y rodillas, y que puede durar varios días. Otros experimentan empeoramiento agudo del asma, lo suficiente como para necesitar inhaladores durante varios días. Los efectos en el comportamiento o el humor también son frecuentes y van desde un estado de ánimo apagado y fatiga hasta ansiedad e ira (por lo general en el sexo masculino).

No está claro por qué sucede esto, ya que ningún estudio se ha dedicado a investigarlo. Mi sospecha es que la inflamación probablemente estaba presente en varios órganos durante la época de consumo de trigo. Estos sanan al eliminar el trigo y se vuelven a inflamar con la reexposición al trigo. Sospecho que los efectos sobre el comportamiento y el humor se deben a las exorfinas, algo similar a lo que los pacientes esquizofrénicos vivieron durante los experimentos de Filadelfia.

La mejor manera de evitar los efectos de la reexposición: evitar el trigo una vez que lo has eliminado de tu dieta.

¡Aumenté 13 kilos por una galleta!

No, no es un encabezado del *National Enquirer* junto a «¡Mujer de Nueva York adopta extraterrestre!». Para la gente que se ha alejado del trigo podría ser verdad.

Para aquellos que son susceptibles a los efectos adictivos del trigo, solo hace falta una galleta o un *pretzel* en un momento de debilidad. Una tosta en la fiesta de la oficina o un puñado de *pretzels* de aperitivo en un bar pueden abrir las compuertas del impulso. Una vez que empiezas, no puedes parar: más galletas, seguidas de trigo triturado para el desayuno, sándwiches para el almuerzo, más galletas de refrigerio, pasta y panecillos para la cena, etcétera. Como cualquier adicto, racionalizas tu comportamiento: «No puede ser tan malo. Esta receta es de un artículo de una revista sobre comer sano». O «Me lo saltaré hoy, pero mañana ya no». Antes de que te des cuenta, en unas cuantas semanas volverás a recuperar todo el peso que habías perdido. He visto gente recuperar 15, 20, incluso 30 kilos antes de ponerle un alto.

Tristemente, quienes sufrieron más a causa de la abstinencia del trigo durante la eliminación son los más propensos a este efecto. El consumo sin control puede ser resultado de hasta la más mínima e «inofensiva» permisividad. La gente que no es propensa a este efecto puede ser escéptica, pero he sido testigo de esto en cientos de pacientes. Quienes son susceptibles a este efecto saben muy bien lo que significa.

Aparte de tomar fármacos opiáceos bloqueadores, como la naltrexona, no existe una manera saludable y fácil de saltarse esta etapa desagradable pero necesaria. La gente propensa a este fenómeno simplemente tiene que estar alerta y no dejar que el pequeño demonio del trigo que está sobre su hombro susurre: «¡Venga! Solo es una galletita».

¿Y QUÉ HAY DE OTROS CARBOHIDRATOS?

Cuando has quitado el trigo de tu dieta, ¿qué queda?

Quita el trigo de la dieta y habrás eliminado la fuente más evidente de problemas alimentarios de la gente que en todo lo demás sigue una dieta saludable.

El trigo realmente es lo peor de lo peor en carbohidratos. Pero otros carbohidratos también pueden ser fuente de problemas, aunque a una escala menor en comparación con el trigo.

Creo que todos hemos sobrevivido a un periodo de 40 años de consumo excesivo de trigo. Nos hemos deleitado con cada nuevo producto alimentario procesado que ha llegado a las estanterías del supermercado desde la década de 1970 en adelante, nos hemos dado el gusto de los alimentos para el desayuno, la comida, la cena y los refrigerios ricos en carbohidratos. Como resultado, durante décadas nos hemos expuesto a grandes fluctuaciones de azúcar en sangre y glicación, a tener una resistencia grave y creciente a la insulina, al crecimiento de grasa visceral y a respuestas inflamatorias, todo lo cual nos lleva a tener páncreas cansados y golpeados, incapaces de dar abasto a la demanda de producción de insulina. Los desafíos generados por el consumo continuo de carbohidratos impuestos a nuestra función pancreática abatida nos llevan por el camino de la prediabetes y la diabetes, la hipertensión, las anomalías lipídicas (bajo HDL, triglicéridos altos, partículas de LDL pequeñas), la artritis, las enfermedades cardiacas, los accidentes cerebrovasculares y todas las demás consecuencias del consumo excesivo de carbohidratos.

Por esta razón, creo que, además de la eliminación del trigo, una reducción general de los carbohidratos también es benéfica. Ayuda a la liberación de todos los fenómenos de permisividad por carbohidratos que hemos cultivado todos estos años.

Si deseas que retrocedan los efectos de desencadenamiento de estimulación del apetito, distorsión de la insulina y partículas pequeñas de LDL mucho más allá del trigo o si entre tus objetivos de salud está lograr una pérdida importante de peso, entonces debes considerar reducir o eliminar los siguientes alimentos, además del trigo:

- **Almidón de maíz y harina de maíz.** Productos de harina de maíz, tales como tacos, tortillas, aperitivos de maíz y panes de maíz, cereales de desayuno, salsas y aderezos tipo *gravy* espesadas con almidón de maíz.
- **Aperitivos.** Patatas fritas, pasteles de arroz, palomitas de maíz. Estos alimentos, como los elaborados con almidón de maíz, mandan el azúcar de la sangre directo a la estratosfera.

- **Postres.** Tartas, pasteles, magdalenas, helados, sorbetes y otros postres azucarados; todos tienen demasiado azúcar.
- **Arroz.** Blanco o integral y arroz salvaje. Las cantidades moderadas son relativamente benignas, pero las cantidades grandes (más de media taza) generan efectos adversos en el azúcar en sangre.
- **Patatas.** Blancas, rojas, batatas y boniatos causan efectos similares a los generados por el arroz.
- **Legumbres.** Judías blancas, judías pintas o habones, alubias rojas, habas, garbanzos, lentejas. Al igual que las patatas y el arroz, pueden generar efectos en el azúcar en sangre, especialmente si la ración excede de media taza.
- **Alimentos sin gluten.** Deberían evitarse debido a que el almidón de maíz, el almidón de arroz, el almidón de patata y el almidón de tapioca que se utilizan en lugar del gluten de trigo provocan enormes elevaciones del azúcar en sangre.
- **Zumos de fruta y refrescos.** Aunque sean «naturales», los zumos de fruta no son buenos para ti. Aunque tienen componentes saludables como flavonoides y vitamina C, la carga de azúcar es simplemente demasiado grande para ser benéfica. Porciones pequeñas de 0,06 a 0,12 litros generalmente están bien, pero una cantidad mayor desencadenará consecuencias en el azúcar en sangre. Los refrescos, en especial los carbonatados, son muy malos para la salud principalmente a causa de los azúcares añadidos, el jarabe de maíz rico en fructosa, los colorantes y los problemas de ácido de la carbonación del ácido carbónico.
- **Frutas secas.** Arándanos secos, pasas, higos, dátiles, albaricoques.
- **Otros cereales.** Los cereales que no son trigo, como la quinoa, el sorgo, el trigo sarraceno, el mijo y posiblemente las avenas, no generan las consecuencias en el sistema inmunológico y las exorfinas que ocasiona este. Sin embargo, presentan índices de carbohidratos sustanciales, suficientes para generar

niveles altos de azúcar en sangre. Pienso que estos cereales son más seguros que el trigo, pero consumir raciones pequeñas (menos de media taza) es clave para minimizar el impacto sobre el azúcar en sangre.

En términos de mitigación de efectos adversos del trigo, no hay necesidad de restringir las grasas. Pero algunas grasas y alimentos grasos realmente no deberían formar parte de la dieta de nadie. Estos incluyen grasas hidrogenadas (trans) de alimentos procesados, aceites fritos que contienen subproductos excesivos de la oxidación y formación de PGA y embutidos como chorizos, tocino, salchichas, salami, etcétera (nitrito de sodio y PGA).

LAS BUENAS NOTICIAS

Entonces, ¿qué puedes comer?

Hay varios principios básicos que te pueden servir mucho en tu campaña sin trigo.

Come verduras

Ya lo sabías. Aunque no soy un fan de la sabiduría popular, en este caso es absolutamente correcta: las verduras, con su gran variedad, son los mejores alimentos del planeta Tierra. Ricas en nutrientes como flavonoides y fibra, deberían ser la pieza central de la dieta de todos. Antes de la revolución que supuso la introducción de la agricultura, los humanos cazaban y recolectaban sus alimentos. La parte recolectada de la ecuación se refiere a plantas como cebollas silvestres, hierba de ajo, setas, achicoria, verdolagas y muchas otras. Cualquiera que diga «No me gustan las verduras» es culpable de no haberlas probado todas, la misma gente que cree que el mundo de las verduras termina con la crema de maíz y las judías verdes de lata. No pueden «no gustarte» si no las has probado. La increíble variedad de sabores, texturas y versatilidad de las verduras implica que hay opciones para todos, desde berenjenas cortadas en rodajas y horneadas con aceite de oliva y carnosos champiñones hasta ensalada Caprese de rodajas de tomate, *mozzarella*, albahaca fresca y aceite de oliva o rábano japonés y jengibre en vinagre como guarnición de un pescado. Amplía la variedad de tus verduras más allá de tus hábitos. Prueba setas como la *shiitake* y el *Boletus edulis*. Adorna pequeños platos preparados con vegetales de la familia de la cebolla como los cebollinos, el ajo, los puerros y las chalotas. Las verduras no deben ser solo para la cena; piensa en verduras para cualquier hora del día, incluso para el desayuno.

Come *algo* de fruta

Nótese que no he dicho: «Come frutas y verduras». Esto es porque las dos no van juntas, a pesar de la frase que se escapa de las bocas de los dietistas y demás personas que repiten la forma de pensar convencional. Aunque las verduras deban ser consumidas según el gusto, la fruta debe consumirse en cantidades limitadas. Claro, la fruta contiene componentes saludables, como flavonoides, vitamina C y fibra. Pero la fruta, especialmente la que ha sido tratada con herbicidas y fertilizantes, e hibridada, ahora tiene un contenido demasiado alto en azúcar. Consumir durante todo el año frutas con un alto contenido en azúcar puede sobreexponerte a suficientes azúcares como para amplificar las tendencias diabéticas. Yo digo a los pacientes que en raciones pequeñas, como de ocho a diez arándanos azules, dos fresas, algunos pedazos de manzana o naranja, están bien; más de eso comenzará a provocar exceso de azúcar en sangre. Las bayas y frutas del bosque (arándanos azules, zarzamoras, fresas, arándanos, cerezas) encabezan la lista con el mayor contenido de nutrientes y el menor de azúcares, mientras que el consumo de plátano, piña, mango y papaya necesita estar especialmente limitado debido a su alto contenido de azúcar.

Come frutos secos crudos

Las almendras crudas, nueces, pacanas, avellanas, nueces de Brasil, pistachos y anacardos son maravillosos. Y puedes comer tantos como quieras. Llenan y tienen mucha fibra, aceites monoinsaturados y proteínas. Reducen la tensión arterial y el colesterol LDL (incluso las partículas de LDL pequeñas) y consumirlos varias veces a la semana puede agregar dos años a tu vida.[2]

No hay exceso de frutos secos, siempre que estén crudos (crudos significa que no estén asados en aceite hidrogenado de semilla de algodón o de soja, ni «asados con miel», ni sean Beer Nuts ni ninguna otra de esas interminables variedades de nueces procesadas, variedades que transforman las saludables nueces crudas en algo que provoca aumento de peso, tensión alta y elevación del colesterol LDL). No es la recomendación de «no consumir más de 14 nueces a la vez» ni de comer solo el paquete de 100 calorías que dan los dietistas que temen el consumo de grasa. Mucha gente no sabe que se pueden comer o incluso comprar frutos secos crudos. Están disponibles en grandes cantidades en la sección a granel de los supermercados, en bolsas de kilo en tiendas que venden paquetes grandes y en las de comida sana. Los cacahuetes, por supuesto, no son frutos secos, sino legumbres; no se pueden comer crudos. Los cacahuetes deben hervirse o asarse en seco y la etiqueta no debe incluir ingredientes como aceite de soja hidrogenado, harina de trigo, maltodextrina, almidón de maíz, sacarosa; solo cacahuetes.

Utiliza aceites con generosidad

Limitar el aceite es completamente innecesario, es parte de los disparates dietéticos de la nutrición de los últimos 40 años. Utiliza aceites saludables de manera generosa, como el de oliva virgen extra, el de coco, el de aguacate y el de cacao, y evita los aceites poliinsaturados, como el de semilla de girasol, cártamo, maíz y aceites vegetales (que desencadenan oxidación e inflamación). Intenta minimizar el calor y cocina a bajas temperaturas; nunca frías, ya que la fritura provoca la oxidación del aceite, lo que desencadena, entre otras cosas, la formación de PGA.

Come carnes y huevos

La fobia a la grasa de los últimos 40 años nos alejó de alimentos como los huevos, el lomo de buey y el cerdo por su contenido de grasa saturada, pero esta nunca ha sido el problema. No obstante, los carbohidratos *en combinación* con la grasa saturada provocan que las mediciones de partículas de LDL se disparen. El problema eran los carbohidratos, más que la grasa saturada. De hecho, en nuevos estudios se ha exonerado a la grasa saturada como causa de infarto de miocardio y riesgo de accidentes cerebrovasculares.[3] También existe el problema de los PGA exógenos, que acompañan a los productos animales; los PGA son componentes poco saludables de las carnes que están dentro de los componentes de productos animales potencialmente poco saludables, pero la grasa saturada no. La exposición reducida a los PGA exógenos de los productos animales consiste en tratar de cocinar a temperaturas más bajas, por periodos de tiempo más cortos, siempre que se pueda.

Intenta comprar carnes de ganado alimentado con pasto —que tienen una composición mayor de ácidos grasos omega 3 y menor probabilidad de estar llenos de antibióticos y hormonas de crecimiento— y preferentemente el criado en condiciones humanitarias y no en una granja productora equivalente a Auschwitz. No frías la carne —las temperaturas altas oxidan los aceites y crean PGA— y evita los embutidos por completo. También deberías comer huevos. No «un huevo a la semana» ni ninguna otra restricción no fisiológica. Come lo que tu cuerpo te pida, ya que las señales del apetito, una vez que te deshaces de los estimulantes no naturales del apetito, como la harina de trigo, te dirán lo que necesitas.

Come productos lácteos

Disfruta el queso, otro alimento con una amplia gama de variedades. Recuerda que la grasa *no es el problema*, así que disfruta los quesos grasos, como el suizo o el *cheddar*, o quesos exóticos, como el Stilton, Crotin de Chavignol, Edam o Comté. El queso sirve como un maravilloso refrigerio o como la pieza central de una comida.

Otros productos lácteos como el queso *cottage*, el yogur, la leche y la mantequilla deben consumirse en cantidades limitadas de no más de una porción al día. Yo creo que los adultos deberían limitar los productos lácteos que no sean queso debido al efecto insulinotrópico de las proteínas lácteas, la tendencia que tiene la proteína láctea a incrementar la liberación pancreática de insulina[4] —el proceso de fermentación requerido para hacer queso reduce el contenido de aminoácidos responsables de este efecto—. Los productos lácteos también deberían estar en su forma menos procesada. Por ejemplo, escoge yogur de leche entera, sin sabor y sin endulzar en lugar de un yogur endulzado, con contenido de azúcar y jarabe de maíz alto en fructosa.

La mayoría de las personas con intolerancia a la lactosa pueden consumir, al menos, un poco de queso, siempre que sea queso real, que haya sido sometido al proceso de fermentación —puedes distinguir el queso real por las palabra «cultivo» o «cultivo vivo» en la lista de ingredientes, que significa que se le añadió un organismo vivo para fermentar la leche—. La fermentación reduce el contenido de lactosa en el producto final: el queso. Las personas intolerantes a la lactosa también tienen la opción de escoger productos lácteos a los que se añade enzima lactasa o pueden tomar la enzima en forma de píldora.

El tema de los productos de soja puede estar muy cargado de emotividad. Yo creo que esto se debe principalmente a la proliferación de la soja, como la del trigo, en varias formas en los alimentos procesados, además del hecho de que la soja ha sido el foco de atención de mucha modificación genética. Como ahora es casi imposible saber qué alimentos tienen soja modificada genéticamente, recomiendo a mis pacientes que consuman soja en cantidades moderadas y si es posible en su forma fermentada, por ejemplo, tofu, *tempeh*, miso y *natto*, ya que la fermentación degrada las lectinas y fitatos de la soja, que potencialmente pueden producir efectos intestinales adversos. La leche de soja es un sustituto útil de la leche para los intolerantes a la lactosa, pero creo que, por las razones ya mencionadas, es mejor consumirla en cantidades limitadas. Precauciones similares se aplican a las semillas de soja integrales y a las tiernas o edamame.

Complementos

Aceitunas (verdes, kalamata, rellenas, en vinagre), aguacates, verduras en vinagre (espárragos, pimientos, rábano, tomates) y semillas crudas (de calabaza, girasol y sésamo) están entre los complementos que proporcionan variedad. Es importante extender tus opciones de alimento fuera de los hábitos usuales, ya que parte del éxito de la dieta es la variedad para proporcionar abundantes vitaminas, minerales, fibra y fitonutrientes. (Por el contrario, parte de la causa de fracaso de muchas dietas comerciales modernas es la falta de variedad. El hábito moderno de concentrar las fuentes de calorías en un grupo de alimentos, el trigo, por ejemplo, significa que habrá carencia de otros nutrientes. Por este motivo es necesario el enriquecimiento).

El enfoque nutricional de la barriga de trigo para una salud óptima

La mayoría de los adultos son un caos metabólico generado, en gran medida, por el consumo excesivo de carbohidratos. Eliminar la peor fuente de todas, el trigo, arregla gran parte del problema. Sin embargo, hay otras fuentes de problemas ocasionados por carbohidratos que, si se desea tener un control total de las distorsiones metabólicas y del peso, también deberían ser minimizadas o eliminadas. A continuación presento un resumen.

Consume en cantidades ilimitadas

- Verduras (excepto patatas y maíz): incluidos setas, hierbas, calabaza y calabacín.
- Frutos secos y semillas: almendras, nueces, pacanas, avellanas, nueces de Brasil, pistachos, anacardos y macadamias; cacahuetes (cocidos o asados en seco), semillas de girasol, semillas de calabaza, semillas de sésamo, harina de frutos secos.
- Aceites: de oliva virgen extra, aguacate, nuez, coco, manteca de cacao, semilla de linaza, macadamia, sésamo.
- Carnes y huevos, preferentemente ecológicos y de granjas sin jaulas: pollo, pavo, carne de vaca, cerdo, búfalo, avestruz, aves, pescado, mariscos, huevos (incluidas las yemas).
- Queso.
- Condimentos no azucarados: mostaza, rábano picante, tapenades, salsas, mayonesa, vinagre (blanco, de vino tinto, de sidra de manzana, balsámico), salsa inglesa, salsa de soja, salsas de chile o de pimientos.
- Otros: semillas de linaza (molidas), aguacates, aceitunas, coco, especias, cacao (sin endulzar).

Consumir en cantidades limitadas

- Lácteos (excepto queso): leche, queso *cottage,* yogur, mantequilla.

- Fruta: las bayas y frutas del bosque son lo mejor, es decir, arándanos azules, frambuesas, zarzamoras, fresas, arándanos y cerezas. Ten precaución con las frutas más azucaradas, como la piña, la papaya, el mango y el plátano. Evita la fruta seca, especialmente higos y dátiles, debido a su alto contenido en azúcar.
- Maíz entero (no confundir con harina de maíz ni almidón de maíz, que deben evitarse).
- Zumos de frutas.
- Cereales sin gluten, excepto trigo: quinoa, mijo, sorgo, *teff*, amaranto, trigo sarraceno, arroz (integral y blanco), avena, arroz salvaje.
- Legumbres: judías pintas, alubias rojas, judías blancas, habas, habones, lentejas, garbanzos; patatas (blancas y rojas), boniatos y batatas.
- Productos de soja: tofu, *tempeh*, miso, *natto;* edamame, semillas de soja.

Consumir rara vez o nunca

- Productos de trigo: panes con base de trigo, pasta, fideos, galletas, pasteles, tartas, magdalenas, cereales de desayuno, bizcochos, gofres, pan pita, cuscús; centeno, bulgur, triticale, kamut, cebada.
- Aceites insalubres: fritos, hidrogenados, poliinsaturados (especialmente de maíz, semilla de girasol, cártamo, semilla de uva, semilla de algodón, semilla de soja).
- Alimentos sin gluten: específicamente los hechos de almidón de maíz, almidón de arroz, almidón de patata o almidón de tapioca.
- Frutas secas: higos, dátiles, ciruelas pasas, pasas, arándanos.
- Alimentos fritos.

- Refrigerios azucarados: dulces, helados, sorbetes, Fruit Roll-Ups, Craisins (arándanos secos), barritas energéticas.
- Edulcorantes azucarados ricos en fructosa: jarabe o néctar de agave, miel, sirope de arce, jarabe de maíz alto en fructosa, sacarosa.
- Condimentos azucarados: jaleas, mermeladas, conservas, *ketchup* (si contiene sacarosa o jarabe de maíz alto en fructosa), *chutney*.

Los condimentos son a la comida lo que las personalidades ingeniosas son a la conversación: pueden ir por toda la gama de emociones y giros de la razón y hacerte reír. Mantén una reserva de rábano picante, wasabi y mostazas (Dijon, mostaza marrón, china, criolla, chile chipotle, de wasabi, de rábano picante y las variedades distintas de mostazas regionales), y jura que no usarás *ketchup* nunca más (especialmente el que está elaborado con sirope de maíz rico en fructosa). Los tapenades (para untar, elaborados con pasta de aceitunas, alcaparras, alcachofas, champiñones y ajo asado) se pueden comprar preparados para ahorrarte el esfuerzo y son ideales para berenjenas, huevos o pescado. Probablemente ya sepas que las salsas están disponibles en una gran variedad o que pueden prepararse con facilidad en unos minutos con un procesador de alimentos.

La sazón no debe empezar y terminar en la sal y la pimienta. Las hierbas y especias no solo son una gran fuente de variedad, sino que agregan mucho al perfil nutricional de una comida. La albahaca fresca o seca, el orégano, la canela, el comino, la nuez moscada y docenas de otras hierbas y especias están disponibles en cualquier tienda de alimentos bien surtida.

El bulgur, el kamut, el triticale, el centeno y la cebada comparten herencia genética con el trigo y, por tanto, tienen al menos parte de sus efectos potenciales, por lo que deben evitarse. Otros cereales distintos del trigo, como la avena —aunque para algunas personas intolerantes al gluten, en especial las que padecen enfermedades inmunomediadas como la enfermedad celiaca, hasta la avena está en la lista de los alimentos que no hay que consumir nunca—, la quinoa, el mijo, el amaranto, el *teff*, la chía y el sorgo son carbohidratos que no tienen los efectos inmunológicos o cerebrales del trigo. A pesar de que no son tan perniciosos como el trigo, sí cobran una cuota metabólica, por tanto, es mejor no consumirlos hasta que no se haya terminado el proceso de eliminación del trigo, cuando los objetivos metabólicos y la pérdida de peso ya se hayan alcanzado y pueda permitirse una relajación de la dieta. Si eres una persona muy adicta al trigo, debes tener cuidado con estos cereales. Como son ricos en carbohidratos, también incrementan mucho el azúcar en sangre en algunas personas, aunque no en todas. La avena, por ejemplo, ya sea molida, a la irlandesa o cocinada a fuego lento, provocará que el azúcar en sangre se suba por las nubes. Ninguna dieta debe estar dominada por ninguno de estos cereales, tampoco los necesitas. Sin embargo, la mayoría de las personas pueden encontrarse bien si los ingieren en cantidades moderadas (por ejemplo, de un cuarto a media taza). La excepción: si tienes sensibilidad al gluten comprobada, entonces debes evitar meticulosamente el centeno, la cebada, el bulgur, el triticale, el kamut y quizá la avena.

En el mundo de los granos, hay uno que se encuentra aparte, ya que está hecho por completo de proteína, fibra y aceites: la semilla de linaza. Debido a que básicamente está desprovisto de carbohidratos que aumenten el nivel de azúcar en sangre, la semilla de linaza molida es el único grano que se ajusta perfectamente a este enfoque (el grano no molido es indigerible). Utiliza el grano de linaza molido como cereal caliente (calentado, por ejemplo, con leche, leche de almendras sin endulzar, leche de coco o agua de coco o leche de soja; servido con nueces o arándanos azules) o agrégalo a alimentos como queso *cottage* o chiles. También puedes usarlo para empanar pollo y pescado.

Una nota de precaución similar a la que se aplica a los cereales que no son trigo también se otorga a las legumbres (excepto los cacahuetes). Las alubias, judías pintas, las habas y otras legumbres con almidón tienen componentes sanos, como proteína y fibra, pero la carga de carbohidratos puede ser excesiva si se consumen en grandes cantidades. Una ración de judías o alubias por lo general contiene de 30 a 50 gramos de carbohidratos, cantidad suficiente para alterar sustancialmente el azúcar en la sangre de muchas personas. Por este motivo, al igual que con los cereales que no son trigo, son preferibles las raciones pequeñas (media taza).

Bebidas

Tal vez parezca austero, pero el agua debería ser tu primera opción. Los zumos cien por cien de fruta se pueden disfrutar en cantidades pequeñas, pero las bebidas de frutas y los refrescos son muy mala opción. Tés, café y extractos de productos vegetales están muy bien para disfrutar con o sin leche, crema, leche de coco o leche de soja entera. Si se puede argumentar a favor de las bebidas alcohólicas, la única que genuinamente sobresale para la salud es el vino tinto, fuente de flavonoides, antocianinas y el ahora popular resveratrol. La cerveza, por otro lado, es una bebida de fermento de trigo en la mayoría de los casos y es la bebida alcohólica por excelencia que claramente debe ser evitada o minimizada. Las cervezas también tienden a ser altas en carbohidratos, en especial las espesas cervezas inglesas y las oscuras. Si tienes marcadores positivos de celiaquía, no deberías consumir, por ningún motivo, cerveza que contenga trigo o gluten.

Algunas personas solo necesitan disfrutar del sabor y la textura reconfortantes de los alimentos hechos de trigo, pero no quieren provocarse los dolores de cabeza. En el ejemplo de plan de menú que comienza un poco más adelante incluyo un número de posibilidades de sustitutos sin trigo, como la pizza sin trigo y el pan y bollos sin trigo (se pueden encontrar recetas seleccionadas en el «Apéndice B»).

Para los vegetarianos, con razón, el panorama será un poco más difícil, en particular los vegetarianos estrictos y veganos, que evitan los huevos, los lácteos y el pescado. Pero es posible. Los vegetarianos estrictos necesitan confiar mucho más en los frutos secos, harinas de nuez, semillas, mantecas de nueces, semillas y aceites, aguacates y aceitunas, y podrán tener un poco más de libertad de acción con los carbohidratos contenidos en las alubias, lentejas, garbanzos, arroz salvaje, semilla de chía, batatas y boniatos. Si pueden conseguirse productos de soja no modificados genéticamente, entonces el tofu, *tempeh* y *natto* pueden proporcionar otra fuente rica en proteínas.

MANOS A LA OBRA: UNA SEMANA DE UNA VIDA SIN TRIGO

Debido a que el trigo tiene un lugar muy importante en el mundo de las «comidas de consuelo» y en el universo de los alimentos procesados cómodos y a que, por lo general, ocupa un lugar privilegiado en el desayuno, la comida y la cena, a algunas personas les cuesta trabajo imaginarse cómo podría ser su vida sin él. Vivir sin trigo puede ser absolutamente aterrador.

El desayuno en particular desconcierta a mucha gente. Después de todo, si eliminamos el trigo, también eliminamos los cereales de desayuno, el pan tostado, los *muffins* ingleses, los bagels, las tortitas, los gofres, los *donuts* y las magdalenas. Entonces, ¿qué queda? Mucho. Pero no serán alimentos habituales de desayuno. Si consideras el desayuno como un alimento más, sin diferencias con la comida o la cena, las posibilidades son infinitas.

Las semillas de linaza molidas y los frutos secos molidos (almendras, avellanas, pacanas, nueces) son cereales calientes excelentes para el desayuno, calentados con leche de vaca, leche de coco o agua, leche de almendra sin endulzar o leche de soja y acompañados con nueces, semillas de girasol crudas y arándanos azules u otras frutas del bosque o bayas. Los huevos regresan al desayuno en todo su esplendor: fritos, estrellados, pasados por agua, duros, revueltos. Agrega pesto de albahaca, tapenade de aceituna, verduras picadas, setas, queso de cabra, aceite de oliva, carnes picadas (pero no tocino curado, salchicha ni salami) a tus huevos estrellados para obtener una variedad infinita de platos. En lugar de un tazón de cereal de desayuno con zumo de naranja, come una ensalada Caprese de tomates en rodajas y *mozzarella* adornada con hojas de albahaca fresca y aceite de oliva virgen extra. O guarda un poco de la ensalada de la noche anterior para el desayuno del día siguiente. Cuando tengas prisa, lleva un pedazo de queso, un aguacate fresco, una bolsa de plástico llena de pacanas y un puñado de frambuesas. O prueba la estrategia a la que llamo «cena de desayuno», que consiste en convertir los alimentos que normalmente consideras para la comida o la cena en alimentos para el desayuno. Aunque podría parecer un poco extraño a los observadores no informados, esta simple estrategia es una forma muy efectiva de mantener saludable la primera comida del día.

A continuación tienes una muestra de cómo suena una dieta sin trigo de una semana. Nótese que una vez que el trigo se elimina y se sigue una estrategia nutricional cuidadosa en los demás aspectos, es decir, se consume una selección de alimentos no dominada por la industria de la alimentación procesada, sino rica en *alimentos reales*, no es necesario contar calorías ni adherirse a fórmulas que dicten porcentajes óptimos de calorías de grasa o proteínas. Estos problemas, de manera muy simple, se resuelven solos —a menos que tengas alguna enfermedad que requiera restricciones específicas, como gota, cálculos renales o enfermedad renal—. Entonces, en la dieta de «Sin trigo, gracias» no encontrarás consejos como beber leche baja en grasa o sin grasa, ni limitaciones a 100 gramos de carne, ya que las restricciones como esas son innecesarias cuando el metabolismo vuelve a la normalidad.

Y esto casi siempre sucede una vez que los efectos que distorsionan el metabolismo están ausentes.

La única variable común de la dieta con este enfoque es el contenido de carbohidratos. Debido a la sensibilidad excesiva a los carbohidratos que la mayoría de los adultos ha adquirido después de años de consumirlos en exceso, me doy cuenta de que la mayoría tiene mejores resultados con un consumo diario de carbohidratos de 50 a 100 gramos por día. En ocasiones, se requiere una restricción aún mayor de carbohidratos si estás tratando de revertir prediabetes o diabetes —por ejemplo, menos de 30 gramos diarios—, mientras que la gente que hace ejercicio durante periodos prolongados —por ejemplo, corredores de maratón, triatletas, ciclistas de largas distancias— necesitará incrementar su consumo de carbohidratos durante el ejercicio.

Nótese que los tamaños de las raciones que están especificadas son, por ende, solo sugerencias, no restricciones. Todos los platos acompañados por una receta en el «Apéndice B» están en cursiva y llevan un asterisco (*). También se incluyen recetas adicionales en el «Apéndice B». Además, nótese que cualquiera que tenga enfermedad celiaca o cualquier otra forma positiva a anticuerpos de intolerancia al trigo y el gluten necesitará ser más estricto al examinar los ingredientes utilizados en este menú y en las recetas para buscar la garantía «sin gluten» del paquete. Todos los ingredientes necesarios están disponibles como alimentos sin gluten.

DÍA 1

Desayuno

*Cereal caliente de coco y semillas de linaza**

Comida

Tomate grande relleno de atún o cangrejo mezclado con cebolla o cebollinos picados, mayonesa

Selección de aceitunas mixtas, quesos, verduras en vinagre

Cena

Pizza sin trigo*

Ensalada verde mixta (o mezcla de lechugas de hojas rojas y verdes) con *radicchio*, pepino picado, rábanos picados, *aliño* ranch *sin preocupaciones**

Pastel de zanahoria*

DÍA 2

Desayuno

Huevos revueltos con dos cucharadas de aceite de oliva virgen extra, tomates deshidratados, pesto de albahaca, queso feta

Puñado de almendras, nueces, pacanas o pistachos crudos

Comida

Champiñón al horno relleno de cangrejo y queso de cabra

Cena

Salmón salvaje al horno o filete de atún a la plancha con *salsa wasabi**

Ensalada de espinacas con nueces o piñones, cebolla roja picada, queso gorgonzola, *vinagreta**

Galletas de jengibre con especias*

DÍA 3

Desayuno

Hummus con pimientos verdes troceados, apio, jícama, rábanos

«Pan» de manzana y nuez* untado con crema de queso, mantequilla de cacahuete, mantequilla de almendra, mantequilla de anacardo o mantequilla de semilla de girasol

Comida

Ensalada griega con aceitunas negras o kalamata, pepino picado, trozos de tomate, queso feta en cubos; aceite de oliva virgen extra con jugo de limón fresco o *vinagreta**

Cena

Pollo asado o *berenjena horneada a los tres quesos**

«Pasta» de calabacín con champiñones*

Mousse de chocolate negro y tofu*

DÍA 4

Desayuno

Tarta de queso clásica de masa sin trigo* (sí, tarta de queso para el desayuno. ¿Qué más se puede pedir?)

Puñado de almendras crudas, nueces, pacanas o pistachos

Comida

Burrito de pavo y aguacate* (con *wraps* o *tortillas de linaza**)

Granola*

Cena

Pollo cubierto de pacanas con tapenade*

Arroz salvaje

Espárragos con aceite de oliva y ajo asado*

Dulce de chocolate y mantequilla de cacahuete*

DÍA 5

Desayuno

Ensalada Caprese (tomate cortado, *mozzarella* en trozos, hojas de albahaca, aceite de oliva virgen extra)

«Pan» de manzana y nuez* untado con crema, mantequilla de cacahuete natural, mantequilla de almendra, mantequilla de anacardo o mantequilla de semilla de girasol

Comida

Ensalada de atún y aguacate*

Galletas de jengibre con especias*

Cena

Fideos shirataki *salteados**

Batido de frutas del bosque y coco*

DÍA 6

Desayuno

Burrito de huevo y pesto para el desayuno*

Puñado de almendras crudas, nueces, pacanas o pistachos

Comida

Sopa de verduras mixtas con semilla de linaza y aceite de oliva

Cena

Chuletas de cerdo empanadas con parmesano acompañadas de verduras asadas con balsámico*

«Pan» de manzana y nuez* con crema de queso o mantequilla de calabaza

DÍA 7

Desayuno

Granola*

«Pan» de manzana y nuez* untado con mantequilla de cacahuete natural, mantequilla de almendra, mantequilla de anacardo o mantequilla de semilla de girasol

Comida

Ensalada de espinacas y setas* con *aliño* ranch *sin preocupaciones**

Cena

Burrito de linaza: *tortilla de linaza** con judías negras, carne picada de pollo, cerdo o pavo o tofu, pimientos verdes, chiles jalapeños, queso *cheddar,* salsa

Sopa mexicana de tortilla*

Jícama con pasta de guacamole

Tarta de queso clásica de masa sin trigo*

El menú de siete días está un poco cargado de recetas solo para ilustrar parte de la variedad posible cuando se transforman recetas convencionales en otras que son saludables y no dependen del trigo. De igual forma, puedes utilizar platos sencillos que requieren poca planificación o preparación previas, por ejemplo, huevos revueltos y un puñado de arándanos azules y pacanas para el desayuno, pescado asado con una simple ensalada verde para la cena.

Preparar alimentos sin trigo realmente es mucho más fácil de lo que piensas. Con un poco más de esfuerzo del que te lleva planchar una camisa, puedes preparar varias comidas al día que utilicen alimentos reales, proporcionen la variedad necesaria para la salud verdadera y estén libres de trigo.

En el plan de la dieta «Sin trigo, gracias», rápidamente te desharás del hábito de «pastar», es decir, de tomar muchas comidas pequeñas o refrigerios frecuentes entre horas. Esta noción absurda pronto será un remanente de tu estilo de vida previo consumido por el trigo, pues tu apetito ya no estará regido por las subidas y bajadas en la montaña rusa del hambre, la glucosa y la insulina cada 90 o 120 minutos. No obstante, es agradable tener algún refrigerio ocasional. En un régimen sin trigo la elección de refrigerios saludables incluye:

- *Frutos secos crudos.* Nuevamente, escoge los crudos por encima de las variedades asadas en seco, ahumadas, asadas con miel o glaseadas (recuerda que los cacahuetes, que son legumbres y no frutos secos, deben estar asados en seco, no crudos).
- *Queso.* El queso no se acaba con el *cheddar.* Un plato de quesos, frutos secos y aceitunas puede servir como un refrigerio más sustancioso. El queso se mantendrá al menos algunas horas sin refrigeración, por lo que es muy adecuado para llevar. El mundo del queso es tan diverso como el del vino, tiene una gran variedad de sabores, olores y texturas, por lo que se puede combinar de diferentes formas con otros alimentos.
- *Chocolates negros.* Lo que necesitas es cacao con la justa cantidad de azúcar para hacerlo sabroso. La mayoría de los chocolates que se venden son azúcar con sabor a chocolate. Las mejores opciones contienen el 85 por 100 o más de cacao. Lindt, Nestlé y algunas marcas blancas ampliamente distribuidas hacen chocolates deliciosos con un 85 o 90 por 100 de cacao. Algunas

personas necesitan acostumbrarse al sabor ligeramente amargo y menos dulce del chocolate rico en cacao. Explora y encuentra tu marca favorita, pues algunos tienen sabor a vino, otros son terrosos. El Lindt 90 por 100 es mi favorito, ya que su muy bajo contenido de azúcar me permite comer un poco más. Dos cuadraditos no alterarán el azúcar en sangre de la mayoría de las personas; algunos pueden comer sin problemas cuatro cuadros (40 gramos, como 5 por 5 centímetros).

Puedes sumergir o untar tu chocolate oscuro con mantequilla de cacahuete natural, mantequilla de almendra, mantequilla de anacardo o mantequilla de semilla de girasol para tener una versión saludable de un *peanut butter cup*. También puedes agregar cacao en polvo a las recetas; las variedades más saludables son las que no han sido hechas al estilo «holandés», es decir, que no han sido tratadas con álcali, ya que este proceso elimina muchos de los flavonoides saludables que bajan la tensión, incrementan el colesterol HDL e inducen la relajación de las arterias. Ghirardelli, Hershey y Scharffen Berger producen cacaos no holandeses. La mezcla de cacao en polvo, leche / leche de soja / leche de coco, canela y edulcorantes no nutritivos como estevia, sucralosa, xilitol y eritritol hace un excelente chocolate caliente.

- *Galletas bajas en carbohidratos.* Como regla general, creo que nos irá mejor si utilizamos alimentos «reales», no imitaciones ni modificaciones sintéticas. Sin embargo, como golosina ocasional, hay algunas ricas galletas bajas en carbohidratos que puedes usar para mojar en hummus, guacamole, pasta de pepino (recuerda: no estamos limitando aceites ni grasas) o salsa. Mary's Gone Crackers es un fabricante de galletas sin trigo (alcaravea, hierbas, pimienta negra y cebolla) y *pretzels* Sticks & Twigs (chile chipotle, tomate, sal de mar y curry) hechos con arroz integral, quinoa y semilla de linaza. Cada galleta o *pretzel* tiene poco más de un gramo de carbohidratos «netos» (carbohidratos totales menos fibra no digerible), así que comer varios no generará una elevación indeseable del azúcar en sangre. Cada vez más fabricantes están haciendo galletas cuyo principal ingrediente es la semilla de linaza, como las Flackers, hechas por Doctor in the Kitchen, en Mineápolis. Por otro lado, si tienes un deshidratador de alimentos, las verduras secas, como el calabacín y la zanahoria, son excelentes para mojar en salsas.

- *Pastas de verduras.* Todo lo que necesitas son verduras previamente cortadas, como pimientos, judías verdes crudas, rábanos, calabacines en rebanadas o cebollinos, y algunas pastas interesantes, como pasta de judías negras, hummus, pasta de verduras, pasta de wasabi, mostazas como la de Dijon o rábanos picantes o pastas con base de crema de queso. Todas las anteriores están disponibles ya preparadas.

A pesar de que eliminar el trigo y otros carbohidratos «chatarra» de la dieta puede dejar un gran vacío, realmente hay una gama y variedad increíbles de alimentos donde escoger para llenarlo. Tal vez tengas que aventurarte fuera de tus hábitos típicos en relación a las compras y la cocina, pero encontrarás abundantes alimentos para mantener interesado a tu paladar.

Con un sentido del gusto recién despertado, un menor impulso de comer y un consumo reducido de las calorías que acompañan la experiencia sin trigo, mucha gente también describe un mayor aprecio hacia los alimentos. Como resultado, la mayoría de quienes eligen este camino, de hecho, disfrutan más la comida que durante la época en que consumían trigo.

HAY VIDA DESPUÉS DEL TRIGO

Con la dieta sin trigo verás que pasas más tiempo en el pasillo de las frutas y verduras, en el mercado de agricultores o en el puesto de verduras, así como en la carnicería y el pasillo de lácteos. Rara vez, si acaso, andarás por los pasillos de aperitivos, cereales, panes o alimentos congelados.

También notarás que ya no estás a gusto con los fabricantes de Big Food o sus adquisiciones y marcas New Age.

Un nombre New Age, tal o cual cosa ecológica, etiqueta estilo «natural» y ¡zas!, la enorme corporación multinacional de alimentos ahora parece un pequeño grupo de *exhippies* con conciencia ambiental tratando de salvar al mundo.

Los eventos sociales, como podrán confirmar muchos enfermos de celiaquía, pueden llegar a ser extravagantes ferias del trigo, con productos de trigo en absolutamente todo. La forma más diplomática de rechazar un plato que sabes que es una bomba de trigo es declarar que tienes alergia al trigo. La mayor parte de la gente civilizada respetará tu preocupación por la salud y preferirá tu privación a un incómodo caso de urticaria que podría arruinar la celebración. Si no has consumido trigo durante varias semanas, rechazar las tostas, las setas rellenas de migas o los Chex Mix tendría que ser más fácil, ya que el impulso anormal de atiborrarte de productos de trigo generado por las exorfinas ya tendría que haber cesado. Estarás totalmente conforme con el cóctel de gambas, las aceitunas y las crudités.

Comer fuera de casa puede ser un campo minado de trigo, almidón de maíz, azúcar, jarabe de maíz rico en fructosa y otros ingredientes poco saludables. Primero, la tentación. Si el camarero trae una cesta con panecillos calientes y olorosos a tu mesa, solo tienes que rechazarlos. A no ser que tus acompañantes en la cena insistan en el pan, es más fácil no tenerlo justo frente a ti, seduciéndote y corroyendo tu voluntad. Segundo, no te compliques. El salmón ahumado con salsa de jengibre puede ser una apuesta segura. Pero un plato francés con muchos ingredientes cuenta con muchas más probabilidades de tener ingredientes indeseables. Esta es una situación en la que ayuda preguntar. Sin embargo, si tienes sensibilidad al trigo inmunomediada, como la enfermedad celiaca o alguna otra sensibilidad grave al trigo, entonces es posible que ni siquiera puedas confiar en lo que el camarero o la camarera te digan. Como cualquier víctima celiaca podría afirmar, prácticamente todos los enfermos de celiaquía han tenido algún episodio desencadenado por exposición inadvertida al gluten en un plato «sin gluten». Cada vez más restaurantes anuncian un menú sin gluten. Sin embargo, ni eso es garantía de que no surjan problemas si se utiliza, por ejemplo, almidón de maíz u otro ingrediente sin gluten que desencadene alteraciones del azúcar en sangre. A fin de cuentas, comer fuera de casa presenta peligros que, en mi experiencia, solo pueden ser minimizados, no eliminados. Siempre que sea posible, consume alimentos preparados por ti o por tu familia. De esta forma, podrás estar seguro de lo que contiene tu comida.

La realidad es que, para mucha gente, la mejor protección contra el trigo es estar sin él por un tiempo, ya que la reexposición puede inducir toda clase de fenómenos peculiares. Aunque pueda ser difícil rechazar un trozo de tarta de cumpleaños, si pagas por el antojo con varias horas de retortijones estomacales y diarrea, esto puede dificultar que te permitas antojos con frecuencia (por supuesto, si padeces de enfermedad celiaca o cualquier historial de marcadores celiacos anormales, *nunca* deberías permitirte ningún alimento que contenga trigo o gluten).

Nuestra sociedad, en efecto, se ha convertido en un «mundo de cereales integrales» con productos de trigo que llenan las estanterías de todas las tiendas locales, cafeterías, restaurantes y supermercados, así como tiendas enteras dedicadas por completo al trigo, tales como panaderías y tiendas de bagels y *donuts*. Por momentos, tendrás que buscar y escarbar entre el escombro para encontrar lo que necesitas. Pero junto con el sueño, el ejercicio y recordar tu aniversario de matrimonio, eliminar el trigo puede verse como una necesidad básica para tener una vida larga y sana. Una vida sin trigo puede ser tan satisfactoria y llena de aventuras como la alternativa, aunque ciertamente es más segura.

Notas

[1] Trepanowski, J. F.; Bloomer, R. J. «The impact of religious fasting on human health» [El impacto del ayuno religioso en la salud humana]. *Nutr. J.*, 22 de noviembre de 2010; 9: 57.

[2] Kendall, C. W.; Josse, A. R.; Esfahani, A.; Jenkins, D. J. «Nuts, metabolic syndrome and diabetes» [Nueces, síndrome metabólico y diabetes]. *Br. J. Nutr.*, agosto de 2010; 104(4): 465-473.

[3] Astrup, A.; Dyerberg, J.; Elwood, P., *et al.* «The role of reducing intakes of saturated fat in the prevention of cardiovascular disease: where does the evidence stand in 2010?» [El papel de reducir el consumo de grasa saturada en la prevención de enfermedades cardiovasculares: ¿dónde se encuentra la evidencia en el 2010?]. *Am. J. Clin. Nutr.*, abril de 2011; 93(4): 684-688.

[4] Ostman, E. M.; Liljeberg Elmstähl, H. G.; Björck, I. M. «Inconsistency between glycemic and insulinemic responses to regular and fermented milk products» [Inconsistencia entre las respuestas glucémicas e insulinémicas a los productos lácteos normales y fermentados]. *Am. J. Clin. Nutr.*, julio de 2001; 74(1): 96-100.

EPÍLOGO

No cabe duda de que el cultivo del trigo en el Creciente Fértil, hace 10.000 años, fue un punto de inflexión en el curso de la civilización, ya que se plantaron las semillas de la revolución de la agricultura. El cultivo del trigo fue el paso fundamental que convirtió a los cazadores-recolectores nómadas en sociedades fijas no migratorias, que crecieron hasta ser villas y ciudades, que produjeron alimento en exceso y que hicieron posible la especialización ocupacional. Sin el trigo, la vida hoy en día seguramente sería muy diferente.

Así que, de muchas formas, debemos agradecer al trigo haber impulsado la civilización humana por el camino que nos ha llevado a nuestra era tecnológica moderna. ¿O tal vez no?

Jared Diamond, profesor de Geografía y Fisiología en UCLA y autor del libro ganador del Premio Pulitzer *Armas, gérmenes y acero*, cree que la «adopción de la agricultura, supuestamente nuestro paso más decisivo hacia una mejor vida, fue, en muchos aspectos, una catástrofe de la que nunca nos hemos recuperado».[1] Diamond, basándose en datos de la paleopatología moderna, señala que la conversión de la sociedad cazadora-recolectora en agrícola estuvo acompañada por una reducción en la estatura, una rápida propagación de enfermedades infecciosas, como la tuberculosis y la peste bubónica, y la generación de una estructura social de clases, desde los campesinos a la realeza, y también sentó las bases para la desigualdad sexual.

En sus libros *Paleopathology at the Origins of Agriculture* [Paleopatología en los orígenes de la agricultura] y *Health and the Rise of Civilization* [La salud y el surgimiento de la civilización], el antropólogo Mark Cohen, de la Universidad Estatal de Nueva York, argumenta que, aunque la agricultura produjo en exceso y permitió la división del trabajo, también implicó trabajar más y durante más tiempo. Significó reducir la amplia variedad de plantas recolectadas a las pocas cosechas que podían cultivarse. También introdujo una serie completamente nueva de enfermedades que antes eran desconocidas. «No creo que la mayoría de los cazadores-recolectores hayan cultivado hasta que tuvieron que hacerlo y, cuando se pasaron a la agricultura, cambiaron calidad por cantidad», escribe.

La noción estándar moderna de que la vida de cazador-recolector previa a la agricultura era corta, brutal y desesperada y de que era un callejón sin salida desde el punto de vista nutricional podría ser incorrecta. Según esta idea revisionista, la adopción de la agricultura puede verse como un compromiso en el que la conveniencia, la evolución de la sociedad y la abundancia de alimento fueron cambiadas por la salud.

Hemos llevado al extremo este paradigma, reduciendo nuestra variedad alimenticia hasta llegar a frases populares pegajosas como «come más cereales integrales saludables». La comodidad, la abundancia y la accesibilidad económica se han alcanzado a un nivel que habría sido inconcebible hace un siglo. El pasto silvestre de 14 cromosomas se ha transformado en la variedad de 42 cromosomas, fertilizado con nitrato, de categoría superior y alto rendimiento que nos permite ahora comprar bagels por docenas, montañas de tortitas y *pretzels* en bolsas de «tamaño familiar».

Por tanto, tales extremos de accesibilidad están acompañados de sacrificios extremos para la salud: obesidad, artritis, incapacidad neurológica, incluso muerte por enfermedades que se vuelven cada vez más comunes, como la celiaquía. De manera involuntaria, hemos hecho un pacto faustiano con la naturaleza, intercambiando abundancia por salud.

Esta idea de que el trigo no solo está enfermando a la gente, sino que está matando a algunos de nosotros —a unos rápido, a otros más despacio— arroja preguntas inquietantes: ¿qué les decimos a los millones de personas de países del Tercer Mundo?, ¿que si se privan del trigo de alto rendimiento podrían tener menos enfermedades crónicas, pero mayores probabilidades de morir de inanición a corto plazo? ¿Deberíamos simplemente aceptar que nuestros medios, lejos de ser perfectos, justifican el fin de la reducción neta de la mortalidad?

¿Puede la tambaleante economía de Estados Unidos soportar la enorme reducción de ganancias que tendría lugar si el trigo llegara a experimentar una caída en su demanda para dar paso a otros cultivos y fuentes de alimento? ¿Es posible siquiera mantener el acceso a alimento barato y en grandes volúmenes para decenas de millones de personas que en la actualidad dependen del trigo de alto rendimiento para tener pizza a 5 dólares y barras de pan a 1,29 dólares?

¿Acaso el *einkorn* o el *emmer*, los trigos primitivos que preceden a las miles de hibridaciones que condujeron al trigo moderno, deberían sustituir nuestra versión moderna, pero a costa de un menor rendimiento y unos precios más altos?

No pretendo tener todas las respuestas. De hecho, podrían pasar décadas antes de que estas preguntas puedan ser contestadas adecuadamente. Creo que resucitar cereales antiguos —como hace Eli Rogosa en el oeste de Massachusetts— podría proporcionar una pequeña parte de la solución, una solución que cobrará mayor importancia en el transcurso de muchos años, al igual que los huevos de granjas sin jaulas han logrado cierto empuje económico. Sospecho que para mucha gente el trigo ancestral representa una solución razonable, no necesariamente exenta de implicaciones para la salud humana, pero al menos mucho más segura. Y en una economía en la que la demanda controla la oferta, que haya un menor interés por parte de los consumidores por los productos modernos de trigo alterado genéticamente provocará que la producción agrícola cambie de forma gradual para ajustarse a los gustos cambiantes.

¿Qué hacer con el espinoso tema de ayudar a la alimentación del Tercer Mundo? Solo espero que las condiciones mejoradas de los años por venir también den paso a una mayor opción de alimentos que permitan a la gente alejarse de la mentalidad «es mejor que nada» que domina en la actualidad.

Entretanto, tienes la libertad de ejercer tu proclamación de emancipación de la «barriga de trigo» con el poder adquisitivo de tus dólares.

El mensaje «come más cereales integrales saludables» debe acompañar a otros errores, como sustituir grasas hidrogenadas y poliinsaturadas por grasas saturadas, sustituir margarina por mantequilla y reemplazar jarabe de maíz rico en fructosa por sacarosa, en el cementerio de los consejos nutricionales erróneos que ha confundido, engañado y engordado al público norteamericano.

El trigo *no es un carbohidrato más,* no más que la fisión nuclear es una reacción química más.

Es la gran arrogancia de los humanos modernos de que podemos cambiar y manipular el código genético de otra especie según nuestras necesidades. Quizá eso sea posible dentro de cien años, cuando el código genético se pueda manipular tan fácilmente como tu cuenta corriente. Pero hoy la modificación genética y la hibridación de las plantas que llamamos alimento sigue siendo ciencia dura y sigue estando repleta de efectos colaterales tanto en la misma planta como en los animales que la consumen.

Las plantas y los animales de la Tierra existen en su forma actual debido al resultado final de millones de años de mimos evolutivos. Llegamos nosotros y, en el absurdamente breve periodo de la última mitad de siglo, alteramos el curso de la evolución de una planta, que ha prosperado junto a los seres humanos durante milenios, solo para sufrir ahora las consecuencias de nuestras manipulaciones de cortas miras.

En el viaje de 10.000 años desde la inocente hierba de trigo *einkorn* de bajo rendimiento y no tan bueno para hornear hasta el trigo enano de alto rendimiento, creado en laboratorio, incapaz de sobrevivir de manera silvestre, ajustado a los gustos modernos, hemos sido testigos de una transformación realizada mediante ingeniería humana que no es distinta a llenar al ganado de antibióticos y hormonas y confinarlo en la bodega de una fábrica. Tal vez nos podamos recuperar de esta catástrofe llamada agricultura, pero un gran primer paso es darnos cuenta de lo que le hemos hecho a esta cosa llamada «trigo».

Nos vemos en el pasillo de las frutas y verduras.

Notas

[1] Diamond, J. «The worst mistake in the history of human race» [El peor error en la historia de la raza humana]. *Discover*, mayo de 1987; 64-66.

APÉNDICE A

EN BUSCA DEL TRIGO EN TODOS LOS LUGARES EQUIVOCADOS

Aunque las listas siguientes pueden parecer desalentadoras, utilizar solo alimentos sin trigo ni gluten es tan fácil como limitarte a alimentos que no necesitan etiqueta.

Alimentos como los pepinos, la col rizada, el bacalao, el salmón, el aceite de oliva, las nueces, los huevos y los aguacates no tienen nada que ver con el trigo ni el gluten. Están exentos de ellos; son naturales, sanos y no necesitan una etiqueta que diga: «Sin gluten».

Sin embargo, si te aventuras fuera de los alimentos familiares completamente naturales, comes en eventos sociales, vas a restaurantes o viajas, entonces existe el riesgo potencial de tener una exposición inadvertida al trigo y el gluten.

Para algunas personas, esto no solo es un juego. Alguien con enfermedad celiaca, por ejemplo, podría tener que soportar días de retortijones intestinales, diarrea e incluso hemorragia por un encuentro inadvertido con un poco de gluten de trigo mezclado en la pasta para empanar pollo. Incluso después de que la horrible erupción de dermatitis herpetiforme se cure, puede estallar con solo una pizca de salsa de soja que contenga trigo. O una persona que presenta síntomas neurológicos inflamatorios puede experimentar una disminución repentina en su coordinación debido a que la cerveza sin gluten no lo era en realidad. Para muchos otros que no tienen sensibilidad al gluten mediada inmunológicamente o por inflamación, la exposición accidental al gluten puede ocasionar diarrea, asma, confusión mental, dolores o hinchazón articulares, edema de piernas, ataques de cólera en personas con TDAH, autismo, enfermedad bipolar y esquizofrenia.

Muchas personas, por tanto, tienen que estar alerta frente a la exposición al trigo. Quienes padecen enfermedades autoinmunes, como la celiaquía, la dermatitis herpetiforme y la ataxia cerebelar, también necesitan evitar otros cereales que contienen gluten: centeno, cebada, espelta, triticale, kamut y bulgur.

El trigo y el gluten se presentan en una gran variedad de formas. Cuscús, matzá, orzo, graham y salvado son todos trigo. También lo son el faro, el panko y el rusk. Las apariencias engañan. Por ejemplo, la mayoría de los cereales de desayuno contienen harina de trigo, ingredientes derivados del trigo o gluten a pesar de tener nombres como *corn flakes* («copos de maíz») y *rice krispies* («arroz crujiente»).

La avena es todavía un tema controvertido, en especial debido a que los productos de avena, por lo general, se procesan en el mismo equipo o instalaciones que los productos de trigo. La mayoría de los enfermos celiacos, en consecuencia, evita también la avena.

Para ser calificados como sin gluten según criterios de la FDA, los productos manufacturados —no los productos producidos en restaurante— deben tanto no tener gluten como producirse en instalaciones sin gluten para prevenir la contaminación cruzada —algunas personas son tan sensibles al gluten que incluso la pequeña cantidad a la que se exponen al compartir un cuchillo puede provocarles los síntomas—. Esto significa que, para los que son muy sensibles, incluso una etiqueta de ingredientes que no incluye trigo ni ninguna palabreja que se refiera al trigo, como «almidón modificado», *aún* puede contener trigo en cierta medida. Si hay dudas, puede que sea necesario hacer una llamada o enviar un correo electrónico al departamento de atención al cliente para indagar si se utilizaron instalaciones libres de gluten. También, cada vez más fabricantes especifican en sus direcciones de Internet si sus productos son sin gluten o no.

Nótese que en las etiquetas de alimentos «sin trigo» *no equivale a «sin gluten»*. «Sin trigo» puede significar, por ejemplo, que se utiliza malta de cebada o centeno en lugar de trigo, pero ambos también contienen gluten. Quienes son muy sensibles al gluten, como aquellos con celiaquía, no deben suponer que «sin trigo» necesariamente significa «sin gluten».

Ya sabes que el trigo y el gluten se pueden encontrar en abundancia en alimentos obvios, como panes, pastas y tartas. Pero hay algunos alimentos no tan obvios que contienen trigo, como los que se incluyen en la siguiente lista.

Almidón de alimentos modificado
Baguettes
Biscote
Brioche
Bulgur
Buñuelos
Burritos
Cebada
Centeno
Crêpes
Cuscús
Espelta
Farina
Faro
Focaccias
Germen de trigo
Harina
Harina de trigo con salvado
Kamut
Matzá
Ñoquis
Orzo

Panko (mezcla de ralladura de pan utilizada en la cocina japonesa)
Picatostes
Proteína vegetal hidrolizada
Proteína vegetal texturizada
Ramen
Roux (salsa con base de trigo o espesante)
Salvado
Seitán (gluten casi puro usado en lugar de carne)
Semolina
Soba (en su mayoría trigo sarraceno, pero puede incluir trigo)
Strudel
Tartas
Tortillas (para burritos)
Trigo duro
Trigo *emmer*
Trigo *einkorn*
Triticale
Udon

El trigo es reflejo de la increíble inventiva de la especie humana, pues hemos transformado este cereal en una increíble multitud de formas y presentaciones. Más allá de las configuraciones que puede tomar el trigo enumeradas más arriba, aún hay una variedad mayor de alimentos que en cierta medida contienen trigo o gluten. Estos se encuentran enumerados más adelante.

Por favor, ten en cuenta que, debido a la extraordinaria cantidad y variedad de productos en el mercado, esta lista no puede incluir todos los posibles alimentos que contienen trigo y gluten. La clave es permanecer alerta y preguntar (o huir) siempre que haya duda.

Muchos alimentos de la lista de más adelante también existen en versiones sin gluten. Algunas versiones sin gluten son tan deliciosas como saludables, por ejemplo, la vinagreta para ensalada sin proteína vegetal hidrolizada. Pero ten en cuenta que el mundo cada vez mayor de panes, cereales de desayuno y harinas sin gluten, que por lo general están hechos con almidón de arroz, almidón de maíz, almidón de patata o almidón de tapioca, no son sustitutos saludables. Nada que genere respuestas de azúcares en sangre de niveles diabéticos debería ser etiquetado como «saludable», tenga o no gluten. Sirven, si acaso, para un antojo ocasional, no más.

También hay todo un mundo de fuentes camufladas de trigo y gluten que no se pueden descifrar a partir de la etiqueta. Si la lista de ingredientes incluye términos no específicos, como «almidón», «emulsificantes», «agentes de fermentación», entonces el alimento contiene gluten hasta que se demuestre lo contrario.

Hay dudas respecto al contenido de gluten de algunos alimentos e ingredientes, como el colorante caramelo, un producto caramelizado de azúcares calentados que casi siempre está hecho de jarabe de maíz, pero algunos fabricantes lo hacen de fuentes derivadas del trigo. Tales incertidumbres se expresan con un signo de interrogación junto a la lista.

No todo el mundo tiene que estar superalerta por la más mínima exposición al gluten. Las listas siguientes simplemente son para que seas consciente de lo omnipresentes que son el trigo y el gluten y para proporcionar un punto de partida para las personas que realmente sí necesitan estar superalerta para evitar su exposición al gluten.

Aquí se presenta una lista de fuentes inesperadas de trigo y gluten:

Bebidas

Cafés, saborizados

Cervezas de fermentación alta, tipo *ale*, cervezas y cervezas de fermentación baja, tipo *lager* (aunque ha aumentado el número de cervezas sin gluten)

Licor de malta

Preparados de Bloody Mary

Refrescos a base de vino (que contienen cebada, malta)

Tés, saborizados

Tés herbales hechos con trigo, cebada o malta

Vodkas destilados de trigo (Absolut, Grey Goose, Stolichnaya)

Whisky destilado de trigo o cebada

Cereales de desayuno

Espero que ya sepas que la mayoría de los cereales contienen trigo. Sin embargo, hay algunos que, aunque aparentan no contener trigo, lo más seguro es que sí lo tengan.

Cereales de arroz inflado

Cereales de avena

Cereales de maíz inflado

Cereales de salvado

Cereales de granola

Cereales «saludables»

Copos de maíz

Muesli, Mueslix

Queso

Debido a que algunos de los cultivos utilizados para fermentar el queso tienen contacto con el pan (moho del pan), presentan un riesgo potencial de exposición al gluten.

Queso azul
Queso *cottage* (no todos)

Queso gorgonzola
Roquefort

Colorantes / Rellenos / Texturizantes / Espesantes

Estas fuentes ocultas pueden estar entre las más problemáticas, ya que a menudo suelen mencionarse al final de la lista de ingredientes o suenan como si no tuvieran nada que ver con el trigo o el gluten. Por desgracia, no hay manera de saberlo a partir de la etiqueta. Es posible que ni el fabricante sepa decírtelo, pues estos ingredientes son producidos generalmente por un proveedor.

Almidón de alimentos
   modificado
Colorante caramelo (?)
Colorantes artificiales
Dextrimaltosa
Emulsionantes

Estabilizadores
Maltodextrina (?)
Proteína vegetal texturizada
Saborizante caramelo (?)
Saborizantes artificiales

Barritas energéticas, barritas proteicas y barritas como sustituto de comida

Todo tipo de barritas de desayuno, de aperitivo o las usadas como suplemento dietético.

Comida rápida

En muchos restaurantes de comida rápida, el aceite que se utiliza para hacer las patatas fritas puede ser el mismo que se usa para freír hamburguesas de pollo cubiertas de pan rallado. De igual forma, las superficies en que se cocina también pueden ser compartidas. Alimentos que por lo general pensarías que no contienen trigo, con frecuencia sí lo tienen, como los huevos estrellados hechos con pasta para tortitas o los nachos o bocados de patata de Taco Bell. Las salsas, embutidos y burritos por lo general contienen trigo o ingredientes derivados de este.

De hecho, los alimentos que no contienen trigo o gluten son la excepción en los restaurantes de comida rápida. Por tanto, es difícil, algunos dicen que casi imposible, obtener con confianza alimentos sin trigo ni gluten en estos lugares; de cualquier forma, ¡no deberías estar comiendo allí! Sin embargo, algunas cadenas, como Subway, declaran confiadamente que muchos de sus productos no tienen gluten u ofrecen un menú sin gluten.

Cereales calientes

Avena	Malt-O-Meal
Cream of Wheat	Salvado de avena
Farina	

Carnes

Carnes *delicatessen* (carnes frías, salami)	Imitación de carne de cangrejo
Carnes empanadas	Imitación de tocino
Carnes en lata	Pavo, marinado
Hamburguesa (si se añade pan molido)	Perritos calientes
	Salchichas

Misceláneos

Esta puede ser un área problemática, ya que los ingredientes que contienen trigo o gluten y se pueden identificar tal vez no figuren en la etiqueta del producto. Podría ser necesario llamar al fabricante.

Brillos y bálsamos para labios

Tanto medicamentos que requieren prescripción médica como los que no la requieren. (Un recurso útil en línea puede encontrarse en www.glutenfreedrugs.com, un listado actualizado por un farmacéutico).

Pintalabios	Suplementos nutricionales.
Play-Doh	(muchos fabricantes especifican
Sellos (pegamento)	«sin gluten» en la etiqueta).
Sobres (pegamento)	

Salsas, aliños para ensalada y condimentos

Aliños para ensalada	Salsa Teriyaki
Escabeches	Salsa tipo *gravy* espesada con
Ketchup	harina de trigo
Miso	Sirope de malta
Mostazas que contienen trigo	Vinagre de malta
Salsa de soja	

Condimentos

Condimentos para tacos	Mezcla de condimentos
Curry en polvo	

Refrigerios y postres

Las galletas dulces y saladas y los *pretzels* son refrigerios que evidentemente contienen trigo. No obstante, hay gran variedad de alimentos en los que no es tan obvio.

Barquillos de helado	Glaseado para tartas
Barritas de dulce	Helado (galletas con crema,
Barritas de frutos secos	galletas Oreo, masa de galletas,
Barritas de granola	tarta de queso, malta de
Cacahuetes tostados	chocolate)
Caramelos Jelly Beans (sin incluir	Mezclas Chex
Jelly Bellies ni Star-burst)	Patatas fritas (incluso Pringles)
Chicle (recubrimiento de polvo)	Regaliz
Chips de maíz	Rellenos de fruta con espesantes
Chips de tortilla, saborizados	Surtidos Trail
Fruta seca (ligeramente cubierta	Tartas
de harina)	Tiramisú
Frutos secos tostados	

Sopas

Bases de sopa y caldo
Caldos, consomé
Crema de mariscos

Mezclas para sopa
Sopas en lata

Productos de soja y vegetarianos

Chili vegetariano
«Filete» vegetariano
Hamburguesas vegetarianas
(Boca Burgers, Gardenburgers,
Morningstar Farms)

Perritos calientes y salchichas
vegetarianas
Tiras de «pollo» vegetarianas
«Vieiras» vegetarianas

Edulcorantes

Dextrina y maltodextrina (?)
Malta, sirope de malta,
saborizante de malta.

Malta de cebada, extracto
de cebada

APÉNDICE B

RECETAS SALUDABLES PARA PERDER LA BARRIGA DE TRIGO

Eliminar el trigo de tu dieta no es una tarea insuperable, pero sí requiere algo de creatividad en la cocina, ya que muchos de tus alimentos habituales y favoritos estarán ahora en la lista de alimentos prohibidos. He desarrollado unas recetas saludables, relativamente sencillas, incluyendo algunas que pueden servir para reemplazar platos familiares que contienen trigo.

Estas recetas siguen las siguientes reglas:

- **El trigo es sustituido por alternativas saludables.** Esto podría parecer obvio, pero la mayoría de los alimentos sin trigo que hay en el mercado o las recetas sin gluten *no* dan como resultado alimentos realmente saludables. Por ejemplo, sustituir trigo con almidón de maíz, almidón de arroz integral, almidón de patata o almidón de tapioca —algo que se hace con frecuencia en las recetas sin gluten— te generará obesidad y diabetes. En las recetas que se ofrecen aquí, la harina de trigo es reemplazada por harinas de frutos secos, semillas de linaza molidas y harina de coco, alimentos que son nutritivos y que no comparten ninguna de las respuestas anormales desencadenadas por el trigo o sus sustitutos comunes.

- **Se evitan las grasas no saludables, como aceites hidrogenados, poliinsaturados y oxidados.** Las grasas utilizadas en estas recetas tienden a ser más ricas en monoinsaturados y saturados, especialmente el aceite de oliva y el aceite de coco, rico en ácido láurico neutral.
- **Se mantiene una exposición baja a los carbohidratos.** Dado que el esfuerzo de llevar una dieta baja en carbohidratos es más sano por muchas razones, como perder grasa visceral, suprimir el fenómeno inflamatorio, reducir la manifestación de partículas de LDL pequeñas y minimizar o revertir las excepcionalmente comunes tendencias diabéticas, estas recetas son todas bajas en contenido de carbohidratos. La única receta recogida más adelante que contiene una cantidad más generosa de carbohidratos es la granola; sin embargo, esta receta se puede modificar fácilmente para adaptarla a tus necesidades.
- **Se utilizan edulcorantes artificiales.** El sacrificio que hago para recrear varios platos familiares sin azúcar es utilizar los edulcorantes artificiales o no nutritivos que considero los más benignos y mejor tolerados por la mayoría. Eritritol, xilitol, sucralosa y estevia están entre los edulcorantes que no alteran los niveles de azúcar ni provocan molestias gastrointestinales, a diferencia del manitol y el sorbitol. También son seguros, puesto que carecen de las consecuencias adversas potenciales para la salud del aspartame y la sacarina. Una mezcla ampliamente disponible de eritrol y estevia —que, de hecho, contiene un componente de estevia llamado rebiana— es Truvia, el edulcorante que utilicé para probar la mayoría de estas recetas.

  La cantidad especificada de edulcorante también puede parecer baja y podría necesitar ajustarse a tu gusto. Dado que la mayoría de la gente que elimina el trigo de su dieta desarrolla una renovada sensibilidad a lo dulce, les parece que gran parte de los alimentos dulces son *repugnantemente dulces*.

Por eso se ha reducido la dosis de edulcorante en las recetas. Si acabas de empezar tu viaje sin trigo y aún deseas sabor dulce, entonces siéntete libre de incrementar la cantidad de edulcorante artificial por encima de la especificada.

También nótese que la potencia de varios edulcorantes, especialmente los extractos en polvo de estevia, varía en dulzura, ya que algunos se combinan con rellenos como la maltodextrina o la inulina. Consulta la etiqueta del edulcorante que compres o usa las siguientes conversiones para determinar el equivalente en sacarosa de tu edulcorante.

---

1 taza de sacarosa equivale a:

1 taza de Stevia Extract in the Raw (y otros extractos de estevia mezclados con maltodextrina diseñados para igualar la sacarosa gramo a gramo)

1 taza de Splenda granulada

Un cuarto de taza de extracto en polvo de estevia (por ejemplo, Trader Joe's); sin embargo, más que otros edulcorantes, los extractos en polvo de estevia varían mucho en dulzura. Es mejor consultar la etiqueta para obtener el equivalente en sacarosa para la marca específica que compres.

Un tercio de taza + 1½ cucharadas (o aproximadamente 7 cucharadas) de Truvia

2 cucharadas de extracto de estevia líquido

1⅓ tazas de eritritol

1 taza de xilitol

Por último, estas recetas fueron pensadas para alguien que tenga un horario con muchas ocupaciones y cuente con tiempo limitado y, por tanto, son razonablemente fáciles de preparar. La mayoría de los ingredientes utilizados se consiguen sin dificultad.

Para estar seguros, por favor, toma nota de que cualquiera que padezca enfermedad celiaca o sus equivalentes no intestinales también debería elegir ingredientes que no contengan gluten. Todos los ingredientes que he incluido en las recetas han sido escogidos porque se encuentran fácilmente sin gluten, pero, por supuesto, nunca puedes controlar el comportamiento de cada fabricante de alimentos ni lo que pone en sus productos. Revísalo para asegurarte.

BATIDO DE FRUTAS DEL BOSQUE Y COCO

Este batido es perfecto para un desayuno rápido o como un refrigerio sencillo. Gracias a la leche de coco, te parecerá más sabroso que la mayoría de los batidos. Las frutas del bosque son el único endulzante, lo cual mantiene el azúcar al mínimo.

Para 1 persona

½ taza de leche de coco
½ taza de yogur natural bajo en calorías
¼ taza de arándanos azules, moras, fresas o cualquier otra fruta del bosque

½ taza de proteína de suero de leche en polvo sin sabor o con sabor a vainilla
1 cucharada de semillas de linaza molidas (se pueden comprar ya molidas)
½ cucharadita de extracto de coco
4 cubitos de hielo

Mezcla la leche de coco, el yogur, las frutas del bosque, la proteína de suero de leche, las semillas de linaza, el extracto de coco y los cubitos de hielo. Licúa hasta que tenga una consistencia homogénea. Sirve inmediatamente.

Esta granola servirá para satisfacer el deseo de la mayoría de la gente de comer un refrigerio dulce y crujiente, aunque su sabor y su aspecto son diferentes de la granola convencional. También puedes consumir esta granola como cereal con leche, leche de coco, leche de soja o leche de almendras sin azúcar. Los copos de avena (o quinoa) y la fruta seca que incluye esta mezcla pueden tener consecuencias en el nivel de azúcar en la sangre, pero las cantidades son pequeñas y, por tanto, es probable que sus efectos sobre el nivel de azúcar sean limitados en la mayoría de las personas.

Para 6 personas

½ taza de copos de quinoa o copos de avena, estilo tradicional

½ taza de semillas de linaza molidas (se pueden comprar ya molidas)

¼ taza de semillas de calabaza crudas y peladas

1 taza de anacardos crudos picados

½ taza de jarabe de vainilla sin azúcar (por ejemplo, Torani o DaVinci)

¼ taza de aceite de nuez

1 taza de pacanas picadas

½ taza de almendras laminadas

¼ taza de pasas, cerezas secas o arándanos secos sin azúcar

Precalienta el horno a 165°C.

Mezcla la quinoa o los copos de avena, las semillas de linaza molidas, las semillas de calabaza, ½ taza de los anacardos, el jarabe de vainilla y el aceite de nuez en un tazón grande; revuelve y cubre. Extiende la mezcla en una bandeja para el horno de 20 centímetros de diámetro y presiona hasta formar una capa nivelada de aproximadamente 1,5 centímetros de grueso. Hornea hasta que quede casi seca y crujiente (unos 30 minutos). Deja que la mezcla se enfríe en la bandeja por lo menos una hora.

Mientras tanto, mezcla las pacanas, las almendras, las frutas secas y la otra media taza de anacardos en un tazón grande.

Separa la mezcla ya fría de quinoa y linaza en pequeños pedazos. Incorpora en el tazón de las nueces y la fruta.

CEREAL CALIENTE DE COCO Y SEMILLAS DE LINAZA

Te sorprenderá lo sustancioso que puede ser este simple cereal caliente para el desayuno, especialmente si usas leche de coco.

Para 1 o 2 personas

½ taza de leche de coco, leche entera, leche de soja sin descremar o leche de almendras sin azúcar

½ taza de semillas de linaza molidas (se pueden comprar ya molidas)

½ taza de copos de coco sin azúcar

¼ taza de nueces picadas, nueces partidas por la mitad o semillas de girasol crudas peladas

Canela molida

¼ taza de fresas, arándanos azules u otras frutas del bosque partidas (opcional)

Mezcla la leche, las semillas de linaza molidas, los copos de coco y las nueces o las semillas de girasol en un tazón y mételo en el microondas durante un minuto. Antes de servir, espolvorea encima un poco de canela y algunas frutas del bosque al gusto.

BURRITO DE HUEVO Y PESTO PARA EL DESAYUNO

Este delicioso burrito se puede preparar la noche anterior y dejarlo en el frigorífico para servirlo como un desayuno práctico y sustancioso.

Para 1 persona

1 tortilla de semillas de linaza
(página 333)
1 cucharada de pesto de albahaca
o pesto de tomate deshidratado

1 huevo cocido, pelado y en
rodajas finas
2 rodajas finas de tomate
Un puñado de espinacas *baby*
o lechuga rallada

Si la tortilla está recién hecha, deja que se enfríe 5 minutos. Luego extiende el pesto en una capa de 5 centímetros en el centro de la tortilla. Coloca el huevo sobre la tira de pesto y luego las rebanadas de tomate. Termina con espinacas o lechuga. Enróllalo.

TORTILLA (PARA BURRITOS) DE SEMILLAS DE LINAZA

Las tortillas elaboradas con semillas de linaza y huevo son sorprendentemente sabrosas. Una vez que aprendas a hacerlas, podrás tener una o dos tortillas en pocos minutos. Si tienes dos moldes, puedes hacer dos tortillas a la vez y acelerar el proceso (aunque solo podrás meterlas en el microondas de una en una). Las tortillas de semillas de linaza se pueden guardar en la nevera y se conservarán bien durante algunos días. Se pueden hacer algunas variaciones saludables usando diferentes vegetales licuados (como espinacas o zanahoria) en lugar del agua necesaria para la receta.

Para 1 persona

3 cucharadas de semillas de
linaza molidas (se pueden
comprar ya molidas)
¼ cucharadita de levadura en
polvo
¼ cucharadita de cebolla en
polvo

¼ cucharadita de pimentón
1 pizca de sal de mar fina o sal de
apio
1 cucharada de aceite de coco
derretido y algo más para
engrasar las bandejas
1 cucharada de agua
1 huevo grande

Mezcla las semillas de linaza molidas, la levadura en polvo, la cebolla en polvo, el pimentón y la sal en un tazón pequeño. Agrega la cucharada de aceite de coco y revuelve. Añade el huevo y la cucharada de agua y bate hasta que esté bien incorporado.

Engrasa una bandeja de vidrio para microondas o un molde de plástico para tartas. Vierte en el molde y extiende uniformemente sobre el fondo. Pon en el microondas de 2 a 3 minutos a máxima potencia hasta que esté cocinado. Deja enfriar 5 minutos.

Para sacarlo, levanta una orilla con una espátula. Si se pega, usa una espátula para tortitas para sacarlo del molde suavemente. Da la vuelta a la tortilla y rellénala con los ingredientes que quieras.

BURRITO DE PAVO Y AGUACATE

He aquí una de las muchas maneras de usar las tortillas de semillas de linaza para preparar un desayuno, una comida o una cena sabrosos y sustanciosos. Una opción para hacerlos con salsa es extender una capa delgada de hummus o pesto en la tortilla antes de agregar los otros ingredientes.

Para 1 persona

1 tortilla de semillas de linaza
(página 333); dejarla enfriar si
se acaba de preparar
3 o 4 lonchas de pavo asado
2 lonchas delgadas de queso
suizo
¼ taza de brotes de soja

½ aguacate finamente cortado
1 puñado de hojas de espinacas
baby o lechuga rallada
1 cucharada de mayonesa,
mostaza, mayonesa wasabi
o aliño para ensalada sin azúcar

Pon el pavo y el queso suizo en el centro de la tortilla. Extiende los brotes de soja, el aguacate y las espinacas o lechuga encima. Cubre con un poco de mayonesa, mostaza o tu condimento favorito. Enróllalo.

Esta sopa mexicana de tortilla no lleva tortilla, pero se llama así porque sirve para acompañar las comidas que van con tortillas. Hice esta receta para mi familia y lamenté no haber hecho el doble, ya que todos quisieron repetir.

Para 4 personas

4 tazas de caldo de pollo bajo en sodio

¼ taza de aceite de oliva virgen extra

½ kilo de pechugas de pollo deshuesadas y sin piel, cortadas en trozos de 1,5 centímetros

2 o 3 dientes de ajo picados

1 cebolla grande finamente picada

1 pimiento rojo finamente picado

2 tomates finamente picados

3 o 4 chiles jalapeños sin semillas y finamente picados

Sal de mar fina y pimienta negra molida

2 aguacates

1 taza de queso Monterey Jack o *cheddar* rallado (100 gramos)

½ taza de cilantro fresco picado

4 cucharadas de crema agria

Pon a hervir el caldo en una cacerola grande a fuego medio y mantenlo caliente.

Mientras, calienta el aceite en una sartén a fuego medio. Agrega el pollo y el ajo y cocina hasta que el pollo esté dorado (de 5 a 6 minutos).

Agrega al caldo el pollo dorado, la cebolla, el pimiento, los tomates y los jalapeños. Vuelve a ponerlo al fuego. Hierve a fuego lento tapado durante 30 minutos. Agrega sal y pimienta negra al gusto.

Parte los aguacates por la mitad a lo largo, quita los huesos y la cáscara. Corta a lo largo tiras de medio centímetro de ancho.

Sirve la sopa en tazones poco profundos. Decora cada tazón con tiras de aguacate, queso, cilantro y una cucharada de crema agria.

ENSALADA DE ATÚN Y AGUACATE

Pocas combinaciones muestran tanto sabor y sazón como esta mezcla de aguacate con lima y cilantro fresco. Si se prepara con anticipación, es mejor que el aguacate y la lima se agreguen justo antes de servirse. La ensalada puede servirse tal cual o se le puede añadir un aliño. Los aliños de aguacate para ensalada combinan especialmente bien.

Para 2 personas

4 tazas de verduras mixtas
 o espinacas *baby*
1 zanahoria rallada
100 gramos de atún (en bolsa
 o en lata)

1 cucharadita de cilantro fresco
 picado
1 aguacate sin hueso, pelado
 y cortado en cubitos
2 rodajas de lima

Mezcla las verduras y la zanahoria en una ensaladera (o en un recipiente para meter en la nevera). Agrega el atún y el cilantro y revuelve hasta que esté mezclado. Justo antes de servir, añade el aguacate y exprime las rodajas de lima sobre la ensalada. Revuelve y sirve inmediatamente.

PIZZA SIN TRIGO

La «masa» de esta pizza sin trigo no es lo suficientemente fuerte para sostenerla en tu mano, pero va a satisfacer tu antojo nostálgico de pizza, sin ninguna de las consecuencias indeseables. Una porción o dos te dejarán satisfecho y a los niños les encantará. Escoge una salsa para pizza embotellada sin jarabe de maíz alto en fructosa ni sacarosa.

De 4 a 6 personas

1 coliflor cortada en trozos de 3 a 6 centímetros

¾ taza de aceite de oliva virgen extra (aproximadamente)

2 huevos grandes

3 tazas de queso *mozzarella* rallado (350 gramos)

Escoge entre los siguientes ingredientes de carne: 250 gramos de salchichas (preferentemente sin curar), embutido picante tipo salami en lonchas (mejor sin curar), carne picada de vaca, pavo o cerdo

350 gramos de salsa para pizza o 2 latas (de 180 gramos cada una) de pasta de tomate

Escoge entre los siguientes ingredientes vegetales: pimientos picados (verdes, rojos o amarillos), tomates deshidratados, cebollas o cebolletas picadas, ajo picado, espinacas frescas, aceitunas cortadas, champiñones picados o en rodajas, brócoli o espárragos cortados en cubos

Albahaca fresca o seca

Orégano fresco o seco

Pimienta negra

¼ taza de queso parmesano rallado

En una vaporera o en una olla grande con agua hirviendo, cuece la coliflor hasta que esté suave (aproximadamente 20 minutos). Escurre la coliflor y pásala a un tazón grande. Machácala hasta que tenga la consistencia de un puré de patata con pocos grumos. Agrega ¼ de taza del aceite, los huevos y una taza del queso *mozzarella* y mezcla bien.

Precalienta el horno a 180° C. Toma una bandeja para pizza o una bandeja para hornear con bordes altos y engrásala ligeramente con una cucharada de aceite de oliva.

Vierte la mezcla de coliflor en la bandeja para pizza y presiona la «masa» dándole forma de pizza plana de no más de 1,5 centímetros de alto, haciendo las orillas más gruesas. Hornea durante 20 minutos.

Si usas carne picada, cocínala en una sartén hasta que esté dorada y hecha.

Saca la «base de la pizza» del horno (deja el horno encendido) y extiende sobre ella la salsa para pizza o pasta de tomate, las dos tazas restantes de queso *mozzarella*, los vegetales y la carne, la albahaca, el orégano y la pimienta. Cubre con la ½ taza de aceite de oliva restante y espolvorea con el queso parmesano. Hornea hasta que el queso *mozzarella* se derrita (de 10 a 15 minutos).

Corta la pizza en porciones y usa una espátula para servirla en los platos.

«PASTA» DE CALABACÍN CON CHAMPIÑONES

Usar calabacines en lugar de pasta de trigo convencional proporciona un sabor y una textura distintos, pero es delicioso. Como los calabacines tienen un sabor menos fuerte que la pasta de trigo, cuanto más sabrosos sean la salsa y los complementos, más rica será la «pasta».

Para 2 personas

½ kilo de calabacines

250 gramos de salchichas sin curar (sin nitritos), carne picada de vaca, pavo, pollo o cerdo (opcional)

3 a 4 cucharadas de aceite de oliva virgen extra

8 a 10 champiñones picados

2 a 3 dientes de ajo picados

2 cucharadas de albahaca fresca picada

Sal y pimienta negra molida

1 taza de salsa de tomate o 100 gramos de pesto

¼ taza de queso parmesano rallado

Pela los calabacines con un pelador de verduras. Córtalos a lo largo en tiras usando el pelador hasta que llegues al centro con las semillas. (Guarda el centro con las semillas y la cáscara para otra receta, como por ejemplo una ensalada).

Si usas carne: calienta 1 cucharada de aceite en una sartén grande. Cocina la carne, deshaciéndola con una cuchara hasta que esté hecha. Escurre la grasa. Agrega 2 cucharadas de aceite a la sartén junto con los champiñones y el ajo. Cocina hasta que los champiñones estén tiernos (de 2 a 3 minutos).

Si no usas carne: calienta 2 cucharadas de aceite en una sartén grande a fuego medio. Echa los champiñones y el ajo y saltéalos de 2 a 3 minutos.

En cualquier caso: agrega las tiras de calabacín a la sartén y déjalas hasta que estén tiernas (no más de 5 minutos). Añade la albahaca picada y sal y pimienta al gusto.

En el momento de servirla, añade salsa de tomate o pesto y espolvorea el queso parmesano.

FIDEOS *SHIRATAKI* SALTEADOS

Los fideos *shirataki* son un sustituto versátil de la pasta o fideos, sin trigo por supuesto, hechos de la raíz de konjac. Prácticamente no tienen ningún efecto en el nivel de azúcar en la sangre, ya que los fideos *shirataki* son bajos en carbohidratos (3 gramos o menos por cada paquete de 230 gramos). A algunos fideos *shirataki* se les ha agregado tofu y tienen una textura menos chiclosa, más parecida a la pasta con trigo. En mi opinión, saben asombrosamente parecido a los fideos ramen de mi juventud. Como el tofu, los fideos *shirataki* absorben los sabores y olores de la comida que acompañan, ya que casi no tienen sabor propio.

Aunque esta receta es una manera sencilla de usar los fideos al estilo asiático, los fideos *shirataki* también se pueden adaptar fácilmente a platos italianos o de cualquier otro tipo, usándolos en lugar de la pasta de trigo convencional. (Hay un fabricante que también hace los fideos estilo *fettuccine, penne rigate* o cabello de ángel).

Para 2 personas

3 cucharadas de aceite de sésamo tostado

250 gramos de pechuga de pollo deshuesada, lomo de cerdo o tofu firme, cortados en cubos de 1,5 centímetros

2 o 3 dientes de ajo picados

100 gramos de setas *shiitake* frescas en lonchas (sin los tallos)

2 o 3 cucharadas de salsa de soja (sin trigo)

250 gramos de brócoli fresco
o congelado cortado en
pequeños trozos
100 gramos de brotes de bambú
en láminas
1 cucharada de jengibre fresco
rallado

2 cucharaditas de semillas de
sésamo
½ cucharadita de pimiento rojo
en trozos
2 paquetes de fideos *shirataki* (de
250 gramos cada uno)

Calienta a fuego medio 2 cucharadas de aceite de sésamo en un wok o en una sartén grande. Agrega la carne o el tofu, el ajo, las setas *shiitake* y la salsa de soja y saltea hasta que la carne esté hecha o el tofu esté ligeramente dorado por todos lados. (Agrega un poco de agua si la sartén se queda demasiado seca).

Incorpora al wok el brócoli, los brotes de bambú, el jengibre, las semillas de sésamo, las trozos de pimiento rojo y la cucharada de aceite de sésamo restante y revuelve a fuego medio hasta que el brócoli esté tierno pero entero (de 4 a 5 minutos).

Mientras se cocina el brócoli, pon a hervir 4 tazas de agua en una cacerola grande. Echa los fideos *shirataki* en un colador, enjuágalos con agua fría corriente durante unos 15 segundos y escúrrelos. Vierte los fideos en el agua hirviendo y déjalos 3 minutos. Escurre los fideos y ponlos en el wok con los vegetales. Saltea y revuelve a fuego medio-alto durante 2 minutos para que se calienten.

PASTELES DE CANGREJO

Estos pasteles de cangrejo «empanados» sin trigo son increíblemente fáciles de preparar. Si se sirven con salsa tártara u otra salsa que les pegue y se acompañan con espinacas o lechuga de hojas verdes, pueden servir de plato fuerte.

Para 4 personas

2 cucharadas de aceite de oliva virgen extra
½ pimiento rojo cortado en dados finos
¼ de cebolla finamente picada
2 cucharadas (o al gusto) de chile verde fresco picado
¼ taza de nueces molidas
1 huevo grande
1,5 cucharadita de curry en polvo
½ cucharadita de comino molido

Sal de mar fina
1 lata de cangrejo de 180 gramos, escurrido y cortado en láminas
¼ taza de semillas de linaza molidas (se pueden comprar ya molidas)
1 cucharadita de cebolla en polvo
½ cucharadita de ajo en polvo
Espinacas *baby* o ensalada de verduras mixtas
Salsa tártara (opcional)

Precalienta el horno a 165° C. Forra una bandeja para hornear con papel aluminio.

Calienta el aceite en una sartén grande a fuego medio. Agrega el pimiento, la cebolla y el chile y saltea hasta que estén tiernos (de 4 a 5 minutos). Apaga el fuego y deja que se enfríen un poco.

Pon los vegetales en un tazón grande. Remueve con las nueces, el huevo, el curry en polvo, el comino y una pizca de sal marina. Incorpora el cangrejo a la mezcla y remueve bien. Forma cuatro tortitas y ponlas en la bandeja para hornear.

En un tazón pequeño, mezcla las semillas de linaza molidas, la cebolla en polvo y el ajo en polvo. Espolvorea el «empanado» sobre los pasteles de cangrejo. Hornéalos hasta que se doren y estén bien calientes (aproximadamente 25 minutos).

Puedes servirlos sobre una cama de espinacas o una ensalada de verduras con una cucharada de salsa tártara.

POLLO CUBIERTO DE PACANAS CON TAPENADE

Este plato es una muy buena entrada para la cena o una excelente comida para llevar para el almuerzo o cualquier otro momento. Y se puede preparar en un suspiro cuando hay prisa, especialmente si tienes sobras de pollo. Solo reserva una o dos pechugas de la cena de la noche anterior. Si lo prefieres, en lugar de con la tapenade puedes cubrir el pollo con pesto (albahaca o tomate deshidratado) o caponata de berenjena.

Para 2 personas

2 pechugas de pollo de 100 gramos deshuesadas y sin piel
1 huevo grande
¼ taza de leche de coco o leche de vaca
½ taza de pacanas molidas (se pueden comprar ya molidas)
3 cucharadas de queso parmesano rallado
2 cucharaditas de cebolla en polvo
1 cucharadita de orégano seco
Sal marina fina y pimienta negra molida
4 cucharadas de tapenade, caponata o pesto comprados

Precalienta el horno a 165° C. Hornea el pollo hasta que esté cocido (alrededor de 30 minutos).

Bate el huevo ligeramente con un tenedor en un tazón poco profundo. Agrega la leche y sigue batiendo.

Mezcla las pacanas molidas, el queso parmesano, la cebolla en polvo, el orégano, la sal y la pimienta al gusto.

Pasa el pollo por el huevo y luego por la mezcla de pacanas. Colócalo en un plato y mételo en el microondas durante 2 minutos a potencia alta.

Cubre con tapenade, caponata o pesto y sirve caliente.

CHULETAS DE CERDO EMPANADAS CON PARMESANO ACOMPAÑADAS DE VEGETALES ASADOS CON BALSÁMICO

Las nueces molidas se pueden usar como sustituto del pan rallado para hacer una corteza «de pan» a la que fácilmente se le pueden añadir hierbas o condimentar según tus gustos.

Para 4 personas

1 cebolla blanca cortada en aros finos

1 berenjena pequeña pelada y cortada en cubos de 1 centímetro

1 pimiento verde cortado en aros

1 pimiento amarillo o rojo cortado en aros

2 dientes de ajo picado en trozos gruesos

¼ taza de aceite de oliva virgen extra o más si se necesita

¼ taza de vinagre balsámico

Sal marina (fina o gruesa) y pimienta negra molida

1 huevo grande

1 cucharada de leche de coco

½ taza de almendras o pacanas molidas (se pueden comprar ya molidas)

¼ taza de queso parmesano rallado

1 cucharadita de ajo en polvo

1 cucharadita de cebolla en polvo

4 chuletas de cerdo con hueso (como de 170 gramos cada una)

1 limón cortado en rodajas finas

Precalienta el horno a 165° C.

Mezcla la cebolla, la berenjena, el pimiento y el ajo en una bandeja de horno grande. Sobre la mezcla anterior, esparce 2 cucharadas de aceite y vinagre. Espolvorea con sal y pimienta negra al gusto y revuelve para cubrir los vegetales. Cubre el molde con papel aluminio y hornea durante 30 minutos.

Mientras, en un bol poco profundo, bate el huevo con la leche de coco. Mezcla la harina de almendra o pacana, el queso parmesano, el ajo en polvo y la cebolla en polvo en otro bol poco profundo. Sazona con sal y pimienta. Sumerge cada chuleta de cerdo en el huevo, cubriendo los dos lados. Después, pasa ambos lados por la mezcla de almendra molida o pacana con parmesano.

Calienta 2 cucharadas de aceite en una sartén grande a fuego medio-alto. Agrega las chuletas de cerdo y cocínalas hasta que estén levemente doradas (2 o 3 minutos por cada lado).

Después de asar los vegetales durante 30 minutos, saca la bandeja y pon las chuletas de cerdo encima. Cúbrelas con las rebanadas de limón.

Vuelve a introducir la bandeja en el horno sin tapar, y déjala hasta que las chuletas de cerdo estén hechas (deben verse ligeramente rosas en el centro) y hasta que los vegetales estén muy tiernos (aproximadamente 30 minutos).

ENSALADA DE ESPINACAS Y SETAS

Esta sencilla ensalada es fácil de preparar en grandes cantidades (usando múltiplos de las cantidades especificadas) o por anticipado si la vas a consumir pronto (por ejemplo, en el desayuno de mañana). Es mejor agregar el aliño en el momento de servir. Si prefieres usar un aliño para ensalada comprado, lee la etiqueta: a menudo están hechos con jarabe de maíz alto en fructosa y/o sacarosa. En particular, debes evitar a toda costa los aliños para ensalada bajos en grasa o sin grasa. Si un aderezo comprado está hecho con aceite saludable y no contiene azúcar o tiene muy poco, úsalo tanto como gustes: rocía un poco, viértelo sobre la ensalada o inúndala con el aliño cuanto quieras.

Para 2 personas

8 tazas de hojas de espinacas *baby*
2 tazas de setas en láminas, de la variedad que quieras
½ pimiento rojo o amarillo picado
½ taza de cebollino o cebolla roja picada
2 huevos cocidos en rodajas
½ taza de nueces partidas por la mitad
170 gramos de queso feta en cubos
Vinagreta hecha en casa (aceite de oliva virgen extra y el vinagre que prefieras) o un aliño comprado en tienda

Mezcla las espinacas, las setas, el pimiento, los cebollinos, los huevos, las nueces y el queso feta en un bol grande. Agrega el aliño y mezcla de nuevo o divide la ensalada sin aliño en dos recipientes herméticos y guárdalos en el frigorífico. Mezcla con el aliño en el momento de servir.

Variaciones: puedes jugar con esta receta de ensalada. Agrega hierbas, como albahaca o cilantro; sustituye el queso feta con queso de cabra, Gouda cremoso o suizo; añade aceitunas kalamata enteras deshuesadas o usa un aliño cremoso (que no contenga azúcares ni jarabe de maíz alto en fructosa), como por ejemplo el «aliño *ranch* sin preocupaciones» (página 358).

ESPÁRRAGOS CON ACEITE DE OLIVA Y AJO ASADO

Los espárragos contienen muchos beneficios para la salud en un pequeño paquete. El poco esfuerzo adicional de asar el ajo valdrá la pena para hacerlos más atractivos.

Para 2 personas

1 cabeza de ajo
Aceite de oliva virgen extra
250 gramos de espárragos
  cortados en trozos
  de 5 centímetros

1 cucharada de pacanas
  o almendras molidas
½ cucharadita de cebolla en
  polvo
Precalienta el horno a 180° C

Quita las capas externas de la cabeza de ajo y luego corta medio centímetro de la parte de arriba para que los dientes de ajo queden expuestos. Colócala en el centro de un cuadrado de papel de aluminio y rocía con aceite de oliva. Envuelve la cabeza de ajo en el papel aluminio y colócala en una bandeja poco profunda. Hornea durante 30 minutos. Sácala del papel aluminio y déjala enfriar.

Calienta una cucharada de aceite en una sartén grande a fuego medio. Agrega los espárragos y saltéalos, revolviendo hasta que adquieran un color verde brillante (3 o 4 minutos). Espolvorea con las pacanas o almendras molidas y luego con la cebolla en polvo.

Exprime el ajo asado para que salga de la piel y coloca en la cacerola. Continúa cocinando los espárragos, revolviendo hasta que estén tiernos pero enteros (1 o 2 minutos).

Si adoras el queso, te encantará la combinación de sabores de este plato con tres quesos. Es suficiente para servir como entrada o, en cantidades más pequeñas, como guarnición de un filete de vaca o de pescado a la parrilla. Las sobras son excelentes para el desayuno.

Para 6 personas

1 berenjena cortada transversalmente en rebanadas de 1,5 centímetros de grueso
½ taza de aceite de oliva virgen extra
1 cebolla picada
2 o 3 dientes de ajo picados
3 o 4 cucharadas de tomates deshidratados
4 o 6 tazas de hojas de espinacas

2 tomates cortados en rodajas
2 tazas de salsa de tomate
1 taza de queso *ricotta*
1 taza de queso *mozzarella* de leche entera rallado (100 gramos)
½ taza de queso parmesano rallado (50 gramos)
4 a 5 hojas de albahaca fresca picadas

Precalienta el horno a 165° C.

Coloca las rebanadas de berenjena en una bandeja de horno. Con una brocha, unta los dos lados de las rebanadas con la mayor parte del aceite; reserva 2 cucharadas. Hornea durante 20 minutos. Saca la berenjena, pero deja el horno encendido.

Calienta las 2 cucharadas del aceite restante en una sartén grande a fuego medio. Agrega la cebolla, el ajo, los tomates deshidratados y las espinacas y saltea hasta que la cebolla se quede tierna.

Esparce las rodajas de tomate sobre la berenjena. Extiende la mezcla de espinacas por encima. Echa la salsa de tomate sobre las espinacas.

Mezcla el queso *ricotta* y el queso *mozzarella* en un tazón. Extiende la mezcla de queso sobre la salsa de tomate y condimenta con la albahaca. Espolvorea encima el queso parmesano.

Hornea sin tapar hasta que burbujee y el queso esté derretido (aproximadamente 30 minutos).

«PAN» DE MANZANA Y NUEZ

Mucha gente que se aventura a seguir una dieta sin trigo en ocasiones necesita satisfacer un antojo de pan, y esta aromática hogaza alta en proteínas es perfecta para ello. El pan de nuez y manzana es delicioso con crema de queso, con mantequilla de cacahuete, semillas de girasol, anacardo o almendras, o con la tradicional mantequilla láctea (sin sal, si eres sensible a ella). Sin embargo, no sirve para hacer un sándwich, debido a que tiende a desmoronarse al no tener gluten.

A pesar de la inclusión de fuentes de carbohidratos, como el puré de manzana, la cantidad de carbohidratos es de apenas 5 gramos por ración. El puré de manzana puede dejar de lado con facilidad, sin sacrificar la calidad, al pan.

De 10 a 12 porciones

2 tazas de almendras molidas (pueden comprarse ya molidas)
1 taza de nueces picadas
2 cucharadas de semillas de linaza molidas (pueden comprarse ya molidas)
1 cucharada de canela molida
2 cucharaditas de levadura en polvo
½ cucharadita de sal marina fina

2 huevos grandes
1 taza de puré de manzana sin azúcar
½ taza de aceite de nuez, aceite de oliva extra virgen, aceite de coco derretido o mantequilla derretida
¼ taza de crema agria o leche de coco

Precalienta el horno a 165° C. Engrasa generosamente con aceite un molde para pan de 20 por 10 centímetros. (El aceite de coco es ideal para esto).

En un bol, echa las almendras molidas, las nueces, las semillas de linaza molidas, la canela, la levadura en polvo y la sal y revuelve hasta que estén muy bien mezcladas.

Bate los huevos, el puré de manzana, el aceite y la crema agria o la leche de coco en una taza. Vierte la mezcla sobre los ingredientes secos y revuelve hasta que estén incorporados. Si la mezcla está muy seca, agrega de 1 a 2 cucharadas de leche de coco. Presiona la «masa» sobre el molde y hornea hasta que al pincharla con un palillo este salga seco (aproximadamente 45 minutos). Deja que se enfríe en el molde durante 20 minutos y después sácalo. Córtalo y sírvelo.

Variaciones: considera esta receta como una base para hacer panes rápidos, que pueden ser de plátano, de calabacines y zanahoria u otros. Por ejemplo, reemplaza el puré de manzana con 1 taza y media de puré de calabaza de lata y agrega 1 cucharadita y media de nuez moscada para hacer un pan de calabaza, perfecto para las fiestas invernales.

MAGDALENAS DE PLÁTANO Y ARÁNDANOS AZULES

Como la mayoría de las recetas elaboradas con ingredientes saludables sin trigo, estas magdalenas tendrán una textura un poco más áspera que las hechas con harina de trigo. El plátano, una fruta conocida por su alto contenido de carbohidratos, les aporta a las magdalenas algo de su dulzura y, como se distribuye entre 10 magdalenas, el nivel de carbohidratos se mantiene al mínimo. Los arándanos azules pueden reemplazarse por cantidades equivalentes de frambuesas, arándanos u otras frutas del bosque o bayas.

Para 10 o 12 magdalenas pequeñas

2 tazas de almendras molidas (se pueden comprar ya molidas)
¼ taza de semillas de linaza molidas (se pueden comprar ya molidas)
Edulcorante (puede ser Truvia, extracto de estevia o Splenda) equivalente a ¾ de taza de sacarosa
1 cucharadita de levadura en polvo
1 pizca de sal de mar fina
1 plátano maduro
2 huevos grandes
½ taza de crema agria o leche de coco
¼ taza de aceite de nuez, aceite de coco o aceite de oliva extra ligero
1 taza de arándanos azules frescos o congelados

Precalienta el horno a 165° C. Engrasa con aceite un molde para 12 magdalenas pequeñas o *muffins*.

En un bol, mezcla las almendras molidas, las semillas de linaza molidas, el edulcorante, la levadura en polvo y la sal y revuelve con una cuchara.

En otro bol, machaca el plátano hasta que se forme una pasta suave. Incorpora los huevos, la crema agria o la leche de coco y el aceite. Agrega la mezcla de plátano a la mezcla de almendra y revuelve cuidadosamente. Incorpora los arándanos azules.

Con una cuchara, pon la masa en los moldes para magdalenas, llenándolos hasta la mitad. Hornea hasta que al pinchar con un palillo en el centro de una magdalena este salga seco (aproximadamente 45 minutos). Deja enfriar en los moldes de 10 a 15 minutos, luego desmóldalas y déjalas que se enfríen por completo.

MAGDALENAS DE CALABAZA CON ESPECIAS

Me encanta tener estas magdalenas para desayunar en otoño e invierno. Unta una con crema de queso y no necesitarás nada más para estar satisfecho en una mañana fría.

Para 12 magdalenas pequeñas

2 tazas de almendras molidas (se pueden comprar ya molidas)

1 taza de nueces picadas

¼ taza de semillas de linaza (se pueden comprar ya molidas)

Edulcorante (puede ser Truvia, extracto de estevia o Splenda) equivalente a ¾ de taza de sacarosa

2 cucharaditas de canela molida

1 cucharadita de pimienta inglesa molida

1 cucharadita de nuez moscada rallada

1 cucharadita de levadura en polvo

1 pizca de sal marina fina

1 lata de puré de calabaza sin azúcar (425 gramos)

½ taza de crema agria o leche de coco

2 huevos grandes

¼ taza de aceite de nuez, aceite de coco derretido o aceite de oliva extra ligero

Precalienta el horno a 165° C. Engrasa con aceite un molde para 12 magdalenas o *muffins*.

En un bol grande, mezcla las almendras, las nueces, las semillas de linaza molidas, el edulcorante, la canela, la pimienta inglesa, la nuez moscada, la levadura en polvo y la sal. En otro bol grande, mezcla la calabaza, la crema agria o la leche de coco, los huevos y el aceite.

Incorpora la mezcla de calabaza a la de almendras y bate cuidadosamente. Con una cuchara, pon la masa en los moldes para magdalenas, llenándolos hasta la mitad. Hornea hasta que al pinchar con un palillo en una magdalena salga seco (aproximadamente 45 minutos).

Deja enfriar en los moldes de 10 a 15 minutos, luego desmóldalos y espera a que se enfríen por completo.

MOUSSE DE CHOCOLATE NEGRO Y TOFU

Será muy difícil que notes la diferencia entre este postre y un *mousse* convencional. Además, proporciona una generosa cantidad de los flavonoides saludables por los que los productos de cacao comienzan a ser reconocidos. Para cualquier persona con sensibilidad a la soja, sustituye con 2 tazas (500 gramos) de yogur griego natural tanto el tofu como la leche de soja.

Para 4 personas

500 gramos de tofu duro
½ taza de cacao en polvo sin azúcar
¼ taza de leche de almendras sin azúcar, leche de soja entera o leche de vaca entera
Edulcorante (puede ser Truvia, extracto de estevia o Splenda) equivalente a ½ de taza de sacarosa

2 cucharaditas de extracto de vainilla puro
2 cucharaditas de extracto de almendra puro
Crema batida
3 o 4 fresas en rodajas o bien 10 o 12 frambuesas

Pon el tofu, el cacao, la leche de almendras, el edulcorante y los extractos de vainilla y almendra en una licuadora y licúa hasta que quede una mezcla suave y cremosa. Con una cuchara, pon la mezcla en platos para servir.

Adorna con crema batida y frutas del bosque.

GALLETAS DE JENGIBRE CON ESPECIAS

Estas galletas sin trigo van a satisfacer tu antojo ocasional. Al reemplazar la harina de trigo con harina de coco, se obtiene una galleta un poco más pesada y con menos consistencia, pero una vez que tu familia y amigos se familiaricen con esta textura inusual, te pedirán más. Al igual que algunas de las otras recetas de este libro, esta es una receta básica que puede ser modificada de varias maneras. Por ejemplo, los amantes del chocolate pueden agregar pepitas de chocolate semidulce y eliminar la pimienta inglesa, la nuez moscada y el jengibre para hacer un equivalente saludable sin trigo de las galletas de pepitas de chocolate.

Para aproximadamente 25 galletas (de 6 centímetros)

2 tazas de harina de coco

1 taza de nueces finamente picadas

3 cucharadas de coco deshidratado

2 cucharadas de Truvia, ½ cucharadita de extracto de estevia en polvo o ½ taza de Splenda granulada

2 cucharaditas de canela molida

1 cucharadita de pimienta inglesa molida

1 cucharadita de jengibre molido

1 cucharadita de nuez moscada rallada

1 cucharadita de bicarbonato de sodio

1 taza de crema agria o leche de coco

1 taza de aceite de nuez, aceite de oliva extra ligero, aceite de coco derretido o mantequilla derretida

½ taza de jarabe de vainilla sin azúcar (DaVinci y Torani son buenos)

3 huevos grandes ligeramente batidos

1 cucharada de cáscara de limón rallada

1 cucharadita de extracto de almendras puro

Leche, leche de almendras sin azúcar o leche de soja (opcional)

Precalienta el horno a 165° C. Engrasa una bandeja de horno o utiliza papel encerado para hornear.

En un bol grande, mezcla la harina de coco, las nueces, el coco rallado, el edulcorante, la canela, la pimienta inglesa, el jengibre, la nuez moscada y el bicarbonato de sodio.

Bate la crema agria o la leche de coco, el aceite o mantequilla, el jarabe de vainilla, los huevos, la cáscara de limón y el extracto de almendras en un vaso de medir de 4 tazas. Agrega la mezcla de huevo a la de harina de coco y revuelve hasta que esté todo incorporado. (Si la mezcla está demasiado densa para poder revolverla fácilmente, agrega una cucharada de leche, leche de almendras sin azúcar o leche de soja, y repite hasta que tenga la misma consistencia que una masa de tarta).

Deja caer montoncitos de 2,5 centímetros en la bandeja de horno y aplástalos. Hornea durante 20 minutos o hasta que, al pinchar con un palillo, este salga limpio. Deja enfriar fuera del horno.

De todas las recetas del libro, esta es la que más se acerca en sabor a la original que contiene trigo para satisfacer hasta el antojo del más exigente amante del trigo.

Para 8 o 10 personas

TARTA

1 taza de harina de coco
Edulcorante (puede ser Truvia, extracto de estevia o Splenda) equivalente a una taza de sacarosa
2 cucharadas de cáscara de naranja rallada
1 cucharada de semillas de linaza molidas
2 cucharaditas de canela molida
1 cucharadita de pimienta inglesa molida
1 cucharadita de nuez moscada rallada

1 cucharadita de levadura en polvo
1 pizca de sal marina fina
4 huevos grandes
½ taza de aceite de coco derretido
1 taza de crema agria
½ taza de leche de coco
2 cucharaditas de extracto de vainilla puro
2 tazas de zanahorias finamente ralladas
1 taza de pacanas picadas

GLASEADO

225 gramos de crema de queso con un tercio de grasa menos a temperatura ambiente
1 cucharadita de zumo de limón fresco

1 cucharada de Truvia, ⅛ de cucharadita de extracto de estevia en polvo o ¼ de taza de Splenda granulada
Precalienta el horno a 165° C. Engrasa un molde para hornear de 20 o 25 centímetros de diámetro.

Para hacer el pastel

En un bol grande, pon la harina de coco, el edulcorante, la cáscara de naranja, las semillas de linaza molidas, la canela, la pimienta inglesa, la nuez moscada, la levadura en polvo y la sal y mezcla manualmente.

En un bol mediano, bate los huevos, la mantequilla derretida o el aceite de coco, la crema agria, la leche de coco y la vainilla. Vierte la mezcla de huevo en la de harina de coco. Utiliza una batidora eléctrica para batir hasta que todo esté mezclado por completo. Incorpora las zanahorias y las pacanas a mano. Vierte la mezcla en el molde para hornear.

Hornea durante 1 hora o hasta que al pinchar con un palillo, este salga limpio. Deja enfriar.

Para hacer el glaseado

Echa la crema de queso, el zumo de limón y el edulcorante en un bol y bate hasta obtener una mezcla homogénea.

Extiende el glaseado sobre el pastel una vez que se haya enfriado.

TARTA DE QUESO CLÁSICA CON MASA SIN TRIGO

Esto es motivo de celebración: ¡tarta de queso sin las indeseables consecuencias para la salud y el peso! Las pacanas molidas sirven para la base sin trigo de esta exquisita tarta de queso, aunque también puedes usar nueces o almendras molidas.

Para 6 u 8 personas

BASE

1½ tazas de pacanas molidas
Edulcorante (puede ser Truvia, extracto de estevia o Splenda) equivalente a ½ de taza de sacarosa
1½ cucharadita de canela molida

6 cucharadas de mantequilla sin sal derretida y enfriada
1 huevo grande ligeramente batido
1 cucharadita de extracto de vainilla

RELLENO

500 gramos de crema de queso con un tercio menos de grasa, a temperatura ambiente
¾ taza de crema agria
Edulcorante (puede ser Truvia, extracto de estevia o Splenda) equivalente a ½ de taza de sacarosa

1 pizca de sal marina fina
3 huevos grandes
El zumo de un limón pequeño y una cucharada de cáscara de limón rallada
2 cucharaditas de extracto de vainilla puro

Para hacer la base

Mezcla las pacanas molidas, el edulcorante y la canela en un bol grande. Incorpora la mantequilla derretida, el huevo y la vainilla y mezcla bien.

Echa en un molde de tarta de 25 centímetros, presiona la mezcla en el fondo y da forma a los bordes de 4 a 5 centímetros de alto a los lados.

Para hacer el relleno

Mezcla la crema de queso, la crema agria, el edulcorante y la sal en un bol. Utiliza una batidora eléctrica y bate los huevos, el zumo de limón, la cáscara de limón y la vainilla. Bate a velocidad media durante un minuto.

Vierte el relleno en la base.

Precalienta el horno a 165º C.

Hornea hasta que el centro esté casi firme (aproximadamente 50 minutos). Deja enfriar la tarta de queso fuera del horno. Guárdala en la nevera hasta que esté bien fría antes de servir.

Variaciones: el relleno puede ser modificado de muchísimas formas. Puedes agregar ½ taza de cacao en polvo y cubrir con laminitas de chocolate negro o sustituir el limón por zumo y cáscara de lima o cubrir con frutas del bosque, hojas de menta y crema batida.

Quizá un dulce verdaderamente saludable no existe como tal, pero este se encuentra lo más cerca posible. Ten a mano una provisión de este postre para satisfacer ocasionales antojos de chocolate o golosinas.

Para 12 personas

DULCE

2 cucharaditas de aceite de coco derretido

225 gramos de chocolate sin azúcar

1 taza de mantequilla de cacahuete natural a temperatura ambiente

100 gramos de crema de queso con un tercio de grasa menos, a temperatura ambiente

Edulcorante (puede ser Truvia, extracto de estevia o Splenda) equivalente a una taza de sacarosa

1 cucharadita de extracto de vainilla puro

1 pizca de sal

½ taza de cacahuetes o nueces tostados sin sal y picados

COBERTURA (OPCIONAL)

½ taza de mantequilla de cacahuete natural a temperatura ambiente

½ taza de cacahuetes tostados sin sal y picados

Cubre una cacerola de 20 centímetros de diámetro con el aceite de coco derretido.

Para hacer el dulce, coloca el chocolate en un tazón y métalo al microondas de 1 a 2 minutos en intervalos de 30 segundos hasta que esté derretido. (Remueve después de un minuto, ya que el chocolate mantiene su forma aunque ya esté derretido).

En otro tazón para microondas mezcla la mantequilla de cacahuete, la crema de queso, el edulcorante, la vainilla y la sal. Mete al microondas durante un minuto para ablandar, luego remueve para que todo quede bien mezclado. Incorpora la mezcla de mantequilla de cacahuete al chocolate derretido y remueve bien. (Si la mezcla queda muy rígida, mete al microondas otros 30 o 40 segundos).

Extiende el dulce en la cacerola engrasada y déjalo que se enfríe. Si lo prefieres, cúbrelo con una capa de mantequilla de cacahuete y espolvorea cacahuetes picados.

SALSA WASABI

Si todavía no has probado el wasabi, ten cuidado: puede ser extremadamente picante, pero de una manera única e indescriptible. Para rebajar lo «picante» de la salsa reduce la cantidad de polvo de wasabi. (Es mejor que seas precavido y uses una cucharadita primero, hasta que puedas medir el picante de tu wasabi, además de tu tolerancia).

La salsa wasabi va muy bien como acompañamiento para el pescado o el pollo. También puedes usarlo como salsa para los burritos sin trigo (página 332).

Para una versión más asiática, sustituye la mayonesa por 2 cucharadas de aceite de sésamo y 1 cucharada de salsa de soja (sin trigo).

Para 2 raciones

3 cucharadas de mayonesa
1 o 2 cucharaditas de wasabi en polvo

1 cucharadita de jengibre finamente picado, fresco o seco
1 cucharadita de vinagre de arroz o agua

Mezcla todos los ingredientes en un tazón pequeño.

Puedes conservarlo bien tapado en la nevera durante más de cinco días.

VINAGRETA

Esta receta para una vinagreta básica es extremadamente versátil y puede ser modificada de muchas formas con solo agregar algunos ingredientes, como mostaza de Dijon, hierbas picadas (albahaca, orégano, perejil) o tomates deshidratados finamente picados. Si eliges vinagre balsámico para este aliño, lee la etiqueta con atención, ya que muchos contienen azúcar. Otras buenas elecciones son el vinagre blanco destilado, el de arroz, el de vino blanco, el de vino tinto y el de manzana.

Para 1 taza

¾ taza de aceite de oliva virgen extra
¼ taza del vinagre de tu elección
1 diente de ajo finamente picado

1 cucharadita de cebolla en polvo
½ cucharadita de pimienta blanca o negra recién molida
1 pizca de sal marina

Mezcla los ingredientes en un frasco de un tercio de litro con tapa. Ciérralo bien y agita para mezclar. Lo puedes conservar en la nevera durante más de una semana. Agita bien antes de usar.

ALIÑO *RANCH* SIN PREOCUPACIONES

Cuando haces tu propio aliño para ensaladas, incluso si usas algunos ingredientes preparados como la mayonesa, tienes mayor control sobre lo que contiene. Aquí te presentamos un aliño *ranch* rápido hecho solo con ingredientes saludables, siempre y cuando elijas una mayonesa sin trigo, ni harina de maíz, ni jarabe de maíz alto en fructosa, ni sacarosa, ni aceite hidrogenado. (La mayoría no los tienen).

Para aproximadamente 2 tazas

1 taza de crema agria
½ taza de mayonesa
1 cucharada de vinagre destilado blanco
½ taza de queso parmesano rallado (60 gramos)

1 cucharadita de ajo en polvo o ajo finamente picado
½ cucharadita de cebolla en polvo
1 pizca de sal marina

En un bol, mezcla la crema agria, la mayonesa, el vinagre y una cucharada de agua. Incorpora el queso parmesano, el ajo en polvo, la cebolla en polvo y la sal. Si quieres un aliño menos espeso, agrega otra cucharada de agua. Guárdalo en la nevera.

AGRADECIMIENTOS

El camino que tomé hacia la iluminación de vivir sin trigo fue todo menos una línea recta. En verdad, fue una lucha zigzagueante llena de altibajos para hacer las paces con lo que ha sido uno de los mayores errores nutricionales a escala internacional. Varias personas fueron fundamentales para ayudarme a entender estas cuestiones y poder transmitir este mensaje crucial a una audiencia mayor.

Tengo una deuda de gratitud hacia mi agente y amigo Rick Broadhead, por haberme escuchado cuando le hablaba de algo que, como supe desde un principio, sonaba como una idea rara. Desde los primeros momentos, Rick estuvo detrás del proyecto al cien por cien. Él catapultó mi propuesta al convertir lo que era una mera especulación en un plan completamente desarrollado y con gran prontitud. Rick fue más que un agente dedicado, también me aconsejó cómo darle forma al mensaje y cómo transmitirlo de la manera más efectiva; sin mencionar su inquebrantable apoyo moral.

Pam Krauss, mi editora en Rodale, me hizo dar el cien por cien de mi esfuerzo y me ayudó a transformar mi prosa dispersa en su forma actual. Estoy seguro de que Pam pasó muchas largas noches estudiando detenidamente mis reflexiones, tirándose del pelo, preparándose otra taza de café nocturno mientras blandía su bolígrafo de tinta verde sobre mi borrador. ¡Te debo un año de galletas nocturnas, Pam!

Hay una lista de personas que merecen mi agradecimiento por haberme proporcionado conocimientos únicos. Elisheva Rogosa de la Heritage Wheat Foundation (www.growseed.org) no solo me ayudó a entender el papel del trigo antiguo en esta travesía de 10.000 años, sino que también me proporcionó el grano *einkorn* real que me permitió experimentar de primera mano lo que significa consumir el antepasado directo del cereal, el que consumían los cazadores-recolectores natufianos. Tanto Allan Fritz, profesor de cultivo de trigo de la Universidad Estatal de Kansas, como Gary Vocke, especialista en estadísticas en materia de agricultura y destacado analista de trigo del Departamento de Agricultura estadounidense (USDA), me ayudaron al proporcionarme datos de sus investigaciones sobre el fenómeno del trigo moderno.

El doctor Peter Green, director del Centro de Enfermedad Celiaca de la Universidad de Columbia en la ciudad de Nueva York, a través de sus innovadores estudios clínicos y sus comunicaciones personales aportó el trabajo preliminar que me ayudó a entender de qué manera la enfermedad celiaca entra dentro de un problema mayor que es la intolerancia al trigo. El doctor Joseph Murray, de la Clínica Mayo, no solo proporcionó estudios clínicos extremadamente inteligentes que han ayudado a poner en tela de juicio la versión moderna del trigo generado por la industria agrícola, sino que se ofreció a ayudarme a entender aspectos que, en mi opinión, demostrarán las fechorías de este Frankencereal que se ha infiltrado en todos los aspectos de la cultura estadounidense.

Dos grupos de personas, demasiadas para nombrarlas y no obstante cerca de mi corazón, son mis pacientes y los seguidores de mi programa online para la prevención de la cardiopatía, *Track Your Plaque* (www.trackyourplaque.com). Ellos son la gente de carne y hueso que me ha enseñado muchas lecciones a lo largo del camino, las cuales me ayudaron a moldear y refinar estas ideas. Ellos son quienes me demostraron, una y otra vez, lo maravillosos que son los efectos en la salud al eliminar el trigo.

Mi amigo y gurú de la tecnología, Chris Kliesmet, me acompañó a lo largo de este esfuerzo, permitiéndome reflejar mis ideas en él con su manera de pensar siempre original.

Por supuesto, le debo un número infinito de detalles a mi maravillosa esposa, Dawn, a quien sin duda llevaré a muchos viajes bien merecidos después de haber sacrificado numerosas salidas familiares y noches juntos porque yo estaba enfrascado intentando llevar a cabo este esfuerzo. Mi amor, te amo y estoy agradecido porque me has permitido finalizar este muy muy importante proyecto.

Gracias a mi hijo, Bill, que acaba de comenzar su primer año en la universidad, quien pacientemente me escuchó hablar una y otra vez sobre este tema. ¡Estoy impresionado por tu valor para discutir estas ideas con tus profesores! A mi hija, Lauren, quien anunció su paso a tenista profesional cuando yo estaba trabajando en este libro; me aseguraré de estar apoyándote a pie de pista en más partidos. Por último, le ofrezco un amable consejo a Jacob, mi hijastro, quien soportó mis interminables advertencias, como «¡Deja esos colines!»: deseo verte tener éxito, prosperar y disfrutar del momento sin sufrir décadas de estupor, somnolencia y confusión emocional a causa nada más y nada menos que del sándwich de jamón que te acabas de comer. Aguanta con firmeza y sigue adelante.

El papel utilizado para la impresión de este libro
ha sido fabricado a partir de madera procedente de bosques
y plantaciones gestionados con los más altos estándares
ambientales, garantizando una explotación de los recursos
sostenible con el medio ambiente y beneficiosa para las
personas. Por este motivo, Greenpeace acredita que este libro
cumple los requisitos ambientales y sociales necesarios para
ser considerado un libro «amigo de los bosques».
El proyecto «Libros amigos de los bosques» promueve
la conservación y el uso sostenible de los bosques,
en especial de los Bosques Primarios,
los últimos bosques vírgenes del planeta.

Papel certificado por el Forest Stewardship Council®

THE PICKUP

Tracy Swanson was on the verge of hysteria.

She had awakened some minutes earlier—to the sound of wind shrieking across the flat top of the wooden box in which she was imprisoned—to find herself bound and gagged.

It all came rushing back to her: The kitten and the old truck and . . . the man, the horrible, smelly old man. She remembered him lifting her, his rotten breath worse than whatever he had sprayed into her face to knock her out. . . .

Tracy tried to pull her thoughts together. She was not unintelligent and it had already occurred to her that she was being kidnapped by the fat man. He must have been watching her, waiting for the right moment.

The truck lurched again and began slowing and a horrible thought crept into her mind. Suppose the fat man hadn't taken her for money at all. Ignoring the pain in her side, Tracy struggled with new energy to slip her hands free from the tight bonds encircling her wrists. A fine curtain of dust filtered into the box through the air holes.

Books by Michael O'Rourke

Darkling
The Bad Thing

Coming Soon:

The Undine

Available from HarperPaperbacks

ATTENTION: ORGANIZATIONS AND CORPORATIONS

Most HarperPaperbacks are available at special quantity discounts for bulk purchases for sales promotions, premiums, or fund-raising. For information, please call or write:
Special Markets Department, HarperCollins*Publishers*,
10 East 53rd Street, New York, N.Y. 10022.
Telephone: (212) 207-7528. Fax: (212) 207-7222.

The Bad Thing

MICHAEL

O'ROURKE

HarperPaperbacks
A Division of HarperCollinsPublishers

If you purchased this book without a cover, you should be aware that this book is stolen property. It was reported as "unsold and destroyed" to the publisher and neither the author nor the publisher has received any payment for this "stripped book."

This is a work of fiction. The characters, incidents, and dialogues are products of the author's imagination and are not to be construed as real. Any resemblance to actual events or persons, living or dead, is entirely coincidental.

HarperPaperbacks   *A Division of* HarperCollins*Publishers*
10 East 53rd Street, New York, N.Y. 10022

Copyright © 1995 by Michael O'Rourke
All rights reserved. No part of this book may be used or reproduced in any manner whatsoever without written permission of the publisher, except in the case of brief quotations embodied in critical articles and reviews. For information address HarperCollins*Publishers,*
10 East 53rd Street, New York, N.Y. 10022.

Cover illustration by Mark Garro

First printing: March 1995

Printed in the United States of America

HarperPaperbacks and colophon are trademarks of HarperCollins*Publishers*

❖ 10 9 8 7 6 5 4 3 2 1

To Jon and Michelle Jones, for their encouragement, to Katie Tso, for her wisdom, and to Kelly Reno, for her faith, this book is affectionately dedicated.

We have done with Hope and Honor, we are lost
    to Love and Truth,
We are dropping down the ladder rung by rung;
And the measure of our torment is the measure
    of our youth.
God help us, for we knew the worst too young!

—RUDYARD KIPLING

He was outcast from life's feast.

—JAMES JOYCE

Prologue

SNOW.

Big fluffy clumps of the white stuff drifted into the public square, tufting the town Christmas tree with a fleecy mantle and transforming the harsh glare of the multicolored bulbs to a soft, fuzzy glow that seemed perfectly in tune with the carols being sung by the teenagers gathered on the tiered platform at its base.

Fifty feet away, at a parking space angled into the curb, Chris Kelly sat in his father's new Buick, watching the carolers and trying to pick Diana out of the crowd. A girl on the upper tier of the platform turned her face toward him and he recognized his cousin Shelly. That narrowed his choices considerably. Diana was Shelly's best friend and the two of them were never far apart.

Because Diana was nearly a head taller than Shelly, Chris lowered his gaze to the next tier and was rewarded with a glimpse of her long blond hair framed beneath the red muffler she had draped over her head. His heart skipped a beat and he glanced at the dashboard clock, impatient for the caroling to be over.

The Buick's engine purred softly beyond the warm cocoon of the luxurious interior and soft jets of air from the heater vents played against his face and knees. Chris flipped on the wipers, clearing a thin veil of snow from the windshield and affording himself a better view of Diana. She glanced his way and he grinned to himself, feeling in his pocket for the small gold box containing the sterling bracelet with both their names engraved above a pair of entwined hearts. He tried to imagine the look in her eyes when he gave it to her before the dance tonight.

There was a loud commotion on the street behind the Buick and he turned to see an old Ford convertible with blatting illegal mufflers threading its way through the light traffic on the square. A family of last-minute shoppers hurried across the snowy street to a car parked beside the Buick, and the Ford came to a halt. The driver gunned the engine impatiently while the family loaded their purchases into the trunk, then clambered into the car and backed out into the street. The space was hardly empty before the Ford screeched into it and slammed to a stop against the curb.

Chris grinned and rolled down his window as Sonny Lasco, a sharp-featured youth with an elaborate pompadour of shining black hair and a leather motorcycle jacket, got out of the Ford and began applying a strip of silvery duct tape to the patched convertible top.

"Hey, Lasco, isn't it a little late to be decorating for Christmas?" Chris called.

Sonny Lasco, whose propensity to fight at the drop of a hat had attained legendary proportions at Bremerton Central High, whirled and glared into the Buick's darkened interior.

"Who the fuck said that?" he yelled combatively.

Chris opened his door and stepped out into the snow. "Why, do you want to fight about it?"

"Kelly, you asshole, when did you get in?" Sonny's fighting face dissolved into a good-natured grin and he reached across the Ford's battered roof to clasp Chris's hand in a crushing grip.

"Couple of hours ago," said Chris, glancing at the roll of tape in the other's hand. "Don't tell me this junker's leaking again."

"Every time I turn the heater on it melts the snow on the top," griped Sonny. "Bastard lays a steady stream of icewater square in my crotch." He kicked the side of the Ford affectionately and produced a crumpled pack of Camels from a pocket of the leather jacket. He lit the cigarette with an old Zippo and blew out a thick cloud of smoke. "So how long you in for?"

Chris shrugged glumly. "Till New Year's. Then we pack up and move again."

"You lucky bastard," said Sonny. "Where to this time?"

"Hawaii," said Chris. He snatched the cigarette from Sonny's nicotine-stained fingers and helped himself to a long drag.

"Hawaii, no shit?" Sonny let out a low whistle and tilted his head in the direction of the carolers. "You told Diana yet?"

Chris shrugged. "I might not go," he said evasively. "I've been thinking about staying here with my grandfather and doing my senior year at Central High with you guys. . . ."

Sonny stared at him. "Are you nuts? You'd give up *Hawaii* to spend a year in this shithole? Man, you must have it really bad."

Chris grinned and passed the damp butt back to him. "Yeah, I guess I do."

Sonny evaluated the remains of the cigarette and tossed it into the snow. "Look, don't get me wrong, man, Diana's a great girl and all. But Hawaii? I'd give my left nut to go to Hawaii. Hell, to go anywhere. First damn thing I'm doing when I graduate—if I graduate—is joining the marines and getting out of this stinking place forever."

"Come on, Bremerton isn't that bad."

Sonny laughed bitterly. "That's easy for you to say. Your old man's this big hotshot army colonel who moves you to all these great places, and you only have to come back here for holidays and stuff."

"All those great places aren't that great," said Chris. "Believe me. Besides, I've been coming up here almost every weekend since we moved to Philadelphia last year. I've got friends here. . . ." He looked toward the carolers, who were starting in on a spirited rendition of "Jingle Bells," a sure sign that the program was drawing to a close. Diana's red scarf had slipped down onto her shoulders and snowflakes were collecting in her golden hair. She looked like an angel in the glow of the colored lights.

"And I've got Diana."

Sonny rolled his eyes and pulled his jacket up around his neck. "Hey, let's get into your car," he suggested. "I'm freezing my balls off."

Chris opened the driver's door and ducked gratefully into the warmth of the Buick. Sonny ran around to the other side and scrambled in beside him, rubbing his hands briskly over the heater vents. "Hey, nice car. Bet it set your old man back a bundle. I wish *my* heater worked this good. It's colder'n a witch's tit out there tonight!"

"Lasco, I'm curious about something," said Chris. "Do you talk that way around Shelly?"

"Shit, no." He grinned. "When it comes to the ladies, I'm a regular fucking gentleman."

A dozen spaces down from the Buick—and thirty feet closer to the carolers—another vehicle sat beneath the shadow of an overhanging elm tree. The interior lights of the old Chevy pickup truck had been disconnected so that nothing of the driver was visible from the outside except the occasional orange glow from the tip of his filtered cigarette.

His name was Johnny.

Johnny liked the girls.

Both liked them and hated them.

He spent hours watching them, observing how they walked and sat and tossed their heads. Their gestures and movements were a constant source of amazement to him: the way their smooth breasts and legs and buttocks moved beneath their clothing, the silken rustle of slips and panties when they walked near him, the *smell* of them; some smelled like candy and flowers, others like moonlight and the night.

Johnny dreamed constantly about the girls, lay in his narrow bunk at night thinking about doing things to them, dark, forbidden things that he knew in his heart were mortal sins.

Sins you burned in hell for.

That was how Johnny had come to hate them. For when he thought of the things he wanted to do to the girls, bad things—evil things—happened to him, things that sometimes made him forget who he was and that left the awful, embarrassing stains on his sheets and, sometimes even, in his underpants.

Johnny hated the girls because they were bad and because they made the sinful things happen to him, things he could not help. Still, he could not seem to stay away from the girls either, deliberately seeking them out—just to watch

and fantasize about them from a distance—
whenever he knew they would be around.

Times like this—Christmas Eve, when he felt
alone and cold, like maybe he was the loneliest
person in the world—were the worst.

Johnny looked at the glowing Christmas tree
in the square and all the prettily dressed girls
standing on the platform, their soft red mouths
opening and closing beneath the colored lights,
and he felt the bad thing beginning to happen
beneath his overalls. He closed his eyes and
prayed he could have one of the girls all to himself for just a little while. Then maybe he could
make the bad thing stop happening.

The tall blond girl with the red scarf was the
prettiest of them all. He had seen her before at
the high school football games and knew by
heart what her legs looked like, long and slender
and tantalizing beneath the brief red cheer-
leader skirt she had worn.

Johnny had dreamed of that one many, many
times. And always when he dreamed, the bad
thing happened. The thing his mother had first
cursed and beaten him for the night she had
walked into the bathroom and found him in
the tub looking at it when he was nine years
old.

A slow, tortured frown crossed his flushed,
porcine features as he relived the pain of what
his mother had done to him that night, tying a
loop of her thick black sewing thread around his
tiny thing so that it would never, ever be bad
again . . . repeating the hated ritual again and

again for years afterward, until she had been certain he was cured.

But Johnny had not been cured. Not then. Not ever. He had carried the dark secret with him until his mother's dying day, terrified that she would find out and do something far worse to him.

After she had died he had tried using the thread himself . . . but it didn't work even as well as when she had done it, and he had finally stopped altogether. And then the bad thing had started happening all the time . . . and he thought about the girls more and more.

Johnny knew that one day—one day very soon—he would have to take one of the girls and make her pay for what they were all doing to him or he would surely go to hell as his mother had warned.

He looked up and realized that the singing had stopped. The girls were coming down off the platform, laughing and giggling and running through the snow. He watched the tall blond girl pass in front of the pickup truck. She glanced directly at the snow-encrusted windshield and he imagined that her eyes were burning straight into him, her evil gaze probing deep down into his overalls, making the bad thing happen. The thing that would one day condemn him to the everlasting agony and torment of Satan's fiery inferno.

She turned away and he watched as she hurried to a shiny new Buick parked a short distance away. A boy in black leather got out of the car and the girl got in to take his place beside the driver.

"Hi!" Diana slid into the front seat of the Buick and pressed her cold cheek against Chris's.

"Hi, yourself." He turned his head and their lips met in a long, delicious kiss, his tongue probing delicately for hers, tasting the peppermint on her breath.

"Okay, knock it off, you two, or you're going to get arrested for lewd conduct in a public place." They turned to look at Shelly, who had thrust her head into the car. She pulled off one of her knitted gloves and ran her hand across the silvery leather of the seat back. "Oh, my God," she murmured, "I could die for a car like this. Can we ride with you guys tonight? Please?"

"Hey, babe," said Sonny, coming up behind her and grabbing her around the waist while slipping a furtive hand beneath her bulky ski sweater, "can't you see they want to be alone?"

"*You* want to be alone, you mean." Shelly slapped his hands away and brushed a strand of loose red hair from her freckled forehead. She looked back at Chris and Diana and wrinkled her nose. "He's *such* an animal," she snarled.

"And she loves it," said Sonny, grabbing her in a bear hug and nuzzling beneath the collar of her turtleneck to plant a loud, smacking kiss on her neck.

"Yeah, well if you don't get a car with a decent heater pretty soon, pal, I'm going to die of pneumonia," Shelly groused. "Can you believe he actually wanted to go parking up on Roundtop last night?" she asked the other couple. "I checked the temperature. It was five degrees below zero. My goose bumps had goose bumps."

"Hey, I always warm you up, don't I?" Sonny asked.

Shelly rolled her eyes, pretending to ignore him. "You two going to the dance?" she asked.

Chris nodded. "That's what I came here for," he said. Diana poked him in the ribs and he sighed. "Hey, Shel, if you and the animal want to ride with us, it's okay."

Shelly wriggled free of Sonny's grasp and shook her head. "Thanks," she said. "He'd just pout all night if he had to ride in the backseat." She smiled and linked her arm with Sonny's. "Besides, for once he's probably right. You two do need to be alone. We'll see you at the dance."

"Don't do anything we wouldn't," yelled Sonny. He opened the door of the old Ford for Shelly, then slid in beside her. The powerful engine roared to life and the old car drove away.

"Well," said Diana, when they had gone.

Chris smiled. "I missed you."

"Me, too."

He pulled her to him and they shared a long, breathless kiss. "God, I really did miss you," he said.

She pressed her body closer to his, letting her plaid coat fall open and he placed a gentle hand on the firm swell of her breast. She sighed and placed her hand over his and they kissed again.

"I wish we could be together all the time," she whispered.

"Maybe we can." He nuzzled her ear. "I'm thinking about transferring to Central."

Diana pulled away and looked at him, her green eyes widening. "Oh, Chris, are you really?"

He nodded. "My folks are moving to Hawaii. I've just about convinced my dad that I'll have a better chance of getting into a good Ivy League school if I stick around this part of the country for interviews."

"You'd give up Hawaii to stay here . . . with me?"

Chris smiled. "Well, I don't really like pineapple all that much anyway."

Diana threw her arms around his neck. There were tears rolling down her cheeks. "Oh, darling, I love you. I really do. You won't be sorry. I swear to God."

"Hey, hey, hey!" He pulled away and dabbed at her cheeks with the end of the red scarf. "Hawaii wouldn't be any fun without my girl. Tell you what. We'll see it together on our honeymoon."

Diana fumbled in her pocket for a tissue and a small compact and examined her face in the mirror. "Oh, hell, look at me. My eyes are all red now."

Chris played with the radio while she dabbed powder on her nose. He found a Scranton station and the sweet, melodic sounds of the Beatles singing "I'll Follow the Sun" filled the car like a shining omen.

Diana turned to him and planted a tiny kiss on

his cheek. "I guess we'd better get to the dance," she whispered.

"In a minute." He pressed the small gold box into her hand. "Merry Christmas, honey."

She opened the box and gazed down at the silver bracelet. The entwined hearts with their initials carved into them gleamed in the dim light. "Oh, it's beautiful," she breathed. She slipped it onto her wrist and held it up to the windshield. "I'll never take it off."

"Next year it'll be a ring," he whispered.

They kissed again.

Johnny sat in the cab of the pickup watching the couple embracing in the car. The square had emptied with the end of the caroling and the two vehicles were the only ones remaining on the street.

He didn't know exactly what was going on in the other car—for though he was five years older than Chris Kelly, Johnny had never actually been alone with a girl—but his troubled mind filled in the details. The girl—*his girl*—was locked in an illicit embrace with the stranger in the shiny new Buick, her silken legs curled beneath her on the richly upholstered seat, her soft red mouth open to his. He squeezed his eyes shut and saw her hand traveling down to the other's waist, slim white fingers fumbling to undo his trousers, working, probing, touching. . . .

Johnny moaned in agony, fumbling for the buttons of his overalls. Struggling to stop the bad thing before it happened. Thick, calloused fingers grasped for the unruly member, squeezing, willing it to stop.

Too late.

He cried out, feeling the sticky wetness flooding his gray woolen drawers.

The girl. It was her fault. The very evilness of her—for making him do such a bad thing, for driving him one step closer to hell—nauseated and terrified him. He looked up, staring wide-eyed through the steamy window, certain that he would see the demon fire glowing in her eyes.

Two coal-bright spots of crimson glared back at him through the misty glass. He shrieked and cowered in his seat, certain that his destruction was at hand, that he was about to pay for all the bad things, just like his stern mother had promised each time she had wound the stout black thread about him.

Hellfire and eternal suffering would be his.

He waited.

The gleaming spots of ruby light grew suddenly brighter, sparkling through the crusted snow on the pane. A clot of mucus dribbled from Johnny's nose and he clasped his hands over his closely shaven head.

Nothing could save him.

The fiery spots of red light dimmed, then receded slowly into the mist, and he dared to breathe again. He crept to the window, cranked it down on rusting runners just in time to see the twin taillights of the Buick disappear around a corner half a block away. Brake lights! That was all it had been, brake lights.

His breath coming in harsh, sobbing gasps, Johnny clambered across the torn plastic seat, positioned himself behind the pickup's cracked steering wheel, and turned the ignition key. The tired battery ground the old starter motor noisily, its flat, monotonous whine echoing across the empty square. The engine finally caught, sputtering to life with a shudder that rocked the cancerous body of the truck on its squeaking springs.

His fevered mind racing, Johnny jammed the balky shift lever into reverse and the truck lurched out onto the street, its nearly bald tires spinning against the accumulation of fresh snow on the frozen pavement.

Slamming the shifter into first with a tortured clashing of gears, he started the truck rolling in the direction the Buick had taken, following the fresh, black tracks gleaming up from the snow-covered pavement.

He did not know exactly where he was going, but it seemed imperative not to let the evil girl in the Buick escape. The old truck rattled to the corner of the square past the glowing Christmas tree and he looked out at it through the open window, noticing for the first time the brilliant star shining at its very top: the golden star that was exactly like the one his mother had kept wrapped in wrinkled tissue in the cardboard whatnot box beneath her bed.

Each Christmas until she died, Johnny's

mother had carefully unwrapped the star, standing on a rickety kitchen chair in her rustling black skirts and placing it atop the scraggly discount tree that was the only kind they could ever afford.

The star was a symbol of goodness, pointing the way to heaven. That was what Johnny's mother had always told him, forbidding the addition of any other adornment or decoration to the naked tree. All below was blasphemous and evil, but the star was pure and untouched.

Johnny stared unblinking into the shining light. He realized with sudden clarity that his mother had been right. After all, hadn't he watched with his own eyes as the girl and the stranger had done the evil thing in the parked car beneath the holy star?

He knew exactly what he must do to end the torture the evil girl had inflicted upon him and save himself from the everlasting hellfire.

He would do it tonight.

Johnny's thin lips twisted into a satisfied smile and he imagined his mother's severe face beaming down on him from heaven.

He would show her.

She would see that he was a good boy after all.

The pretty blond girl would be his Christmas present to her.

BOOK ONE

A Lifetaker and a Heartbreaker

The Killer

JOHANNESBURG, SOUTH AFRICA
JULY 1994

CHRIS Kelly killed people.

He had been killing people for more than half of his adult life.

It was what he did.

Not the only thing he did, but the thing he did best.

Traveling primarily—but not always—to those distant and exotic parts of the world whose principal exports are disease and misery and injustice, on behalf of an obscure governmental subcontractor, he had made a career of dispatching various and sundry of his fellow humans to their respective Valhallahs.

Quietly, cleanly, efficiently.

His expertise as a killer had brought him to

Johannesburg on this pleasant winter afternoon. As he arrived on the Swissair flight from Zurich by way of Nairobi it occurred to him that he was a living anachronism. Being a professional assassin these days was something akin to pursuing a career as a White Hunter in an Africa long since given over to camera safaris.

Nobody did it anymore—with the possible exception of Israel, and maybe the Mafia.

Oh, there was still plenty of killing around, as a look at any morning newspaper would readily confirm. But, by and large, the game had long since been taken over by gifted amateurs. The career assassin was as out of date as Neanderthal man and the fountain pen.

For one thing, governments—always the largest employers of such specialists—had recently discovered that it was no longer politically correct to keep trained killers on their payrolls.

The fact that he was obsolete didn't trouble Chris Kelly in the least. He was growing tired of killing and now he dreamed of retiring with the substantial nest egg he'd accumulated over the past twenty-odd years.

Passing through immigration and customs at Jan Smuts Airport, South Africa's central arrival point for all international flights, was no more—or less—daunting than usual, despite the highly touted reforms of recent years.

The same smiling immigration clerks still stood behind their bright Formica counters, politely enquiring about the plans of new arrivals to the RSA, hyping the numerous private game reserves, the splendid wine country and the luxurious rail journeys to the Cape: They still handed out the colorful brochures reminding visitors of the fact that South Africa remained the continent's final bastion of strictly enforced wildlife conservation.

But as the fresh-scrubbed clerks, whose numbers now included a few black faces, chatted and examined visas, members of the infamous security police, anonymous men in identical plainclothes suits the dull, leaden color of gathering storm clouds, circled the arrivals lounge like vultures, eavesdropping on a conversation here, examining a passport there, opening heavy doors fitted with electronic locks and panels of one-way glass to confer in whispered tones with others of their kind.

Once, years earlier, Chris had attracted the attention of the dreaded SPs at Jan Smuts—he never discovered why—and was afforded a visit to the notorious Jo'burg Hilton, a strange Orwellian section of the modern concrete terminal fitted out with all the familiar pastel acoutrements common to Holiday Inns worldwide.

The Jo'burg Hilton was like a hotel in every respect. Bellmen carried your luggage to your standard Holiday Inn room, the latest model Sony color television broadcast CNN and SABC programs from a wood-colored Formica dresser and surprisingly good meals were served three times daily by polite, white-jacketed room service waiters.

The glasses in the bathrooms were even wrapped in crackly paper and a sanitary strip advised that your toilet had been freshly disinfected.

After that, however, the similarities abruptly ended.

In the Jo'burg Hilton, you see, the drapes at the far end of your spacious room—the end where you would normally expect to find a picture window overlooking the vast sweep of Johannesburg's famed Gold Reef—parted to reveal only a blank concrete wall. You might have noticed then that there was no telephone on the bedside table and, most disturbing of all, no knob on the inside of the door.

Guests of the Jo'burg Hilton remained in their rooms at the pleasure of the management until it was decided whether or not they posed a threat to state security. In the Republic of South Africa a threat to state security could have been a copy of *Newsweek* magazine—which had been declared a subversive publication—discovered in one's luggage.

On that previous visit to Johannesburg, Chris was unaccountably held for three days, then just as unaccountably released to go about his business. No explanation, or apology, was ever offered for his detention.

Fortunately, on this trip the men in gray expressed no interest whatsoever in the tall, middle-aged American in the rumpled JCPenney suit. He wondered if it mattered that the name on his passport was different from what it had been on his earlier visit.

Although he was ostensibly in the country this time to confer with several local artists about performing in an international music festival to be held in London the following spring, the apple-cheeked clerk gave him an enthusiastic pitch on a new elephant sanctuary, stamped his passport with a red seal, and sent him on his way to the rental car stand with a handful of brochures depicting the pleasures of auto caravaning along the Wild Coast.

After collecting his luggage and passing through the glass doors into the main lobby, he reset his old stainless steel Rolex to the local time and ducked into a gift shop on the busy concourse for a cup of bitter coffee, allowing the line at the car rental booth to diminish somewhat in length while he took his bearings.

"Black or white, sir?" The smiling coloured waitress behind the counter posed the standard question, to which he had always been tempted to specify that he would prefer his coffee good.

"White," he muttered, knowing that good was not an available option.

The waitress hurried off to get the thick, black coffee and the pot of steaming milk that, mixed together in equal amounts, would compose "white," and he unfolded the tourist map on the imitation marble countertop, locating his objective to the north of the city in the Transvaal and mentally converting kilometers to miles for a rough estimate of how long it would take to cover the distance by car.

Figuring into his calculations the fact that the

first two thirds of the trip would be covered on a no-speed-limit ultramodern interstate-type highway as good as any to be found in the States, and the remainder on dirt roads, he estimated he could do it in two hours.

The final part of the journey would be undertaken in the early morning hours of the next day along roads that a legend on the map warned were subject to the vagaries of terrorist mines, wandering cattle and, occasionally, marauding lions.

A land of startling contrasts, is Africa.

He sat back to study the route to his objective and tried to enjoy the coffee. He really didn't have to hurry now.

There was no one to kill until tomorrow morning.

CHAPTER 2

Johnny

JOHNNY had killed another man.

He hadn't meant or wanted to do it, but it had happened all the same and now he was frightened.

Other men had come to the woods in search of the one he had killed, men with guns and dogs and helicopters. Johnny had huddled in his secret place for days, listening in terror as the searchers had swarmed through the gullies and thickets, sometimes passing so close to his lair that he could hear them talking, smell the smoke from their cigarettes.

He was afraid that they would find the man and see that someone had killed him by smashing his head with a jagged rock, spilling his brains out onto the flat, mossy stones by the water where he had been fishing. The searchers would know then that the man had not simply become lost in the forest and met with an accident as sometimes happened. Johnny had seen that on TV.

If they found the man's body they would begin searching harder and detectives would come with flashing lights on their cars. He had seen that on TV, too. The detectives would take fingerprints and put pieces of the man's brain under their microscopes. And they would know that Johnny had done it. They would put him in handcuffs and aim guns at his head and call him names and hit him hard until he confessed. Then they would take him to court and a judge would send him to the slammer, a dark, frightening place where black weight lifters would cut him with knives made from spoons they had stolen from the kitchens. . . .

Johnny had buried his shaved head in his fat arms and hidden beneath his mother's stained and faded quilt, weeping bitterly at the progression of horrible possibilities marching relentlessly through his mind. He had tried everything he knew to make the awful thoughts go away, but still they came, each worse than the last.

The very worst one, the thing that frightened him the most about going to the slammer, was not the black weight lifters or the sharpened spoons or the brutal guards who would hit him with their billy clubs and call him names. People had always done bad things to Johnny, beating him up in school, and later, when he was all grown-up, calling him names and laughing at his baggy overalls and halting speech. He was used to such things. What worried Johnny more than all of that was what would happen to all of the girls.

The girls—Johnny's girls—needed him.

There was no one else in the whole world to take care of them. No one else even knew where they were.

No one would ever know.

Johnny was far too smart for that.

The searchers had stayed in the woods for many days, the roaring engines of their jeeps and motorcycles and the baying of their dogs shattering the still, peaceful air and frightening away the squirrels and bunnies and other small creatures that were Johnny's only friends.

On the third day, the men moved to another part of the mountain, a place far from Johnny's hiding place and even farther from the place where he had hidden the man's body, and he began to think they might not find it after all.

On the sixth day, after a flurry of early morning activity, during which a clattering helicopter had flown repeatedly over Johnny's hiding place, they had gone away.

He had waited until well after dark, finally peering cautiously out through the leafy screen of scrub oak at the entrance to his den. After a life spent dodging the cruel slings and arrows of a cold and unforgiving world he had developed a ferretlike cunning that was largely responsible for the fact that his activities in and around the forest had passed unnoticed for so long. Long after the sounds of the searchers had passed away, he remained half convinced that they might be trying to trick him into coming out into the open so they could jump him from behind the trees and take him to the slammer.

A small noise disturbed the underbrush below a shadowy copse of firs near him and he froze, waiting for the bright cop lights to flash in his eyes. Instead, a fat red squirrel with an enormous bushy tail scampered out into the moonlit clearing. Pausing to snatch a fallen nut from the soft carpet of leaves, the saucy creature had jammed it into its cheek and, noticing Johnny, sat up on its chubby little hind end and chattered an angry warning that had made him laugh out loud.

After that, he knew the searchers had really gone, although from time to time he still heard the sound of a motor or a distant voice and suspected that a few members of the man's family might still be looking for him. He had seen them early in the search, before the others had arrived, and was not worried. There was no chance that they would ever find the body.

Feeling very relieved, he stepped from his shelter and, after carefully concealing the opening from view, walked briskly down the narrow deer trail toward the distant road leading to the shed where he kept his truck. He was very hungry, having subsisted entirely on canned soup and orange soda for several days, and he whistled a merry little tune as he walked along through the dark forest, thinking of the massive dinner he planned to consume.

Later, after he had had his fill of fried chicken and gravy-soaked biscuits, he would go to see the girls. He bet they'd been missing him terribly, probably been scared without him. A smile creased his fat features. He would have to do something to make it up to them. Maybe he'd bring them all a special treat for being good girls and waiting patiently for his return.

They all loved Twinkies.

CHAPTER 3

An Honest Killer

KILLING people in the officially sanctioned pursuit of fixed political objectives was no longer the growth industry it had been in the heyday of the all-powerful clandestine agencies. Back then, in the hysteria-driven climate of the fifties and early sixties, everyone was literally blowing away everyone else on a regular basis, and any government worthy of a permanent seat on the U.N. Security Council had dozens of professionals on staff or, at the very least, on call.

Professional assassins had been a curious status symbol among governments and government agencies in those days, the very fact of their employment serving as a crude barometer of the importance of the secrets they allegedly protected, the desirability of the policies they promoted. So numerous did the killers become that at one time most existed in a chronic state of underemployment, a condition that had ultimately resulted in their respective employers expending most of their considerable budgets simply tracking down and eliminating one another's hired assassins.

Kelly had never been one of those civil service killers, although the romantic image of Champagne-sipping agency darlings with unlimited expense accounts and dark Ivy League suits were mostly the product of novelists' imaginations anyway. Those who actually survived the cold war were of the old school, and most had long since retired to write their memoirs or been posted to obscure diplomatic posts in third-world countries.

Chris Kelly came by his killing honestly.

Drafted into the marines as a brooding nineteen-year-old college dropout, so naturally had he taken to the M14 automatic rifle then being issued to marine infantrymen—an awesomely accurate device still thought by many experts to be the most precise combat weapon ever placed in the hands of the average American fighting man—that he bested several long-standing range records during the painful course of his recruit training at Parris Island, South Carolina.

Upon graduation from boot camp his exceptional knack for individual marksmanship had resulted in a somewhat unusual—and, he later discovered, highly sought after—posting to an elite marine reconnaissance unit and, eventually, an assignment as a sniper.

Following several additional months of specialized training in the arts of war, he was sent forth to ply his deadly trade in the cool, empty highlands of the former Republic of Vietnam, setting up his highly modified rifle on postcard-pretty hilltops to read tattered paperbacks and await—sometimes for days on end—the appearance of enemy soldiers in the misty valleys below his position; a lone assassin shooting moving targets from distances as great as half a mile away with the cool detachment of a mechanic performing the exacting task of lining up and replacing the torque bolts in the transmission of your daddy's old Chevy.

In the first months of those long, waiting days Diana's voice and face had come to him often; the remembered sounds of her sweet sighs, the way her soft breast had felt beneath his caress.

Her memory haunted him.

And along with the memories had come tears, and guilt. Had there been something he could have done that snowy night back in Bremerton? Someone he should have seen prowling about in the shadows behind the high school gym? Some subtle clue or warning he had overlooked?

He did not know.

That was the maddening part of the whole terrible nightmare.

Nobody knew what had become of Diana Casey.

His tears had faded with time; but not the memories—never the memories. Only the tears. Diana had settled down to a sweet, dull ache that was never far from his heart and Chris Kelly concentrated all his energies on his job.

Killing two or three or four faceless little black-clad figures who had had the singular misfortune to step into the crosshairs of his precisely aligned telescopic sights right after breakfast on what would have otherwise been perfectly nice days, he saw himself as a competent technician.

Nothing more.

To Chris, on those misty Vietnamese mornings, the killing was thoroughly dispassionate, a job that involved humanely dispatching each target that fell under his sights with a single well-placed shot to the head and then escaping silently along a prearranged route long before the victim's companions—if any remained alive—had crept out from behind whatever hasty cover they'd managed to find when he'd started shooting, to confirm that Comrade Charlie was indeed stone cold dead.

Much of his ability to rationalize what he did came with the certain knowledge that, had he been caught, it would surely have cost him his own life, probably in a manner so excruciating and horrible he would have welcomed the end when it came. It was an understandable exchange, and one that seemed to him at the time to be both fair and sporting. In later years he understood that he had been crazy then, that at some level, being caught and tortured to death by his adversaries was precisely what he had wanted.

Not because he felt anything any longer, but simply because he did not wish to go on living in a world so befouled and evil that an innocent girl could be snatched from the bosom of her friends and loved ones without a single trace remaining to prove that she had ever even existed.

Chris Kelly never regretted a single one of the faceless people he killed while he was in Vietnam, never even dreamed or thought about them. His country was at war and he was doing his job. If he himself was killed in the process, then so be it.

It probably helped that he no longer held any religious or spiritual beliefs of any kind.

After Diana had been taken from him there was nothing left to believe in anyway.

Except maybe evil.

The trip north to Warmbad—Vormbaad in the local Afrikaner dialect—was completely uneventful, as he had anticipated.

He pulled the rented South African-manufactured BMW off the motorway just before dusk and stopped to register at a guest house near the renowned natural hot springs, deposited his luggage in the pleasant room that had been reserved for him some days earlier, and changed into lightweight khakis and a woolen sport shirt and jacket, for July was the dead of winter in the Southern Hemisphere and there was a nip in the air.

With nothing to do for the next ten hours but wait, he strolled along the pleasant, tree-lined avenue that constituted the little resort town's main thoroughfare, examining the menus posted before the numerous cafés and restaurants, and briefly considering one of the highly touted mud baths.

The sulfurous smell at the door of the first bathhouse he looked into dissuaded him from proceeding any farther, and he retraced his steps to a homey-looking Greek restaurant where he was comfortably settled at a window table with a bottle of the excellent local Reisling and an attractive menu that was refreshingly devoid of the usual tourist fare of ostrich and springbok with monkey gland sauce.

He sampled the wine, ordered his meal, and watched the parade of elderly white strollers on the avenue while mentally reviewing the essential data that had been provided on his target for the following morning.

Muktar Saleem, age unknown, nationality Moroccan, was undisputedly the largest broker of contraband ivory and rhinoceros horn on the African continent. Masterminding a complex triangle that exchanged illegal animal products for Asian heroin, and that for black-market South African armaments that were ultimately sold for cash to half a dozen repressive dictatorships and terrorist organizations scattered about the Southern Hemisphere, Saleem had a reputation for complete and total brutality in his dealings—which included murders by flaying alive, disembowelment and, in at least one documented case, impalement of enemies and associates alike.

In short, nobody crossed Muktar Saleem, whose victims included the agents of at least three governments, as well as a high court official in his native Casablanca.

After nearly three years, Interpol was still at a complete loss to explain Saleem's rapid rise from obscurity.

Beginning as a minor supplier of light-skinned children of both sexes to the flesh peddlers of certain Middle Eastern capitals—an enterprise he was still reputed to maintain as a sop to his own twisted sexual preferences—Saleem had risen almost overnight to a position of international power unparalleled in criminal annals since the time of the Borgias.

Among the wilder theories that had sprung up in the criminal underworld to explain the Arab's sudden and unprecedented success was the widespread belief that he possessed Satanic powers.

Satanic powers or no, Muktar Saleem was clearly a man who badly needed killing.

Kelly anticipated no difficulty whatsoever in recognizing his target in the dim predawn light of the rural compound where he was scheduled to meet with a South African arms dealer. Although there were no known photographs of Saleem, it was widely known that he was no taller than five feet eight inches, and that he weighed well in excess of three hundred pounds.

Kelly smiled and sipped his wine, remembering the solemn vow he had made to himself more than twenty years earlier.

After he had lost everything.

CHAPTER 4

The Innocent

T h e girls had loved the Twinkies.

Betty and Veronica, LaVerne and Shirley and all the others. Every last one of them.

They were good girls.

Johnny had made them good.

He sat on the floor surrounded by them and licked the sweet white filling of the last Twinkie from his fingers. Betty and Veronica had giggled shyly when he had offered it to them to share, insisting that he take it instead. The others had joined in then, reminding him how hard he worked to take care of them all, saving his money to buy them special treats.

That's the kind of girls they were.

All of them, that is, except Diana. He looked up from the battered brown sofa where he had been comfortably thumbing through a mail-order lingerie catalog by the light of the Coleman lantern—his head on Shirley's shoulder, his feet propped on Lois's lap—and saw her staring at him from the damp corner; the corner where he put them when they were being naughty. Deep shadows fell across the sunken sockets of her eyes and he knew she was trying to frighten him again.

He hoped she wouldn't start talking to him. It scared him when she talked. None of the other girls ever talked without his permission, and when they did it was only to say nice things. Things that came to him in his head. Things he wanted them to say.

Only Diana said the other things to him: the bad things about how terrible he was and how it was wrong of him to keep bringing more and more girls here, girls he should have left alone. When she spoke, he could hear her with his ears.

That was what frightened him.

He thought about getting up and going to her before she started talking, maybe taking away the pretty red nightgown he had ordered especially for her so she wouldn't be so sad and angry about the things he'd had to do to her on that long-ago Christmas Eve, things he'd only done to make her good and make the bad thing stop happening.

He had tried to explain to her that night—stammering and stuttering as he held her down on the floor of the pickup—wanting her to understand about the bad thing and his mother and the golden star. But she wouldn't listen; had screamed and kicked at him instead, trying to get the door open. Calling over and over for the boy she had been with to come and save her.

He'd finally had to hurt her to make her be quiet—he didn't want to hurt her. Never wanted to hurt any of his girls. Sometimes, though, they made him do it.

It wasn't his fault.

Johnny turned his eyes back to his catalog, pointing out a lacy garter belt to Shirley. He saw the light gleaming dully in her eyes and folded the page over. Pretty soon it would be her birthday. He knew that because he'd looked it up in the records room at the Bremerton city hall soon after he'd brought her home a few months earlier. He winked at her, teasing, and her soft tinkling giggle sounded inside his head. Maybe he'd buy it for her if she was extra specially good.

He noticed the dab of white filling on her chin and reached up to wipe it off, picking up his can of orange soda and pouring a little bit into her mouth. It dribbled out the corner and he shook his head. Shirley was so clumsy. All the girls were. He couldn't imagine what they would do without him.

Diana was still staring at him from the dark corner and he thought briefly about what he would do if she started talking again. He would have to punish her, maybe even put her in the cold room. He didn't want to have to do that. It was dark and lonely in the cold room and the girls he put there hardly ever came out again.

Diana gazed silently at him, but she did not say anything.

Johnny was glad.

She had been with him the longest and in many ways he was prouder of her than all the others.

C H A P T E R 5

Rules of Engagement

K E L L Y had quickly come to realize that his Vietnam experience had been entirely uncommon in that he had never come any closer to any of the men—or women—he had killed than did the navy pilots who indiscriminately strafed and bombed "suspected" Viet Cong positions before returning to clean sheets and videotaped movies aboard the giant aircraft carriers that continuously prowled the South China Sea.

Compared to the flyboys, he had been as innocent in his slaughter as a newborn baby. For the powerful telescopic sights mounted on his match-quality sniper's rifle had always defined in minute detail his target's distinctive black Viet Cong uniforms, their Chinese-manufactured AK47s, and the portable Russian rockets they carried over their shoulders.

Very early in his tour, during which he was left almost entirely to his own devices, he had devised the simple set of criteria by which he determined who would live and who would die. Only those Vietnamese wearing black pajamas *and* carrying weapons were designated as targets, and then *only* if they were observed moving surreptitiously through the rice paddies or fields—instead of on the roads—very early in the morning or around dusk. Those were typical patterns practiced only by the enemy and individuals not meeting all three tests lived.

The rest he considered evil by definition and thus in need of killing.

The young sniper's standards occasionally clashed with official demands for increased body counts, but the way Chris had it figured, the major back in his air-conditioned hooch in Da Nang didn't have to watch the heads of the Cong he executed exploding like overripe watermelons in his scope. Chris Kelly did, and he would be damned if he was going to lie awake nights wondering if he'd mistakenly wasted some poor mama-san carrying a bundle of sticks to her rice paddy. And if the major didn't like it he could damn well court-martial him, or send him home.

Fat fucking chance.

After having witnessed numerous examples of the enemy's brutality to the hapless civilian population, it had occurred to Kelly that he had been sent to Vietnam for only one reason: to kill bad guys. To wipe evil from the face of the earth.

On the increasingly rare occasions when he allowed himself to ponder the riddle of Diana's disappearance—as opposed to his sweet memories of their innocent love—her shadowy abductor wore black pajamas and enforced his will with an AK47.

It made the killing that much easier.

Although Kelly, unlike the navy flyboys, had no secure floating refuge to call home during the two years and six days of his tenure in the Vietnamese highlands—despite the one-year rotation rule, at the end of his normal tour the major had declared him "an essential technical specialist" and kept him working until the last days of his enlistment. He had developed and employed a dozen skills related to survival and evasion, the practice of which soon became as natural and effortless to him as had his boyhood ability to blend into each of the two dozen different schools he had attended on far-flung military bases around the world.

Except for the killing, which he forbade himself to think about very much, Chris Kelly could have actually enjoyed his time in Vietnam.

Returning to the Warmbad guesthouse after an excellent dinner of lamb done up in tender grape leaves, he showered, dressed, and stretched out on the bed for a few hours of rest. Although the thirty-hour trip from New York had given him ample time to nap, the airplane seat hadn't been built that could replace the luxury of a soft bed.

He lay awake until nearly midnight, going over the details of the drive he would soon be making to a deserted village called Mabula. His plan called for him to stash the BMW in an abandoned machinery shed near the village, check his equipment, then proceed on foot to a kopje, or hilltop, overlooking the compound where Saleem's meeting was to take place.

If the assassination—a single explosive round to the head from a silenced small-bore match rifle—went off flawlessly, and they almost always did, he would simply walk back to the BMW, return to the motorway, and drive north to Swaziland, where he planned to wrap up the weekend in the casinos before returning to Jo'burg for a Monday morning meeting with the manager of a well-known black recording artist.

Saleem's death, if it was reported at all, would inspire little more than relief among South African authorities, who, for all their former repression of the black majority, had always been fanatical about maintaining their image as the guardians of African wildlife.

Whatever personal danger Kelly faced would come from Saleem's bodyguards, and, perhaps, those of the arms dealer. There were several alternate plans in the event of trouble, including the unlikely prospect of an overland crossing to Zimbabwe. But beyond having specified that his equipment include a small pack filled with basic camping supplies, and having brought along the lightweight hiking boots that he intended to wear on the mission, he felt fairly certain he would be breakfasting back in Warmbad before Saleem's guards discovered where the silenced shot had come from. It was more likely they would all cut and run at the first sign of trouble. The penalties for both poaching and illegal arms dealing in South Africa could be charitably described as draconian at best.

Having gone over the physical details of his plan as best he could, he glanced at the Rolex. The luminous dial showed that it was nearly midnight. There were three hours remaining before he left the guesthouse.

He plumped the large pillows up against the headboard, folded his hands behind his head, and wondered briefly which of the several governments anxious to be rid of Muktar Saleem had actually contracted with Harvest Media for his death. It would have had to be one friendly to the United States, as all Harvest contracts had to be investigated and approved by the tribunal, a revolving panel that was largely funded by the United States and made up of current and retired jurists from six nations.

Kelly shrugged and went to sleep. It wasn't any of his business, he supposed.

Returning briefly to Bremerton at the venerable age of twenty-two, Chris Kelly had quickly learned the hard way that the very fact of his military service, much less the details of his particular Vietnam experience, was a shameful thing. Some would even have labeled what he had done as an atrocity.

His mother had passed away while he was in the service and his father, who had taken to drinking heavily, had retired from the army with vague grandiose plans to use his pension to purchase and restore a rambling clapboard hotel at a nearby mountain lake to the grandeur it had enjoyed in the twenties and thirties.

The project had failed before the doors ever opened, driving his father to the brink of bankruptcy and reducing his inheritance when the old man died of drink a few years later to sixty acres of heavily forested ground surrounding the boarded-up hotel.

With no reason to stay, and feeling cheated and betrayed by the country whose flag he had been raised to honor above all things, Kelly had left the property, which he had never actually set foot on, to be looked after by his married cousin, Shelly, and her husband, and traveled west to enroll in the premed program at Stanford University in California. There he had set valiantly to work, determined to erase the stain of all the little faceless Vietnamese men and women he had so trustingly wasted in the name of democracy and freedom.

His last act before leaving Bremerton had been a visit to the shady hillside cemetery where he had solemnly vowed on the graves of his parents and the memory of his beloved Diana never to kill anyone again, even at the expense of his own life.

Diana.

He felt cheated that there was nothing left of her to remember; not even a stone above a grave.

Nothing but the dull ache in his heart.

He had stayed at Stanford for two years, struggling all the while against the unfamiliar demands of a grueling academic schedule for which his Marine Corps experience had scarcely prepared him. His grades began to fall early in his sophomore year and, doubting more profoundly with each passing day that his dreams of expiating his profound guilt through the expedient of becoming a healer of broken bodies would ever be realized, he began to consider what else he might do with his life.

That was when Mr. Black had looked him up.

Isaac Blackstone—Mr. Black to the employees of Harvest Media Productions—was a gentle, scholarly man in his late forties who had simply appeared at the door of his tiny off-campus apartment one evening, claiming to be a recruiter of "exceptional young talent."

Something in the soft tone of Blackstone's voice and the way he wore the baggy tweed suit, the pants legs of which dropped over the tops of his scuffed brown oxfords, suggested he might have something interesting to say and the bleary-eyed student had let him in, despite the fact that he was sweating a crucial chemistry exam early the next morning. Blackstone's pitch, however, was disappointing. Kelly had listened for fifteen minutes as the older man vaguely described Harvest's excellent employee benefits program with growing certitude that it was he who was being evaluated, and not Harvest Media, whatever in the hell that was.

About the company's actual purpose and activities, Blackstone would say little more than that Harvest was dedicated to making the world a better place through the production of cultural programs, the proceeds of which were directed to various charitable purposes. Although he hinted that making the world a better place occasionally involved certain other "opportunistic activities," he was very nonspecific about what those activities might be and Kelly had politely but firmly ushered him to the door, adding that he might well be interested in employment, but that for the moment his chemistry exam was king of the hill. Blackstone had smiled at that, and left after shaking Kelly's hand, thanking him for his time and promising to contact him again in the near future.

The following afternoon, Kelly had been sitting in the student union silently bemoaning the fact that he had miserably busted the chemistry exam, and wishing he had thought to ask Blackstone for his card, when the old gentleman had magically reappeared at his side.

He took the glum student to lunch at an expensive restaurant and had sat watching over the tops of his smudged horn-rimmed glasses as Kelly consumed martini after martini, the liquor eventually loosening his tongue to the extent that he ended up venting all his frustrations at his seemingly foiled attempt to atone for the dozens of unknown men and women he had killed.

When he had finally stopped talking, Blackstone looked at him, his pale gray eyes burning with a hidden passion the younger man could not begin to fathom.

"Yet some men truly do deserve to die," he had said in his quiet, slightly accented voice. "Consider how usefully your exceptional talents might have been employed by a caring, just government working not for political or commercial ends, but in the honest concern of eradicating truly evil men from the earth, and of those only the ones who wreak the greatest misery upon humankind."

"No, goddammit!" Kelly had slurred the response to the theoretical question, casting his eyes down to the food that still lay untouched on his plate. "Nothing can justify that kind of killing."

"Yes," the older man had insisted, pulling back the sleeve of his worn tweed jacket to expose a pale, veined forearm. "Consider the men who did this to me, for instance. I was just a schoolboy. I watched helplessly as those men brutally murdered thousands of innocents; Jews, priests, the mentally ill. . . . Wouldn't you agree that the deaths of such men as those are justified?"

Kelly had stared at the series of crude blue

numbers etched into Blackstone's pale skin for a long time. "What if some of the men who tattooed you were like me," he finally stammered, "following orders in the mistaken belief that what they were doing was right at the time, no matter how wrong it may have proven to be in retrospect?"

"Then it would be incumbent upon such men to honorably acquit themselves by dedicating themselves to fighting evil to the absolute best of their abilities, once they had discovered the error of their ways, wouldn't it?" Blackstone had replied with irrefutable logic.

"You mean killing people, don't you?"

Blackstone had nodded slowly, stroking his short, gray mustache with fingers that Kelly had suddenly noticed with horror were devoid of nails. "*Executing* them, yes," he had replied, seeming not to notice that the younger man was staring at his hands. "But cleanly and humanely and, even then, only those who are indisputably deserving of it."

"Ah, and who decides that?" Kelly had smiled at him then for the first time, smug in the sophomoric assurance that he had finally trapped Blackstone in the web of his own flawed rhetoric.

"Why, you do," he had replied.

"Me?"

"Yes." He had smiled triumphantly, revealing a set of poorly fitted dentures.

"You, the executioner."

Bedtime

I T was getting late.

The protests of the girls jangled inside his head as he stood and made the announcement.

Laughing and waggling his finger at them, Johnny began rearranging them according to size and weight, lifting Shirley and Lois and carrying them gently in to their beds, brotherly kisses planted on each pretty nose.

Returning to the living room, he repeated the procedure, tucking warm blankets around Betty and Veronica's pretty legs, bestowing more kisses. Finally, he carried Diana unprotesting into the sleeping room and placed her on a small cot in the corner. He bent over and whispered into her ear, telling her that he was happy she had finally decided to be good again.

She said nothing.

Satisfied that all was well, he sniffed the air

suspiciously. The hours he had spent scrubbing the sleeping room with disinfectant had been worth the effort. Things were always in such an awful mess when he had returned after so many days away from the girls.

Many more hours had been spent tending to each of them individually. He hoped he would never have to stay away from them so long again.

Smiling to himself, he pulled the long string running from the naked bulb on the ceiling—the refuge's only electrical outlet—and the room was plunged into darkness.

He turned and tiptoed out, closing the door softly behind him. Laverne was alone in the living room, the sequins on her pretty prom dress sparkling like magic in the soft light of the lantern.

Johnny sat down beside her and shyly placed a pudgy hand on her knee. "H-hi," he said. "Y-ya want an orange soda?" He felt the bad thing pressing against the coarse material of his overalls, but it no longer bothered him as it once had.

Being with one of his pretty, pretty girls always made the bad thing go away.

He leaned over to plant a clumsy kiss on her cheek and sniffed the faint unpleasant odor beneath her heavy, flower-scented perfume.

Very soon he would need to find a new girl.

CHAPTER 7

Wakeup

T H E guest house was, as Kelly had anticipated, silent at three A.M. Leaving a note at the
small desk explaining that he was anxious to get
on to his next destination in advance of the
weekend traffic, he walked out into the chill
night air and wiped a thin layer of mist from the
BMW's windshield.

Going around to the trunk, he opened it and
tossed his small overnight case inside. A large
Louis Vuitton suitcase that had not been there
when he had arrived in Warmbad filled the compact space. Working in the illumination of the
trunk light, he quickly zipped open the case and
examined the contents of the dark blue nylon
backpack inside: envelopes of freeze-dried food,
two liters of water in plastic bottles, a knife, a
small first-aid kit, a ground cloth and a nine-
millimeter Beretta automatic pistol with two

spare clips of ammunition completed his emergency supplies.

He gave the Beretta a quick but thorough examination, slipped it and the spare clips into his jacket pockets, and set the backpack aside. Beneath it, a molded plastic case of matte black plastic filled the bottom of the suitcase. Flipping the catches on the lid, he opened it to reveal the components of a disassembled .225-caliber rifle of Belgian manufacture nestled in deep burgundy velvet. The rifle's machined sound suppressor and preshimmed fifty-power scope with snap-on mount gleamed dully in separate compartments, as did the half dozen rounds of explosive-tipped ammunition. Satisfied that everything was precisely as specified on the detailed requisition he had filled out in Arlington six days earlier, he snapped the gun case shut, replaced the backpack, and zipped up the suitcase.

Kelly had no earthly idea how the suitcase had gotten into the locked trunk of the car, nor did he need or want to know. It was a hard and fast rule at Harvest that such things were "arranged" as required. An unknown logistics operative would collect the equipment when he was through with it. That, too, was none of his affair.

The BMW's engine purred instantly to life at the turn of the key and he pulled out of the gravel car park, pointing the automobile toward the dry, rolling hills to the west. As promised by the tourist map, the pavement abruptly ended at the town limits, replaced by a smoothly graded dirt road that swept past scattered farmhouses and isolated stands of scrub and lion grass. His route would take him into the foothills of a forbidding range of dry mountains where he would turn off onto a narrow track for the last leg of his drive.

He fiddled with the radio as he drove, finally picking up a weak signal from the government-run SABC station in Praetoria. The speedometer needle hovered around the hundred-and-twenty-kilometer mark as he drummed his fingers to the latest Michael Jackson tune and wondered if he would really be able to shoot Saleem from the security of heavy cover at five hundred meters as the terrain mockups and reconnaissance photos he had reviewed after personally approving the target suggested he might.

CHAPTER 8

The Killing

MUKTAR Saleem was, as advertised, fat and oily. A mountain of flesh draped in a tentlike robe of some fine gray cloth, the flesh-peddler-turned-drug-lord glided down the folding stairway of the black Aerospatiale helicopter and stood looking disdainfully about the dirt clearing as a squad of swarthy men in well-cut business suits fanned out about the ramshackle boma.

The helicopter was a variation of the familiar French military model, although Kelly had never seen one configured quite like it before. It had swung in low from the north a few moments earlier, flying below treetop level without lights. The whisper of its rotors indicated that the machine was a specially modified stealth model and its high-speed, low-level approach in the predawn darkness suggested that the pilot was equipped with night-vision goggles. It was a lot of high-tech gadgetry for a private aircraft.

Figure fifteen or twenty million U.S. dollars' worth, he thought.

The sun was just peeking over the range of low, arid mountains to the east, backlighting his target perfectly in the modified sniperscope.

Kelly scrunched down in his hiding place atop the steep southern face of the kopje, waiting to see if his contact would come out to meet Saleem, having been promised a bonus if he could, so to speak, kill two birds with one stone. He clicked the scope optics down to eight power, affording himself a broader view of the clearing and doubting that he would be able to identify the second target before the fat man started moving, although he mentally complimented the unknown planner who had chosen this shooting perch for him. Three hundred meters distant from and twenty meters above the killing field, his sheltered nest atop the kopje presented a sheer rock face to any would-be pursuers while allowing him an easy retreat down the same trail he had followed up the hill's gently sloping backside.

All he had to do now was pop the target with a single silent shot and walk away.

No one had yet appeared from within the poorly maintained wattles of the boma compound and the bodyguards, having poked the muzzles of their Uzis into the various nooks and crannies surrounding the clearing, were moving back in on Saleem. Kelly clicked the scope onto a higher power, gaining an extreme close-up of the fat man's face. Individual drops of sweat popped into sharp focus on his forehead as his piggish eyes darted suspiciously here and there.

Time to shoot.

He had aligned the crosshairs perfectly on the thick bridge of Saleem's nose and was squeezing down ever so gently on the trigger . . . when the fat man suddenly moved, swinging his head around to look back at the helicopter, and presenting the sniper a blurred ripple of patterned cloth as the traditional Arab headpiece he was wearing swirled across his field of vision.

Cursing softly, Kelly clicked back to eight power and saw that some activity had broken out beside the helicopter. As he watched, a young Caucasian girl of perhaps twelve or thirteen jumped from the open door and ran toward the surrounding bush, her naked legs flashing ghostly white in the growing light.

Someone yelled, the sound drifting faintly up to where Kelly lay hidden, and the nearest bodyguard raised his Uzi. A bright rosette of light twinkled from the stubby black barrel of the machine gun and the girl fell in a dusty cloud at the very edge of the clearing, her blond hair tangled in the branches of a thorn bush. Kelly clicked his scope back onto a close-up of Saleem in time to see the evil smile creasing the obscene folds of fat in which his face was encased, and lined up the shot a second time.

If he had previously entertained any doubts about this job—which required him to kill a man

whose photo he had never even seen, something he normally refused to do—they had vanished in the instant the girl fell.

The thought flashed through his mind that
dying was far too good for this bastard.

A bodyguard stepped into his line of fire and
Kelly waited for him to move, using the opportunity to flex the tense muscles of his trigger hand
and taking several deep breaths in order to slow
his racing pulse. He had long ago learned never
to allow himself to become impatient about
these things.

He was fully committed to killing Muktar
Saleem.

"*I'm* to decide who dies?"

Kelly had stared openmouthed at Blackstone
the night the Holocaust survivor had explained
that Kelly, the executioner, would decide which
of his targets was to die, unable to envision himself pursuing a career that once again required
him to make such choices as a matter of routine. In practice, however, it turned out that
Harvest's system of running its assassinations
program was brilliantly simple, and as nearly
foolproof as any such enterprise could be.

Harvest Media, an organization truly dedicated to ridding the world of evil, allowed its
assassins—informally referred to as reapers—
full and final participation in all targeting decisions. The logic behind this unique practice
was, according to Blackstone, that the physical

danger of the assassination would be borne by the reaper alone and the blood of targeted individuals on their hands. Therefore, the reapers—all of whom had been selected for their honest dedication to improving the human condition, as well as for proven skills in the killing arts—should be accorded the final option of whether or not to carry out a given assignment.

Targets were selected based upon data independently compiled by the organization's own investigative branch following formal requests from one of several authorized governmental organizations, and approved by an international panel of retired jurists.

Once a target had been approved by the panel, his or her entire file (Harvest were equal-opportunity killers) along with any additional data that might be requested by the reaper, was presented to the assassin for final review. Throughout the process, a highly skilled pleader, Harvest's version of a defense attorney, was on hand to argue and defend even the smallest points in favor of the proposed target being allowed to continue living.

It had sounded at first like a system that might leave a man with a lot of sleepless nights. In practice, however, Kelly had found that the small number of cases that actually reached the stage of being assigned to individual reapers seldom left even an iota of doubt as to the target's qualifications for termination. In his time, he had reviewed the cases of drug kingpins, psychopathic dictators, and rabid terrorists, and only once had he turned down a target—an ailing Mafia lieutenant who, he had inadvertently discovered while preparing to kill the man, was already dying of cancer.

The final decision to kill was always left in the hands of the reaper, who was free to reject the target for any reason whatsoever, at any time up to the moment of actual termination.

Reapers' decisions were final, and once a target had been rejected, he or she was dropped from consideration for assassination for a minimum of three years.

The bodyguard moved away and Saleem began waddling toward the boma, where a shadowy figure stood in the doorway awaiting him. Kelly lined the fat man up in his sights once more.

A small breeze suddenly arose, sweeping across the clearing in a series of tiny whirlwinds. Saleem's headdress flapped about his face, spoiling Kelly's aim a second time and he cursed under his breath, wanting the head shot but unable to guarantee it. The Arab was no more than twenty paces from the safety of the boma now. Another ten seconds and he would be home free. Unless he wanted to risk lying up in the rocks for however long Saleem's meeting with the arms dealer would take—which would mean shooting in full daylight with all the attendant dangers—Kelly had to take him now.

With a shot to the heart.

Anyone who has killed more than a few men,

or animals for that matter, knows that the head shot is always preferable to any other. In this instance, with the heavy explosive bullet in his chamber, a hit anywhere on the skull virtually guaranteed Kelly a clean kill. Body shots, on the other hand, were notoriously unreliable. The shot might hit something vital and it might not. The difficulty of assuring a kill with a shot to the body was greatly compounded on a man as massive as Saleem. Also, there was always the chance that the target could be wearing body armor beneath his clothing.

Ten paces separated Saleem from the safety of the boma. It had to be now or not at all.

This man had to die.

Kelly clicked his optics back to a lower power, dropped the sights to the middle of Saleem's massive chest, and squeezed.

The noise-suppressed rifle popped with the intensity of a heavy book being dropped onto a desktop from a height of six or eight inches, a small sound that was lost among the chirping of the birds about the kopje.

In the clearing below, a bright red hole blossomed in the center of Muktar Saleem's chest. Kelly allowed himself a grim smile—Saleem had not been wearing body armor after all—and waited for him to drop. His mind was already turning to the details of his escape: a brisk walk down to the stand of acacia trees below the kopje, where he would drop the disassembled rifle into a predug hole and kick dirt and leaves over it before stepping directly into the dry streambed that led back to the shed housing the BMW.

Two or three seconds passed and he was still staring through the sights. Saleem stood in the clearing before the boma, looking down intently at his bloody chest. But he remained standing.

Clicking his scope onto its highest power, Chris Kelly gazed into Saleem's open wound. Shards of fractured cartilage gleamed yellow in the morning light around the perimeter of the glistening, fist-sized hole in his chest. Streams of blood gushed down the front of the gray robe, obscenely plastering the thin material to the fat man's protruding belly. As he watched, a pudgy hand bedecked with sparkling rings touched the raw meat at the edge of the hole. A thick finger probed at the jagged wound.

Kelly should have been halfway down the backside of the kopje by that time, but he could not will himself to move.

Something was horribly, unaccountably wrong. Something that his brain could not rightly absorb.

Hands trembling with the effort, he raised the telescopic sight to Saleem's face. The swarthy features were contorted, whether in agony or in anger Kelly could not tell, and he was still gazing down at himself.

Saleem suddenly raised his head and looked straight up into the lens of the telescopic sight, his black, beady eyes glittering with hatred in the morning light, and although he could not possibly have seen the assassin, sequestered as he was among the rocks and shadows of the kopje, Kelly felt those eyes boring into his very soul.

The moment ended as Saleem dropped abruptly out of sight, and Kelly took his eye from the lens to look down into the clearing. The fat man was being carried into the helicopter by two men in suits. The brisk crackle of automatic gunfire rattled across the veld as the three remaining bodyguards began indiscriminately spraying the flimsy walls of the boma with their weapons.

Kelly got to his feet and ran then, unable to comprehend what had just occurred.

There was no way Muktar Saleem could have survived the killing shot he had just placed in the center of his chest.

It was not humanly possible.

The muffled, whacking sound of the Aerospatiale's main rotors echoed off the rocks behind him as he dived into the acacia thicket at the foot of the kopje and hastily broke down the rifle. Dumping the pieces into the shallow hole he had dug earlier for the purpose, he kicked a few inches of dry earth over them and dragged a splintered branch across the excavation.

It wasn't much but it would have to do.

The sound of the helicopter grew louder and he peered out from the trees in time to see it clear the rim of the kopje and bear away to the north, clawing for altitude.

Good.

At least he didn't have to concern himself

about a pursuit from the air, a pursuit against which he would be practically defenseless. Saleem's bodyguards must have decided that their first priority was to get their boss clear of the area in case there were more shooters around.

A wise choice.

He heard shouts far off to his left, and the sound of an engine starting. He wasn't anxious to discover whether this signaled the beginning of a ground search for him or the arms dealer's decision to evacuate the bullet-riddled boma. Taking a deep breath and patting his hand against the hard, comforting outline of the pistol in his pocket, he peered out of the thicket, scanning the terrain around the kopje for signs of danger.

Nothing.

He quickly ducked back into the protective shadows of the acacias and, following a narrow game track that required him to duck beneath low-hanging branches, made his way to the opposite edge of the small stand of trees. He paused again to check the dry creek that ambled past the thicket's western border. Seeing nothing, he stepped onto the sandy creek bottom and moved away at a brisk walk.

As he walked, Kelly tried not to think about the grisly hole in Saleem's chest, concentrating his attention instead on scanning the way ahead for signs of an impending ambush.

The way was clear.

He knew in his heart that there had to be

some rational explanation for those few seconds in which Saleem had refused to fall.

He just couldn't think of one.

"When you have ruled out the impossible, whatever remains, however improbable, must be the truth."

Blackstone was very fond of Sherlock Holmes, liberally peppering his lectures with quotes from the fictional sleuth in what Kelly had at first supposed was an attempt to keep his subjects from nodding off. The quotes were, he had later discovered, a carefully designed part of Blackstone's rigid program for making his young protégés think about things, everyday things that ordinary people with ordinary jobs were allowed to take for granted.

Rule One: Reapers never take anything for granted.

The automatic was in his hand as he stepped cautiously out of the creek bed.

He carefully circled the abandoned shed, keeping well to the cover of the surrounding bush.

The shed appeared exactly as he had left it.

Breaking cover at a crouch, he slipped into the tumbledown building through a low side door and stood in the darkness listening to the pounding of his own heart. The BMW's silver paint gleamed in the stray shafts of sunlight that poured in through the cracks in the weathered siding. The car appeared undisturbed. Kelly relaxed slightly and cautiously stepped toward the right-side driver's door.

"It's perfectly all right," said a deep voice from the shadows beyond the car. "They've all gone."

Dropping instinctively to the ground, Kelly rolled under a wooden bench laden with rusted buckets, simultaneously chambering a round into the pistol.

"That's really not necessary," said the voice. There was movement near the right front fender and a tall black man stepped into the dim light, hands raised above his head.

"Who are you?" Kelly croaked.

"Your logistics officer," he said, stepping closer and smiling to reveal a line of perfectly white teeth set in a remarkably handsome face of classic Zulu proportions. "It was I who placed the rifle in the boot of your car last night, and I who shall retrieve it from the spot where you have buried it."

"Don't come any closer," Kelly warned.

He had never before met a logistics officer. Not even in training. It was an ironclad rule among reapers that you never met anyone you could get into trouble, and vice versa. The stuff you needed was just where it was supposed to be when you needed it. Somebody took care of it afterward, as required. That was all you were supposed to know. Having somebody show up in the middle of an assignment claiming to be his logistics officer was frightening.

"What do you want?" Kelly demanded. He could see now that the black man was dressed in ragged khakis and a Grateful Dead T-shirt. Somehow he had always assumed that logistics officers were Ivy League types drawn from the ranks of junior embassy staff.

This guy did not fit the profile.

"I know it's a major breach of protocol," the man said, "but I've been lying up in the bush waiting to retrieve your weapon. I heard a great deal of shooting and saw the helicopter leave. . . ."

He hesitated, tilting his head in the general direction of the killing ground. "I thought perhaps you might tell me what happened before I go stumbling in there to retrieve your weapon."

"I'll tell you what happened," Kelly replied, getting to his feet while still keeping the gun trained on the stranger. "The target—"

"Saleem," the man interrupted, "Muktar Saleem."

"The target," Kelly repeated through clenched teeth, "has been terminated."

He waved the pistol at the black man again, indicating that he wanted him to move away from the car. The man held his ground. "Then you hit him?" he said.

"I don't fucking miss targets," Kelly spat, kicking open the shed door at the rear of the car and moving to the driver's door. "It just took a second for him to fall."

The black man backed away as he yanked open the car door and slid behind the wheel. "I'm very sorry. I tried to tell them," he said, sticking his head in through the passenger side window.

Kelly stared at him. "You tried to tell them what?"

"About Saleem. That they could not kill him like this, with rifles. Of course they laughed at me."

The pistol suddenly began to tremble uncontrollably in Kelly's hand. "I hit him clean," he said, and heard his voice crack. "Center shot."

"It wasn't your fault," the man said. He placed his hand on top of the pistol barrel and gently pushed it down onto the seat. "You couldn't have known."

"But I hit him, center shot," Kelly insisted.

"Of course you did." He nodded sympathetically. "But that would have made no difference. You see, Muktar Saleem cannot be killed. He is protected by a powerful spell."

Kelly suppressed a hysterical giggle. "A spell?"

The man's handsome head bobbed up and down and his eyes seemed to widen in the faint light of the BMW's dashboard. "It is well known to everyone in this district. I tried to warn them not to send you. . . ."

Reality suddenly snapped the assassin's brain back into its proper place. "Okay, pal," he said, reaching down to crank the BMW's ignition key, "you tried to warn them. I gotta go now. You take care."

The powerful engine roared to life and he moved the gearshift into reverse.

"But you don't understand," the man pleaded. His head and shoulders were still protruding into the car through the open window. "You are in great danger now."

Kelly revved the engine and eased out the clutch, causing the car to lurch backward a few inches.

"You're the one who's in great danger, pal, 'cause in exactly three seconds I'm gonna back out of here, with or without your head stuck in my window."

The other man jerked his head out of the car as Kelly hit the throttle. The car screeched out of the shed in reverse. He slammed on the brakes, wrenched the wheel around toward the dirt track he'd arrived on, and shoved the shift lever into first gear.

"They will place a curse on you," screamed the black man into the dust thrown up by the spinning tires. "Great misfortune will surely fall upon you now."

"Fuck you and the horse you rode in on," Kelly yelled as the powerful car rocketed away into the orange ball of the rising African sun. "Shock," he mumbled to himself, the shock of the bullet's impact had left the target standing for a moment. That was all.

CHAPTER 9

Window Shopping

JOHNNY loved malls.

Their bright, open spaces and strolling crowds provided almost limitless opportunities to watch girls, who flocked by the hundreds to the theaters and shops and restaurants, parading past him in an endlessly enticing array of shapely limbs and bottoms.

He had discovered that if he carried a shopping bag and maintained the slightly weary look of the bored husbands waiting for their wives to finish their endless rounds of shopping in the mall, he could sit unmolested for hours at a time at one of the many tables near the fast-food places, eating and smoking and sipping orange sodas while he graded and evaluated the quality and skin tone of the girls presented for his inspection.

Skin tone, he had come to realize after several

horribly botched attempts—failures that he had regrettably been forced to consign to the cold room after a few weeks or days—was absolutely critical to keeping his girls sweet and pretty. While he very much preferred girls with fair, thin skin and light hair, they were always the hardest to get right, bruising and discoloring at the slightest mistake. That was one reason he was still so proud of Diana. She had been his first, and although her hair and skin were exceedingly fine, she had turned out perfectly.

The mall he had chosen today, Penn Center, was one of the newest in the two-hundred-mile radius of Johnny's primary shopping grounds. Since its grand opening less than a year earlier, the gleaming complex had become one of his favorites—both Shirley and Lois had come from Penn Center.

Located off a busy interstate highway just north of Philadelphia, and less than eighty miles from home, the gigantic shopping complex featured a multilevel underground parking structure whose myriad entrances and exits were ideal for Johnny's purposes.

A pair of giggling teenagers passed by within a few feet of the table he was occupying and he carefully scrutinized them from behind the long bill of the local lumber company baseball cap he wore pulled low over his eyes. He liked the baseball cap, which disguised his features while making him look like just another working stiff from one of the numerous industrial complexes in the surrounding area.

The cap was much better than the sunglasses he'd once tried. Sunglasses, he'd quickly learned, made people suspicious of you, especially when you wore them indoors. People were always suspicious if they couldn't see your eyes.

His eyes followed the girls to a bank of escalators leading down to the parking structure. The taller of the two, a pretty brunette with full red lips and a waist-length ponytail, was very nice, but he did not pick up his shopping bag to follow her.

Johnny only followed girls who departed the main floor of the mall by themselves, trailing them from a discreet distance to see which level of the parking structure they would enter. If he was very lucky, they would proceed to the same one he'd parked the truck on. He preferred the middle levels, which he had found tended to be darker and noisier than the top ones. The very bottom levels—which made the girls nervous and were thus patrolled more heavily by mall security guards and provided fewer exits—he avoided altogether.

If the girl he had chosen went on to another level, he might follow just to see what kind of car she was driving. Girls driving low-slung sports cars, he had discovered, often hiked up their skirts once they were behind the wheel, affording him tantalizing glimpses of their thighs as they drove past. But, other than looking, he left them alone.

The success of his shopping almost always depended on the girl entering the same level where he had strategically parked the truck, allowing him to hurry past and dangle the irresistible lure that almost always drew her over to him for a closer look. Very occasionally, he would reverse the process, waiting in the truck until a suitable girl drove into the garage, then maneuvering into a parking space near her vehicle to await her return. This was harder, and posed the added risk of drawing the attention of his enemies, the mall security guards, who were constantly buzzing up and down the ramps in their funny little electric carts.

Catching girls the way Johnny did was a very slow and time-consuming process. There might be other people in the garage, or the girl might hurry to her car, oblivious to his lure. None of this bothered him in the slightest degree. For, just like the forest creatures whose cunning survival skills he so admired and mimicked, he was possessed of infinite patience.

The Long Way Home

THE return trip to the States was uneventful.

Unnerved by the sudden appearance of the black man claiming to be his logistics officer, Kelly scrapped the planned side trip to Swaziland and drove north into Zimbabwe. Flashing a fresh passport at the bored customs officials at the border and pausing long enough to lunch at Victoria Falls, he pressed on to Harare where he caught another Swissair flight bound for Zurich via Nairobi.

He hung around the Zurich airport for a couple of hours, taking advantage of the layover to shower and shave in one of the weird ultraviolet sanitary booths the Swiss provide for weary travelers, dug out a third passport and finally boarded a Pan Am flight to Kennedy that was filled with American tourists dressed in lederhosen and hats sprouting funny little brushes.

Exhausted and shaken by his experience, he nodded off once on the flight, the muffled roar of the 747's engines blending into the sound of the big waterfall up the mountain at his grandfather's favorite fishing hole. In his dream, he and the old man, whom he had always called Pop, were fishing below the falls, shouting at each other to be heard over the roar and laughing at some joke they shared. Suddenly, Pop lifted his rod and pointed and Kelly turned his head to see a dark form taking shape behind the gleaming curtain of the waterfall. He stared transfixed as the waters parted and the image of Muktar Saleem materialized into his dream. The fat man looked down sadly at his ravaged chest, then raised his eyes and spread his bloody hands wide. "Why have you done this to me?" he keened in a high-pitched voice. "I have done nothing to you, ever."

"Go away," screamed Kelly. "You're dead."

The apparition vanished and Kelly turned to see Pop shaking his head in amusement, the fishing lures stuck into the band of his old floppy hat sparkling in the sunlight. "There's dead and then there's *dead*," chuckled the old man, pointing his rod again. "Not all of 'em stay that way."

Kelly stared at the old man in puzzlement, then followed his gaze back to the waterfall. Dozens of dark figures were massing behind the shimmering curtain. A hand appeared through

the water, the arm above clad in a black pajama
sleeve. . . .

He came instantly awake, flailing out with his
arms and upsetting a drink into the lap of the
hopelessly drab little schoolteacher in the next
seat. He remembered that he had been rude to
her when they had first boarded the plane in
Zurich, having rebuffed her bright attempt at
conversation by burying his head in a pillow
and staring out the window. Now, by way of
atonement he bought her a fresh drink and listened to her breathless account of the alpine
walking tour she had just completed. He listened until the plane mercifully landed in New
York at two in the afternoon.

He grabbed a shuttle to Washington National
and stared out the dirty window for the dura-
tion of the brief flight.

Saleem was still nagging at him.

He should have died instantly.

No one was waiting for him in Washington. But
then, no one ever was. The old Ford Escort he
retained exclusively for trips to the airport was
sitting right where he had left it, its windows
streaked with several days' accumulation of dirt
and the left front tire looking a little flatter than
he remembered. He got in, coaxed the balky
engine to life, and briefly considered fighting the
flow of Friday afternoon traffic pouring out of
D.C. in hopes of catching Blackstone at the
office.

The thought of confronting the old bastard in his lair to demand an explanation about Saleem and the whacked-out logistics officer was too depressing to contemplate after twenty-four hours of unbroken travel, so he pointed the Escort in the opposite direction and drove the twenty-odd miles to his condo in the lush Virginia countryside south of Alexandria. There'd be time enough on Monday to learn why for the first time in his career he had been given insufficient information on a target.

Besides, he needed the weekend to calm down.

He had committed the unpardonable sin of allowing himself to get rattled.

That was always the first sign.

The condo smelled of stale air and sour milk and he opened the sliding glass doors, peeled off most of his rumpled clothes and settled into a plastic chair on the balcony with a cold beer to enjoy the twilight and sort through his mail.

A soft breeze riffled the trees on the greenbelt below and the sound of childish laughter drifted up from the playground of the nearby middle school. A young couple in gaily colored jogging outfits ran past on the winding bike path and he involuntarily sucked in his gut, thinking vaguely of Diana and wondering, as he always did at such moments, if he had made a mistake by never marrying and having a family, and whether it was too late to consider such things now.

A normal life.

The thought raised a familiar host of nagging doubts about the solitary existence he had chosen for himself and he knocked back the rest of the beer, then, with his mail still clutched in his hand, padded barefoot to the fridge for another beer, discarding the sweepstakes envelopes and final notices warning that his subscriptions to *Newsweek* and *Fortune* were in serious danger of expiring.

The rest of the mail consisted of a few routine bills and a dainty pink envelope addressed to him in his cousin's distinctive flowing script. He tossed the bills and opened Shelly's letter, anticipating the small pleasure of seeing a couple of new family photos and reading a page or two of hometown gossip.

There were no photos in the envelope, which had been postmarked nearly a week earlier, and before he had finished reading the first sheet of embossed stationery he was on his feet and dialing Shelly's number in Bremerton.

He glanced at the answering machine on the kitchen counter as he listened to the ringing on the other end of the line. The machine's flashing light indicated ten messages to be picked up. Strange, because his number was unlisted and, aside from Shelly and a few people at Harvest, he seldom gave it out to anyone.

And everyone at Harvest knew he had been away.

He let Shelly's phone ring for another full minute, then hung up and punched the Play button on the answering machine. His cousin's high, clear voice filled the room.

From the sound of it, she'd been crying.

"Chris," she said, "please call me as soon as you can—" Her voice cracked and it was several seconds before she could continue. "Something awful has happened and you're the only one I can turn to."

The machine beeped, signaling the end of the message. There was a brief pause and Shelly began to speak again.

The second message, recorded twelve hours after the first, was longer. In it she explained that Sonny, her husband of twenty-five years, was missing and that a search was under way for him in a section of forest near the mountain lake where his father's defunct hotel was located.

He listened with growing concern as subsequent messages she had left at two, four, and five days following Sonny's disappearance filled in the sketchy details that she had finally put into the letter.

Two weeks earlier—the day after Kelly had gone undercover in preparation for the South African assignment—Sonny, Shelly, and his two nephews, Mike and Chris (Kelly's namesake), had gone up to the lake for a combined week of fishing at Pop's old spot by the waterfall, and to continue the restoration work they had begun some months earlier on the old lakeside hotel. Shelly, after completing several business courses at the local community college, had decided that the place possessed distinct possibilities as a bed-and-breakfast inn.

Late on the afternoon of the second day, the boys had left Sonny casting his fly into the dark pool beneath the falls high above the lake, returning to the hotel on their trail bikes to clean the day's catch for supper. Sonny had promised to follow along shortly, wanting a few quiet moments alone in which he hoped to lure the general, a legendary trout that every fisherman in the Bremerton area had been convinced for decades lurked beneath a certain rock at the edge of the fast running water.

Sonny never returned to the hotel.

Kelly felt a sudden chill down his spine, remembering the logistics officer's warning and the strange dream he had experienced on the flight from Zurich, and it occurred to him that he had never before dreamed of either Pop or the pool beneath the falls, a place he had last visited when he was no more than ten years old. He wondered if the dream had been prophetic, then shook off the notion, realizing that the events surrounding Sonny's disappearance had happened many days before.

On that first day, Shelly and the boys had begun to search for Sonny shortly after dark, returning first to the pool where they feared he might have slipped on the slick, mossy rocks, hitting his head and drowning in the cold, dark waters.

That horrible possibility was immediately ruled out with the discovery that Sonny's trail bike, a sturdy Honda 500, was no longer parked beside the tree where the boys had last seen it.

Drowned men don't get up and ride away on their trail bikes.

The next logical theory was that Sonny had started back down to the lake, a distance of roughly three miles over a steep although not particularly dangerous trail, and had crashed into one of the numerous stone-filled washes and gullys along the way. The family had begun a meticulous search of the route back to the hotel, spurred by the thought that Sonny might still be lying injured at the bottom of a brush-filled defile, unable either to climb out or call for help.

That search, too, had proved fruitless.

Around midnight, Shelly had sent young Chris to the nearest phone—at a campground on the opposite side of the lake from the hotel—to summon assistance.

At first light on the following day, nearly seventy volunteers from local search and rescue teams fanned out across the mountain to look for Sonny Lasco. By the following weekend, two hundred more searchers, including a troop of Explorer Scouts from Bremerton, a team of bloodhounds from a nearby county, and two National Guard helicopters had joined the search.

Sonny Lasco, for all his bluster, was a much-liked man in the area.

According to Shelly's last message, which had been recorded early the previous day, no trace of Sonny had ever been found. Except for herself, the boys, and a few die-hard friends, the search had been suspended. The local sheriff's office was hinting darkly now at the possibility of foul play. Two convicts had recently gone missing from a forestry crew working in the general vicinity of the lake and it was theorized that they may have killed Sonny for his trail bike and the few dollars in his billfold, secreting his body in one of the hundreds of shallow caves that dotted the rugged mountainside.

"We need you here with us, Chris." Shelly's voice broke at the end of the last message.

Kelly dialed the Lascos' home number in Bremerton again, knowing as he did that no one would answer. Shelly and the boys would still be at the lake, searching on their own for as long as it took. After ten rings he broke the connection, waited for the dial tone, and punched up Blackstone's private number.

The old man answered on the second ring, his mild voice managing to convey a mixture of pleasure and surprise at his favorite reaper's unexpected early return. There could, of course, be no discussion of the African assignment on this or any other phone line.

Not ever.

"Black, I need some time off to attend to a family emergency," Chris said, interrupting his mentor's jolly inquiries about the state of Kelly's health and the weather.

"Why, Chris, of course," he said. "Nothing too serious, I hope."

Kelly quickly outlined the story of Sonny's disappearance as he had pieced it together from Shelly's letter and phone messages, ending with the information that he would be catching the first available flight north.

"Let me arrange that for you while you pack," Blackstone said. "I have a couple of friends in another agency who owe me a little favor."

Kelly didn't know what to say. In the more than twenty years he had been employed by Harvest, he had never asked for anything, had never felt the need to. "I appreciate that very much—" he began.

"Nonsense," Blackstone snorted, brushing away Kelly's halting thanks as though his offer of assistance was too trivial to mention. "Go ahead and get your things together. I'll get back to you within twenty minutes."

Stepping into the bedroom, Kelly stripped off the rest of his clothes and showered with the bathroom door open and one ear cocked for the phone. Toweling himself quickly dry, he dumped the contents of his overnighter onto the bed and rifled the bottom drawers of his dresser for the jeans, wool shirts, and heavy socks he'd bought for an assignment in the Canadian Rockies several years before.

He was digging in the back of his closet for the old green parka he'd liberated from the marines during a brief tour in Alaska when the phone rang.

"Can you be at Andrews in an hour?" asked Blackstone. "There's some transportation leaving for your general neck of the woods. They'll get you close to your destination."

"I'll be there," he answered. "And I really do appreciate this, Mr. Black."

"You just get up there and take care of that family of yours," he replied. "Take as much time as you need." He paused and Kelly was about to ask him who he should see at Andrews Air Force Base when he added, "And, Christopher, don't hesitate to call if we can be of assistance to you. The full resources of the company are at your disposal."

Kelly tried to thank him again, but Blackstone broke off, telling him to get his tail in gear. He had exactly fifty minutes to report to the main gate at Andrews. Someone would be waiting for him there.

CHAPTER 11

Nighthawks

I T was dark by the time he got to the main gate at Andrews Air Force Base where a young lieutenant who looked to be all of fifteen was waiting. After being directed to park the Escort beside the administration building, he was hustled into a jeep for a high-speed ride across the base. They slowed at a gate guarded by a grim air policeman armed with a very nasty-looking machine gun of a type he didn't recognize.

The guard scrutinized the papers the lieutenant flashed at him, then waved them through. The jeep lurched out onto a pitch-dark maze illuminated by blue lights, and careened across the tarmac to a lone hanger on the opposite side of the field. They drove through the main doors of the empty hanger, pulling to a stop before a simple wooden door where another, even younger, lieutenant stood waiting.

"You Kelly?" he inquired around the wad of pink bubble gum in his jaw.

Kelly nodded and was led to a locker room where a grizzled NCO briefly eyed him and began tossing strange items of clothing and equipment in his general direction. When the pile in his arms reached eye level, he was directed to a bench and patiently instructed in the proper donning of the apparatus.

"Looks like you're suiting me up for a ride on the space shuttle," Kelly quipped.

The sergeant exchanged glances with the gum-popping lieutenant, who was casually pulling on an array of equipment similar to Kelly's, but said nothing. He spent a long time adjusting hoses and buckles, then shoved a long printed form at the puzzled outsider, indicating where he should sign. That done, the lieutenant jerked his head in Kelly's direction and led him through a corridor to another door. He opened it and they stepped into the warm night air.

The bird, a matte black contraption comprised entirely of sharp angles, sat waiting on the floodlit ramp. Below its spindly landing gear, half a dozen jumpsuited ground types probed and polished and fussed over it.

"What is it?" Kelly breathed, craning his neck to peer into one of the two giant exhaust cones on the tail.

"Next generation spook stuff," said the gum popper, pointing to a steep aluminum ladder. "Upsy-daisy."

He oversaw the older man's clumsy ascent to the cockpit where another NCO was waiting to strap him into the right seat, a thinly padded bucket that left him free to wriggle his toes and fingers, and little else. "Gees'll snap your fucking arms off like twigs if you ain't careful," commented the NCO, shoving them into contoured grips at the sides of the seat.

The next several minutes were occupied with the NCO attaching tubes to Kelly's suit, affixing a bullet-shaped helmet to his head, then repeating a litany of preflight checks that Gum popper read from a series of glowing computer screens scattered about the cramped cockpit. When they were both satisfied, the NCO withdrew and the knife-shaped canopy whirred shut. Gum popper allowed his passenger a quick grin and a thumbs-up. "You ready to rock 'n'roll?"

Kelly grinned nervously as a deafening blast of sound rocked the aircraft and they thundered out onto the main runway. The bird paused on the tarmac while the kid at the controls mumbled something incoherent into the microphone in his helmet, listened to the tower's reply, and scanned the video arcade before him.

"Ever been in one of these before?" His voice crackled into Kelly's headset, filled with boyish enthusiasm.

Kelly swallowed hard and shook his head.

"Well, hang on to your balls, 'cause you're in for a helluva treat," he said.

"Which way will we be departing?" Kelly asked, trying to make intelligent conversation.

Gum popper grinned and pointed a gloved index finger at the cockpit roof.

Kelly tried another tack. "About how long will we be flying?"

The kid glanced at one of his screens. "Call it eighteen minutes and change."

Kelly was certain he was joking. "To northern Pennsylvania? That means we'll be traveling over fifteen hundred miles per hour!"

"Yeah, well, they said you were in a hurry." The disembodied voice in the tower muttered some more numbers into the kid's radio and he flashed Kelly a toothy smile. "The captain has turned on the no-smoking sign. Please be sure your seat belt is securely fastened."

A thunderous howl filled the cockpit and Kelly was flung back into his seat as the bird leapt down the runway, rotated onto its tail, and screamed straight up into the night sky.

Less than twenty minutes later the black monster roared onto the runway of a remote airbase somewhere near the Canadian border that Kelly hadn't even known existed.

He had figured on renting a car in the nearest town and making his way the rest of the distance to the lake by road. Blackstone's connections, however, had taken the old man at his word. As Kelly stumbled weak-kneed into a locker room nearly identical to the one at

Andrews, another pink-cheeked lieutenant appeared, this one dressed in the familiar green flight suit of regular air force aircrew, sipping a Styrofoam cup of coffee.

"You Kelly?" he asked.

He nodded and while he got out of the space suit and back into his clothes, which the NCO at Andrews had neatly bundled into a small nylon bag, the new looey brought him a cup of coffee and asked where he wanted to go.

"Bremerton, Pennsylvania," he answered hopefully.

The new kid raised his eyebrows. "Bremerton? They told us you wanted to go up in the mountains somewhere."

"Well, yeah," he answered, sipping the scalding coffee. "But I figured since it's dark now and I'm not even exactly sure how to get there from here . . . Well, Bremerton's the closest city."

The young lieutenant jammed a cigar into his mouth and unfolded a standard sectional map on the equipment table. "S'pose you leave the drivin' to us," he said. "Now, just show me where you think you want to get to."

Kelly pointed to the oblong lake outlined in blue on the map thirty miles north of Bremerton. "There's an old resort hotel up there someplace. . . ." He hesitated, trying to remember where Shelly said the hotel was—about three miles from Pop's fishing hole. "It's on the south shore, I think."

The kid glanced casually at the map, then

folded it into his jumpsuit and touched an old-fashioned Zippo to the tip of his cigar. "You got it, pal. Now, just as soon as you finish your coffee we'll saddle up and be on our way."

BOOK TWO

Lake Lazarus

CHAPTER 1

Darkscape

"**THERE** she is, dead ahead!"

The lieutenant at the controls of the nearly silent black attack helicopter pointed to a moon-lit strip of water nestled in a long narrow valley between two jagged mountain peaks. He flipped on a tiny red penlight and consulted a notebook attached by a rubber band to his kneeboard.

"'Lazarus Lake,'" he read, "'elevation six thousand, three hundred feet MSL. Five miles long, close to two miles at its widest point. There's one major campground and a few private summer cabins on the northeast shore adjoining the Bremerton National Forest. Most of the surrounding land also belongs to the Forest Service and there are no other buildings to speak of except a large wood frame structure and outbuildings on the south end, formerly called the Summerland Resort Hotel. Hotel closed down for good in 1958.'"

Kelly looked at him in astonishment. "Where in the hell did you get all of that from?"

The kid grinned. "I flew a couple of drug recon missions up here last year," he replied, "checking out the local marijuana crop for the DEA. Those guys make you do your homework."

Kelly looked out over the nose of the chopper. Lake Lazarus grew rapidly in size, filling the windshield with a stark vista of black mountains and sparkling water. He saw a few lights below as they crossed the northern shoreline—the campground, he presumed—and dropped low over the water to skim along the surface near the center of the lake.

They had traversed nearly half its length when the pilot pointed to a single dim light a few degrees to the left of their course. A rambling two-story building with a high peaked roof surmounted by round Victorian turrets at either end took shape on the far shore. As they drew closer he could see that the solitary light he had spotted from the lake was burning in a second-floor window.

"No place on the grounds to put you down," said the kid, flipping a weird night-vision apparatus over his eyes, "but there's a big Forest Service clear-cut about half a mile farther inland that we used for refueling. If I remember right it's just off the access road leading to the old hotel. That be okay?"

"That'll be more than okay," said Kelly. "I can't tell you how much I appreciate this, Lieutenant. . . ."

The kid grinned and put the chopper into a steep turn. "All part of the service," he said.

Two minutes later, Kelly climbed out of the helicopter, stepping stiffly into a stubbled clearing and dragging his belongings out after him. He hurried to the nearby tree line shielding the narrow road from view, then turned and waved, averting his eyes from the rotor wash as the black machine rose a few feet, spun on its own axis, and flew away into the night with an eerie whooshing sound.

When the chopper had disappeared, he picked up the old canvas backpack he had hurriedly packed with his outdoor clothes and surveyed his surroundings.

The moon was still rising and the nearest trees cast long, black shadows into the clearing. An owl hooted somewhere nearby and he started into the trees, wishing he had a flashlight. It occurred to him that this was the first time in years he had entered a rural landscape for some other reason than to track another human being and he let himself relax, grinning at the thought that a snapping twig or a misplaced step here in these peaceful woods wouldn't necessarily result in the usual fatal consequences.

Johnny had parked the truck in the abandoned shed below the road and was making his way up the familiar path to the place where he spent most of his nights.

After leaving the mall earlier, he had stopped at the big combination diner and truck stop near the turnpike where he had consumed a sixteen-ounce T-bone with all the trimmings, then topped it off with a three-tiered banana split and several glasses of orange soda.

Shopping always made him hungry, especially on days like this when he was really just window-shopping—not seriously contemplating taking a girl, but sizing up and evaluating the possibilities, watching the patterns of mall security to see if anything had changed since his last visit, picking a lucky parking spot from which to display his bait; the bait that was now slung over his shoulder in a gunny sack.

It had been a satisfying day and his head was filled with useful information that he felt sure would guarantee the success of his next trip to Penn Center, or the trip after that.

He had just stepped out of the forest and was preparing to climb the steep rocky path leading to the higher elevations when a black shape rose from the trees to his right. The fearful machine swept over him so close that a blast of icy air from its rotors slapped the side of his face. He stumbled and fell headlong to the ground, raising his face from the dirt in time to see the black helicopter flash past overhead and make a sweeping turn toward the lake.

Johnny froze where he was, staring bug-eyed at the disappearing aircraft and trying to decipher what it meant. Had the cops found the man's body after all? Were they searching for him now? Waiting to pounce on him from the shadows of the deep thicket that surrounded his den?

He got to his feet and scrambled back into the safety of the woods. His big fists clenched and unclenched at the sides of his overalls as he stood in the darkness, listening to the familiar cacophony of the forest. His oddly crumpled ears filtered the night sounds of wind in the leaves and of little creatures scurrying through the woods. He cocked his head in the direction of the lake as the sound of a man walking in the brush rose above the natural noises of the mountain.

Reaching into a side pocket of his overalls, Johnny removed the gleaming skinning knife with its yellowing ivory handle and silently flicked it open.

He did not want to kill another man so soon. It was much too dangerous.

Not as dangerous, though, as being caught.

Dropping into a predatory crouch, the razored edge of the skinning knife held away from his body to defend against sudden attack, he moved silently into the trees in pursuit of the elusive footsteps. The predatory stealth and great speed with which he slipped through the black forest was nothing short of amazing, considering his great bulk and seeming clumsiness.

*   *   *

The access road, a rutted strip of crumbling asphalt that looked as if it hadn't been repaired in decades, appeared ahead of Kelly after a few minutes of walking through the forest. Clearing the shadowed tree line, he stepped out into the moonlight and turned in the direction of the lake, walking along briskly and thankful for the opportunity of stretching his legs after having spent close to an hour in the cramped confines of the helicopter. The clear mountain air was cold and refreshing on his face and the fragrant scents of pine and mountain laurel tingled pleasantly in his nostrils.

The twin turrets atop the old hotel building soon came into view above the tops of the trees and he was pleased to see a warm glow of yellow light appear in a small window near the top of the nearest one.

The thought crossed his mind that Shelly or one of the boys had heard the approach of the helicopter, which was silent only in comparison to conventional models, and had gone upstairs to take a look. He quickened his pace, anxious to see his cousin and learn if any progress had been made in the search for Sonny.

As he walked, Kelly reflected on the peace and solitude of the lush green woods that pressed closely in on both sides of the narrow road. Even without having seen the hotel, he could appreciate what had attracted his father to the serenity of this place after a lifetime spent wandering the world in the service of his country.

Kelly allowed himself a moment to regret the

fact that he had never come up here while his father was still alive and filled with enthusiastic plans for restoring the old place, despite the old man's repeated invitations. Those first years, however, right after his return from Nam had been the worst of his life and he had been of little use to anyone, including himself.

Immediately following his release from the marines, he had spent a few desultory weeks at his grandfather's place down in Bremerton—the only place he could think of to go. He had spent his time drinking beer and watching moronic TV shows, seldom leaving the house and reluctant even to look up Shelly and Sonny, terrified of the reaction that seeing the two of them happily married and already starting on their family would stir within his fevered brain. He had wanted only to escape the memories of Diana and Bremerton. He left thinking he might never return.

The road dived into a dark, brooding tunnel of overhanging tree limbs, emerging a hundred yards later onto a sweeping drive that circled around a recently mowed lawn to the gingerbread portico of the hotel entrance.

Kelly stopped at the edge of the lawn to catch his breath and look the old place over, pleasantly surprised at how well preserved it appeared to be. White paint gleamed luminous in the moonlight and he could detect no evidence of the massive dilapidation he had expected to find after so many months of having read the pessimistic descriptions of leaky roofs and sagging foundations contained in Shelly's letters.

Hell, the place didn't look half bad, from this distance at least. He realized that Shelly and Sonny must have put a tremendous amount of work into the old building since he had told them a year earlier that he'd deed them a half interest in it and the surrounding lakefront property in return for their fixing it up, although he had made it clear at the time that he would have been just as happy to have had them sell, splitting the profits with them for all their trouble.

Looking at it now, he could see why they had decided to go for the renovation. If the inside of the Summerland Hotel was half as decent as the exterior, he could easily visualize harried yuppie couples from nearby New York and Philadelphia being willing to shell out good money to spend quiet weekends here.

Maybe Shelly had something with her bed-and-breakfast idea. It occurred to him that he could throw in enough cash from his retirement fund to allow Sonny to quit his job at the foundry and go to work on the hotel full-time. God only knew the poor guy had been laid off more than he'd worked in recent years....

He let the thought die half-formed, suddenly remembering the reason he was here.

Sonny...

The poor bastard had wanted desperately to join him in the marines. He didn't think his cousin's husband had ever quite gotten over the fact that they'd turned him down, for flat feet of all things. Now he was gone, disappeared without a trace just like . . .

Just like Diana.

The thought hit him like a slap in the face.

Sonny had disappeared just like Diana: laughing and enjoying himself with his friends—or, in this case, his boys—one minute, gone the next.

He reached into the back of his mind to that Christmas Eve more than twenty-five years ago, searching in vain for something solid with which to link the eerie coincidence. Of course there was nothing there.

He shut his eyes, reliving the painful memory.

He and Diana had been dancing for hours beneath the twinkling Christmas lights in the crowded high school gym, pressing their bodies urgently together in time to the sweet, haunting melodies of their favorite records.

The Beatles's "Yesterday" drifted through his mind. He hadn't known it then, but it was to be their last dance together. They'd been wrapped in each other's arms, whispering silly endearments into one another's ears. Hardly dancing at all by that time, just swaying in time to the music.

There had been one magical moment when she had lifted the silver bracelet to the light, twinkling reflections of red and green and blue magically flashing about the bright initials carved into entwined hearts, turning them for the briefest of instants into living symbols of their love. Then her lips were soft upon his, her eyes closing, her honeyed breath against his neck, the silken swell of her hips pressing against his with the unspoken promise of a lifetime's pleasure to come.

The music had finally stopped. Lights coming up suddenly, taking them by surprise, Diana's soft laugh reaching him above the chatter of the other kids on the floor, her hand in his, pulling him back to the table for teasing by their friends.

Shelly and Sonny at the table like a dowdy old married couple, Shelly griping at him to remove the cigarette from behind his ear, a little jealous of Diana because Sonny stubbornly refused to dance . . . Calling it uncool when they all knew it was really his painful self-consciousness that prevented him.

Thoughts unspoken.

He had seen Diana whispering something into Shelly's ear, the two of them laughing as she got up from the table, bending over to peck him lightly on the cheek—their last kiss—and disappearing into the crowd, allegedly to go to the "little girls' room": Strange, he remembered having thought at the time, because girls never went to the girls' room alone. It was a standing joke among the boys. "What do you girls do in there anyway, give each other pointers on how to get rid of hickeys?" Sonny's usual brand of coarse humor drawing a predictable scattering of snickers from the boys and embarrassed giggles from the girls.

Diana disappearing into the festive crowd alone.

Disappearing forever.

They had waited for her to return. Ten minutes. Fifteen.

The lights had dimmed and a new round of songs already begun when Shelly, acting strangely nervous, had gone to find her while he and Sonny sat exchanging worried small talk. Maybe she had gotten sick or something.

More minutes passing. Shelly, too, gone far too long for a quick check of the girls' room.

Chris growing increasingly nervous. Standing at last to go see what was happening and running into Shelly in the center of the crowded dance floor. Snowflakes sparkling in her wind-blown red hair. Nose red, too, from the cold. The beginnings of tears welling up in her eyes.

Something terribly, horribly wrong.

Shelly blurting out an incoherent story. Something about Sonny's car. The sick, cold feeling growing in the pit of his stomach as Sonny, seeming to understand, ran past him: pounding out through the gym doors toward the parking lot as Shelly tried to explain again.

Diana had gone out to the old Ford to get Chris's Christmas present, which Shelly had been keeping for her, and forgotten to bring in from the glove compartment when she and Sonny had arrived at the dance.

"My fault!" She was blubbering incoherently. "All my fault. . . ."

Still confused.

Leaving Shelly standing alone in the center of the dance floor.

Running.

Couples stopping to stare at the commotion.

Running, through echoing, waxy-smelling high school corridors.

Slamming out through the doors.

Outside, Sonny standing helplessly by the old Ford. The passenger door open, the front seat drifted with fresh fallen snow. Footprints around the car indicating some sort of a scuffle. A lone set of tire tracks leading out into the street, mingled with the tracks of a hundred other passing cars . . .

After that . . . nothing.

The local cops standing around asking lots of dumb questions as the tire tracks filled with new snow, certain the kids themselves had something to do with Diana's disappearance. The girl was maybe pregnant? The lovers had maybe had a fight? Did she ever talk about running away? Have another boyfriend maybe? And so on? And so on?

And all the time they were wasting with their stupid insinuations, Diana was being taken farther away from him.

Farther and farther away . . . until there was no chance whatsoever that she would ever be found again.

The final blow had come two days later when Shelly, her eyes red and swollen from too much crying, had appeared at the door to his grandfather's house with the small, gaily wrapped box completely overlooked in all the hysteria.

His Christmas present.

Sonny had found it in the Ford's glove compartment.

It had been three more days before Chris had mustered the courage to open it, as though doing so would sever some final remaining link between the two of them.

He had finally done so, carefully unwrapping the blue-and-silver holiday paper, exposing the simple gold chain with the tiny pendant of a soaring bird in flight. On the back a single word had been engraved.

Forever.

Sonny's disappearance?

Just a coincidence.

Nothing more.

Kelly shook off the hurtful memory and moved up the drive into the shadow of the old hotel, stopping perhaps two hundred feet away.

He raised his eyes to the turret he had spotted above the trees and was rewarded with the sight of a slender female figure silhouetted in the window. She seemed to be looking down across the lawn. He waved but the figure simply turned and disappeared.

The light in the turret slowly dimmed and went out.

Johnny crouched in the deep shadows at the very edge of the moonlit lawn, watching the stranger who stood staring up at the old building. He had slipped silently through the trees paralleling the narrow drive as the man had walked along, patiently stalking the intruder by the sound of his footsteps.

The long skinning knife was damp against his palm as he tried to assess whether or not to kill the stranger. It would be so easy now. The man's back was to him and they were separated by a distance of no more than ten yards. He drew a mental picture of himself leaping from his hiding place, envisioned the man turning in surprise at the sudden rush of footsteps from behind, saw the knife plunging into the stranger's throat, the hot blood spurting.

It was a difficult decision, for, while the stranger posed no immediate threat to Johnny or his girls, the other man—the one he had killed by the waterfall—had also come from the old hotel, territory that Johnny had until recently considered to be part of his exclusive preserve, a place, in fact, where he had always brought his girls for the frequently messy rituals that prepared them to be good. The hotel's large kitchen with its stainless steel sinks and broad countertops had been ideally suited to his purpose.

The first time the other man had come, bringing his family and his racketing motorcycles with him, Johnny had moved into one of the several refuges he maintained in the woods above the lake, anxious to avoid detection at any cost. The move had proved to be a mistake from the start, forcing him to leave his truck in the distant shed and take a long, roundabout route through the forest to reach his hideaway.

He had been relieved that first time, when the intruders had left the hotel after only a few days, fully convinced that things would return to normal again.

Upon his return, however, he had found huge stacks of trash and ruined bedding from the hotel rooms piled on the lawn and shiny brass locks affixed to all the doors.

Undaunted, Johnny had cleverly sprung the new locks and moved back in.

Another mistake!

He had almost been caught the next time the man and his family had unexpectedly returned, and been forced to huddle miserably in the dusty turret above the kitchen for an entire weekend as the sounds of pounding hammers and shouting voices had echoed through the rambling structure.

Afterward, his fear of discovery greater than his attachment to the one place he had always considered secure, Johnny had abandoned the hotel premises.

From that time forward, however, he had spent many long nights pondering ways to displace the intruders without attracting undue attention. Although he had killed the man by the waterfall out of desperation, and not as part of any organized plan to rid himself of the invaders, he had allowed himself to hope that the others would go away as well. He now realized that that had been wishful thinking on his part. The man standing on the moonlit lawn was carrying a bag, and the method of his arrival—by helicopter and without return transportation—made it clear that he, too, intended to stay.

Shifting the knife to his opposite hand and wiping his sweaty palm on the leg of his overalls, Johnny took a fresh grip on the worn ivory handle and calculated the distance to the stranger. He took a deep breath. . . .

A sixth sense born of years of near fanatical adherence to Blackstone's principal that if you thought someone was watching you they probably were raised the hairs on the back of Kelly's neck. He whirled about to face the thick line of trees from which he had just emerged, narrowing his eyes to peer into the shadows.

Nothing moved.

Sweeping up his bag, he backed away toward the hotel, putting more space between himself and the trees. He rapidly scanned the entire circumference of the lawn, moving his eyes in short, jerky arcs across small sections of the terrain in the approved technique taught to him by the marines for night observation, alert for any aberration in the leafy cover, any movement at the peripheral edges of his vision.

Still, nothing moved.

A bird let out a small trilling song among the trees and he smiled at the familiar sound. Breathing a small sigh of relief, he turned and walked across the lawn, detouring around a defunct fountain and stepping over a fallen statue. As he walked, he chided himself for being excessively paranoid, a trait he hoped to discard once he returned to normal life.

He did not see the dark shadow that detached itself from the trees at his back and swiftly melted into the shelter of the black shrubbery beneath the shadowed wall at the far end of the hotel.

CHAPTER 2

The Summerland Hotel

THE covered portico at the front of the hotel sheltered a broad set of brick steps leading to a pair of ornate glass doors. Chris ascended the steps and paused before the doors, turning to look back across the lawn once again. He still had not shaken the vague feeling that there was someone out there watching him.

The lawn was still, as it had been before, its toppled statuary gleaming bone white in the light of the moon. Shrugging off the nagging sensation that he was being observed, he reached for the nearest door and tried it, surprised to find it tightly locked at this early hour. He looked around for a bell and, finding none, looked in through the glass.

Inside, the polished floors of the hotel's spacious lobby were dotted with arrangements of Victorian furniture, velvet sofas and padded chairs grouped in twos and threes about dark tables and fringed floor lamps. To the right side of the room stood a long wooden counter backed by a pigeonholed wall of mail slots. Dark paintings of idealized mountain vistas hung on the paneled walls opposite the desk, surrounding a grand staircase.

The entire space was illuminated by moonlight flooding in through the multiple sets of floor-to-ceiling French doors lining its far end. Beyond the French doors, the sparkling waters of Lake Lazarus shone through from a broad veranda fronting the opposite side of the hotel.

Chris rapped on the door. When no one responded he rapped harder and called out in a loud voice, "Hello? Anybody here?"

A flickering light glimmered against the faded wallpaper at the head of the wide staircase, growing brighter as whoever was carrying it walked along the upper hallway. The light stopped, as though its owner were hesitating before exposing himself to view at the top of the stairs, and he rapped again, the sharp sound of his knuckles on the glass rattling through the still night air. "Hello, down here," he called.

The light moved closer and he pressed his face against the glass, hoping to catch a glimpse of the approaching figure. He drew in a sharp breath and backed away in surprise as a ghostly form glided onto the upper landing and paused to gaze down into the moonlit lobby.

The girl—for she appeared from this distance to be no more than a teenager—stood at the head of the stairs dressed in a nightgown of some thin flowing material that covered her from neck to ankle. Lustrous blond hair curled down about her shoulders, a careless fall sweeping across her forehead to mask her features in shadow. One upraised hand held a heavy silver candelabra, the glow from its five dripping tapers outlining the contours of her full breasts and narrow hips in tantalizing strokes of deep shadow. Her other arm, naked from the shoulder, hung gracefully at her side.

Chris stood frozen at the doors, wondering who she was. She made no further move to descend the stairs. Regaining his composure, he rapped again.

"Who is it?" she called in a tremulous voice.

"My name is Chris Kelly," he called. "I'm a friend of Shelly Lasco. Is she here?"

She shook her head.

"Well, look, can you let me in?" He paused. "I'm supposed to be here. That is," he added clumsily, "Shelly called . . . about Sonny."

She hesitated, then came down the stairs, pausing to set the candelabra on the counter. He caught a quick glimpse of regular features and full lips as she reached over to switch on a shaded lamp above a thick ledger that he assumed was the guest register. She padded barefoot to the door, the moonlight from the opposite end of the lobby silhouetting her body through the thin gown. He could clearly see the outline of the skimpy black panties she wore beneath the sheer material.

"I'm sorry," she said, coming to a stop before him and looking up through the glass of the closed door. "Shelly had to go back to Bremerton to take care of some business. She's probably back home by now."

He nodded. "I see. Well, I'm her cousin. I couldn't reach her at home so I just came straight up here."

She looked at him. Her face was again hidden in the shadows of the darkened room, making it impossible to read her expression.

"So can you let me in?" he asked when she made no move to open the door.

She folded her arms across her chest, suddenly aware of his eyes looking down at her thin nightdress.

"I'm sorry," she finally said. "I mean, Shelly didn't say anyone was coming up tonight. Maybe you should go on down to Bremerton and find her."

Chris was getting irritated. "I can't go down to Bremerton," he snapped. "I don't have a damn car. Didn't you see the helicopter that just dropped me off?"

She shook her head. "I didn't hear anything."

"Dammit, then why were you just up in the turret watching me?"

She looked at him strangely. "I think you'd better come back tomorrow," she said with finality. She pulled the gown tightly about her and turned away.

"Hey, I'm sorry," Chris called. He fumbled in his jeans for his billfold and pulled out a laminated folder. "Look," he called, holding the plastic up against the glass.

She turned back and examined the family photo of Shelly, Sonny, and the boys. "See," he said, pointing to the inscription. "To Chris, from all of us."

"Let me see some ID," she demanded.

He unfolded the laminated accordion, exposing a driver's license and a handful of credit cards. She studied them for a moment, then unlocked the door, stepping away as he scooped up his bag and entered the lobby.

"Thanks," he said, smiling.

She shrugged. "Shelly didn't say anyone else was coming." She looked around the empty lobby. "It appears that everyone has given up on Sonny."

"I tried to call as soon as I heard," he explained as she retraced her steps to the counter. "I was out of the country until this afternoon."

She reached over to retrieve the candelabra and he saw that she was exceptionally pretty, though not nearly as young as he had first imagined.

"Would you like some coffee?" she asked.

He nodded gratefully and she started toward the staircase. He started to follow and she pointed to a dark corridor off to the right. "The kitchen's down that way," she said. "There's a light switch just inside the hallway."

"Oh." The disappointment sounded in his voice. "I had hoped that you might be able to fill me in on the situation up here."

She smiled at him for the first time. "I'd be happy to. In fact, I was going to offer to fix you something to eat, if you're hungry." She looked down at her flimsy gown. "I would feel better with some clothes on, however."

She extended a smooth hand tipped with crimson nails. "By the way, my name is Sherry Mahan," she said.

He took the offered hand, finding it warm and soft. "Chris Kelly," he said.

She nodded and her smile broadened. "You said that before. Why don't you go in and get the coffee started, Chris. You'll find everything out on the kitchen counter. I'll be right back."

He watched admiringly as she turned and started up the stairs, her shapely legs moving gracefully beneath the swirling nightgown.

"Hey," he called, "what's with the candles?"

She stopped at the landing and struck a dramatic pose. "Dramatic, aren't they?" she asked. "I felt like the heroine in a Gothic novel coming down here before." She hefted the heavy candelabra and grinned. "I could claim I was carrying this for protection—I could brain somebody quite handily with it if I had to—but the truth is that there's no electricity above the first floor yet. Sonny is—" Her smile faded and she corrected herself. "He . . . was in the middle of bringing the old wiring up to code before . . ."

Kelly nodded his understanding and watched her disappear down the same upstairs corridor from which she'd first appeared.

* * *

Johnny stood in the shadows beside the hotel portico. He had been watching through the glass doors as the man and the woman inside talked, glad now that he had not attacked the stranger out on the lawn. He had not realized that there was anyone else still inside the hotel. Perhaps he might have gotten away with disposing of the man before he ever reached the hotel, but if the woman had seen . . .

Two missing persons would certainly make the authorities suspicious at this point. They would surely start searching the forest in earnest again if two more disappeared.

Johnny had overheard enough of the man's conversation while he still stood outside to understand that he was simply a relative who had come to comfort the widow of the dead man. He didn't seem to be a threat after all.

Contenting himself with the knowledge that the newcomer would probably stay for a day or two and then go away, Johnny silently folded the skinning knife and slipped it into the pocket of his overalls.

He edged away along the side of the building and, from the cover provided by the end of the structure, hurried across the drive and melted back into the thick cover of the trees. Making his way through the forest to the first of the steep paths that would bring him to the security of his den, he let his mind drift back to the pleasant thoughts of the girls he had seen in the Penn Center Mall.

Now that the threat to his safety was really coming to an end, he was anxious to start planning to bring home a brand-new girl.

The sight of the blond woman in the hotel had stirred him and he leaned against a tree, feeling the bad thing beginning to happen deep within his overalls. The bad thing did not scare him anymore, not the way it had a long time ago. He knew how to make it go away.

He fumbled with his buttons, slumping down into the soft, loamy soil against the trunk of the tree and sighing as his thick fingers found their objective. He groaned in pleasure as a burst of golden light flashed in his head and he was seized with a sudden inspiration. It was time to bring home another fair-skinned girl. A beautiful blond, or perhaps a redhead.

He howled his pleasure to the sky as the bad thing exploded upon him and a thick rope of saliva slid from the corner of his mouth to dangle at the end of his triple chin.

He would be extra specially careful with this one.

If she turned out as well as he planned, he would name her Marilyn after his favorite movie star.

Sherry Mahan was thirty-two years old and had been Shelly's best friend for more than five years, ever since she had arrived in Bremerton as a refugee from a failed marriage to a failed actor and the ever-escalating crime and bad air of Los Angeles.

She had rented the small cottage down the block from the Lasco house that had been left to the couple when Shelly's mother had passed away the previous year. Alone and friendless in the small city, which she had chosen for its bright mountain setting and relative safety, she had immediately fallen under the older woman's protective wing, at first becoming Shelly's favorite matchmaking project and, later—after she had finally made it clear that she was in no particular hurry to marry any of the bedraggled bachelors that Shelly and Sonny were always dragging by for her perusal—just a friend.

After having spent the previous weekend assisting in the search for Sonny, Sherry had wangled an early vacation in order to come back up to the lake earlier that day, when it had become depressingly evident that Sonny was not going to be found.

She had spent the afternoon accompanying her distraught friend on one more fruitless foray into the dense woods in search of something that the organized search parties might have missed. By nightfall she had finally talked Shelly into letting Mike and Chris take her back down to Bremerton for a few days of rest and, fearing her friend was near collapse, a medical checkup, by the simple expedient of promising to stay at the lake until they returned, on the off chance that Sonny might somehow show up in need of assistance.

All of the foregoing information she imparted to Chris while firing up the massive coal range in the hotel's drafty kitchen and whipping up a delicious-smelling pair of omelettes that she placed on paper plates while he struggled to keep the toast from burning in the primitive eight-slice toaster.

"So there's still been no sign whatsoever of Sonny?" he asked, fumbling the smoking slices of bread onto a pink paper plate of their own and carrying them to the battered wooden table.

Sherry shook her head sadly. "It's completely baffling," she said, sitting down and buttering a piece of toast. "Generally, the dogs will always manage to turn up something within a few days, especially if there's a body involved." She bit into the toast and continued to talk with her mouth full. "We even managed to get a helicopter equipped with infrared up here on loan from the state troopers last week."

He looked at her quizzically as she began to eat her omelette. "Infrared?"

She nodded. "The heat given off by a human body can be picked up on infrared sensors." She put down her fork and her voice took on a somber tone. "Even a decomposing corpse will show up as differential traces on a really good infrared scanner. The chemical reactions produce heat as the body breaks down," she explained.

"Yeah, I know that," he said, wondering how she happened to have come by that particular piece of relatively specialized knowledge.

"Anyway," Sherry said, returning to her omelette, "everyone involved in the search at an official level seems pretty certain that Sonny is no longer in the area. Otherwise, they reason, the special teams would certainly have turned up some sign of him by now. They've covered this grid in more depth than you're likely to see in most missing-persons searches."

"You seem extremely well-informed about the technical side of this," he said, genuinely impressed by her easy grasp of search-and-rescue techniques, an often complex discipline that he'd seen employed many times by experts in Vietnam.

She shrugged. "I was involved in a few searches in the mountains around L.A.," she said. "Now there's some really rugged terrain for you, right inside the city, too. People get lost and fall off cliffs in Griffith Park all the time."

"Exactly what was it that you did out there?" he asked, his curiosity fully aroused.

"Same thing I do in Bremerton." She grinned. "I was a flatfoot. Actually, an L.A. County sheriff's deputy."

He stared at her. "You're a cop?"

"Detective sergeant." She smiled.

He flushed. "Oh!"

She reached across the table and patted him gently on the arm. "Don't take it too hard," she said. "Beneath this rough exterior I'm really an okay guy."

He began to laugh.

Her smile dissolved. "Do you find the fact that I'm a police officer amusing?" she asked tartly.

He shook his head. "No, it's not that. . . ."

"What then?"

"I was just wondering why you came at me before with a candelabra instead of a loaded gun."

A little smirk lifted the corners of her mouth. "Oh, I had the loaded gun, too."

"No! Where?" he asked in disbelief.

She reached behind her and produced a small automatic from the waistband of her slacks. "Remember those pretty black panties?"

He shook his head helplessly. "Was I staring that obviously?"

She nodded. "I haven't felt eyeballs scanning me like that since I worked vice in West Hollywood."

"Would you consider accepting an apology?" he asked sheepishly.

Sherry grinned mischievously. "For the staring, or for the probable assumption that I was a small-town librarian who reads a lot of detective novels?"

He flushed again. That was almost exactly what he had assumed. "Whatever," he replied.

She nodded and slipped the gun back into the small of her back. "Accepted. Now, suppose we talk about you? You mentioned earlier that you were, what, an international music promoter? Exactly what does that entail?"

"Well, there's not a whole lot to tell," he said evasively. "Mostly I travel around and set up benefit concerts for various charitable organizations."

Sherry looked at him over the rim of her

coffee cup and took a sip. "I see," she said. "And how does that rate you midnight transportation via private military airlift?"

"I'm not sure I understand," he began. "The helicopter I caught a lift on was—"

"A stealth attack chopper," she finished the sentence for him. "We had a couple of them up here last year on a DEA thing. One hundred percent pure spook stuff. So classified the military wouldn't let any of our people get within a hundred yards of them."

"I really don't know what you're talking about," he said with practiced nonchalance.

"Of course you don't." She smiled prettily, lifting a forkful of omelette onto a wedge of toast. "What's more, I'd be extremely disappointed and more than a tad suspicious if you suddenly came clean and admitted outright that you were a spook. You will have to admit, though, that the chopper was a dead giveaway."

"You said you didn't see the helicopter," he countered.

She shook her head. "I said I didn't *hear* the helicopter," she replied. "I happened to be looking out at the lake from the window of my room when it left here going like a bat out of hell, and I got a very good look at it."

"So that was why you went up to the turret." It was a statement, not a question.

She shrugged and bit into her toast.

"Getting back to Sonny," he said, trying to change the subject. "You said the people involved in the official search think he's no longer in the area. But that's not what you think."

Now it was her turn to be evasive. "I have a private theory," she answered.

"But you *do* think you know what happened to him?"

She still didn't answer.

"That's really why you came up here, isn't it," he asked on a sudden hunch, "to check out your own private theory without all those searchers and dogs trampling all over the scenery?"

"You're an extraordinarily perceptive man, Mr. Kelly."

"Chris," he said.

"Chris."

He looked at her expectantly. "So, are you going to let me in on the theory?"

She went to the stove, returned with the stained speckleware coffeepot. She refilled his cup and looked appraisingly at him. "I'd feel much better about telling you if I knew exactly what it is that you do for a living," she said. "I'm asking for a very good reason," she added.

He sipped the scalding liquid, considering the request. Although he had never before been asked to disclose the nature of his work by anyone he might seriously consider telling, the prospectus under which he operated allowed him to disclose the information to other law enforcement officials under certain carefully circumscribed conditions. He decided it was worth stretching the point if there was even a remote chance that it might bring him closer to discovering Sonny's fate.

"Let's say I'm advising you unofficially," he finally said. "Meaning that if you repeat the information I'll deny that I ever told you anything and the very powerful government-sponsored company I work for will probably sue you for libel and ruin your law-enforcement career in the bargain."

"Wow!" she murmured. "Sounds pretty serious." She considered the warning for a moment. "But I still think I need to know."

He nodded solemnly. "I just want you to know what you're letting yourself in for. Did I mention there's also a pretty fair chance we'd both be brought up on assorted charges having to do with national security?" he lied.

She pondered his words for several more seconds. "Okay," she finally said. "Fair enough."

He lowered his voice and leaned forward. "Okay, I kill people who need killing."

Her eyes widened. "Oh, my God! Who? I mean, how? . . ."

"That's all I can say," he warned, "and that was probably more than you wanted to know. I'll just qualify what I've told you by adding that the people I kill are generally international criminals who have somehow managed to put themselves out of the reach of normal law enforcement and that they are very carefully selected and tried in absentia by an international tribunal. Politics are never a factor." He looked at her face, which had gone pale. "I'm sorry if I've upset you."

"It's all right," she replied, taking a large swallow of her coffee. "I mean, it helps me a great deal to know that you're . . . used to dealing with criminals." She thought for a moment longer. "Are you armed now?" she asked.

He reached beneath the table and removed the .38 Chief Special from its ankle holster and set it on the table between them. "And dangerous." He smiled grimly. "Now, let's hear this theory of yours."

She got to her feet and paced to a small window overlooking the lake. "I'm not sure I can verbalize it right now," she said without turning back to face him. "But I've been up to the spot where Sonny supposedly disappeared a couple of times now, including the first day of the search . . . before it got worked over."

"And?"

"And . . ." She turned back to face him. "Something doesn't fit." She shrugged helplessly. "I've viewed a lot of crime scenes and there are certain things you can always spot—signs of a struggle, the victim's belongings. . . . There was nothing like that near the waterfall."

"Leading you to conclude? . . ." He was leaning forward with interest now.

"Either that Sonny left that place before he disappeared, in which case the searchers would have found some trace of him along the single trail leading into the area, or . . ."

Kelly cocked his head. "Or?"

"Or else someone took him by surprise, someone who knew how to sanitize a crime scene."

He stared at her. "You think someone planned to kill Sonny?"

She sighed and leaned against the counter. "I don't know. I mean, that doesn't make any sense, does it?"

He shook his head. "Not that I know of. Sonny always was a hothead, but I never heard of anybody wanting to kill him for it."

"There's another possibility," she said. "He saw something he shouldn't have seen."

"Druggies? You said the DEA had been active up here. The chopper pilot mentioned it, too."

She frowned. "I doubt it. They never found anything up here beyond a couple of marijuana patches. Nothing worth killing for."

"Then what?"

Sherry smiled and spread her arms. "I don't know. That's where I come up blank." She hesitated. "There's just one more thing. That first day, I went up to the falls alone with one of the boys. . . ." She paused again, as though trying to decide whether to go on.

Kelly waited for her to continue.

"Well," she finally said, "it probably sounds silly, but the entire time we were up there I had the strangest feeling that someone was watching us. Not very professional, huh?"

He frowned, remembering the feeling he had had earlier on the hotel lawn, the feeling that some hostile presence was hovering in the darkness, watching him. "Suppose we go up there and look around in the morning?" he said.

*   *   *

Johnny leaned back against the rough bark of the tree trunk and waited for his heart rate to return to normal as it always eventually did after the bad thing had happened. As he waited a tiny spark of doubt began nibbling away at his newfound feeling of safety.

Something far back in the dark recesses of his brain.

Something he had heard the man say back at the hotel.

He pulled his great weight slowly to an upright position and readjusted his overalls. A frown creased the shiny skin of his smooth forehead as he started up the steep path.

As he climbed he became more and more convinced that there was something he needed to remember from a very long time ago.

Something very important.

CHAPTER 3

Night Games

THE cold room.

Johnny pulled open the thick insulated door and held the Coleman lantern high, peering into the dark space. A flat, unpleasant odor assaulted his nostrils and he wished he'd remembered to pick up a new vial of peppermint oil. His breath steamed out in a frosty cloud as he stepped into the low-ceilinged room and he was glad he did not have to spend very long in its claustrophobic confines tonight.

Tonight he had merely come to check that all was in readiness for his next girl.

"Hi, Liz. Hi, Farrah." He grinned cheerfully at the two discolored corpses on the low wooden bench at the back of the room, regretting again that he hadn't been able to do more for them. The girls stared back at him, their lifeless eyes glittering in the bright illumination from the hissing pressure lantern and he wondered if they were still mad at him because they hadn't turned out well.

"Cheer up," he whispered, leaning to gently kiss their icy cheeks, careful not to wrinkle his nose at the dead, foul odor clinging to them both.

He touched Farrah's long blond hair, remembering how perfect her rosy complexion had been the first time he saw her. Such a shame about Farrah. The awful massive bruising on her back and buttocks had developed before he had been able to do anything at all about it. He had cried over her at the time. She had been so pretty. Prettier even than Diana. He sniffled now, just thinking about it. He still felt pangs of guilt over having let her down.

He had been almost as unhappy over Liz, not realizing that she had suffocated inside the pickup's long, wooden workbox while he had been stuck in the traffic jam outside of Newark. By the time he had reached the lake many hours later it had been far too late to restore her to anything like herself either.

Johnny had gone ahead and prepared both of them anyway. Farrah had been the first girl he had ever taken from a mall and, like Diana, held great sentimental value for him. Liz . . . well, he just felt so bad about Liz that he hadn't been able to bear the thought of dumping her with his other failures—the ones who'd been badly damaged or died prematurely because they'd fought too hard or been too weak—in the short tunnel that extended into the side of the mountain from the back of the room. The tunnel, which he always hated to enter, was also the repository for all the extra parts: pieces of the girls that were left over after he'd finished making them good.

The very first thing he'd done after Liz's accident was to drill airholes in the carrying box. He had even lined the rough interior with soft woolen blankets so that none of his new girls would suffer as poor Liz had. Johnny had come to the cold room and told her about it right away, too, pointing out how the lining would also protect the girls' delicate skins, hoping to make her feel better. She'd refused to talk to him, though, as had Farrah.

None of the girls in the cold room ever talked to Johnny, but he was as nice as could be to them anyway. After all, it was partly his fault they were here instead of in the comfy family area with Veronica and the others.

Johnny lifted the lantern, plunging Liz and Farrah into darkness. Their eyes shone at him from the shadows as he crossed to the big wooden worktable and hung the light on its hook beneath the shiny tin reflector he'd painstakingly fashioned by hand. The reflector, which had hooks for the two other lanterns he'd need when he actually began a preparation, had thrilled him with its efficiency, directing the powerful white light of the Coleman into a bright circle on the table and, incidentally, shielding his eyes from the glare. He was very proud of the reflector and couldn't wait to try it out.

Before the intruders had come he had had the spacious, well-lighted facilities of the hotel kitchen in which to perform his most delicate work, which he had always performed in the early morning hours by the strong sunlight that came pouring in through the tall windows at that time of day.

His biggest concern upon being forced to move into the dungeonlike confines of the cold room, a space previously reserved exclusively for purposes of storage and concealment, had been whether he would have an adequate light source. As in every other problem he had encountered, his comic books and the TV had provided the solution. He'd gotten the idea for a big overhead light from an old medical show he'd once seen on TV. The concept of fashioning a reflector had come from a recent issue of *Solar Man,* one of his favorite comic book super-heroes.

Reaching beneath the table, he rolled the heavy wooden tool chest to his left side, opening the top drawer and carefully removing the rolled leather packet containing his most prized possession, the set of instruments that, according to his mother, had belonged to his father, and his grandfather before him.

Johnny ran his fingers over the soft yellow leather, enjoying the worn feel of it and deftly untying the cords that held the packet in a roll. Laying the wrap atop the stained chest, he lovingly unrolled it, exposing the butter-yellow ivory handles of the precious instruments. Bright metal gleamed in his rough hands as he removed the precision-honed saws, the delicately curved blades and periosteal elevators from their individual pockets, raising each into the light above the table to examine its cutting edge, setting them out in order of anticipated need.

When he was satisfied with the condition and placement of the instruments, he opened the next-lower drawer in the chest, repeating his careful inspection and arrangement of the needles and ligatures and stretchers.

As he worked, Johnny began to whistle a happy little tune, picturing in his mind's eye how Marilyn would look lying there on his table, her golden skin glowing beneath the light of three Coleman lanterns. The poor thing would probably be frightened at first, not understanding what was happening to her, whimpering and pleading with him to set her free.

He smiled to himself, rehearsing the little speech he would make, setting her fears aside by explaining about the bad thing. Showing her just how awful it could be.

She would calm down after that, after he had made her understand. Perhaps he would even show her the gleaming instruments, explaining softly and lovingly how any movement or attempt to struggle free could cause him to slip and hurt her very badly, perhaps even ruining her pretty looks.

They almost always calmed down after he explained.

Chris Kelly stood before the old-fashioned casement window of his second-story room, looking out over the glassy waters of Lake Lazarus. The moon was setting and the thick stands of conifers running down to the water's edge from the surrounding mountains were etched black against the starlit surface of the lake.

He had opened the window after Sherry had let him into the spacious, high-ceilinged room, one of only three that had so far been restored and furnished from the stock of pristine Victorian furniture that Shelly and Sonny had found hidden beneath yellowing dustcovers in the attic. A soft breeze ruffled the white lace curtains framing the window, causing the flame of the single candle on the dresser to waver and dance in the darkened room.

An owl hooted softly from the forest and the clean scent of greenery filled the room as he walked to the four-poster bed and turned down the light coverlet. He sank onto the blessed softness of the mattress, trying to recall how long it had been since he had last slept. The down pillows crept up around his ears as he heard a new sound, from the room adjoining his.

He closed his eyes, listening to the creak of another bed beyond the wall and picturing in his mind the way Sherry Mahan had looked in her filmy nightgown on the stair. Her eyes, blue and searching, dominated the impression and he found a slow smile spreading across his face.

This idealized image of Shelly's best friend surprised and excited him. Although he liked women and had actually been involved in two or three extended relationships in recent years, they had all failed each time he discovered he was beginning to care too much for the other party, frightened at the signs that each of his lovers were beginning to depend upon him, relying on him to protect them from things that were beyond his power. As a result, he seldom thought of women in a romantic sense anymore, avoiding all but the most casual relationships.

Sherry Mahan, however, seemed different from the others he had known. Totally self-possessed and determined to handle whatever situation might arise, he doubted that she had ever leaned on anyone in her life. He smiled at the thought of the compact pistol tucked into the waistband of her black panties and wondered what it would be like to hold her in his arms.

He felt a pleasant flush suffusing his entire body and wondered as his eyelids grew heavy if perhaps he was coming down with something.

Fifteen feet away, in the room next to Chris Kelly's, Sherry Mahan was sitting propped against her pillows, reflecting on the strange man who had turned up at the front doors of the old hotel. She tried to picture him as a professional assassin and failed. Although she wasn't exactly certain what traits a paid killer should possess, nothing she had seen in Chris seemed to fit the profile. Soft-spoken and sensitive, she felt he was somehow miscast for the job.

She wondered if some awful secret drove him.

Shelly had spoken of her world-traveling cousin from time to time, but Sherry couldn't recall her ever having mentioned Chris by name and wondered why. It was evident that her friend had no idea what Chris's actual occupation was and, although she had said that he was unmarried, Sherry had gotten the impression that Shelly's cousin was a much older man; sort of a doughty old bachelor so set in his ways that he wasn't worth considering as a potential match. Strange, given Shelly's avowed mission to find a perfect mate for each and every single person on the planet.

It occurred to her that perhaps he was gay. She immediately dismissed the possibility. No gay man that she had ever met could or would have scrutinized her body the way he had when she had unthinkingly hurried downstairs in her nightgown, not realizing until she had felt his eyes upon her just how revealing the thin material actually was. She blushed at the memory of her earlier indiscretion and tucked her knees up under her, determined to stop mooning like a silly teenager and get back to solving the intriguing little mystery with which she had been amusing herself before Chris's arrival.

Now she pulled the candelabra on her nightstand closer and reopened the lacquered wooden box she had earlier discovered at the back of a kitchen cabinet while searching for matches with which to light the stove. She puzzled over the strange contents of the box, wondering whether Shelly or Sonny knew of them.

Dumping them out onto the coverlet, she held several items up to the warm yellow light, giving each one a cursory examination before dropping it back into the box. As an amateur collector of costume jewelry, she found most of the objects disappointing in that they were either too cheap or too undistinguished to be of any particular interest or value. An explanation suddenly occurred to her and she covered her mouth with her hands.

"Of course," she told herself, "this must have been the hotel's lost-and-found box." She congratulated herself on the cleverness of her deduction, even coming up with an explanation for the preponderance of mundane objects. It was obvious that as time passed and items remained unclaimed, the keepers of the box had simply taken the best and the oldest items for themselves. She tried to remember if Shelly had ever told her what year the hotel had shut its doors. Sometime in the fifties or sixties, she thought. That would be about right.

Sherry yawned and smiled, scooping the remaining contents back into the box. A circlet of blackened silver glinted against the white coverlet and she held it up to the dim light, admiring the cunningly entwined hearts linking the band together. It was a lovely piece and she slipped it onto her own slender wrist, turning it for a better view, but unable to make out the spidery engraving beneath its heavy coat of tarnish.

The bracelet felt somehow right on her and after a moment she reluctantly replaced it in the box. Later, after the shock of Sonny's disappearance had passed, perhaps she would ask Shelly if she might buy the piece. In the meantime, she thought, perhaps she would give it a thorough cleaning.

Leaning over to the night table, she blew out the candles one by one and lay back to gaze up at the shadows on the ceiling. Examining the contents of the box had cleared her mind, something that arranging and cleaning her own collection of costume jewelry always managed to accomplish, and she turned her thoughts back to the strange disappearance of Sonny Lasco. He had had a large motorcycle and a fairly extensive assortment of fishing gear with him. What had happened to those things?

She closed her eyes and tried to picture the waterfall and the deep shimmering pond beneath it—the place where Sonny had last been seen. Something nagged at her, a very obvious thing that must have been overlooked in the search. She tried to remember everything the state trooper had said when he had filled her in on all the steps that had been taken to discover Sonny's whereabouts.

* * *

Johnny stared into the tall wardrobe that he had moved into the cold room and converted into a supply cabinet. Something was missing.

He had finished inventorying the contents of the wooden chest a few minutes earlier, satisfied that everything he would need in the way of instrumentation was intact and in its proper place, and had begun checking the other supplies for the upcoming preparation. Nearly all the chemicals and acids and containers were in their proper places. He needed only to obtain the proper body forms and, most importantly, the eyes—although he had several sets of eyes left over from his last visit to the supplier in Trenton, Marilyn would require a special pair: eyes the color of the lake in summer, he had decided. Beautiful eyes.

He looked into the supply cabinet again, trying to decide what was missing. He had had to rearrange all of his supplies after moving them out of their hiding place in the hotel kitchen and he was still not used to the new arrangement. He scanned the packed shelves from top to bottom, counting on his fingers and reciting the inventory to himself.

He halted in midsentence, realizing what was missing. Not supplies at all. Each and every item he would need for his first preparation in the cold room was in its proper place. What was missing was more important.

The lacquered wooden box containing his treasures.

His and his girls'.

Johnny turned his eyes to the rough ceiling of the cold room and howled at his own colossal stupidity. He had remembered everything else: the precious instruments, the massive work-table he had hauled in pieces from the camp-ground on the other side of the lake, the chemicals.

Everything.

Everything except his treasure box.

He sank to the floor of the cold room, clutch-ing his shaved head in his dirty hands and rocked back and forth, moaning. His mother had been right. He was nothing but a big stupid dummy who never did anything right.

He could feel Liz and Farrah watching him from their dark corner. Reflections of the lantern glittered in their glassy eyes. Though he couldn't hear them, Johnny knew they were laughing at him. He covered his ears against the sound that wasn't there.

He was suddenly very frightened.

Chris moaned softly in his sleep and rolled over, clutching one of the soft down pillows to his chest. A light flashed in the silent room and he opened his eyes.

"Hi, honey." Diana smiled at him from the edge of the bed, the heavy candelabra held lightly aloft, the silver bracelet gleaming on her wrist.

"Diana!" He pushed himself up onto his elbow, unable to believe it was really her.

She placed the candelabra on the nightstand

and moved closer to touch his cheek, the filmy material of her nightgown rustling seductively in the still air. "I missed you so much, Chris." A golden tear glistened on her cheek and he reached out to touch her, feeling the wetness on his hand.

"Honey, I couldn't find you," he whispered. "I tried and tried. . . ."

She pressed herself to him, the swell of her breast warm against his naked chest, her hot breath upon his neck. "It wasn't your fault, Chris," she whispered. "You couldn't have known!"

He felt a tight ache in his throat and hot tears welling up in his eyes. "Oh, Diana . . ."

"Don't let him get away with it, Chris!"

He caressed her smooth shoulder, felt the electricity of her fingertips brushing along his leg, awakening long-forgotten sensations of urgent couplings in the front seat of his dad's old Buick. "Who, honey?" Moaning, only half listening to her words.

"Him," she said, her voice filling with hatred, "the one who took Sonny away."

He looked down at her in confusion, golden tresses splayed across his sweating arm. "Sonny?"

She pulled away from him, the candelabra suddenly in her hand again. Growing brighter. "Don't let him get away with it, Chris!" Her face now a hard mask.

"Diana!"

The candles blazed, the glare burning painfully

into his eyes. He shielded his face with his hands.

"Diana, wait!"

Hot light, burning his cheek and forehead. He squinted into the blaze trying to see. . . .

A bird chirped somewhere outside the open window. A hot shaft of morning sunlight pouring onto his face.

He sat up, blinking.

Shook his head.

"Christ!"

CHAPTER 4

The Waterfall

KELLY showered in a circle of garishly flowered plastic hung above a claw-footed tub in the old-fashioned bathroom at the end of the hall, having first noticed the already damp mat beside the tub and the rumpled towel on the rack beside his own. Sherry was obviously up and about early.

Standing before the stained mirror with his razor in his hand, he tried to remember the strange erotic dream, saw Diana's face clearly in his mind's eye: something he hadn't been able to manage for years.

As a reaper, he firmly did not believe in dreams, much less ghosts.

Still, he reflected, the dream had touched him. He wondered if the fact that his subconscious had projected Diana's face onto Sherry—flowing nightgown, candelabra and all—meant something. A smile flickered across his lathered face. Sherry, too, wanted to find Sonny, thought also that someone had waylaid him. . . .

The smile faded as he remembered the other dream he had had: Muktar Saleem and Pop at the waterfall. Two dreams in two days. Then there had been the other, more disturbing, incident at Mabula. For a moment he had actually allowed himself to believe that his deadly shot had failed to kill Saleem.

What in the hell was going on inside his head?

He finished shaving and splashed cold water onto his face, afraid that he knew exactly what was going on. He had seen it before, in reapers ten years his junior, reapers who now manned desks in the Arlington supply center and whose coffee cups trembled in their hands at odd moments. You just couldn't go around subjecting yourself to the stresses of killing people, no matter how righteously, indefinitely.

Blackstone's words.

One day, according to the old man, it all caught up with you. If you were lucky you got off with a permanent case of the shakes. If you weren't so lucky . . . Kelly vividly recalled a reaper named Collins. One afternoon just before lunch, he'd become absolutely convinced that St. Francis had appeared on the monitor of his computer while he was typing out an ordnance requisition for an upcoming assignment. Fortunately, a secretary had overheard Collins discussing his marching orders with the good saint *before* he'd taken the twenty kilos of high explosives on his requisition and wiped out the headquarters of a major paper company whose logging activities were rumored to be threatening the habitat of a rare variety of flying squirrel.

Kelly stared into the mirror, holding up his hand to see if it trembled.

Not yet, thank God.

He only imagined the dead coming back to life.

He found Sherry on the broad veranda overlooking the lake. In her faded jeans and old UCLA sweatshirt she looked like a teenager sitting there in one of the old painted rockers, sipping her coffee and nibbling toast from a buttered stack of slices on a small tray perched atop a spindly plant stand.

"Hi," he said, helping himself to coffee from a dented silverplate service on the tray and spreading a thin layer of grape jelly on a piece of toast.

"Beautiful, isn't it?" she asked, gazing out over the lake.

He walked to the railing of the veranda and looked out over the lake. A slight haze still lingered over the dark water and a couple of fishing boats bobbed on the surface far out toward the center. "My grandfather used to bring me up here when I was just a kid," he said. "When I was about six, I had a picture book of the Atlantic Ocean and the first time we came up I was pretty sure that this was it."

"Did you stay here, at the hotel?"

He shook his head, laughing. "Pop was more the tent and sleeping-bag type," he replied. "We used to camp out up by the falls."

Her features brightened. "Then you must know that area pretty well."

"'Fraid not," he confessed. "I couldn't have been more than ten or eleven the last time I was up there. About all I really remember was that it was a long walk for a little kid and that it's noisier than hell right around the waterfall itself. We used to shout at each other to make ourselves heard."

Sherry nodded, remembering her own visits to the falls. Mike had had to shout at her to explain where he'd last seen Sonny's motorcycle. That started a chain reaction in her head, something that often happened when she was working on a case. Someone might have slipped up on Sonny using the noise from the waterfall as cover. . . .

". . . I said when do you think we should get going?"

She turned to see Chris looking at her. Smiled. "I'm sorry, I'm afraid my mind was someplace else. I thought maybe we'd go up to the waterfall first thing. The boys left their trail bikes here so it shouldn't take us more than twenty minutes or so. Afterward, we can ride around the lake to the campground. I need a few supplies and there's a phone." She hesitated. "I presume you're anxious to call Shelly and get down to Bremerton."

Chris frowned and slowly shook his head. "I'm not in any particular hurry to get to town," he said. "If there's anything to be learned up here that might put us onto Sonny's whereabouts, I'd prefer to be on hand, and I think that's what Shelly would want." He crossed to the breakfast tray and snatched up another piece of toast. "Also, I guess she probably told you that Bremerton doesn't hold any fond memories for me," he added.

Sherry looked at him, puzzled. "I'm not sure I know what you mean."

He smiled ruefully, sorry he'd raised the subject. "Then forget I mentioned it," he said. "It's an old wound from years back. One of the reasons I hate going back to Bremerton is that everybody else still remembers." He saw her expression and laughed. "There, now I've got your brain racing in high gear trying to figure out what in the hell I'm talking about."

She tilted her head, waiting for him to go on.

He spread a layer of jelly on the toast and sighed. "I'm sorry," he said, "I wasn't trying to sound mysterious. It's just that when I was in high school my . . . girlfriend was kidnapped from a Christmas dance, and presumably murdered. It made the papers all over the East Coast at the time and was the only kidnapping Bremerton ever had." He shrugged helplessly and set the toast back on its tray. "People mean well," he said, "but it seemed like no one in town could see me after that without remembering." He winced, recalling painful encounters he'd suffered on the streets years later, even after Nam.

"They just couldn't let it go," he explained, "always having to tell me how sorry they were and that I shouldn't blame myself for what happened—" He broke off, gazing at the distant line of trees on the far shore.

"And did you?" Sherry was gazing up into his eyes.

"What, blame myself? You're damn right I did. For years and years afterward. I should have been keeping an eye on her." He turned away, pacing to the railing and staring out over the lake. "Oh, hell, what's the use? I mean, even when you know there's nothing you could have done, you still feel that guilt. You carry it around with you every day of your life."

He turned, surprised to feel her touch on his shoulder. She was standing beside him, smiling.

"Were you very much in love with her?"

His frown dissolved and he shook his head. "Hell, I don't even know anymore. I was seventeen years old. When you're that age, the other person seems perfect. Maybe we would have fallen out of love the next month. Maybe we would have gone on and gotten married and had six kids. . . . I just wish I could have done *something*, you know?"

She nodded and handed him his toast. "Maybe we can still do something about Sonny," she said.

He took the toast from her and smiled. "Thanks."

* * *

The trail bikes, a pair of well-used Honda 250s were parked beside Sherry's Mustang convertible in a small hotel outbuilding sheltered by the trees at the edge of the lake. Chris looked them over, checking the tanks for gas and familiarizing himself with the controls. "You ever ridden one of these?" he asked.

"They give them to twelve-year-olds, don't they?" She smiled gamely and straddled the nearest bike. "Just show me how to start it."

"Not so fast." He laughed. "There are a few things you need to know first. He climbed on the other bike and gripped the handlebars. "Look," he said, pointing to various controls, "clutch, hand brake, throttle . . ."

Sherry examined her own bike, touching each item as he mentioned it.

"Okay," he said, raising his foot off the ground. "Down here on the side of the engine you have your gearshift. That little pedal on the other side is the foot brake. Rule number one is that whenever you need to stop or slow down you always apply the foot brake first. Got it?"

She grinned, pressing on the tiny pedal with her toe.

"Good, now repeat it."

She stared at him, offended. "Excuse me?"

His eyes sparkled. "Repeat what I just said."

She rolled her eyes. "Whenever you need to stop or slow down, always apply the foot brake first," she repeated in a singsong, let's-get-on-with-it voice.

"Good. Because if you hit the hand brake first—that's the one connected to the front wheel—you're liable to end up on your head."

He stood over the bike, raising his foot to a metal lever jutting from the side of the engine. "Okay, this is the kick starter. You might want to cover your ears because this thing is going to make a hell of a racket when I start it up in here. . . ."

"Wait," she said, "don't start it!"

He paused with his foot poised above the starter. "Something I forgot to mention?"

Sherry climbed off her bike and paced to the open door, raising her eyes to the wooded mountain slope rising majestically behind the hotel. "No," she said. "But if there is someone up there—someone who did something to Sonny—they're probably assuming the search is over by now."

"Damn, you're right!" He jumped off his bike and joined her in the shadowed doorway. "So why announce that we're coming up for another look by blasting up the hill on two of the noisiest contraptions known to mankind?" He looked at her with newfound respect. "I should have thought of that myself."

"Why," she asked contentiously, "because you're the man?"

He shook his head. "No, because I'm supposed to be the spook. Hell, if I made a dumb mistake like that in the field I'd be dead."

"Come on," she said, taking his hand. "It's a long walk."

He allowed her to lead him out into the sunshine, wondering if he really was beginning to lose it.

They heard the noise of the waterfall five minutes before they saw it, stepping out of the shady woods and onto a sunlit notch cut into the side of the mountain. They had been climbing for more than an hour and both their faces were bathed in a glistening sheen of perspiration.

"It's just on the other side of that big hump." Sherry pointed to a large dome of granite protruding from the bottom of another wooded slope above them.

Chris scanned the surrounding terrain, trying to recall the last time he'd been up here with Pop. The lake glittered in the late morning sunshine a thousand feet below. He remembered the breathtaking view clearly. Nothing else seemed familiar. "Okay," he said. "Why don't we just hike up there nice and easy just like a couple of tourists. If there's anybody around, we'll let them come to us." He felt beneath his sweater for the .38 tucked into his belt. "Got your gun handy?"

She nodded and together they proceeded up the rocky path, rounding the outcropping of gray stone. The sound of the falls was much louder here. He took her hand in his and squeezed. They stepped through a screen of mountain laurel and onto a smooth, sunny plateau split by a cascading brook. Just ahead, framed by a pair of mature pines, lay the pool that fed the brook. The falls towered fifty feet overhead, wreathed in a cloud of mist shot through with the colors of a permanent rainbow.

The noise was deafening.

Chris stared into the falls, remembering the vivid dream he had experience on the plane, the dead men appearing through the shining veil of water. He forced the memory from his mind, scanned the clearing and the overhanging mountainside instead, his eyes critically assessing the tangled growth of brush and flowering trees sprouting from a series of high ledges flanking the falls on either side.

The nearly vertical slope offered at least a dozen points where an observer could remain hidden from below. Making do with the knowledge that no one could reasonably have been expected to have heard their approach, he exchanged a glance with Sherry and they walked to the edge of the pool. "Let's just sit down and go over what we know," he said, leaning close to speak directly in her ear.

They found a warm boulder a few feet from the water and sat, leaning against each other like a pair of honeymooners.

"When the boys left Sonny he was standing right over there, casting for trout." She pointed her chin in the direction of a flat rock projecting a few feet into the pool from the stony bank.

Kelly followed her gaze, noting that the rock was less than twenty feet distant from the falls, as close as you could get without getting drenched by the spray. A man standing there, his back to the clearing, would be completely deaf to an approach from the rear. As an assassin, he could not imagine a more perfect killing ground. But why sneak up on a man and kill him if all he was doing was fishing? Sonny must have seen something.

He got to his feet and went to stand on the flat rock. Ahead he had a view of rippling water backed by a towering pile of rubble and broken tree trunks that appeared to be the remains of an old avalanche. He turned and looked behind him. This view was more promising. Across the clearing the path emerged from behind the granite dome. He envisioned someone rounding the blind corner and spotting the lone fisherman staring at him from the rock.

Higher up, a number of dark shadows hinted at caves or depressions among the rocks. A hiding place? But for what? It still didn't make any sense. He returned to the boulder where Sherry was still sitting engrossed in thought.

"What about the motorcycle?" he asked.

She looked up, startled. "Over there by the first tree," she answered. "Mike said the kickstand was broken so Sonny leaned it against the trunk."

Kelly nodded and sauntered over to the tree, a huge pine five feet around at the base. He stood staring at it for some seconds, seeing rough bark and the dark outline of what could have been an oil stain on the ground. He turned back to see Sherry kneeling at the edge of the rippling water, trailing her fingers in the icy pool.

"Nothing there," he said when he had crossed the clearing and knelt beside her.

She looked up at him with shining eyes. "Something has been bothering me about this place from the very beginning," she said excitedly, "but I haven't been able to put my finger on it. It just hit me a minute ago."

He waited for her to go on, raising his eyes to the surrounding cliffs. If there were someone up there watching them now, they were perfect targets.

"I'm listening."

"Remember when I told you that I'd been on a lot of crime scenes but I'd never seen one that struck me quite like this before?"

"Yes?"

"Well, that's because it *wasn't* a crime scene. Not really. I mean, the people who came up here looking for Sonny were searching for a missing fisherman, not a hidden body. Once they'd established the fact that his bike was gone, they assumed he must have taken it somewhere else and scratched this place off their list."

He frowned at her, his mind trying to catch up with hers. "Yeah?"

"The pool," she breathed in a hoarse whisper, casting her eyes into the dark, rippling water. "No one ever bothered to search the pool."

"Oh, Christ!" he breathed.

"He could be down there. . . ." she said.

He completed the chilling thought for her. ". . . along with the missing motorcycle and his fishing gear."

Sherry started to her feet. "We've got to get a forensic team up here right away. Divers—"

Kelly grabbed her arm, pulling her back down to his side. "Not just yet," he said.

Fire sparked in her eyes. "What? Why in the hell not? Sonny's body could be right below us."

"And suppose it is?" he asked. "What then?"

"Why, then we'd know—"

"Only what we already suspect anyway," he said. "Meanwhile, we'd have filled this place up with cops and divers, and whoever killed Sonny—somebody who's probably just starting to feel safe about now—would be fifty miles away before we got the body down the hill . . . assuming there even is a body."

"What do you suggest we do?" It was more a challenge than a question.

He trailed his hand in the chilly water. "I don't know," he said. "How do you feel about skinny-dipping?"

She stared at him, trying to gauge whether he was really serious. It occurred to him that this was the first time he had actually gotten the better of her.

Tracy Swanson was cute, and she knew it.

Tooling along the short strip of interstate

highway connecting her wealthy Philadelphia Main Line neighborhood with the sprawling industrial suburb of Fort Washington, she could feel the eyes of the other motorists on her. And why shouldn't they stare? Everything about Tracy, from the red BMW convertible her bewildered father had given her on her sixteenth birthday to the gorgeous tangle of curly blond hair whipping about her pretty face, said Look at me, I'm special.

She had just finished talking to Daisy Vandeveer, her very best friend in the whole world, and one of *the* Vandeveers, on the miniature cellular phone—another gift from her father—that she kept tucked in her Gucci bag. She was on her way to the Penn Center Mall for an afternoon of shopping. It wasn't that she needed anything, in fact, shopping bored her to death, but her stepmother, Trish, had yelled at her this morning about borrowing her idiotic Chanel handbag without asking, and she was out for revenge. Tracy always got revenge, usually by putting a further strain on the Gold Card that her father didn't have the guts to take away from her.

Just the thought of that bitch her father had married after her mom had died made her hate him all the more for his weakness and she wondered how much she could actually spend in one afternoon if she really set her mind to it.

Spotting the Penn Center exit directly ahead, she whipped the steering wheel violently to the right, cutting off three lanes of traffic and earning a blast from the air horn affixed to the top of a huge eighteen-wheel truck. She flipped her middle finger at the enraged driver, and the red car roared down the exit ramp thirty miles an hour faster than the posted speed limit. She just hoped she got another ticket so her father could pay for that, too.

She brought her car to the briefest of stops at the bottom of the ramp, rocketing out into the traffic of the busy boulevard fronting the mall. She drove half a block farther, swerved to avoid a frightened-looking woman in a Cadillac, and screeched down the steep incline leading into the Penn Center's underground parking garage.

Tracy was already pissed as she guided the BMW through the cool, subterranean tunnel of the garage and the fact that the first two levels she passed had flashing Full signs posted at their entrances did nothing to improve her mood. If she missed Daisy and had to shop alone she was really going to be—

SKREEEEEK!

She slammed her foot onto the brake pedal as an ancient rattletrap truck loomed ahead of the BMW and lurched to a stop, filling the narrow aisle she was speeding into. The red car slewed to a halt on the slick concrete floor and she found herself staring at an expanse of rusting black metal with the single faded word lettered in a half circle about the antlered head of a crudely painted deer: TAXIDERMY.

Tracy raised her sparkling blue eyes from the door of the truck and found herself looking directly into the face of an obscenely fat man in grimy overalls. The fat man leered at her, revealing a mouthful of crooked yellow teeth. He ground the starter motor and the truck's stalled engine sputtered to life again.

"Get out of my way, you fat, fucking pig!" Tracy screamed at him and leaned on the horn button. The sound blasted through the enclosed garage, startling her with its intensity and she released the button after a moment.

The fat man grinned at her and raised a thick dirty finger, which he waggled in front of his bulbous nose. "Y-you're a . . . b-bad girl!" he stammered in what seemed to be an amused tone. "B-bad girl!"

Tracy's mouth dropped open and a sudden unreasoning chill convulsed her tanned young body as the fat man gunned his engine and the old truck lurched off into the depths of the garage.

Another car blew its horn behind her, making her jump, and she twisted around in her seat to see a middle-aged man in a blue Chevy motioning for her to move on. "Fuck you!" she screamed, jamming the car into gear and driving down onto the same dark lower level the rattletrap truck had entered. At least it would be easy to find a space down there, she thought, the incident with the fat man already fading from her mind.

She just knew she was going to be late for her meeting with Daisy Vandeveer.

*   *   *

The water was incredibly cold.

Chris Kelly had been in the pool for less than two minutes and already he could feel the numbness attacking his extremities. He was on his second dive and so far he had encountered nothing in the murky depths but a few good-sized trout that had stared at him before darting easily out of his path.

He pushed up toward the surface, slowing his ascent momentarily in order to admire the view of Sherry Mahan's extraordinarily long legs and nicely rounded bottom. Too bad they weren't really skinny-dipping, he mused, half tempted to snap the elastic on her panties.

"God, I am freezing!" She uttered the words through chattering teeth as he broke the surface beside her. Although she had been treading water at the edge of the pool, her hand within easy reach of the small pistol concealed beneath the pile of dry clothing on the bank, her hair had somehow gotten wet and it clung to her face in attractive ringlets.

"Why don't you get out and dry off?" he gasped over the roar of the falls. "I don't think he's down there."

She pulled herself up onto the flat rock where Sonny had last been seen and sat shivering in the warm sunlight. "Are you sure?" she called.

"Hell, no, I'm not sure," he yelled back, "but it's not a very big pool and I've looked under all the ledges where you might be able to hide a body."

She extended a trembling hand to him. "Come on and get out, then, before you get frostbite."

He nodded. "In a minute. There's one place left to look." He turned his head toward the falls.

She followed his gaze to the thundering water. "I don't think you should go in there," she said.

He grimaced and took a deep breath, doubling over and kicking his feet into the air.

The water beneath the falls smashed against him as he pulled himself hand over hand across the boulder-strewn bottom. Visibility was virtually nonexistent here and he peered in vain into recesses beneath several boulders, confirming with his hands that they hid nothing more than smaller boulders. He propelled himself forward again and the water suddenly quieted as he swam into a dark void. Looking up at the sun-speckled surface, he realized that he was beneath an overhanging shelf of rock behind the falls.

His lungs were beginning to burn as he forced himself deeper into the natural cave that had been formed by eons of swirling water and he strained to see what was ahead.

Nothing.

He was on the point of turning back, painfully aware that he would have to backtrack beyond the shelf before kicking to the surface or risk smashing his head on the overhanging rock.

His chest was aching for another breath when his hand touched something smooth and cold and hard. He whirled about, grasping the thing in the water, and brought his face up to it. A stray beam of reflected sunlight shone past his shuddering body and something gruesomely soft and flapping brushed across his lips.

Chris Kelly screamed in the freezing darkness.

CHAPTER 5

Snare

WAITING.

Johnny sat in the cab of the old pickup, waiting.

As he waited, he munched Twinkies from the small box he kept in the glove compartment for emergencies.

Johnny loved Twinkies. He liked the sound of the crinkly cellophane wrappers as they tore, releasing the soft pasty odor, and the first taste of spongy yellow cake in his mouth as he bit off the end of each succulent pastry and inserted his long red tongue into the smooth, sweet tunnel of creamy filling. Curling his tongue and sucking the filling out of the cakes made him feel like Dracula.

He crammed the remains of his second Twinkie into his mouth and grinned into the rusted side mirror bolted to the door of the truck, half hoping to see glistening fangs growing out of his pink gums. His crooked yellow teeth gleamed dully back at him and he shrugged. Hoping for fangs was really too much.

He shifted his head away from the mirror, focusing his gaze on the chrome-lined doorway leading to the mall escalators. He had been waiting for more than two hours for Marilyn to return.

Johnny did not mind waiting. At such times he thought of himself as a powerful mountain lion, able to sit motionless for hours while his unsuspecting prey moved ever closer, unaware until the instant he pounced that she was even being hunted.

He liked that.

Turning his gaze away from the mirror, he glanced down at the red convertible parked beside the truck. He had waited almost an hour for the space next to it to open up, sitting patiently in a dark corner at the end of the long aisle of cars on the third level of the garage, watching.

His patience had finally been rewarded when a battered Camaro filled with yelling high school kids had left the mall and he had guided the pickup into the coveted spot.

All that remained now was for Marilyn to return from her shopping trip.

Johnny closed his eyes, noisily sucking the remains of the Twinkie from between his teeth and picturing how Marilyn had looked as she had jumped from the red car and hurried to the escalators, her red high-heeled shoes clicking against the concrete, smooth buttocks shaking in perfect rhythm beneath the silky fabric of her short black skirt.

He was glad she had been so mean to him earlier, her outburst on the parking ramp showing him just how bad she was; how much she needed him to make her good again.

Johnny smiled contentedly as he felt the bad thing stirring within his overalls. He knew that taking Marilyn was right, more right than any of the others he had ever taken. He had known it from the moment the truck stalled on the parking ramp and he had looked up at the blast of the horn from the shiny convertible to see her glaring at him with her perfect blue eyes, her pouty red lips forming bad words to curse him.

Even though he had not come to the mall to take a girl today, but only to examine the parking garage one more time, he knew that he would never find another girl as blond and beautiful or as bad as Marilyn.

He frowned, trying to remember all the things he still had to do before he would be able to make her good, things he had planned to take care of over the next few days. There were chemicals to buy, and fuel for the lanterns, and the eyes, beautiful blue eyes the exact shade of the water in Lake Lazarus.

The eyes were always the hardest thing. Animal eyes, the kind you could order from the taxidermy supply catalogs, weren't right. You had to have human eyes, and there was only one place to get them.

He prayed to his mother and the golden star that Marilyn would keep long enough for him to get everything he would need.

He wanted her to be perfect.

Johnny looked into the back of the truck, at the big wooden box bolted securely across the metal bed, glad that he had stopped to pick up a fresh supply of girl bait just before coming to the mall. Without it, he doubted he would be able to lure her to him.

"I can't believe you want to just leave him down there!" Sherry was angrily pacing up and down on the veranda, her damp hair clinging to the neck of her sweatshirt. "How can you even consider such a thing?"

Kelly sat in one of the rockers. There was a blanket wrapped around his shoulders and he was sipping the warmed over remains of the breakfast coffee: Even though they had returned to the hotel more than an hour ago, following a hurried descent through the midday heat of the forest, he was still chilled to the bone.

He closed his eyes, trying to decide whether his inability to warm up was due to the time he had spent in the frigid waters of the pool or the memory of the hideous sight that had confronted him in the shallow cave behind the waterfall: Sonny Lasco, his hands and legs bound securely to the frame of the motorcycle with fishing line, his dead eyes staring straight ahead as a huge rainbow trout calmly nibbled at the ragged strands of brain tissue bulging from the top of his skull. . . .

He opened his eyes and looked up at Sherry. She was standing over him, hands planted firmly on her hips, awaiting his reply.

"Think about it," he said, keeping his voice as calm and even as possible. "Whoever put Sonny down there went to an amazing amount of trouble."

They had closely examined the area behind the falls following his grisly find, discovering deep scratches in the rocks where the heavy motorcycle had been dragged up to the edge, scratches that had then been cleverly disguised beneath a layer of fresh dirt. Nearby, they had found a shallow hole where the bike's fuel and oil had been dumped and buried, probably to prevent it from leaking out into the pool where it would form a suspicious slick on the surface. Kelly was willing to bet that when the bike was finally recovered they would find the gas tank and crankcase packed with dirt. They had discussed all of this on the way down the mountain.

Sherry shook her head. "Of course they went to a lot of trouble, they'd just murdered a man."

"But you've got to ask yourself why," he insisted. "Why go to that much trouble to hide a body when you could just drag it into the brush and be miles away before anyone discovered it?"

"All right," she said, "so the murderer is still up there, or in the vicinity anyway. All the more reason to bring in the authorities."

He shook his head, exasperated. "We've been all over this before. It's more than his just being in the vicinity. There's something around those falls that draws him back. Something so important to him that he had no alternative but to conceal the body so well that no one could reasonably be expected to find it. Don't you see?"

"No," she said. "I don't see."

"He's going to go back there again," said Kelly. "He's *got* to go back . . . as long as we don't scare him off."

She leaned against the railing and folded her arms across her chest. "What are you suggesting?" she asked suspiciously. "Do you want to set him up like one of your assassination targets and kill him?"

The stinging note of sarcasm in her voice made him wince. "Of course not," he answered evenly. "But before we flush him out and run the risk of losing him I would like to try to find out who he is and, if possible, what he's hiding up there." He paused, adding in a softer voice, "There's nothing we can do for Sonny now, except maybe to help catch this guy."

Sherry furrowed her brow. What Chris was suggesting went against all of her training as a law enforcement officer. At a deeper level, however, she knew that he was probably right. As long as the killer felt safe he would in all probability feel confident in returning to the falls whenever he felt the need. The noise and commotion of even the most discreet police investigation would certainly involve removing the body from the pool, a task that simply could not be accomplished in secret. After that, the killer would simply shun the place forevermore, even if he remained in the area.

"Let's assume I go along with your idea," she said, hastening to add, "and I'm not making any promises. How would you proceed?"

"Okay," said Chris, standing and shrugging off the blanket. "Chances are very good that the killer is a lifelong resident of the area. The fact that he knew there was an underwater cave behind the falls probably means he knows these woods like the back of his hand. So let's assume he lives up here or, at the very least, spends most of his time up here. How many people do you think fall into that category?"

Sherry shook her head. "I don't know, probably no more than a handful. I'd guess there are a dozen or so Forest Service personnel, then there are the people who run the campground at the other end of the lake and maybe a few families living year round in cabins."

"So we begin by finding out who they all are," he said, "preferably without raising any undue suspicion."

"I can probably get most of that information down at the county courthouse in Bremerton," she said, her eyes flashing at the prospect. "Damn!" she exclaimed, suddenly remembering what day it was. "Today is only Saturday. I'm not going to be able to get in there to look at the records until Monday."

"That's okay," he said. "I think we should probably spend the rest of today and tomorrow poking around up here anyway. Maybe we can get a lead on what our man is protecting. I'd also like to get a look at that campground. Since that's where most of the people seem to be, we might just pick up some local gossip that will give us a clue. Whoever the killer is, he's got to be one big sucker in order to have manhandled that motorcycle into the pool the way he did."

"Or two medium-sized suckers," Sherry said.

"Or three muscular midgets." He laughed.

She found herself laughing along with him and realized she had bought into his scheme, hook, line, and sinker. Her laughter faded as she remembered that they were talking about Sonny's murderer, or murderers. "What are we going to tell Shelly?" she suddenly asked. "I mean, shouldn't she at least know that Sonny is . . . dead?"

Kelly averted his eyes. "What do you think?" he asked.

Sherry nodded silently. There was no way they could tell Shelly, or anyone else. Besides, she reasoned, telling Shelly they were leaving Sonny where they found him would be just too cruel. It was going to be hard enough explaining it afterward.

She crossed the veranda to Kelly and put her hand on his shoulder. "I'm sorry about what I said before, about setting up Sonny's killer as a target."

Kelly raised his eyes to hers and she glimpsed the hatred flaring behind his dark irises. "Don't apologize for that," he said. "I'd kill the sorry bastard in a minute if I knew for certain he was the one who murdered Sonny." The look faded away as quickly as it had appeared and he patted her hand reassuringly. "But I promise you, I won't lay a finger on anyone unless I know beyond a shadow of a doubt that they are the guilty party, and, unfortunately, that's not very likely to happen."

Without knowing exactly why she did it, Sherry Mahan leaned over the rocker and gently kissed his cheek. "I believe you," she whispered.

It was growing late.

Johnny shifted uncomfortably on the worn springs of the ancient seat, wondering what could possibly be keeping Marilyn. He glanced through the open window at the red BMW sitting precisely where she had left it and wondered whether she might have left the mall with some friend who had parked on another level. He was an avid student of the girls who spent their time in the malls and knew from observing their habits that they often used the vast garages as convenient meeting places, leaving their own cars safely parked while they went other places with boys.

He frowned at the unpleasant thought, picturing

Marilyn in the backseat of a strange car, doing the evil thing with another boy, someone other than himself. His already florid face turned a deeper shade of red and he vowed to punish her if he discovered that she had been cheating on him.

Marilyn was *his* girl now. She had become his at the moment he spotted her.

Johnny wriggled his huge buttocks around on the seat, wishing she would hurry back. Although his patience was limitless, other considerations were conspiring to make him edgy. For one thing, he had not eaten anything but the Twinkies since early morning, having planned to stop in one of the brightly lit diners along the interstate as soon as he had completed his cursory inspection of the parking garage. That had been hours ago and now his stomach rumbled ominously as he thought of bowls of mashed potatoes covered with rich gravy and a plateful of golden fried chicken.

He had to go to the bathroom, too, but he had been afraid to leave the truck, certain that Marilyn would return and drive away during the few minutes it would take him to make his way to the antiseptic-smelling restroom on the main level of the mall.

A familiar humming noise echoed through the low-ceilinged garage and he slid down in his seat as one of the mall's electric security carts rounded a corner at the far end of the aisle and glided toward him. The cart slowed as it approached the truck and he lay with his face pressed against the worn vinyl for long moments as the security guard flashed the powerful beam of his spotlight into the cab.

Johnny silently rehearsed his story—Waiting for his wife, fell asleep, then he'd laugh and light a cigarette, Damn woman, off spending all his money. . . . If the guard got off the cart and looked down into the cab of the truck, he would have to start explaining, maybe be told to move along.

He would lose Marilyn for sure then, not daring to risk taking her if he had to talk to the guard. The guard would remember him, and tell the cops. The familiar scenario of grim-faced cops interrogating him, black men cornering him in the slammer, played in his head like a frightening movie.

Sweat glistened on his face, darkened the armpits of his faded plaid shirt. The spotlight flashed against the windshield, picking out details of the stained and torn headliner, lingered as if the guard had seen something that aroused his suspicions.

Johnny allowed himself to breathe as the light moved on, flashing against the concrete wall several spaces down from the truck. He heard the reassuring buzz of the electric motor winding up, and cautiously raised himself from the seat, peering over the windowsill just in time to see the security cart turn onto a ramp leading up to the next parking level.

He sat up straight, debating now whether he dared to get out of the truck and relieve himself against the wall. The need to ease the pain of his swollen bladder was becoming unbearable. He placed his hand on the worn door handle, preparing to step out.

Something flashed in the door mirror.

Johnny turned to look back at the entrance leading to the escalators, and promptly forgot about his pain.

Marilyn, her arms loaded down with bright packages, was coming into the garage, her high heels clicking loudly against the concrete.

Johnny quickly swiveled around in his seat, scanning the length of the underground tunnel for approaching cars or other shoppers.

There was nothing.

Grinning happily, and unable to believe his good luck, he quickly stepped out of the truck and raised the hinged lid of the wooden box in the bed, propping it open with a length of broomstick he had cut off specifically for the purpose. Reaching into the box for his bait, he pulled it out of the dirty sack with one fat hand, feeling in the pocket on the bib of his overalls for the small spray bottle he carried there.

Tracy felt better. She and Daisy had lunched together, Daisy telling the most outrageous stories about the Greek sailors who worked on her father's yacht and hinting strongly that an invitation to spend the last two weeks of August cruising the Mediterranean would shortly be forthcoming. Tracy smiled to herself, imagining Trish's reaction. It went without saying that the bitch would try to kill the trip, but she wasn't worried. Daddy would give in as he always did. She allowed herself a vicious grin, thinking of the money she'd spent today.

She shifted the heavy packages, which were beginning to hurt her arms, glad that the BMW was only a few steps away. She really hadn't meant to stay in the mall so long, remembering now that she'd promised to go to a late afternoon swimming party at the country club with Todd Matthews, the golden hunk she'd been dating since school let out for the summer. Not that she was very worried about being late. When Todd saw her in the tiny yellow thong bikini she'd just bought at Saks his eyeballs were going to fall right out on the floor.

She stopped at the rear of the car, fumbling in her purse for her keys. Finding them beneath the cellular phone, she popped the trunk lid open and dumped everything inside. She slammed the trunk lid shut and started around to the driver's door.

That was when she heard the sound.

Tracy stopped in her tracks and listened. A slow smile erased her perpetual pout as the kitten meowed again, a compelling, plaintive wail, as though the poor little thing might be lost or hurt.

Like most girls her age, Tracy Swanson loved kittens.

"Here, kitty!" She looked around for the kitten.

"Meow!"

There it was, precariously perched on the edge of an old wooden box on the back of the dirty old truck parked right on the other side of her car.

The tiny gray kitten, which couldn't possibly be more than a few weeks old, meowed again and she saw that one of its little paws was wrapped in a crude bloodstained bandage.

"Poor baby, what happened to you?" she cooed, hurrying around the car and reaching out to the kitten. She wondered how it had managed to get up onto the truck bed all by itself, vaguely recalling the vehicle and its fat driver from earlier in the day.

"Meow!"

Tracy laid her hand on the tiny creature's head, its soft fur like velvet beneath her fingers. The kitten arched against her and she clasped it to her breast, heedless of the stained bandage soiling her pink silk blouse. "Do you want to go home, darling?" she whispered.

"Y-yes!" The strangely resonant voice sounded almost in her ear and she whirled to see the fat man grinning at her, the obscene swell of his filthy overalls brushing against her skirt.

Tracy's eyes widened and she opened her mouth to speak as the fat man raised a small plastic bottle and sprayed something into her face. She inhaled sharply as the pungent cloud of ether filled her lungs. Her knees buckled and the frightened kitten leapt clear of her arms, landing in the backseat of the BMW.

Moving with surprising grace, the fat man easily swept the collapsing girl into his arms. Glancing quickly around the garage to be certain he was not being observed, Johnny lifted her into the wooden box behind the pickup's cab.

Fighting to hold onto the edge of consciousness, Tracy stared up at him from the blankets. He grinned jovially and waggled a fat finger at her.

"B-bad girl!"

She opened her mouth to scream and he sprayed another shot of the nauseating gas directly onto her tongue. She gagged and fell back on the stained blankets at the bottom of the box as he deftly pulled a precut strip of silvery tape from the inside of the opened lid and slapped it across her mouth. He flipped her onto her stomach with a practiced motion and secured her wrists and ankles together with two more pieces of tape.

Turning the unconscious girl back onto her side, and checking to be certain she was still breathing, Johnny stroked her thigh and smiled beatifically. "Marilyn," he crooned.

He reached into the BMW for the kitten, dropped it into the box with Tracy Swanson and lowered the lid, securing it with a shiny padlock.

Moments later, the old pickup rattled out of the Penn Center Mall's parking garage, leaving behind nothing more in the way of evidence than a cloud of greasy smoke and a spreading patch of oil on the concrete floor beside the girl's red car.

Pieces

"**SHELLY?**"

Chris Kelly leaned closer to the campground's post-mounted pay phone, the only one in the area, trying to hear above the noise of a revving outboard motor on the lake.

"Chris, is that you?" Shelly's voice came over the scratchy line sounding weak and disoriented.

"Yeah, honey, it's me."

"Oh, Chris, it's so terrible. What am I going to do?" The sound of the motor died abruptly and he looked up to see an aluminum fishing boat gliding to the small dock where Sherry was conversing with a heavyset man in overalls and a baseball cap. Shelly's anguished sobs became suddenly louder in his ear. "Chris, are you still there?"

He turned back to the receiver. "Yeah, honey."

"Chris, where are you? Can you come up here?"

"I'm already here, Shelly," he explained. "I was out of the country but I came straight up to the lake as soon as I received your message last night."

Shelly sniffled loudly, emitting a tiny wail. "The lake! Oh, God, Chris. I'd never have left if I'd known. . . . "

"No, no. It's fine. Sherry told me you were totally knocked out. You needed to get away."

"You met Sherry?" Shelly's voice seemed calmer.

He cut his eyes to the edge of the lake. Sherry was walking into the woods with the man in the overalls. He frowned, wondering where they were going. "She's nice, isn't she, Chris?"

He turned his attention back to the phone. "Yeah, honey, she's very nice."

"Shall I come back up there tonight, Chris?" Shelly's voice was hopeful.

Kelly felt a sudden surge of panic. He wasn't sure he could face his cousin right now, not with the knowledge that Sonny's body was still in the pool. A momentary vision of the nibbling trout filled his mind and he felt a wave of nausea sweeping over him.

"What did the doctor say?" he asked. "You were supposed to go to the doctor, weren't you?"

Shelly sighed. "I went. He said I should rest," she complained. "They keep trying to dope me up. . . . Chris, I can have Mike drive me. He's got his license now, you know."

"Look, Shelly," Chris said sternly. "The doctor's right. You've got to get some rest. Mike and Chris need you now.

"Besides, there's really nothing you can do up here right now. Sherry's here with me and the two of us are going to spend some time going over the whole area with a fine-tooth comb." He hesitated. "We need someone down there by the phone," he lied, "just in case we turn up anything."

"Oh, Chris, do you think there's any chance you'll find him?" She was openly pleading for something, anything, to hang on to.

"Sonny is dead, Shelly. He's been missing too long for anything else to make sense." He hated himself for saying the words and cringed in preparation for her tearful response.

"I know," she said quietly. "I guess I've really known it all along."

"Sherry and I are going to try to figure out what happened to him."

"Will you do something for me, Chris?"

"If I can, honey."

Her voice cracked on the line. "Find Sonny and bring him home to me and the boys . . . so we can bury him by his dad and mother." She sobbed again and he could hear her composure going. "Oh, Chris, I couldn't bear it if he just disappeared from our lives like . . . like Diana."

"I promise, Shelly. We'll bring Sonny home." He looked around the campground for Sherry. She was nowhere to be seen. "Can you put Mike on for a minute?" he asked.

"Uncle Chris?" His nephew's voice came on

the line strong and clear and Kelly realized he no longer sounded like the gangly teenager he always envisioned when he thought of the boy.

"Hi, Mike, you and your brother okay?"

"We're okay," said the boy, "but Mom's not doing so good. She just cries all the time. Are you guys coming down here pretty soon?"

"Pretty soon," he said. "We want to look around a little more. Look, do you feel up to answering a few questions for me? I already know that you and Chris were the last ones to see your dad."

"Yeah, but we already told the search guys everything that happened that day. I mean, there wasn't really anything to tell."

Kelly nodded. "Okay, Mike. How about before that? Did anything strange ever happen when you were up here working around the hotel? Anybody hanging around, anything ever missing, stuff like that?"

There was a long silence on the line. "Geez, I don't think so," Mike finally answered. "I mean, people used to break into the hotel all the time before we started going up there. You know, to do dope and stuff, but nothing ever happened after we changed the locks and started cleaning the place up, except for that thing with the furniture."

The sun was dropping low over the mountain now, plunging the woods surrounding the lake into deep shadow. There was still no sign of Sherry and the fat man.

"What about the furniture, Mike?"

"Well, the second or third weekend we went up to the lake at the beginning of the summer, Dad said there was some furniture missing, an old wardrobe and a couple of tables and chairs. He'd counted everything the time before that and insisted there was supposed to be more."

"What happened?"

"Nothing," said Mike. "Mom told him if he hadn't been drinking so much Iron City beer he would've got the count right the first time." He laughed. "Boy, did he get mad. I mean, you would've thought the old stuff was worth money or something."

Kelly laughed. "Okay, there was some missing furniture. Anything else?"

"Well, there was some other stuff missing, too—old boxes and glass jugs and junk like that, from the kitchen. Dad said he didn't care about that, though, because he was going to throw it all out anyway."

"That all?"

"Yeah, I think so. Oh, yeah, there was this old truck. That was pretty weird."

Kelly felt his heart skip. "What old truck, Mike?"

"Well, the same weekend that we found the other stuff missing there was this really old pickup parked in the shed down by the lake. At first we figured some fishermen had left it there for the day, but it was still there when we left on Sunday. The next time we came back it was gone."

"Do you remember what it looked like?"

"It was real old, kind of dark colored. I really didn't pay very much attention to it." He paused, thinking. "There was writing on the side, but it was all muddy and you couldn't really read it. Dad thought it was an old taxi."

Chris frowned. "I never heard of anyone using a truck as a taxi."

"That's what I told him," Mike replied.

Tracy Swanson was on the verge of hysteria.

She had awakened some minutes earlier to the sound of wind whistling across the flat top of the wooden box in which she was imprisoned, bound and gagged. Smelly blankets pressed against the side of her face and there was a terrible metallic taste in her mouth. She thought she might throw up and was terrified that if she did she would choke on her own vomit.

The floor she was lying on was hard beneath the blankets and something sharp poked uncomfortably into her side every time the speeding vehicle bounced.

Tracy struggled ineffectually against her bonds again and fell back, exhausted, trying to remember exactly what had happened. She clearly remembered coming out of the mall after shopping with Daisy Vandeveer. After that, however, everything went fuzzy.

The truck bounced again and the thing poking her side jabbed her cruelly in the ribs. She closed her eyes and began to weep. Something hot and wet touched her face and she screamed through her gag.

She opened her eyes to find the little gray kitten licking her cheek.

The kitten!

It all came rushing back to her: The kitten and the old truck and . . . the man, the horrible, smelly old man. She remembered him lifting her, his rotten breath worse than whatever he had sprayed into her face to knock her out . . . and his touch—fat, disgustingly filthy fingers caressing her thigh.

Tracy screamed again, ripping desperately at the bonds that held her hands behind her back.

Useless.

There was a little gray light coming in through a series of small holes in the side of the box and she could see that there was room to sit up. She struggled, twisting herself awkwardly around until her back was pressed against the rough wooden side of the box. Her silk blouse snagged on a splinter and she heard it rip as she worked her way to a sitting position. Her struggles had hiked her short skirt up over her hips and she tried moving around to work it lower. It climbed higher still.

The kitten crawled into her lap and curled up in a contented ball.

Tracy tried to pull her thoughts together. She was not an unintelligent girl and it had already occurred to her that she was being kidnapped by the fat man. He must have been watching her, waiting in the garage for the right moment to take her.

There was no doubt in her mind that her father would pay whatever ransom was asked. She tried to comfort herself with the thought that it was just a matter of time until he was contacted and paid for her release. All she had to do was keep her head. When it was over, she supposed, her picture would be in all of the papers and her father would give her anything she wanted to make up for her ordeal.

The truck lurched again and began slowing and a horrible thought crept into her mind. Suppose the fat man hadn't taken her for money at all? Suppose he had taken her because he'd been so pissed off over the way she'd screamed at him in the garage? Suppose he was taking her to some lonely place intent only on raping and murdering her?

She began to cry again.

The truck bounced sharply, driving the irritating object into her ribs. She strained to see in the dim light, trying to figure out what kept jabbing her, saw her red Gucci bag, still tucked under her arm, the thin leather strap twisted across her shoulder.

Tracy's eyes widened as she realized that her cellular phone was right there in the bag. If she could only free her hands and reach it . . .

The truck made a sharp turn, throwing her painfully back onto her side. The kitten meowed in fright and scampered to the corner of the box as the old springs began to creak and bounce, as if they had just turned onto a rutted, unpaved road.

Ignoring the pain in her side, Tracy struggled with new energy to slip her hands free from the tight bonds encircling her wrists.

A fine curtain of dust filtered into the box through the air holes.

Sherry Mahan stood on a narrow dirt road behind the campground's log-fronted general store, talking to the fat man in the overalls.

"Now, if you and your mister are thinkin' about takin' one of my cabins in August," he said, pointing to a row of rooftops higher up on the slope among the trees, "you'll have to put in a reservation pretty soon. Everything fills up real fast from round about the first of August until Labor Day. That's when we hold the fishin' tournament."

His name was Jake Coolidge and he claimed to have been running the campground since '46 when he'd returned to Lake Lazarus after serving as a young private in the Pacific. By his own account, he'd never strayed more than fifty miles from the place since that time. In addition to running the campground, the cabins, and the general store, Jake was also the postmaster and constable.

In the twenty minutes since she had begun talking to him, presenting herself and Chris as a pair of vacationing teachers with an interest in local history, Sherry had heard the encapsulated histories of half the families in the area, learning, among other things, that there were a lot more people living in the mountains around the isolated lake than she would have imagined.

Many of the residents of Lake Lazarus were, like Jake himself, direct descendants of the original settlers who had come to the area in the early 1800s to hunt and trap. Unfortunately, half the men he had so far described sounded like ideal candidates for her list of suspects in Sonny's disappearance; loners who roamed the woods hunting out of season, growing a little dope in inaccessible plots on the steep mountainsides, logging or hiring on to Forest Service crews as the mood and the need for cash moved them.

"It's such a beautiful little lake," she remarked, looking pointedly at the sun sinking over the water, and hoping to change the subject to the area surrounding the old hotel on the far shore. "What about that beautiful old white building we saw down at the other end?"

She was interrupted by the squeaking of springs and a revving engine. Jake pulled her to the side of the narrow road and they watched an elderly pickup truck drive by. "'Lo, Johnny," called Jake. "How's them Twinkies of yours holdin' out?"

The fat man at the wheel grinned and held up a cellophane package.

Jake shook his head as the truck disappeared into the woods. "Now, there's a sad case for you," he said. "That poor boy's daddy was probably the most prosperous feller in these parts at one time."

Sherry looked mildly interested.

"Yessir, finest taxidermist in the Northeast," Jake continued. "Folks used to send skins and trophies from as far away as Africa and Alaska for old John Skinner to mount." He reached into his overall pocket and scooped out a chaw of shredded tobacco, which he stuffed into his mouth. "Poor feller got kilt in a huntin' accident years back," he mumbled. "Blowed his head clean off—" He stared at Sherry and suddenly flushed a deep red. "Beg pardon, ma'am. Didn't mean to go talkin' like that to no pretty young schoolteacher like yourself."

Sherry smiled. "That's perfectly all right," she replied. "I don't suppose there's much call for taxidermy these days anyway."

"Oh, you'd be surprised," Jake said around a mouthful of tobacco. "Come deer season there's always some call. Leastways, enough to keep young Johnny going for the rest of the year. Not a half-bad taxidermist when he gets the chance. Sad part is the boy's kinda slow, if ya know what I mean." He touched his forehead meaningfully with an index finger. "Folks round these parts used to tease him somethin' fierce when he was just a little feller. He's all alone up there in that cabin now that his mama's gone." He spit a wad of juice into the dust and shook his head again. "Just him and all them stuffed animals of his."

Sherry nodded. "You were telling me about the building at the end of the lake," she persisted.

Jake laughed. "The old Summerland Hotel? Now, there's some stories I could tell you about that old barn. Most folks think she was built by the mob during Prohibition, but that ain't it at all."

"No?" Sherry raised her eyebrows.

"Oh, the mob owned it for a while, all right." Jake chuckled. "Used to land their seaplanes right here on the lake, bringin' in hooch from Canada, don't ya see? Dug 'em a whole network of rooms underneath and run a casino and speakeasy down there," he said. "Even had escape tunnels run up into the mountain for the customers, in case of raids by the police."

"Really, I had no idea."

"Oh, the Summerland was somethin' back in them days," he said. "'Course she was built way before that by a couple of rich New Yorkers who just wanted a nice place to come fishin'. Back in the 1890s, I believe."

"That's fascinating," said Sherry. She spied Kelly coming through the trees beside the store and waved. "Hi, honey, over here!"

Kelly joined them and she linked her arm through his. "Mr. Coolidge was just telling me some fascinating things about the old hotel at the end of the lake," she said.

Kelly nodded agreeably and looked interested.

"Some bad business down there just recently about that Lasco feller," said Jake. "Him and his missus was gonna reopen the place. Then he up and disappeared." He shook his big head. "We was all hopin' he'd get the Summerland goin' again and bring some money back to Lake Lazarus." He looked around and lowered his voice to a confidential tone. "'Course, some say that end of the lake always has been jinxed," he added.

"Oh, in what way?" Kelly asked.

Jake shrugged. "Disappearances. First them two convicts, now Lasco." He loosed another spurt of tobacco juice against the trunk of a tree. "Then there was those hunters back in '85 and them two young college girls in '79."

Kelly and Sherry exchanged glances.

"Say, can we buy you a beer?" asked Kelly.

Jake grinned. "Don't mind if I do," he said. He led them around to a picnic table in front of the store and extracted a six-pack from an ice chest. "Oh, I could tell you some stories about that end of the lake down there."

Kelly laid a twenty on the scarred wood surface and Coolidge popped the tops on three cans of Iron City. "Well, we'd sure like to hear all about it," he said.

Puzzles

T H E slatted wooden door creaked open, illuminating the jumbled main room of the small cabin in the final rays of the setting sun. The feeble red light shone on the dusty heads of dozens of animals, large and small, fierce and passive, all staring down onto a filthy floor strewn with a month-long accumulation of crumpled food wrappers and empty soda cans. The raucous sound effects of a cartoon show blared from a scarred console TV nearly buried beneath an avalanche of comic books in one corner.

The TV screen was streaked with dust, its control knobs smeared with particles of food. The television had not been turned off for more than a year.

Johnny stepped into the foul-smelling room, tiptoeing daintily around piles of refuse in his muddy clogs. He crossed the center of the room, detached a can of orange soda from a six-pack on the battered table, and popped the metal tab on its top.

Orange soda dribbled out from the corners of his mouth, splashing onto the front of his over-alls as he drained the can in a single gargantuan swallow. He tossed the empty onto the floor and opened another, consuming half of it in another giant swallow. His thirst finally slaked, he uttered an ear-splitting belch and sank onto the greasy, sprung sofa to think.

There were so many things to do now that he had Marilyn. This was the first time he had taken a girl without being fully prepared beforehand and things were beginning to get confusing. He didn't have her eyes yet and he couldn't remember if he needed more chemicals for the delicate flaying and tanning processes ahead. Also, it had occurred to him when he was more than halfway back to the lake that he no longer had a suitable place to keep the girl while she was still living. He had previously always used one of the many rooms in the old hotel before carrying his girls down to the kitchen for preparation.

Johnny clasped the sides of his head with his hands, trying to make his brain work faster. He wished he could read and write so he could make lists of all the things he was supposed to do and remember. He couldn't read and write, however, so everything had to be kept in his head. He squeezed his eyes shut, trying to visualize the contents of the shelves in his supply cabinet.

It was very hard.

He knew, for instance, that he had come into the cabin just now for a very specific reason. There was something he needed to get and he had intended to be there for just a minute. All the other thoughts bumping around inside his head had made him forget what he had come for.

A loud, whistling noise shrilled into the room, causing Johnny to look up. An old *Road Runner* cartoon was playing on the television.

Johnny grinned.

The Road Runner was one of his favorites.

He focused his delighted attention on the screen as Wile E. Coyote prepared an elaborate trap beside a dusty desert highway. A giant firecracker was set to go off just as the speedy Road Runner stopped to peck at a plate of food in the middle of the highway. Johnny slurped his orange soda and clamped his hand over his mouth in anticipation, waiting to see how the trap was going to backfire on the stupid coyote.

Maybe if he relaxed for a few minutes he could remember what he had come to the cabin for.

A draft of cold, pine-scented air swept across Tracy Swanson's face and her eyelids fluttered open. Above her, the outline of the wooden box framed a patch of darkening blue sky that was just beginning to be studded with sparkling points of starlight. The lid of the box had been propped open with some sort of a stick.

She had finally cried herself to sleep some-time earlier, following a painful and futile strug-gle to free her hands in the bouncing truck. Now she cringed miserably in a corner of the box, waiting for the fat man to appear and do what-ever he had planned for her.

She lay waiting in the dark for several more minutes, the sky above her gradually going from deep blue to velvety black, the stars growing brighter and more numerous. When nothing happened she painfully worked herself into a kneeling position and peered out over the top of the box.

The truck was angled in against a steep embankment at the end of a dirt road. Tall pine trees, their overhanging branches nearly devoid of color in the growing darkness, surrounded the road on both sides.

A screech of laughter sounded through the forest and Tracy looked up the embankment. The dark outline of a small house was etched against the massive bulk of a heavily wooded mountainside. The front door of the house stood open and blue light flickered out onto the ground-level porch. Another strange howl sounded from within the house, followed by a string of jangled musical notes.

Tracy's eyes scanned the area around the truck, finally coming to rest upon a huge wood-pile. To one side of the pile, a large section of a tree stump sat on the ground. Starlight glittered on the blade of a double-edged ax stuck firmly into its top.

Glancing fearfully at the house, Tracy turned her back to the side of the box and levered herself up until she was sitting on the edge with her feet still inside. The kitten meowed loudly from the far corner and she prayed the sound would not carry to the house.

Bound hand and foot as she was, she teetered precariously on the edge, feeling the rough wood biting into the soft skin of her buttocks. There was nothing to aid her balance except the lid of the box on its flimsy prop, and she felt sure it would come crashing down on her if she touched it. She twisted her head around, trying to gauge the distance to the ground, hoping to swing her legs up out of the box, and then to jump down from there. If she could only hop the twenty feet to where the ax was buried in the stump, she was sure she could free herself.

She froze as the sounds from the house suddenly went silent, briefly considering slipping back into the temporary security of the box. She expected to see the fat man step through the door of the house at any moment. If he should see her trying to escape . . .

The raucous music resumed and she took a deep breath through her nose, certain that waiting for the man to return was the worst possible thing she could do. She was convinced that he meant to kill her and she wasn't going to wait around to find out how. The sharp edge of the box bit painfully into her flesh as she lifted her legs preparatory to swinging them over.

The kitten suddenly yowled at her feet and she

overbalanced, falling over backward. Her feet hit the broomstick supporting the heavy lid and it slammed shut with a loud bang as she toppled to the ground, screaming behind her gag.

A blinding jolt of pain shot though Tracy's shoulder and she lay whimpering beside the truck, her face and golden hair half buried in the cold mud. She raised her head, expecting to see the fat man looming over her, but saw nothing but dirt. Her view of the house was blocked by the embankment.

As her head cleared she suddenly realized that if she could not see the house, then its occupant could not see her. Heartened by this tiny turn of good luck, she scrambled to her knees and, pressing her back against the side of the truck, got unsteadily to her feet. She looked down, realizing that she was still wearing her red heels. Kicking her feet awkwardly, she managed to get them off and her toes sank into the soft mud. She leaned forward and hopped a few inches experimentally. Her mind filled with an image of how pathetically ridiculous she must look.

For the first time in as long as she could remember, Tracy Swanson did not care.

"T-bone steaks?" Kelly stood by the smoking barbecue grill at the edge of the lake, staring. Sherry posed on the veranda above him holding up the steaks like two prize specimens in a contest.

"Where did you get them?" he asked suspiciously. "The only thing resembling meat that I saw in that camp store had Oscar Meyer written on the package."

She grinned innocently. "That nice old Mr. Coolidge had them tucked away in his cooler. He said he wanted us to have them."

Kelly was incredulous. "*Nice old Mr. Coolidge* wanted us to have them? The old skinflint kept my twenty bucks for four beers, two of which he drank himself!"

She smiled and brought the steaks down to him. He plopped them onto the grill with a satisfying sizzle. "You just have to learn how to talk to people, Chris," she said mysteriously.

"Okay, out with it, how'd you con the old man out of the steaks?"

She smiled sweetly. "Well, I might have mentioned that we were on our honeymoon and hadn't realized we wouldn't be able to find anything special up here for our first dinner."

He clucked his tongue in disapproval. "Are all the cops in Bremerton as crooked as you are?" he asked.

She shrugged. "Hey, I was hungry. I like my steak rare, by the way."

He turned the steaks and reached into a cooler on the grass for a pair of beers. He handed one to her and looked out over the lake. A few lights flickered dimly in the direction of the campground. "So what do you make of old Coolidge's theory that this end of the lake is jinxed?" he asked. "You don't think that could have anything to do with Sonny?"

Sherry had been nearly silent on the drive back from the campground, responding to his queries and speculations with a series of grunts and one-word answers that indicated she was deep in thought. He hadn't pressed her for conversation, deciding to wait until now.

She took a sip of her beer and checked to see that the meat wasn't burning. "I think it has everything to do with Sonny," she said, turning to face him.

"Yeah, but on the other hand, people are always getting lost in wilderness areas," he countered. "You said yourself it happened all the time when you were out in Los Angeles."

"Getting lost, yes. *Not* disappearing without a trace."

"You mean, they always get found, eventually."

"Not always," she replied, "but usually. For six people to disappear in an area like this without any of them ever turning up again simply defies the laws of probability." She gazed out over the water and her voice took on a faraway quality. "That's six people that we *know* of," she emphasized.

"I'm not sure what you're getting at," he said. "You think there might be more?"

She nodded. "Maybe a lot more."

He waited.

"Coolidge got me thinking," she said after a long pause. "Six people have disappeared around here over roughly a fifteen-year period. No traces were ever found of any of them, and no criminal investigations of any consequence were ever conducted. They were all just listed as missing persons: a lost hunter, missing campers, and so forth."

"Yeah?" He was having a hard time seeing where this was leading. He turned to the grill and flipped the steaks.

"Over the past several years the state troopers here and in New York and Jersey have mapped out an area they call Phantomland. Within this area, which stretches east to Philadelphia and Newark, south as far as Harrisburg, and well up into New York State, there have been a sizable series of unsolved disappearances, mostly from in and around large shopping malls.

"Unofficially, the troopers think the disappearances are the work of one serial murderer. They call him the Phantom because, so far at least, neither he nor any of his victims have ever been seen. He takes them without leaving a single trace. Nothing. They just disappear. In fact, the only thing that links all the cases together is the fact that the victims are all young, all female, and all taken from busy shopping centers with lots of people around."

"And you think they're connected with what's been going on up here?" he asked.

"On a map of Phantomland," she said, "Lake Lazarus and Bremerton are at roughly the geographic center."

Kelly felt a sudden chill run down his spine. He stared at the meat on the grill, oblivious to the fact that it was charring around the edges.

"This has been going on for how long?" He phrased the question slowly and deliberately.

Sherry shrugged. "It's really hard to say. You see, the various police agencies involved have only been comparing these kinds of records for a few years." She laughed bitterly. "Believe it or not," she said, "up until very recently, few people in law enforcement even believed there was such a thing as serial murder. That's how creeps like Ted Bundy managed to go for so long without getting caught, by simply moving from jurisdiction to jurisdiction without anyone ever noticing the patterns." She stared at the grill, which was beginning to flame. "Hey, you're incinerating our dinner!"

Kelly snatched the meat off the flames. It made perfect sense. A serial killer operating from an isolated area like this, bringing his victims into the mountains for disposal, silencing and disposing of any locals who happened to stumble across his secret.

A Phantom.

He was probably hiding the bodies in the numerous caves that dotted the mountains at this end of the lake.

An incident from his early days in Vietnam flashed into Kelly's memory. A mission he had been sent to observe during his in-country familiarization.

He looked at Sherry, who was scooping salad onto plates beside the blackened steaks. "Would it be too much trouble for you to run me back over to the campground after dinner?"

She held his plate out to him. "Think you're going to need those hot dogs after all?

He shook his head. "No. But I do think you may be onto something. I'd like to make a phone call or two."

She raised her eyebrows, waiting for him to say more.

"If your theory is correct," he continued, "there's some specialized equipment I might be able to borrow that'll help us get to the bottom of it." He paused, wondering how much of his embryonic plan to let her in on. He didn't want the local police blundering in before he had a chance to track down the killer—if one really existed in these woods—and confirm the horrible nagging suspicion that had been taking root in his mind ever since Sherry had raised the specter of a faceless serial killer whose activities centered in the Bremerton area. "It might not hurt if we were a little better armed, as well," he casually added.

CHAPTER 8

Bad Girl

T H E cartoon ended in a crescendo of explosions as Wile E. Coyote stupidly ran through the shooting gallery he had set up by the side of the road and was blasted to smithereens.

Johnny stretched contentedly and tossed his third empty orange soda can onto the floor with a clank. A noisy commercial promoting Barbie dolls living in a cute little plastic house began and he stared at it in fascination. The little girls in the commercial were moving their Barbies around from the living room to the bedroom, giving them showers, dressing them, and fixing their hair. In a way, Johnny realized, his girls were like Barbies. His own personal collection of grown-up Barbies. He smiled, wondering what the Mattel people would think if they could see his collection.

The commercial ended and was replaced by

another in which he had no interest. He scratched his chest and thought about someday naming one of his girls Barbie. . . .

Marilyn. He remembered that she was still out in the truck. She had been asleep when he had checked on her before and he had been afraid for a minute that he had given her too much ether in the shopping center. He hadn't intended to spray the chemical into her mouth, but she had opened it to scream at just the wrong moment.

He had felt up under her pretty silk blouse to be sure she was still breathing, thrilling to the beating of her heart beneath the hot, smooth skin of her breast. Leaving the lid of the box propped open to be sure she got some fresh air, he had come into the cabin to get something.

He turned around, scanning the cluttered room for the thing he wanted and spied it behind the dusty glass of a tall cabinet in the corner—the cabinet that had been his father's. Smiling because he had finally remembered what he wanted after watching the cartoon, he crossed the room to the cabinet, opening it reverently and gazing at the precious objects inside. He tried to decide which of them to take, worrying at the same time that Marilyn would be getting chilled in the open air. He didn't like taking his father's prized possessions out of the cabinet, but knew he might need one before Marilyn's preparation was complete.

Better safe than sorry. That was what his mother always used to say.

Better safe than sorry.

* * *

Tracy crouched shivering by the stump. Her shoulders were cruelly twisted, the pain shooting in sharp jolts to her neck as she held her wrists centered on the exposed portion of the rusty ax blade, sawing slowly though the tough fabric of the heavy duct tape.

She wanted to scream.

It had taken her nearly five minutes to make her way to the stump after she had fallen down again, landing face first in the mud five feet from the truck and crawling the rest of the way on her belly. Now, her clothes and body coated in the cold, slimy stuff, her teeth chattering so hard she was sure they would break, she felt her bonds beginning to part at last.

Tracy closed her eyes and sawed harder, driving herself beyond limits of endurance she had not known she possessed with visions of the terrible fat man who, she was convinced, would be back to get her momentarily. The sound of the cartoon music from the cabin had stopped moments before, replaced by a jolly commercial jingle, and she rolled her eyes toward the dirt embankment, praying that the big moron would stay where he was for just a few seconds longer.

The tape parted with a ripping sound and she held her chafed wrists out in front of her, hardly able to believe that she was free. Dropping gracelessly onto her rear end, she tore at the bonds securing her ankles, breaking off several expensively manicured nails in the process. Her feet came apart at last and she stood unsteadily, looking around the small clearing like a frightened animal. Except for the narrow dirt road leading off into the dark tunnel of the trees, the surrounding forest seemed to press in on all sides. There was no light anywhere to indicate any sign of civilization.

"Get out!" she screamed to herself silently. "Run!" She had a fleeting thought about taking the ax with her for protection, made a half-hearted attempt to wrench it from the stump. It would not budge. Hobbling to the truck, she retrieved her shoes from the mud: straightened to see starlight gleaming on the open padlock hanging from the shiny hasp secured to the box. Acting on a sudden burst of inspiration, she snapped the lock shut. The little gray kitten meowed piteously from inside the box and she felt a sudden pang of regret that she had not saved it, too.

Climbing up onto the running board of the truck, Tracy looked up at the cabin beyond the embankment, saw a huge shadow moving through the blue light at the door. She emitted a strangled little cry of terror and ran down the dirt road in her stockinged feet. Her red high heels clutched in one hand, the Gucci bag flapping from her shoulder, she disappeared into the darkness.

Chris Kelly stood by the pay phone in the campground, illuminated in the glare of a huge bonfire down by the lake. Nearby, Sherry stood in the shadows beneath a cluster of pines watching the antics of a group of middle-aged men dressed up in Indian war paint who were performing a ridiculous initiation ritual that involved lots of chanting and banging of drums.

The phone clicked and Blackstone's voice came back on the line. "Chris, are you still there?"

Kelly clapped his free hand over his ear in order to hear over the chanting. "I'm here, Mr. Black."

"I think I've got all the items you wanted. How would you like them delivered?"

Kelly hesitated. He was tempted to ask for the helicopter that had brought him to the lake but didn't want to risk the killer spotting it, as Sherry had the previous night. "Well, I don't want to attract any attention up here," he said. "What can you suggest?"

Blackstone laughed. "How about Federal Express?"

"Federal Express?" He was sure the old man was joking.

"Certainly," said Blackstone, his voice serious. "They're absolutely reliable and we have a special account with them. Is there a commercial airport near you?"

"Bremerton, Pennsylvania," he replied. "It's between the lake and the city, not more than twenty miles from here."

"I'm going to turn you over to one of our shipping coordinators in a minute," said Blackstone. "He'll have your goods to you in the morning."

"I appreciate this very much," said Kelly.

Blackstone's voice took on a concerned note. Kelly had briefly outlined the situation for him earlier and the old man was obviously having reservations about letting him pursue it on his own. "Are you sure you wouldn't like some backup, Chris? Tracking dangerous game through the woods isn't exactly your field of expertise."

"We're not planning on taking this cat," said Chris, following Blackstone's veiled way of speaking over open phone lines. "We just want to determine if he's actually holing up in the area without spooking him."

Blackstone sounded dubious. "Is that why you need the G.I. Joe kit?"

"Precautions," said Kelly with more conviction than he actually felt. The G.I. Joe kit was the agency's designation for an individual light-assault pack, which included, among other toys, an automatic assault rifle, flak jacket, and stun grenades. "We're treading on dangerous ground here and if we do stumble across our friend, I'd like something a little more substantial than what we currently have on hand."

"All right." Blackstone sighed. "You've been around long enough to know what you're doing. Just don't get yourself into anything you can't handle. I need you back here in one piece as soon as you can manage it."

"A new assignment?"

"A very touchy proposition," said Blackstone. "A project that only you can handle properly."

Kelly looked out over the blazing campfire. A year ago he would have been flattered by Blackstone's admission that he was top reaper. Now . . . The men, a bunch of average guys away from the wives and kids for a weekend, and obviously having a good time, were dancing around it in a circle, pausing to crack open cans of beer and daub each other's faces with war paint.

The mingled smells of grilling hamburgers and the clean, sweet scent of pine pervaded the cold night air. Sherry's face glowed in the firelight, highlights shining in her hair.

"I'll take care of this matter and be back down to get started in a few days," he lied, afraid that Blackstone might pull his support if he told him the truth.

He had already decided that he was not going to kill anyone ever again.

With the possible exception of the Phantom.

Johnny walked down the embankment toward the truck, stopping to squint down at it in the darkness. Something was not right. He unslung his father's lovingly polished and oiled .30-caliber carbine from his shoulder and pumped a cautionary round into the chamber. He seldom removed the precious rifle from its sealed cabinet with the rest of his father's guns. He had last used it when the two drunken hunters had intruded into one of his hideaways and seen the freshly skinned body of Veronica hanging from the hook before he'd had an opportunity to take her down to the cold room.

Fortunately, he had had the carbine with him then, the hunters' presence at the south end of the lake prompting him to be extra cautious, as he was being now, knowing the strange man and woman were still at the hotel. Even at that it had been a close thing with the hunters. He'd spent a whole night stalking them through the woods—his woods—surprising them at dawn, just as they had thought they were safe.

Johnny stroked the gleaming stock of the carbine, remembering how the hunters had looked, each with a single bullet in his brain. Killing them had been . . . satisfying, almost as satisfying as shopping in the malls.

Johnny grinned. For some strange reason that was beyond his comprehension, no one ever expected a fat, clumsy oaf like him to be an expert shot.

He reached the truck in a crouch, the carbine held at high port, ready to swing instantly onto any target that might present itself. He scanned the clearing near the woodpile, his sharp little eyes darting suspiciously over the stump and the stacks of deadfall waiting to be cut, the dark tree line beyond.

Forest sounds.

The slight rustle of wind in the treetops.

Satisfied that no one was lurking in the shadows, he turned back to examine the truck itself. Hadn't he left the lid of the box open so that

Marilyn could get plenty of fresh air? He thought he had.

Johnny slowly lowered the rifle and fingered the securely fastened padlock on the box. The kitten meowed inside the box. Berating himself for his own forgetfulness, he clicked the carbine on safe, stowed it in the cab and climbed into the driver's seat. He started the engine, turned on the lights and backed the truck around in a half circle. He was just about to shift into first gear when he noticed something directly ahead illuminated in the glare of the headlights. He stared at the thing on the ground for a long moment, trying to decide whether it was worth getting out and examining.

Tracy Swanson was running, her feet, already bloody and numb, slapping along the cold muddy road as she drove herself relentlessly forward. She had stopped once, halting in the deep shadows of a thicket to fumble the cellular phone out of her purse and dial 911. The tiny portable had blinked maddeningly in her hand, the glowing keyboard flashing a message that indicated no cellular signal was being received. She looked up at the black mountains towering around her, remembering vaguely that high hills blocked the portable phones.

Cursing and weeping at the unfairness of her predicament, she had forced herself back out onto the road, running and sobbing. After several tortured minutes the road crested a small rise and the trees thinned ahead of her, allowing a view of a shining body of water in the moonlight. She paused, gasping for breath and hardly able to believe her eyes. The glow of a roaring bonfire lit the shoreline half a mile away and she could hear the distant sound of voices.

It sounded like chanting.

Tracy had been praying—honestly, fervently praying. Now she thanked God for having answered her prayers. There were people down there. People who would help her, make her warm, and call her father to come and take her home.

She promised God that if he really got her out of this she wouldn't be such a little bitch anymore.

Not even to Trish.

"Well?" Sherry looked up from her spot by the trees as Kelly walked up with his hands jammed in his pockets.

"Everything we need will be here in the morning. I'll have to go down to the airport to pick it up." He pointed his chin at the bonfire. The dancing had broken up and the revelers were busily engaged in spraying beer on each other. "Exactly what are they doing?"

She laughed. "Just plain raising hell as far as I can tell. If they were back down in town I'd have to arrest the lot of them for disturbing the peace."

He smirked. "Looks like fun."

"Looks like meaningless macho bullshit to me."

"Yeah, well, remember that next time you go to a bridal shower," he retorted.

She punched him on the shoulder.

"Hey, that hurt!"

"You had it coming," she said. "Bridal showers are important stuff!"

"So what do you want to do now?" he asked.

She slipped her hand into his. "Well," she said seductively, "I thought we might go back to the hotel. . . ."

He raised his eyebrows. "Yeah, and?"

"And see if we could find the way into those secret tunnels that Coolidge told me about," she said.

"Secret tunnels."

"Yeah, the ones the bootleggers built during prohibition."

"Great." He shrugged.

"What did you think I meant?" She was grinning.

"Nothing."

"Come on."

"Nothing."

"I know what was on your dirty little mind."

He dropped her hand and put his hands on his hips. "What?"

"Never mind." Sherry bit her lip to suppress the self-satisfied smirk that was threatening to break out. She had already decided that they were going to sleep together. Now she was sure it was what he wanted, too. She thought about Sonny and realized that this was the worst possible time to be thinking about love-making. To hell with it. Maybe that was the reason she felt the need to be held and loved, to drive away the nightmare if just for a little while. "Come on," she said, laughing and breaking into a run, "I'll race you back to the car."

Tracy leaned against a slender sapling at the crest of the road. Below her she could see the roofs of a group of rustic buildings clustered at the water's edge. The bonfire she had glimpsed through the trees earlier was blazing brightly and she could clearly make out the features of the men standing around drinking beer and talking.

Straightening her skirt and wiping a muddy forearm across her face, she stepped into the center of the road and started down the hill toward the camp. A neon sign in the window of a little store glowed warmly, conjuring up visions of hot coffee and food. She tottered forward on her swollen feet, imagining the fuss they would make when she stumbled in with her tale of horror. That set her thinking about the hysteria that would accompany her return home. She could almost see the headlines, "Debutante Outwits Kidnapper."

She allowed herself a little smile. Everyone was going to be so jealous. . . .

Creak, kercreak, creak . . .

Tracy's steps faltered and she turned to look over her shoulder. The old pickup truck, its lights turned off, was gliding along behind her, the rusty springs squeaking as it negotiated a rut in the road.

It stopped suddenly and the fat man stepped out of the truck, holding the rifle in one dirty hand. In the other he held up the tattered remains of the silvery tape with which he had bound her hands and feet. He leered at her with his crooked yellow teeth.

"B-bad girl!"

Tracy screamed once before he was on her.

"What was that?"

"What?" Kelly looked up from the hood of Sherry's Mustang. They had run all the way back to the car from the lakefront, sprawling against the car to catch their breath.

Sherry straightened up and looked toward the woods, listening. "I thought I heard a scream."

As if to confirm her observation several high-pitched whoops rang out through the trees and a trio of drunken revelers from the bonfire ran past the car waving cans of beer.

"You did." Chris laughed, watching as the drunks stumbled up a path to a row of cabins.

Sherry shook her head. "This sounded different, like a woman's scream."

They both listened for a moment longer. A couple of teenaged girls in shorts and sweat-shirts appeared out of the trees and hurried past them on their way to the store. "Guess I'm getting a little jumpy," she said, opening the car door."

"Save it for tomorrow," he smiled. "Nothing's going to happen tonight."

CHAPTER 9

Search

"I give up." Sherry sighed and backed out of the narrow opening hidden behind the paneling under the main stairway leading down into the lobby. Her blond hair was dusted with cobwebs and there was a black smudge across her cheek. "If there's a secret passage under this hotel, whoever built it was smarter than I am."

Kelly flashed the beam of the powerful light he'd bought at the camp store into the dark space. The old timbers were stained black with a patina of age. "Sounds to me like those stories were made up by old Coolidge for the benefit of the tourists." He grinned, pulling the paneling back into place and turning to face her.

They had been going over the lower floor of the hotel for more than three hours without locating anything remotely resembling an entrance to the secret rooms the old man had claimed existed. There had been a moment's excitement when Sherry had discovered the hinged opening beneath the stair, but on examination it had led to nothing more exciting than the small storage space they had just examined.

"Damn!" Sherry sank into an upholstered settee by the registration desk, defeated. "I really thought there might be some connection between the hotel and whoever is hiding out up on the mountain, especially after Coolidge mentioned an escape tunnel for the casino and speakeasy."

Kelly grinned and poured her a cup of coffee from the pot sitting on the desk. "That would have been a little too convenient," he said, handing it to her. "If there really is somebody up there, they're probably holed up in a cave, which means we're going to have to find them the hard way."

She sipped her coffee, waiting until he had fixed himself a cup and settled on a chair with clawed feet. "Yes, how are we going to manage that, by the way?" she asked. "You mentioned this mysterious equipment that's arriving in the morning, but you haven't said just what it does."

"It's classified." He smiled. "What you'd call spook gear. The CIA developed it during Vietnam to detect underground bunkers being used by the enemy. With any luck it will tell us which of those holes you can see on the side of the mountain are really cave entrances and which are just surface depressions. Ought to save us a whole lot of climbing."

"And if we do discover a cave?"

"There's some specialized sound-detection equipment we can use to determine whether there's anybody moving around inside."

"I'm impressed," she said. "So, say we find a cave and there is somebody inside. What then?"

He shrugged and stared into his coffee cup. "I don't know yet. I'm making this up as we go along."

She watched him drink his coffee. "Can I ask you a personal question?" she asked.

He looked up, surprised. "How personal?"

"Frankly, I just can't get used to the idea that you make your living killing people," she said.

"Well, I've never quite gotten used to it myself. But it's probably not anything like you imagine." He searched for the right words with which to verbalize what he did. The best he could come up with was, "It's impersonal. By that I mean, that I always know who they are and what they've done, but I don't *know* them."

"But *why* do you do it?" she persisted.

Kelly shrugged. "Because somebody has to."

"But why you?" Her voice was soft, questioning.

He got to his feet and crossed the room to look out onto the veranda. The moon was coming up, casting an aura around his body. "I'm good at it," he answered defensively.

He turned to face her and she saw something cold and alien flicker just behind his eyes. "In fact, I'm the very best there is."

"Was it because of what happened in Bremerton . . . with your girlfriend? . . ."

"Her name was Diana. Diana Casey."

"Because of what happened to . . . Diana?"

Kelly turned back to the window. His voice was distant. "I suppose that was how it started."

He felt her touch his shoulder and looked down to see her standing beside him.

"You shouldn't have let it ruin your whole life, Chris," she whispered.

He nodded. "I know."

Sherry turned to him and he suddenly pulled her close. Electricity seemed to race along his body, sensitizing his every nerve ending as her lips touched his. He felt her pressing closer, the contours of her body pushing urgently against his. The kiss was long and lingering. He finally pulled away, surprised to see the hot tears running down her cheeks.

"What's wrong?" he breathed.

"You think he did it, don't you? The Phantom?"

"Yes."

"You're going to kill him, aren't you?"

"If I can find him."

"Chris, don't. Let's call in the police and tell them what we know. They'll find him."

"Maybe."

She stepped away from him, gazing up into the hard mask that his face had become. "Dammit, Chris, you just told me it was *never* personal."

"I lied," he said. "It's always personal."

"You're going to end up following this lunatic into some dark hole and getting yourself killed." she said quietly.

He stood rooted to the spot, stunned by her unexpected outburst. "That would really bother you a lot," he said slowly. It was not a question.

She turned and stared out through the French doors. "Yes, it would."

He stared at her, genuinely confused. "Why?"

Sherry rolled her eyes to the ceiling. "Just forget it, okay?"

He reached for her but she snatched the flashlight from his hand and pounded up the stairs, leaving him alone in the moonlit lobby.

Johnny stood stock-still beside the secret entrance to the hotel, listening to the sounds of feet hurrying up the lobby staircase.

He was very good at standing still, able to wait silently even for hours, waiting for danger to pass him by, for prey to step within his circle.

Moments earlier he had been walking down the long underground service corridor beneath the hotel when he had heard the murmur of voices overhead, the sudden rise and fall of the woman's voice making it seem as though they were arguing.

His florid face turned a deeper shade of red at the thought of the intruders who had taken over his hotel.

His place.

He had had to drive and walk for miles because of them; was forced to work without proper light or space. Even now, their meddling was forcing him to put poor little Marilyn in the living room with Betty and Veronica and the others before she was ready.

Johnny silently knelt on the buckling green linoleum and touched the inert form he had quietly laid there when he had first heard the voices. The girl's startled blue eyes stared up at him in the glow of his light.

Sighing unhappily, Johnny lifted the girl and carried her away into the darkness. He just knew she was not going to like being with the other girls.

Not yet.

It occurred to him that he would soon have to return to the hotel and kill the intruders. He had to go back up there to get his treasure box anyway.

Kelly had stood at the French doors, watching the moonlight on the lake for several minutes after Sherry's hurried departure, his mind reeling with the implications of her sudden revelation. He still wasn't sure how he was going to deal with the unexpected turn of events, but he knew that the first step was an apology. He wanted to explain to her that finding Diana's murderer, perhaps even learning what had happened to his first and only love, was the one thing in the world that could free him to pursue a normal life.

He found another candle on the desk, lit it, and climbed the broad staircase to the second-floor landing.

The door to the bathroom at the end of the long hallway stood slightly ajar, the glow of candlelight flickering eerily out onto the polished floorboards through clouds of steam. Kelly heard the sound of running water, assuming that Sherry had decided to take a bath. Although the partially restored upper floor had no electricity, there was no shortage of hot water from the big boiler in the kitchen.

Deciding to confront her when she finished, he had placed his hand on the knob of his door to enter when Sherry stepped into the hallway from the room next door. She was carrying his flashlight and wearing a terry robe.

"I lit the candle in your room," she said in a small voice.

"Thanks . . ." The words he had intended to say were there, but he couldn't seem to get them out.

She smiled uncertainly, looking down at her robe. "I thought I'd get cleaned up a little."

"Look, about what just happened downstairs—"

She touched her fingers to his lips. "You don't have to explain. I think I was . . . assuming a little too much."

Her touch tingled against his skin. Clasping her hand in his, he shook his head. "Oh, no," he said. "No, you weren't." He pressed her hand to his lips, kissing her fingertips. "I just never dreamed it would . . . Hell, I'm not very good at saying things." He smiled and started over again. "I like being with you. Like it very much."

The sound of running water down the hall seemed suddenly very loud. He heard it beginning to splash onto the floor as he placed his arms around her and kissed her.

"Don't worry," she whispered when their lips parted. "We'll find him tomorrow and put your poor ghost to rest at last."

It was dark.

Tracy struggled to turn herself over on the smelly sofa and peered into the Pine-Sol-smelling room where the fat man had left her. A thin sliver of light shone beneath the door of the adjoining room and she could hear him in there, talking to someone.

He had carried her into the room some minutes earlier, following a long walk. She had regained consciousness sometime during the first part of that walk—they were still in the forest then—watching with frightened eyes as he had approached a solid screen of black foliage, afraid he would dump her there in the woods to die.

Instead, he had edged past the bushes, stepping into a crumbling doorway hollowed out of the rock. Taking an old-fashioned miner's hat from a hook on the rough wall, he had lit its lamp and carried her down a winding flight of steps into a dark underground space of echoing footsteps.

Much later, they had passed open doorways, the light from his headlamp briefly illuminating a jumbled roomful of tables and chairs, another filled with rusting and broken slot machines. She had pretended to be unconscious, looking at everything through hooded eyelids, trying to memorize the way back. Then he had suddenly stopped, at the foot of a narrow stairwell lined with tattered carpet, to listen.

And she had heard the voices coming from somewhere above.

He had caught her looking then, and she was afraid he would be angry. But he had simply carried her into this small room and dumped her on the sofa before disappearing into the next room and closing the door behind him.

Now, as her eyes grew accustomed to the dim light she could see that the room was filled with figures. Sitting in the darkness in chairs or arranged against the wall. She counted five in all. Their eyes glittered in the dim light leaking beneath the door. At first she had thought they were people, but the lack of movement convinced her they must be department-store dummies.

The fat man was totally insane.

She knew that now.

Tracy closed her eyes and waited, praying he would leave the room and go away. He had been in a hurry when he had bound her again after catching her on the road and she prayed she could get her hands free once more.

If only he would go away.

She heard the sound of running water somewhere far away and imagined she was on Daisy Vandeveer's father's yacht in the Mediterranean.

* * *

Johnny was ready.

With Marilyn safe in the living room, he was finally free to do the things he needed to do before he could prepare her.

He had been sitting on the bed in the sleeping area, going over his plans with LaVerne and Shirley. Diana was staring at him from the corner, her eyes filled with hatred, but he didn't care. He had remembered everything and now he had only to go and do it.

Smiling vacantly, he stood and kissed the girls. They all giggled happily, offering their congratulations on his having found Marilyn at last, and promising to treat her just like a little sister.

All except Diana.

She glared at him and refused to speak.

Well, he didn't care anymore. He had a new girl now. Even prettier than Diana. Walking to the door, he turned out the light and padded through the living room. He stopped at the sofa and leaned over Marilyn.

Asleep.

Or pretending to be asleep.

Johnny ran a thick hand up between her thighs and pinched her. He giggled at the small whimper of terror from behind her gag. "Y-you be good!" He laughed and left the room, bolting the door behind him.

* * *

Neither of them had meant for it to happen like this, the lingering kiss in the hallway, her body pressing urgently against his. . . . At some point her robe had come open, his hands running over her round buttocks, pulling her tight against him.

They had made love the first time in the huge iron bathtub, the steaming water and candlelight imparting a sense of unreality to their unbridled coupling. Later, she had lain back happily in his arms, feeling his nakedness against her back as his strong hands had gently soaped her breasts. Later still, their skin red and glowing from too long in the hot water, he had carried her down the unlit corridor to his room.

They lay across his big soft bed in the moonlight and made love again, this time slowly, lingering on the edge of pleasure until the candle on his bureau had guttered away to nothing and gone out.

"You're not sorry, are you?" Her voice was small and husky in his ear.

He shook his head slowly from side to side. "I thought I had lost . . . this feeling forever." He stroked her damp hair. "What about you?"

She smiled in the dark. "I think this is the first time I've ever had . . . *this* feeling." She twisted her head around to look up at his silhouette. "Chris, what about Diana?"

He was silent for a long moment. "Diana is gone," he finally answered.

"But you loved her so much."

He nodded and she thought she heard his breath catch in his throat. "Yes." He kissed the top of her head. "And I still want the son of a bitch who killed her. Can you understand why?"

She snuggled closer, working her chin into the soft hollow of his neck. "Yes. For what he did to both of you, and to Sonny and Shelly."

"And for all the others, too," he said, "and the ones still to come. If they did get him—the police—chances are good that he'd never even stand trial. You know that, don't you?"

She nodded.

"I can't, won't, take that risk."

"Do you hate him?"

He shook his head. "No. I just want to guarantee that he'll never have the chance to do it again."

She squeezed his hand. "Don't worry," she whispered, "we'll get him."

He was sleeping soundly when he felt the presence beside the bed.

"Chris?" A whisper like the wind through the trees.

He looked up to see Diana standing near the window. She was looking pointedly at Sherry, who was snuggled up on the pillow beside him, her tangle of blond hair splayed across his shoulder. He followed Diana's gaze to the sleeping woman, feeling the guilt building within him.

"No, Chris." Diana was shaking her head slowly back and forth, a hint of a smile playing at the corners of her perfect mouth. "I'm glad," she whispered.

"Oh, Christ, Diana." He sobbed, realizing that it still hurt to speak her name.

"I only wish it were me," she said. Her form was slowly fading into the moonlight across the sill.

"Be careful, Chris," she whispered. "He knows you're here. He's insane, but clever. Oh, so very clever."

She was nearly gone now, a hint of lingering phosphorescence by the casement.

"Diana, wait! Where is he?"

Gone now, only the faintest echo of her voice fading away in the night.

"Nearby, Chris. Too near . . ."

Kelly sat up, sweating. He rubbed his eyes, gazing at the empty window casement, trying to remember at precisely what point he had awakened.

False dawn.

Johnny looked out through the windshield of the old pickup and saw the first glimmerings of light in the eastern sky as he pulled into the deserted alleyway. The drive had taken far longer than he had anticipated, night construction work on the interstate outside of Trenton slowing traffic to a one-lane crawl for miles.

He had to hurry.

Stepping out of the cab and stretching his massive body, he crushed his cigarette and hefted the crowbar he'd pulled from behind the seat. The looming bulk of the old brick building in a run-down industrial section of the city towered over him. Unconcerned about the possibility of being spotted, he climbed up onto the dimly lit loading dock, calmly smashed the single bulb in its overhead fixture, and inserted the crowbar beneath the hasp of the padlocked metal door. He had done this before and knew that the Northeast Prosthetics Company didn't bother to keep a watchman on the payroll. After all, nobody would bother to steal artificial eyes.

Well, almost nobody.

The cheap lock snapped under the pressure of the crowbar and Johnny stepped inside. Switching on a small penlight, he walked straight through the polishing and grinding rooms and stepped into the small display area. Hundreds of pairs of beautiful eyes looked up at him from velvet-lined cases ranked along the wall.

He began examining them carefully, searching for one special pair the exact color of Lake Lazarus beneath a summer sky.

BOOK THREE

Seek and Destroy

CHAPTER 1

Logistics

THE twisting secondary road leading down the mountain toward Bremerton kept Kelly's attention focused on his driving.

It was early Sunday morning and there was no other traffic as he guided Sherry's Mustang around curves and through short straightaways shaded by stands of laurel and mountain alder. The car's light sports suspension and the cool morning air combined to make the drive enjoyable and he realized that he hadn't felt so purposeful in years.

He had left Sherry propped among the pillows of the big four-poster in his room, sipping a cup of the bitter coffee he had managed to brew atop the balky kitchen range.

He had wanted her to come with him, uneasy at the prospect of leaving her alone at the south end of the lake for even a short time with the killer loose. She had, of course, pooh-poohed his sudden concern. She was fully armed and perfectly capable of taking care of herself, thank you very much. Besides, she had added, there were a few things she needed to do that would delay their starting out for the waterfall if she went along. He had reluctantly left, after extracting a promise not to let anyone into the hotel until he returned.

The plan was for her to shower and throw together something for breakfast while he drove to the airport to pick up Blackstone's Federal Express shipment. They would map out their strategy for setting up the detection equipment while they ate, then make an oblique approach to the area around the waterfall to begin an electronic analysis of the likely cave entrances they had spotted the previous day.

Kelly touched the responsive brakes and notched the shifter down into third gear, slowing for the sweeping curve ahead. The Mustang glided smoothly into the turn and shot onto the steep downgrade on the other side. He shifted again and allowed himself a self-satisfied grin. For the first time in as long as he could remember, he was looking forward to the future. Together, he and Sherry would find the man who had killed Sonny . . . and perhaps Diana, too. After that, well, he had plans.

His smile faded as he recalled the vivid dream of the previous night. Diana had smiled at him, happy he had found someone new at last. He wondered if that was his own subconscious's not-so-subtle way of finally absolving him of his guilt. He stretched his shoulders and smiled again. Wherever it had come from, the dream seemed to have lifted a great weight from his soul and he felt good.

After today he would fly back to Washington to resign from Harvest. Blackstone would present a dozen good reasons why he shouldn't, of course. Probably, the old man would try to make him feel guilty. Well, Chris decided, it was too late for guilt. He was sick of it. He'd done his bit for the world, right or wrong, and now he planned to catch up on the rest of his life. The first thing he would do after resigning would be to put the Virginia condo on the market and move up to Lake Lazarus to see if he could help Shelly and the boys make a go of the hotel. If he was damned lucky, he figured—luckier than he had any right to be—Sherry Mahan would be a part of his new life.

Luck.

He remembered Diana's final words from his dream—another piece of advice from his subconscious, and a damn good one at that—the killer in the forest was clever. What had happened to Sonny proved that the maniac would not hesitate to kill him, and Sherry, too.

"Be careful," she had warned.

"Damn right!" He said the words aloud, realizing that the prospect of the new life taking shape in his future would make him more careful than he had ever been. For now he had something to lose.

The road leveled ahead as the Mustang plunged into a dark corridor of towering pines. Kelly eased the wheel slightly to the left, allowing plenty of room for the old pickup truck that was approaching from the opposite direction. It flashed past him in the gloom cast by the interlocking branches of the trees, affording him a momentary glimpse of a very fat man at the wheel.

He was wearing a red baseball cap and drinking orange soda from a can.

There was faded writing forming the word *taxidermy* in a half circle about a deer's head on the door of the old truck, and a green wooden box in the back.

Kelly frowned slightly as the Mustang shot out into the bright morning sunlight beyond the grove of pines. He glanced into the rearview mirror for another look, but the old truck was already gone and he shrugged off the nagging feeling that there was something he should have remembered about it. The fat guy behind the wheel had looked harmless enough.

Johnny was tired but happy.

His trip to Trenton had been a success. The pair of glass eyes clicking softly together in his shirt pocket were just perfect. He couldn't wait to show them to Marilyn, to explain how beautiful they were going to make her.

He belched loudly, his stomach full at last, the result of the leisurely breakfast he had just enjoyed at a bustling truck stop along the inter-state. He grinned crookedly, remembering how the wrinkled waitress with the big hanky folded into a corsage on her massive bosom had fussed over him, bringing him extra syrup for his double order of pancakes and marveling at his ability to consume half a dozen eggs and a dozen slices of crisp bacon.

The woman had brushed against him several times as she had leaned over the Formica counter to refill his glass of orange soda, allowing her sagging boobs to touch his naked forearm.

Johnny had wanted to laugh right out loud at her; to tell her that he didn't need any baggy old women with too much paint on their faces to give him a thrill. Not when he had a secret place filled with beautiful girls who would do anything he wanted whenever he felt like it; girls prettier than the ones on TV.

Of course, he had said nothing, simply grin-ning at the stupid old woman and holding out his glass for all the free refills of orange soda she was giving.

The truck bounced over a rough spot in the road and he glanced back through the dirty rear window to be sure the box was securely locked. In it were the other things he would need to make Marilyn good. He focused his eyes on the road again, mentally reviewing the contents of the other girls' closet. He would have to find something for the new girl to wear since she had insisted on ruining her pretty outfit with the red high-heeled shoes.

A good thing she hadn't hurt herself with all of that running-away nonsense, he reflected. Now, that would have been a real shame. As it was, Johnny was going to have to give her a good scrubbing before he could prepare her. He frowned, wondering how he was going to manage that. There was no running water in the hideaway.

Sherry Mahan stood beneath the stinging spray of a hot shower, letting the steam and the pounding of the water drive the tension from her body.

She was still having a hard time coming to grips with the sheer magnitude of the passion that had been unleashed within her by Chris Kelly and it seemed, as she soaped the tender areas around her breasts and thighs, that she could still feel his hands upon her, gentle and persistent.

Closing her eyes, she squeezed shampoo into her hair from a plastic bottle and massaged it into a thick lather. She realized now that she had found herself incredibly attracted to Kelly from the first moment she had laid eyes on him, something in his solemn gaze and quiet manner drawing her inexorably to him. Hell, she had deliberately set out to bed him last night, excited by the taut, muscled chest and firm buttocks she couldn't help glimpsing when he had stripped to enter the pool below the waterfall. She had already known that he was similarly

aroused by the sight of her body and had figured they would have great sex together.

And they had.

But then the other thing had happened, the
feeling of not wanting him to let her go when it
was over. The warm, flushed sensation of lying
next to him and thinking about the next time,
and the next.

There was a vulnerability to Chris Kelly that
belied both his occupation and his history, a
soft warm space within him that she knew only
she could properly fill. Sherry had been truly
and deeply in love with only one other man in
her life—not, unfortunately, the preening, macho
actor she had married and then divorced in Los
Angeles. She had foolishly allowed that first love
to wither and die without ever doing anything
about it, more intent at the time on getting her
degree in criminal psychology and beginning
her career than in marrying. Now she vowed not
to make the same mistake again. God knew Chris
Kelly had his demons—the haunting memory of
the girl so brutally taken from him, a life spent
executing other men. If he would let her, she
would help him conquer those demons, and
together they would find real happiness.

She rinsed the shampoo out of her hair and
reached through the opening in the plastic shower
curtain for the towel hanging on the rack beside
the tub. A draft of cold air blew onto her arm
from the opened bathroom door and she opened
her eyes to see the haggard figure standing there,
watching her through red-rimmed eyes.

* * *

Blackstone's shipment was not on the plane.

The harried Federal Express clerk, still grumbling at having been called in on a Sunday to handle the special delivery, was not amused. He stood behind the counter in the back of Bremerton Airport's tiny freight terminal punching numbers into his computer and frowning.

"Best I can tell," he finally said without taking his eyes off the glowing screen, "is that the package was routed from Washington National to JFK. It should have gone on the seven-thirty flight from JFK to here. . . ."

Kelly drummed his fingers on the counter. "It should have, but did it?"

The clerk punched more numbers into the keyboard. "Well, it says here that it did, which probably means . . ." He punched up a few more numbers. " . . . that it wasn't taken off the flight when it arrived here." He peered at the screen and winced. "I'd say it's in Pittsburgh by now . . . or Cleveland."

"Shit!" Kelly still couldn't believe that Harvest relied on commercial shippers to move their critical equipment around the world.

The clerk leaned over his terminal again. "I'll call ahead and have them reroute it," he said. "We can have it back here by noon."

"Great," said Kelly. "I drove all the way down here from Lake Lazarus."

"No problem," said the clerk. "We'll send it up to you."

Kelly rubbed his chin thoughtfully. The only reason he had driven to the airport to pick up the gear was to avoid the activity of a delivery to the hotel. "That's okay," he said, resigning himself to the wait. "I'd just as soon not have you send a truck up there."

"Oh, we don't have a truck on today," said the clerk. "I'd just send it on up by taxi. Of course, it'd cost you extra for the fare. . . ."

Kelly wasn't listening to him. He was remembering the old beat-up truck that had passed him on the mountain road, the one with the word *taxidermy* hand-lettered on the door . . . the same truck Sonny Lasco had found parked in the shed by the hotel the weekend the furniture had gone missing. He turned and pounded out through the swinging door.

"Hey," called the clerk, "what do you want me to do with your shipment when it gets in?"

Kelly turned and hollered at him from the loading dock. "Go ahead and send it up to the old hotel at the south end of the lake as soon as it arrives!"

"By taxi?" yelled the clerk.

Kelly nodded and dived into the Mustang.

Although he had nothing concrete on which to base it, there was a sick feeling deep in the pit of his stomach.

"I'm sorry I frightened you. I just couldn't sit down there doing nothing." Shelly Lasco sat on the edge of Sherry's bed, sniffling into a handkerchief.

"Well, you only scared me out of a year's growth,"

Sherry said. She finished toweling her hair dry, ran a brush though it before the mirror, and pulled on a T-shirt before turning to face her friend. "You really shouldn't have come up here, Shelly," she said worriedly. She wasn't sure exactly how long Chris had been gone, but she didn't want to run the risk of him arriving back at the hotel with the specialized gear while Shelly was still there.

Shelly dabbed at her eyes. "I know," she said. "The boys are probably going to be frantic when they come home and find me gone."

"Where are the boys this morning?" Sherry was as surprised to learn that Shelly had come all the way up to the lake alone as she had been to see her standing there in the bathroom doorway a few minutes earlier.

"I sent them to church . . . to say a prayer for their dad." She hesitated. "I told them I was going to sleep in this morning."

"Well, I'm driving you right back home," insisted Sherry. "Chris will be very upset if he finds you here when he gets back. He's been very worried about you."

"I can't believe I missed him." Shelly looked around the room in confusion. "Why did you say he went to the airport?"

"He had to pick up some papers to do with his work," she lied. "I guess he took off to come up here in such a hurry that he left some things in Washington that needed to be signed."

"Oh." Shelly seemed satisfied with the explanation.

"Okay, now, here's what we're going to do.

We're going to leave Chris a note, and I'm going to drive you back to Bremerton and put you to bed. Chris can drive back down and get me later and then you can see him, too." Sherry didn't like the plan at all, but it was the best she could come up with on short notice. She searched the top of her dresser for a pencil and paper, remembered she had seen one in the lacquered lost-and-found box, a tiny gold mechanical thing attached to a leatherette notebook. Dumping the box's contents onto the dresser, she found the book and pencil and began scribbling a hurried note to Kelly.

Shelly stopped sniffling and got to her feet. "This is silly," she said. "It was stupid of me to come up here without telling anyone. There's no need for you to take me. I'm perfectly capable of driving myself back home."

"Oh, no you're not," said Sherry. She folded the note, then straightened and turned to face her friend. "All we need right now is for you to run off that road all pumped full of Valium, or whatever they've been giving you. I'm driving you home and that's final."

Shelly stared past her. Her shoulders suddenly began to heave and Sherry put her arms around her, patting her back comfortingly. "Come on, now. It's going to be all right. Would you like some coffee first?"

The older woman suddenly pulled free and jerked her head impatiently from side to side.

Sherry looked worriedly at her, confused by the strange behavior. "Shelly, are you all right?"

Shelly pointed a trembling finger at the collection of trinkets scattered across the top of the dresser. "Where did you get that?" she mumbled in a zombielike monotone.

Sherry half turned to see what she was pointing at. "The box? I found it in the kitchen, I—"

Brushing her aside, Shelly snatched the blackened silver bracelet from the dresser and held it up into the light. "No," she whispered, "not the box. This!"

"The bracelet? It was in the box with the other things. Why, Shelly, what's wrong?"

Shelly's eyes wore a stunned glaze as she turned the shining hoop over and over in her hands. "I helped him pick this out for her," she muttered. "She was wearing it that night."

Sherry was growing seriously concerned about her friend. She was convinced now that Shelly was having some sort of delayed breakdown as the result of the previous weeks' stresses. "I don't understand," she began gently. "Who was wearing it, Shelly?"

Shelly's eyes darted wildly around the room. "Her!" she whispered. "Diana. Chris gave it to her for Christmas . . . that night. The night she disappeared."

"It can't be the same one," said Sherry. "I mean, maybe it just looks like it. . . ."

A strange, gurgling laugh bubbled up out of Shelly's throat. She shook her head and ran her tongue across the entwined metal hearts, then rubbed the bracelet vigorously on the hem of her skirt. "No. It was this exact one," she said with growing horror in her voice. "See!"

She raised the bracelet to the powerful spill of sunlight streaming in through the window. The spidery engraving shone black against the silver hearts.

Sherry stared at the bracelet. "It's true," she breathed, "it's really true!"

Her bereaved friend grabbed her by the arm and jerked her around to stare into her eyes. "What's true, Sherry? How did Diana's bracelet get here?"

Sherry opened her dresser drawer and removed the small automatic pistol. "Come on," she said, "we're getting out of this place right now. I'll explain in the car."

"You'll explain now, goddammit!" Shelly's voice rose to a screech. "Where did this bracelet come from and what has it got to do with my Sonny's disappearance?"

"Shelly, please." Sherry looked uneasily over her shoulder. The bracelet conclusively proved the killer had access to the old hotel. Access, hell, it was probably his *turf,* the box filled with jewelry a testament to the number of victims he had taken.

Her mind jumped back to the criminology refresher course she'd taken at Penn State the previous year. There had been a lecture on the psychology of serial killers—they often kept mementos taken from their victims.

The lost-and-found box.

How could she have been so stupid?

The Phantom had been right here all along. He might be just outside the door now, listening. Lurking in the darkened hallway . . .

"Honey," she said, keeping her voice low and raising the small pistol so that it was pointing at the ceiling, ready for an instant response to any threat, "we've got to leave here right now. Very quickly and very quietly."

Shelly seemed to deflate before her eyes. She looked at her like a lost child. "What's going on, Sherry? Please tell me."

"We—Chris and I—think the man who . . . killed Sonny may still be around here," she said. "I didn't connect the bracelet with him earlier, but the fact that I found it in the hotel proves he's been in here. That's why we have to leave. Do you see?"

Shelly nodded her understanding. "What if Chris comes back?" she whispered.

Sherry thought for a moment. "We'll wait out at the end of the road for him," she said. "That's the only way in here." She crumpled the note she had just written and tossed it onto the dresser top and the two women hurried out of the room together.

CHAPTER 2

Missing Persons

KELLY fumed behind the wheel of the Mustang. Halfway up the mountain road from Bremerton a carload of rollicking teenagers had attempted to pass a motor home chugging up a steep, narrow grade with a fishing boat in tow. The resulting crash had left three of the kids stretched out beside the shoulder with injuries ranging in severity from a badly broken arm to a profusely bleeding scalp wound. The heavy fishing rig had jackknifed over the motor home, tipping the clumsy vehicle onto its side and blocking the road in both directions with the wreckage and half its contents.

Arriving on the scene moments after the accident, Kelly had had no choice but to stop the car and tend to the victims' most urgent needs. He sent the next car to arrive back down the hill to find a phone and call for police and an ambulance while he busied himself applying a pressure bandage to the head of the bleeding teenager, showing one of the uninjured kids how to hold it in place. After getting the others off the road and making them as comfortable as possible while assuring himself that none of their injuries was life threatening, he turned his attention to the motor home.

Its driver, a crusty old retiree in a pair of faded jungle fatigues, seemed to be merely shaken by the accident. The volume and quality of his language bespoke his former occupation as a marine gunnery sergeant. "Little fuckers," he hollered, glaring back down the road at the battered teenagers, "I'll have every one of your asses for this!"

"Take it easy, Gunny," said Kelly, dropping into the old Corps lingo. "I saw the whole thing. You and your lawyers are going to end up owning their daddies' insurance policies."

The old man grinned viciously, then stepped back to scrutinize Kelly. "You talk the talk, sonny, do you walk the walk?" he asked, paraphrasing the familiar line from every hard-core marine's favorite movie, *Full Metal Jacket.*

Kelly laughed. "Parris Island, '67," he said. "Former Corporal Christopher J. Kelly, at your service."

"Out-fucking-standing, Corporal!" yelled the old coot, clapping him on the back so hard it nearly knocked Kelly over. "You willin' to testify that them little pogies damn near killed me tryin' to pass on a blind curve?"

Kelly nodded and was rewarded with another deadly backslap.

"I won't forget this, Corporal."

Kelly looked worriedly down the mountain. A siren wailed faintly in the distance and a long line of cars was piling up behind the wreck. He turned back to the old marine, who was grimly surveying the battered remains of his pride and joy. "The thing is, Gunny," he began, "I have this little problem up at the lake, and I thought you might give me a little hand."

"Name it, lad."

Kelly pointed to the two things he wanted to borrow.

A loud hissing noise.

Soap and hot water.

Tracy smelled the scent of the soap first, a cheap flowery perfume of some supermarket brand she wouldn't be caught dead using.

Then more water splashed into her face and she choked, realizing as her eyes flew open that she was no longer gagged.

An intense glare of white light flooded down on her from above and she squinted as a big hand appeared from the darkness surrounding the light. A big hand holding a dripping sponge. She felt water dribbling onto her chest and looked down at her body.

She was completely naked, stretched out on a rough wooden table. Inch-thick eyebolts had been screwed into the tabletop and through each of these had been wound a stout leather strap. The straps were attached to her wrists and ankles.

She screamed, an ear-splitting shriek that echoed off the thick stone walls.

The sponge was pressed into her face, cutting off the scream and suffocating her. She looked beyond the light with terrified eyes and saw the fat man grinning down at her from behind a stained leather apron.

"B-bad girl!" he admonished, wagging his head. A cloud of steam issued from between his lips and she realized that it was freezing in the room.

He lifted the sponge from her face, holding it poised just above her nose, and she gasped greedily in the frigid air, gathering her strength to scream again. The fat man shook his head slightly and she decided not to scream.

The fat man seemed pleased. Dropping the sponge into a container somewhere beyond the range of her vision, he disappeared from view.

Tracy craned her neck, trying to see past the bright overhead light. She made out the shadowy forms of two people sitting against the far wall. Unblinking eyes stared back at her from the darkness.

The man reappeared, leaning over her. She cringed away from his fetid breath, arching her body against the straps. Ignoring her struggles, he slipped a gentle hand beneath her head, raising it and tilting a metal container to her lips. She gagged and choked as the sickly sweet taste of warm orange soda filled her mouth. He waited patiently until she regained her breath, then lifted her head again. She sucked greedily at the nauseating liquid, realizing that it had been a whole day since she had eaten or drunk.

The fat man let her drink her fill, then disappeared from view again. She heard the crackle of cellophane being ripped and he was back, holding a slender yellow cake between his thick, spatulate fingers. She laughed hysterically, then opened her mouth to receive the food. The fact that he was taking the time to feed her was hopeful. It meant he did not plan to kill her.

Not right away.

When the man had fed her another Twinkie he retrieved his sponge and went to work washing her body. He cooed and murmured over her as he worked, stopping from time to time to stroke her skin, gently squeezing her red nipples in wonder. Tracy fell back against the wooden table and closed her eyes, feeling the dirt and mud being sponged gently away from her, the hot, soothing suds running down her thighs, pooling beneath her buttocks.

Her mind was numb with terror at what might follow next and she tried to think about how to react when, inevitably, he at last decided to rape her. Should she cooperate, as some of her friends had speculated? She was certainly in no position to fight him off. Perhaps she should beg him for mercy. She had heard that some rapists got off on that. That it was what they wanted.

Maybe she should scream at him, demand that he release her—

The washing stopped.

She opened her eyes and looked up to see him smiling down at her. He began to pat her body dry with a fluffy pink towel. She wanted to scream: scream and never stop screaming. Instead, she looked into his eyes and opened her mouth to speak. "My father is very rich," she said in a tremulous voice. "He'll pay you anything you want if you'll just take me home."

He had stopped drying her and was watching her curiously, his big misshapen head tilted to one side to catch her words above the hissing of the lamp.

"I promise," she continued, "that no one will try to come after you or call the police . . . or anything."

He seemed to consider this information for a moment, then resumed drying her, running the towel between her thighs and patting the soft mound of golden pubic hair. "M-My name's . . . J-Johnny," he said. His beady eyes darted to hers, waiting for her reaction.

Tracy swallowed hard, tasting the sticky remains of the Twinkie in the back of her throat. She raised her head to look up at him and forced herself to smile. "Hello . . . Johnny. My name is Tracy."

Johnny's face twisted into an insane grin and he giggled through hideous teeth. "N-No," he said as though it were the most hilarious joke in the world. "Y-Your n-name is . . . M-M-Marilyn."

Tracy screamed as his cruel fingers snatched a lock of pubic hair and wrenched it.

His bloated features hardened into a hideous mask as he leered down at her, blowing his stinking breath at her.

She could feel the hatred in his gravelly voice as he screamed the words, drowning out her own scream. "Y-Your n-name is Marilyn . . . and you're b-bad!"

CHAPTER 3

Force Reconnaissance

W I N D and speed and noise.

Kelly gunned the old marine's rugged trail bike up the last steep grade leading to the lake. The crumbling tarmac road circling past the campground stretched empty ahead and he leaned forward, urging more speed from the heavy machine.

It had taken an additional twenty minutes to free the bike from the tangle of fishing tackle and the smashed rack that had secured it to the back of the overturned motor home: another ten minutes to rip off the twisted rear fender and start the flooded engine. The first state police car was just making its way past the stalled line of cars behind the Mustang as he had squeezed the motorcycle through the narrow gap between the mountainside and the motor home and rocketed away up the mountain.

He had been tempted to identify himself to the cops at that point, but he knew that more precious time would be wasted answering questions, confirming he was who and what he said he was, and still the road would be blocked. And even if he had gone through all of that, he still had nothing more concrete to offer the authorities than a bad feeling.

A very bad feeling.

The borrowed motorcycle flew down the rough road with Kelly clinging to it. The hard, comforting weight of the old man's hunting rifle, a modified M14 with a twelve-power scope, pressed against his back as he reviewed the scanty information he possessed.

One, Sonny was dead, murdered by a person or persons unknown and his body cleverly hidden below the waterfall at the south end of the lake.

Two, several other people had disappeared at the south end of the lake in previous years, just like Sonny—a good indicator that the same person or persons were responsible for their deaths as well.

Three, a suspected serial killer known as the Phantom had been abducting young women for years in a wide geographical area, of which the lake was the center. They, too, had all disappeared without a trace.

Four, the old pickup truck was undoubtedly the same one that Sonny and his boys had seen after someone had been in the hotel removing furniture and other items! The truck that Kelly had spotted heading up the mountain to the lake more than three hours ago . . .

Taken together, it was more than enough to justify what he was doing now. He wanted Sherry out of the old hotel as quickly as possible. Once she was out of immediate danger, they could go down the mountain to retrieve her car and plan their next move.

The road curved to his left, breaking out of the trees and running along the shore of the lake for a short distance. He could see the turrets of the Summerland Hotel shining in the early afternoon sun.

Looking placid and harmless.

Trees intervened to block his view again and he leaned into a sharp curve, speeding up the same section of road he had walked after being dropped off by the helicopter two nights earlier. A crumbling building appeared among the trees; an old storage shed of some sort that he had not noticed before. He wondered at its original purpose and whether it comprised part of the hotel property—his property.

Then it was gone, lost among the thick foliage, and he could see the twin turrets at the ends of the hotel looming above the trees.

He thought briefly of that first night, and of Sherry with her candles and her sheer nightgown. He wondered if she was still holding the breakfast she'd fixed for them, and if she was going to be pissed because he was nearly two hours late.

* * *

Sherry lay on her side in the pitch-black room where she had come to some time earlier to discover her hands and feet professionally bound and a heavy piece of tape securing her mouth.

Her head was splitting.

She was lying on a narrow bed facing a wall of rough plaster. She tried to roll over and found that she could not. There was someone else lying beside her, she could feel the weight pressing against her back.

Shelly.

She wriggled her fingers against the other body, hoping for some answering response. She felt soft fabric over yielding flesh.

Nothing more.

It came to her then that Shelly must still be unconscious, felled no doubt by the same horrible spray that had put her out. Ether. The pungent, nauseating smell of it still lingered in her hair.

Sherry had a sudden horrible thought. What if the madman who had brought them here had given Shelly too much of the powerful anesthetic? Or gagged her too tightly? She felt as if she might vomit herself, knew it was possible to strangle. . . .

Driving the awful thought from her mind, she tried to concentrate on the predicament she had gotten them into.

Christ, she had been so damn stupid, driving Shelly's little Toyota a mile down the road from the hotel and parking there to await Chris's arrival, thinking they were safe in the bright sunshine, while the murderous fat man was patiently creeping up on the two of them from the deep woods right beside the road.

The muzzle of his rifle had slipped in through the open window, the uncompromising black tip of it touching the soft flesh behind her ear before she had even realized he was there.

Some fucking cop!

He had withdrawn the rifle from the car then, forcing her to start the engine, and walking along beside the slowly moving car with his gun trained on Shelly's head as she had backed down the road to the tumbledown shed at the edge of the hotel property. It was the shed where he'd parked his old truck, the same truck she had seen at the campground the previous day.

Johnny.

Johnny, the half-witted taxidermist.

Johnny, the serial murderer known as the Phantom.

Christ almighty!

He had led them up into the woods, prodding and nudging with the rifle as they had climbed toward the waterfall, always at their backs, his finger never off the trigger, the insane, drooling grin never absent from his face.

Crazy. Murderously crazy, with a ferretlike cunning that had left him free to roam the northeastern territory known as Phantomland, killing God knew how many innocent people for God knew how many years.

Shelly had stumbled along through the woods ahead of her like a zombie, no longer knowing or caring what was happening. She herself had lagged behind, pretending to trip over roots and branches along the steep trail, stalling for as long as possible: hoping he would give her an opening—any opening.

He never did.

The route to the waterfall was much shorter from where the truck was parked than the way she and Kelly had climbed the previous day. They had stepped into the sunny clearing by the pool less than fifteen minutes from their starting point, Johnny prodding impatiently at their backs with the rifle, directing them toward a stony wall covered with a thick screen of scrub growth. She had started to protest, been pushed rudely forward.

That was when she had seen the doorway cut directly into the side of the mountain, the steps leading down into the pitch darkness.

There had been a single instant then when she might have taken him, as he squeezed his bulk through the narrow doorway, lowering the rifle and reaching for a lantern hung on the rock wall. She had half turned, seen the demented glow in his eyes: those mad eyes, small and beady, full of cunning and animal intelligence. Go ahead, said the eyes. Try it.

Please.

She had smiled and shrugged helplessly, taking poor, silent Shelly by the arm and guiding her down the dark metal steps, their footsteps echoing hollowly in the vastness of some great subterranean space below. She would have to make her move later, when he felt more secure.

After a few minutes on the steps they had emerged into a sloping natural cavern; the floor slick and muddy beneath their feet. As they had walked, always moving downward, she had understood at last how the distant waterfall had served as the escape point for the Prohibition-era refugees from the hotel, as Coolidge had claimed. The huge cave was the conduit. The 1920s mobsters had only had to dig an entrance at either end in order to create a foolproof getaway route.

They had walked for another twenty minutes, coming finally to a door cut into the living rock of the cavern. Stepping through a short tunnel, they emerged into a long linoleum-floored corridor lined with dusty statues of naked nymphs and the potted remains of long-dead rubber plants.

The place smelled of death.

The fat man had stopped them before a closed door, ordered them to turn around.

Another chance to take him?

The shot of ether from the plastic bottle in his hand had hit her in the eyes, dropping her to her knees like an elephant she had once seen in a film about ivory poachers.

She remembered gasping for breath as the world grew suddenly dark, glimpsing Shelly's limp body sprawled on the floor beside her.

Sherry wriggled her fingers again, praying for some response from Shelly.

There was still nothing.

She listened with growing terror to the labored sound of her own breathing. A faint, foul odor, as of something too long dead, permeated the rough fabric of the dusty bedcovering against her cheek.

Somewhere, far away, she imagined she could hear someone screaming.

Kelly stopped the motorcycle just short of the portico covering the hotel entrance. Switching off the noisy engine, he pulled the heavy bike up onto its stand and stared curiously at the front door.

He had fully expected Sherry to be standing there waiting for him, her curiosity aroused by the whining racket of the approaching dirt bike.

A bird called to its mate from the trees edging the lawn. A squirrel chattered noisily from its perch atop a broken piece of statuary. The motorcycle's engine ticked quietly as hot metal cooled in the mountain air.

Before him, the silent hotel brooded in the bright afternoon sunshine, blank windows looking down on the ruined lawn. No door opened. No curious voice called out to inquire where in the hell he had been for the last three hours and why he had returned on the noisy contraption instead of in her precious Mustang.

Nothing.

Puzzled, Kelly stepped off the bike.

Something wrong, or merely his imagination?

He tried to think of a place in the hotel where the bike's approach wouldn't have been heard from at least half a mile away.

The shower.

Maybe.

Unslinging the modified M14 from his back, he inserted a fat black twenty-round magazine—the only one the old gunny had in the motor home—into the breech. He felt the loud, satisfying click as the magazine locked into place. He pulled the slide and released, glimpsing a coppery flash as the first of the metal-jacketed NATO rounds slid into the chamber.

Locked and loaded.

Safety off.

Kelly took a tentative step toward the glass front doors, then hesitated. Turning quietly on his heel, he moved in closer to the freshly painted clapboard wall and backtracked to the far end of the building. A cricket chirped among the shrubbery. An outboard motor came to life and droned monotonously at the far end of the lake.

Sweat dripped into his eyes as he made his way to the back of the hotel, stopping at each corner to sweep a clear field of fire.

He scanned the empty veranda from the shadows at the end of the building, then climbed over the railing and pressed his back to the wall. Reaching the French doors, he peered cautiously into the empty lobby. When he was satisfied that there was no one inside, he opened the nearest door and slipped inside to check out the lower floor. Rifle at the ready, he moved silently from room to room in the prescribed manner, never stepping directly into a doorway, keeping to the walls and away from the windows. It was a maneuver he had practiced a hundred times in the field and the responses were automatic.

At the end of ten minutes he had swept the entire lower floor and found himself standing at the foot of the stairs. The hollow sound of dripping water echoed faintly from the floor above.

CHAPTER 4

The Bad Thing

THEY all thought he was stupid.

The swaggering, tough kids in school who had made fun of his pudgy body and halting speech had beaten him up nearly every day of his young life, taking his lunch money and pulling down the funny overalls his mother always made him wear and pushing him into the girls' room with hoots and jeers and obscene suggestions. And the girls, the pretty, perky Peggys and Jessicas with their tossing curls and pleated skirts, hiding their pretty mouths behind soft, fluttering porcelain hands and telling the boys how perfectly horrible and just awful they were for the things they did to poor little Johnny Skinner, while all the time he could see the little hidden sparkles of laughter in their flashing blue and green and brown eyes. The girls were even worse than the boys.

His teachers, who had once sent a note to his mother telling her that he was something they called dull normal, driving her into one of her rages that had lasted for days and days.

And all the people in the stores and diners, who always squinted at his crooked teeth and uneven haircut and bitten fingernails and talked to him as if he were a dog or something, smirking and clucking their tongues as he carefully counted out the money for bread and milk and sewing needles to be sure he had the right change so his mother wouldn't beat him when he came home.

His mother, too. Even her. Hitting him on his ears with her thick, tattered Bible and telling him it was his fault that his daddy had blown his head off and gone to burn in hell—if only he hadn't taken to drink in his despair over having such a fat, stupid, bad boy for a son it never would have happened.

Never in a million years, she said.

They all thought Johnny was stupid: all except his daddy; his daddy, who was tall and strong as a big brown tree and who had always smiled and patted him on his head and told him he was a good boy and took him for long rides on his shoulders in the forest whenever his mother was having one of her "spells" and showed him how to gut and skin animals and where to find roots you could eat that tasted just like chewy candy, and how to build an Indian lodge out of young saplings and woven willow branches, and who never, ever once talked about the bad thing, even though his mother screamed and raved and said she'd never let his daddy do it to her again and it was all he ever wanted from her even though she was a clean, decent Christian woman and had never been raised that way.

But his daddy was long gone to hell.

And, afterward, all the rest of them had teased and prodded and jeered and tortured and beaten and laughed at him until he had become a wild creature, skipping school to prowl the woods and watch the animals and dig his secret burrows, returning only when driven by hunger and the cold to the over-heated cabin where his mother still ranted and prayed and cursed him for his stupidity and uttered her dire, hellish warnings, sewing him up tight so the bad thing would never happen to him and ruin his life like it had ruined hers.

But Johnny knew he wasn't stupid.

He had learned that the bad thing still happened, even if you sewed yourself up tight with thick black thread. You couldn't help the bad thing from happening.

Especially if you were a girl. Girls were born bad.

Johnny stood swaying over the naked girl on the table. Despite the frigid air in the cold room, great greasy droplets of sweat were pouring down his flaccid cheeks, splashing onto her naked breasts and belly as he struggled to explain it all to her, to make her understand about the bad thing and how it was what made people, especially pretty girls like her, do mean, horrible things to other people—people like him. Things that made them burn in hell forever. Like his poor daddy.

He was gasping with the effort now, spurts of steam jetting from his flared nostrils as he explained about the golden star and the light that came from it, the light that you could see when you took the bad thing away.

"See?" he said, panting.

"See?"

Tracy Swanson stared at him, her gorgeous blue eyes bulging like marbles in the pale mask of her face. A long, uncontrollable tremor wracked her beautiful body as the effects of the cold room and the raving lunatic hovering above her in the glaring light plunged her into the final stages of shock.

Johnny leaned closer, the heat of his stinking breath creating the illusion of a glowing circle of blessed warmth on her right breast.

"See?" he screamed in frustration.

Tracy shook her head weakly. "P-please . . ." she pleaded, "soooo . . . c-cold!"

He stood wearily, pacing to the wooden bench where Liz and Farrah sat silently regarding the table.

"S-She don't get it," he mumbled.

They watched sympathetically as he removed the stained leather apron and unbuttoned the straps holding up his overalls. He was sure they knew how terribly tired he was, how much he hated having to show Marilyn the bad thing to make her understand.

CHAPTER 5

Trail

EMPTY.

Kelly stood at the doorway to Sherry's bedroom. Lace curtains fluttered in the light afternoon breeze. A damp towel hung drying on a rack beside the dresser.

He eyed the upended lacquer box, the scatter of cheap jewelry on the dresser top. Lowering the rifle and clicking on the safety, he sank into a chair by the bed and stared out at the wind-riffled surface of the lake. Where in the hell had she gone?

He had been through the entire hotel, having thoroughly and methodically swept the second floor, then the one above it as well as the turrets at either end; a slow, nerve-wracking process that had entailed opening dozens of doors, probing into dusty rooms filled with nothing more sinister than peeling wallpaper and shrouded furniture.

In the end, he had returned to the small section of the second floor the two of them had shared, stepping into the bathroom and wondering at the strange slop of water on the floor—strange, because the previous night, even in the heat of their passion, she had insisted on mopping up the overflow from the neglected tub before they had moved to the bedroom, afraid of ruining the newly tiled floor.

He looked around her bedroom again. A sudden gust of air blew the curtains harder, swirling into the room and tumbling a crumpled ball of paper onto the floor from the dresser. He stood and followed it to the wall, stooping to pick it up.

Crossing back to the window, he laid the rifle across the chair and smoothed the tiny sheet of lined paper.

> Chris,
> Shelly showed up in a state right after you left. I'm driving her back home. Will you pick me up there? I'll explain.
> Love, Sher

"Jesus!" Kelly exhaled and dropped onto the bed. The horrifying visions of Sherry in the clutches of the faceless killer dissipated like storm clouds. He looked at the old gunny's rifle, feeling incredibly stupid for having assumed the worst when the explanation was so patently simple. The only good thing was that Sherry hadn't actually been here to see him prowling the corridors like some kind of middle-aged Rambo.

Sighing heavily, he got to his feet. He glanced at his watch, trying to gauge how long it would take to ride the trail bike down to the service station at the foot of the mountain where the gunny had agreed to drive the Mustang. Perhaps he should stop off at the campground on the way to phone Sherry.

He left the room, closing the door behind him, and started down the corridor, wondering idly how the wet splotches had gotten onto the carpet.

There were more wet spots at the head of the stairs, a glistening trail of them leading down the polished wood of the steps and continuing across the lobby. He stopped to examine the trail of splashes and droplets glittering in the sunshine pouring through the French doors.

Another simple explanation presented itself: Shelly arriving at the locked front door, Sherry, wet from the shower, hurrying downstairs to let her in. . . .

Except.

The trail of water led to the huge registration desk by the wall, not the front doors.

Kelly frowned, extracting the wrinkled notepaper from his pocket and looking at it again: a note that had been crumpled up and discarded, not placed where he would be sure to find and read it.

He crouched by a small puddle of water on the stairs: not a footprint, a splash, as if someone had been carrying a sloshing container, the water sloshing out over the sides.

Hurrying down the stairs, he followed the trail to the desk, leaned over the top looking for the container.

There was a wet ring on the floor behind the desk, a perfect circle the size of a dinner plate, or a bucket. Beside it, the faint outline of a large footprint marred the polished surface, still slightly damp.

Blood trail!

The old phrase popped into his mind, a leftover from his days in Vietnam. The VC always dragged their dead and wounded away after a firefight. Sometimes you could actually catch up with them by following the bright splashes of blood on the jungle floor; at least it gave you a direction to aim for.

Dropping the rifle onto the mahogany countertop, Kelly walked to the end of the registration desk, opened the carved swinging gate that separated it from the rest of the lobby, and entered the narrow corridor between the desk and the mailboxes. He placed his foot over the print on the floor, then knelt and looked up under the counter. A trigger-shaped brass lever winked at him from beneath the wood coping. He inserted his finger and squeezed.

Nothing happened.

"Damn!"

He stood and pushed against the edge of the massive desk.

Still nothing.

Turned and pushed on the panel of mailboxes.

Nada.

Frustrated, he reached beneath the desk and squeezed the lever again. Heard a faint click. Released the lever. Click again. A spring-pressure latch! He squeezed the lever and pushed against the desk. Click. Nothing. Squeezed and pulled.

Click. The whole damned thing pivoted silently around on a hidden spindle, the ease with which it turned nearly throwing him off balance.

Narrow steps covered in faded Oriental carpet led down into a void of absolute darkness, wet splashes showing on the top steps.

Blood trail!

A thin, ululating wail, as of a tortured animal, drifting up into the lobby from below.

Kelly grabbed the rifle and started down the stairs, freezing at the realization that he had to have a light. Turning and clambering back up into the lobby, he tried to remember where they had left the flashlight they'd been using the night before. A snapshot in his mind of Sherry storming up the darkened staircase with the light.

Another scream from below. The sound of it was like an icy dagger in his soul.

Immersed in a timeless void of total darkness, Sherry heard the scream. She had ceased struggling to free her hands some time before, lulled to inactivity by the seeming hopelessness of her situation. Now the sheer horror contained in the single drawn-out note spurred her brain to a renewed frenzy of activity.

Shelly!

It had to be Shelly!

The distant wail subsided to a final gurgling sob. Fuck this. She had to get out of here somehow. Kicking out with all of her might, her enraged scream bottled up behind the gag, she hit the wall with the toes of her running shoes and felt the narrow bed she was on rock.

Kick, harder!

The bed rocked again, inching away from the wall this time.

Again!

The shock sent jolts of pain up her legs, widening the gap between bed and wall.

Fuck it! Again!

The bed slid a foot away from the wall and she tumbled face forward onto a cold slab of concrete. Lying there numb and shaking, she reached out behind her with her fingers, felt the cheap metal frame of a rollaway, the sharp angled edges cutting her.

Yes, by God!

She wriggled around on the cold floor as the far-off scream knifed through the blackness again.

Tracy's scream died away as the fat man, his gross naked belly still touching her thigh, placed a finger to his lips. He straightened and stepped back into the cold shadows beyond the light.

The hysterical girl whipped her head from

side to side, arching her back and trying to rip her arms free from the leather restraints.

She didn't know how long she had been lying there since he had stopped babbling about his mother and the bad thing and gone away, leaving her alone in the cold. She had known all along he was talking about sex, though, and she realized as soon as he had disappeared that she had made a big mistake by pretending she didn't understand.

That had been really stupid. . . . If only she wasn't so horribly cold. The cold made it hard to think.

She had thanked God he had gone away, giving her time to get her thoughts together.

During his absence she had made up her mind to let him do what he wanted, even pretending that she liked it. It wasn't as if she was a virgin or anything—she had been doing it since the summer she was fourteen—and it was clear that he was completely insane. He was probably going to rape her anyway before he killed her.

Tracy had been sure that if she cooperated she could get him to free her arms and legs; maybe even make him take her somewhere warm. After that, a sketchy plan formed in her mind: She might be able to get his gun, or hit him over the head with something . . . at the very least, she could run away and hide from him. He was grossly fat and stupid and she had won three medals in track when she was in the eighth grade. . . .

First though, she would have to get him to free her arms and legs. She would smile at him, invite him to kiss her. It shouldn't be too hard, she had decided. She knew a half dozen good-looking guys who would happily do just about anything she asked for the privilege.

Then, just moments before, the fat man had appeared naked before her, his bloated white belly quivering in the harsh light above his distended purple penis. Her resolve had crumbled as the smell of his unwashed body had swept over her. Then he had made his first clumsy attempt to climb up onto the table. He had slipped, grunting like a pig as he toppled across her lower body, the massive weight of his clammy flesh crushing her thighs and buttocks against the rough wooden table.

Tracy had started screaming then, unable to stop herself in the certain knowledge that if he actually succeeded in getting on top of her she would be smashed to a bloodied pulp beneath the hideous bulk of him.

She had realized with mind-shattering clarity as he slid off the table and put his filthy finger to his blubbery lips for silence that she would rather die than have him enter her.

Shame!

Johnny stood in the dark, watching the girl who was still writhing helplessly on the table. He backed farther away, felt Farrah's cold cheek brush against his naked butt and whirled to face her. She stared at his pitiful drooping thing, but said nothing.

He knew what she was thinking all the same: He was too fat to get up on the unfamiliar table and do the bad thing to the girl. He started to explain that the overalls caught around his ankles had kept him from climbing up on Marilyn as he had intended.

He knew, however, that she would just laugh at that.

Farrah and Liz were always laughing at him.

They were jealous.

Stooping and grabbing his overalls, he pulled them on, fastening the brass hooks over his shoulders. There would be plenty of time to teach Marilyn about the bad thing, when he was done. For now, he didn't want her to think he was mad at her. After all, she was going to be his prettiest girlfriend.

He shuffled across to the table, looping the leather apron over his head on the way.

"D-don't cry no more, M-Marilyn," he said, leaning forward to clutch the terrified girl's pale face in one massive hand. "Johnny's g-gonna f-fix you now."

She stopped struggling and looked up into the small black eyes glittering behind their circling rings of fat. Her blue lips trembled as she formed the single word. "C-C-Coldddd!"

His big head bobbed up and down in sympathy. "Y-you won't n-never be cold no more," he told her. Releasing her face and turning into the darkness, he lifted Liz's body from the wooden bench and carried her back to the table, propping her up beside him. He tilted the metal reflector so that Marilyn could see, playing the glaring light against Liz's carefully stitched and made-up face.

"S-see?" he said, proudly displaying his handiwork, "L-Liz isn't c-cold."

Reaching onto the wooden chest beside the table, he lifted the razored flaying knife and held it beside Liz's blotchy cheek. "Johnny's g-gonna f-fix you even better than Liz! So you'll n-never be c-cold or h-hungry . . . or bad no more!"

Tracy Swanson's head slowly lifted from the table. She turned to regard the leathery face gazing back at her from beneath its tangle of shining black hair. The light from the hissing lanterns cast twin reflections of her own face against the dark, glassy pupils of the dead thing's eyes. The thing he called Liz.

Mercifully, Tracy's mind snapped at that instant, transporting her in a flash to some perfect Mediterranean clime where handsome Greek sailors spread soothing lotion on her back as she basked in the warmth and comfort of a perpetually shining sun. She neither heard the long, moaning wail issuing from between her own bloodless lips nor saw the fat man replace Liz on her bench before turning back to his tool chest to lift the plastic bottle of ether which would ensure that she did nothing to spoil the delicate and bloody work he was about to begin.

Regions of Hell

SILENCE.

Kelly stood on the bottommost step of the narrow staircase beneath the registration desk. The long, tortured scream had abruptly ended moments before he had begun his second descent into the dark unknown and he cursed the precious minutes that had been wasted in his frantic rush back up to the second floor, and the ensuing search for the flashlight.

He had found it beside the bed in his room. Checking to see that it was working, he had jammed it into his belt. Then, pausing long enough to wrench half a candle from the holder on his dresser and drop it and a book of matches into a pocket, he had pounded back down to the lobby and the entrance to the subterranean secrets of the Summerland Hotel.

He peered into the gloom at the foot of the

staircase, trying to determine from which direction the screams had originated. The spill of pale light from the floor above illuminated only the dusty section of the broad corridor immediately ahead of him that extended off into pitch darkness in both directions.

Stepping out into the passage, he clicked on the flashlight. To his right, cobwebbed statuary cast giant shadows across the doorless openings of two large rooms whose contents he could not see. Farther down the corridor were the outlines of several closed doors. In the opposite direction, the corridor curved away to his left, the peeling wall blocking from view whatever lay beyond the curve.

He flashed the beam along the floor in both directions, hoping to see further evidence of the water trail he had followed through the lobby, but there was nothing. Either the excess water in the container had all sloshed out by the time its owner had reached this point or any further spillage had already dried. Kelly looked both ways again, chose a direction, and clicked the M14's safety off. Pressing himself to the nearest wall and playing the flashlight beam ahead and to the side, he began slowly advancing down the dark hallway.

As he walked, the smell of something dead grew stronger in his nostrils.

Free!

Sherry's hands popped apart. Reaching down

for her ankles, she felt for the end of the duct tape securing them and began unwinding it. The tape made a loud, ripping noise as it came loose and her eyes darted fearfully around the darkened room. A moment later, her feet were free.

Dropping the tape onto the floor in a sticky ball, she ripped the double strip from her mouth, suppressing the scream of pain as she felt the skin tearing from her face. She grabbed the edge of the creaky bed and stood, then fumbled on the mattress for the form she knew was lying there.

"Shelly, are you there?" A hoarse whisper.

Her hands touched a leg clad in denim. She ran them along the body, feeling a blouse or shirt of some soft material, the swell of a woman's breasts, soft, dry skin at the opening of a collar.

The chin, the face; a peculiar feeling of dread building within her. Her hand touched a row of tiny raised stitching just below the ear—stitching of the kind you might find on the seams of a baseball.

Not a person at all, she thought as her hands touched hair, hard glassy surfaces where the eyes should be. More like . . . a doll—a life-sized doll . . .

She frowned in the dark, remembering Coolidge's words about Johnny. "Not a half-bad taxidermist when he gets the chance," and the significance of the giant doll beneath her hands hit her like an iron fist. "Oh, Jesus," she moaned, backing away from the bed and its horrible occupant. "Sweet, merciful Jesus!" He had stuffed them, the crazy bastard: kidnapped and murdered and stuffed them. All the young girls.

Something hit her across the back of her knees and she tumbled backward onto another bed. Two more bodies shifted beneath her weight and the scream that had been building in the back of her throat erupted in a short, high-pitched shriek. Her hands touched breasts and leathery skin. Tangles of hair filled her mouth as she rolled onto her stomach, struggling to get back on her feet.

She could feel her sanity threatening to slip away.

Her groping hands found the edge of the bed at last, and she stood, flailing her arms about her head as something long and slender brushed her face.

The slender thing fell into her left hand and she realized what it was. She pulled on it, flooding the room with blinding light from a single overhead bulb.

"Huh!"

Johnny stood frozen above the naked girl.

He was sure he had heard something above the hissing of the lanterns; a brief sharp squeal that might have been a woman's voice.

His needle-tipped blooding knife was poised just above Tracy Swanson's outstretched throat. As soon as the ether had taken full effect, he had raised the end of the table on blocks so that the girl's head now hung down at a thirty-degree angle above the empty bucket, the same one he had used to fetch the hot water for the bath he had so lovingly given her earlier.

He hesitated over her, anxious to get on with the preparation before the ether wore off and the girl started struggling again.

He had not counted on having to deal with the two women from the hotel, but they had parked their car just beyond the shed where he had stored the truck, blocking his access to the secret place. He had crept up through the trees and heard them talking about calling the police to begin searching for him and knew he had no choice but to take them. He had put them out with ether. Now, however, he was not sure there was enough of the ether left to put the girl to sleep again. There were already bruises on her feet and wrists from her earlier struggles and he could not bear the thought of any further damage to her soft, fair skin. Once he punctured the large vein softly pulsing below her ear, her own heart and gravity would quickly do the work of emptying her body of blood and he could stop worrying, although the real work would just be beginning, the delicate and painstaking job of taking her out of her skin, scraping away every last trace of fat and tissue from the inside.

The jointed fiberglass mannequin he had selected and prepared to fill Marilyn's skin already lay in sections on the floor beside the tub of caustic chemicals in which he would soak her fine, smooth pelt before beginning the days-long task of stitching it onto her new body.

So much to do. It would mean neglecting the other girls. They would probably be jealous. And there were still the two women to dispose of, as well. Men would come looking for them soon, he was sure.

So much to do.

He should hurry and get this part over with. Take care of the others while Marilyn was soaking. . . .

All those thoughts ran helter-skelter through his mind, and still he hesitated, cocking his ear to the door of the cold room, listening for the alien sound to be repeated. It could just be the rats—the maze of rooms and corridors beneath the old hotel was filled with them.

Probably rats.

He listened again, imagining now that he heard footsteps in the corridor. Maybe he should go to the door of the cold room and look out, just to be sure. Better safe than sorry. That was what his mother had always said.

It would only take a minute to check, and if there was anyone approaching he would see them because they would have to have a light.

The girl moaned softly on the table.

Kelly stood stock-still in the dark.

He had been exploring a large room filled with rusting slot machines and broken gambling paraphernalia when another scream had echoed through the underground complex. Running to the open doorway and switching off the flashlight, he had tried to get a fix on it by ear.

He cursed the fact that he had not been out in the corridor itself when the scream came. He had heard the short sound through the doorway, which gave him no hint as to its origin. He was about to resume his search when he heard another sound.

A door, slowly opening on rusted hinges.

This time there was no doubt as to the direction from which the sound had come. It was off to his left, opposite from the way he had come. He clicked off his flashlight and hurried back to the glow of pale illumination marking the lobby stairway. Reaching it, he strained to see into the black void beyond.

A faint glimmer of yellow light flickered against the curving wall of the empty corridor, then went out.

Lowering the M14 to his hip in preparation for a burst of sweeping automatic fire, and with the extinguished flashlight at the ready in his other hand, Kelly slowly advanced into the darkness. As he moved, he remembered the motto of the tunnel rats he had met in Nam, highly trained specialists whose only job had been to flush enemy soldiers out of stinking underground complexes like this: "Shoot first and let God sort 'em out!"

*　　*　　*

Johnny bent worriedly over the unconscious girl. She moaned again and her head flopped to one side. He realized that she was waking up.

He looked toward the door.

He had listened for a long time to the familiar underground sounds of his secret place, even turning down the pressure on all but one of the hissing lanterns. There had been the scuffling of a rat along the corridor outside the cold room, a few of the normal drips and creaks of settling ground and seeping groundwater.

Nothing to worry about.

No need to waste more time going out for a look.

The three lanterns hissed loudly as he pumped the valves up to full pressure and adjusted the mantles for maximum brightness. Squinting into the glare, he turned the girl's head back to its former position, placing a fat thumb on the pulsing vein at the apex of her jaw. Her upended position had allowed the blood to flow back to her head, restoring the color to her lips.

She was so beautiful.

Grasping the blooding knife in his sweaty palm, he positioned it for the puncture.

"Get your hands off of her, you filthy fucker!"

The knife clattered to the floor and Johnny stared at the dark figure silhouetted in the open doorway.

Sherry Mahan stepped into the room, the Beretta that had remained concealed in her waistband throughout the ordeal held before her in a two-handed grip. "Put your hands over your head and step away from the table."

The fat man stared at her, his ugly mouth hanging open in utter disbelief. It was the cop stuff he had dreamed—no, had nightmares about. But it wasn't a cop at all, just one of the women from the hotel.

"I said, move!" Sherry's voice broke. She could see two more of the Phantom's obscene creations propped against the wall behind him, and the palpable stink of death was wafting into the freezing atmosphere of the room from a low, roughly hewn tunnel to his left where something that looked like a pair of skeletal legs protruded from the shadows. She swallowed hard, fighting back the bile rising in her throat. The man was still leaning close to the girl on the table, too close to risk shooting him in the poor light.

Johnny did not move.

Nobody, but especially not this stupid woman, was going to send him to the slammer.

"Goddammit, I'm warning you!" The gun was shaking ever so slightly in her hands. She had not been prepared for this. After getting the lights on and finding Shelly bound on a sofa in the room adjoining the one in which she had been held, she had untied her hysterical friend and, with the aid of a small penlight she found on a table covered with comic books, made her way out into the dark corridor beyond the Phantom's ghastly apartment. There had been a moment of panic as the hinges on the door had creaked, then they were on their way to freedom. That was when she had noticed the thin line of white light leaking out around the edges of the thick refrigeratorlike door on the opposite wall. Pushing Shelly up against the wall, she moved quietly to the door, found it slightly ajar, and peered into an old storage room cut into the living, perpetually cold rock of the mountain, seen the monster bent over the white form on the table. . . .

Scared!

She was scared of him.

Johnny felt his heart racing in his massive chest and he was filled with an indescribable feeling of power. The woman could not stop him. Nobody could stop him. He grinned a slow, stupid grin, picturing what he would do to this one. First, he would do the bad thing to her. Over and over and over, until she screamed for mercy. Then, when he couldn't do it anymore, he would cut off her head and mount it in the living room, just as his daddy used to mount the heads of the animals he killed. After that, whenever he looked at it he would remember that they could never catch him, never in a million, zillion years 'cause he was too smart for them.

Smart like a mountain lion is smart.

All he had to do now was wait. That was all he ever had to do. Wait. Still smiling, Johnny slowly straightened and raised his hands.

The lanterns hissed in the cold air.

Liz and Farrah watched in silence.

"Okay, now step away from the table."

"Sherry!"

She turned her head slightly, rolling her eyes to look at the man standing in the doorway behind her. The muzzle of her gun drifted away from Johnny.

It was enough.

Swiping out with his ham-sized fist, the fat man smashed the glowing lanterns to the floor. The small-caliber gun in the woman's hand exploded five times in rapid succession at the spot where he had been standing, the bright blue flashes from its muzzle filling the room with an eerie strobe light that glared back from the eyes of Liz and Farrah: five stop-action images of Johnny's hand snatching up a stubby rifle from the wooden bench between the stuffed bodies.

"Sherry, get down, get down!" Kelly screamed at her, raising the M14 to fire a burst.

"No! For Christ's sake, Chris, there's a girl in here!" she shrieked, her voice rising to a frantic pitch.

There was a quick, sudden sound of footsteps and Johnny's massive bulk bowled them both over in a bone-crushing impact that flung them to either side of the open door as though they were made of straw. Sherry's little automatic clattered onto the concrete floor, Kelly careened into the stone wall with such force the wind was knocked completely out of him.

The sound of heavy feet running receded down the long corridor.

"Goddammit!" Kelly lurched to his feet, switching on the flashlight and bolting through the door. He listened for a split second before firing a long, deafening burst after the fleeing murderer, knowing even as the bright afterimage of the muzzle flashes faded from his retinas that Johnny was safe beyond the curve of the corridor.

He turned back, heard a soft whimpering sound farther up the corridor, and raised the beam of his light to see Shelly, her slacks torn at the knee and her red hair in wild disarray, stumbling toward him.

CHAPTER 7

Final Resolve

JOHNNY flew like the wind down the dark corridor. He had no need for lights, he had been wandering the underground spaces of his vast subterranean world since the day he had discovered the hidden entrance by the waterfall when he was twelve. Seventy-five steps to the staircase leading up into the old hotel, a hundred and five steps to the doorway that went into the cave; he knew every inch of the place better than the inside of his jumbled mountain cabin.

His heart was filled with joy at the discovery of his newfound powers. He had escaped from the stupid woman and her companion, just as he had known he would. They could not stop him. No one could stop him.

He slowed to duck through the short passage into the cave, leaning against the wall to listen for the sound of pursuing footsteps. He hoped the man would come after him now. It would be so easy to kill him here in the dark.

The man's name was Chris and Johnny remembered who he was, why that name had been gnawing at the back of his brain since the night on the steps of the hotel.

Chris.

That was the name Diana had kept calling out on that long-ago Christmas Eve, when he had held her down on the floor of the truck. Chris, the boy in the new Buick with her, the one she had been doing the evil thing with. He hated the man, Chris. Diana had died with his name on her lips, had never forgiven him for taking her away from Chris. That was why she was not like the others, why she said the terrible things to him.

He was going to enjoy killing Chris.

More than any of the others.

Of course, he would have to kill all of them now. First Chris, then the two women.

Then maybe they would all leave him alone to prepare Marilyn.

Johnny ducked cautiously back into the short connecting passage and peered out into the long corridor. A light flickered in the distance and he knew the man was there waiting in the gloomy shadows, preparing to come and get him. A slow smile filled his round moon face and he backed into the cave to wait. The hand-rubbed walnut of his daddy's carbine was smooth and comforting in his hand.

* * *

Kelly dripped hot wax onto the cracked linoleum behind one of the planters by the wall and stuck the candle to it. The flame flickered in the slight draft of the corridor, casting grotesque shadows onto the opposite wall. When he was satisfied that the candle was firmly planted, he backed away, finally getting to his feet and sprinting back to the lobby stairway.

Shelly had draped her sweater over the naked girl from the cold storage room and was leading her to the stairs with comforting reassurances. Sherry stood guard over them with the small pistol she had retrieved. Her eyes met Kelly's as the two frightened women started up the stairs together.

"Is the girl going to be okay?" he asked.

Sherry nodded. "Physically, she's mostly just cold. Psychologically . . ." She shook her head. "I don't know. She doesn't even know where she is. Right now she thinks she's about eight years old and that Shelly is her mother." She looked down the dark corridor. "What about him?"

"He's down there someplace in the dark," he replied. "I figure seeing the light from the candle will keep him from coming back this way."

"There's an entrance to a huge cave down there," she told him. "It runs all the way up to the waterfall. That's how he gets in and out."

"Can I get up there on a trail bike before he makes it out?"

"I think so, but—"

"But, hell, Sherry. If this son of a bitch gets away now, he's liable to take to the woods and we'll never find him. We can trap him right now."

She nodded, knowing he was right. "What do you want to do?"

"Not very much. I'm going to go up there and cover the entrance to his cave to be sure he doesn't get out." He handed her his pistol, which was far heavier and more accurate than her little Beretta. "You keep him pinned down on this end. As soon as Shelly pulls herself together, send her out for the police." He grinned. "You and I will keep the rat bottled up in his hole until they get here."

She looked at him in surprise. "I thought you were going to kill him."

"Not unless he makes me." He reached out and squeezed her hand. "I've decided to quit the killing business cold turkey."

"What changed your mind?"

He looked into her eyes. "For a while there I thought I'd lost you. It hurt." He shrugged. "I'd like to get the rest of my life off to a fresh start. Your way."

She leaned over and kissed him on the lips. "Thank you for that."

He raised the rifle. "I'd better go. Tell me exactly where the cave entrance is."

CHAPTER 8

One On One

JOHNNY had been waiting a long time in the dark cavern. After ten minutes it had occurred to him that maybe the evil man wasn't going to come for him after all. Crawling on his hands and knees, he made his way back through the short passage and looked out into the corridor. The light he had seen before still flickered in the same place, the black shadows jumping against the ceiling making it hard to tell if anyone was really there.

He considered going to investigate but stopped himself, remembering his television shows. The man might just be waiting in the dark to shoot him. He pounded his huge fist against the stones in frustration. This wasn't the way he had pictured it in his mind.

A disturbing thought popped into his head. What if the man had decided to leave and get the cops? Then he would be stuck here and they would come in with lights and get him. He couldn't let that happen.

Scrambling backward into the cave, Johnny got to his feet and ran. Once he got outside the cops would never find him. He had half a dozen carefully prepared burrows scattered about the mountainside. Places where he could hole up for weeks at a time if he had to.

The waterfall thundered down the side of the mountain, the colors of its rainbow glowing in the late afternoon sunlight.

It had taken Kelly less than ten minutes to ride up from the hotel on the powerful dirt bike, much more quickly than the killer could have made his way out of the cave if Sherry's assessment of the time she had spent walking underground was anywhere near accurate.

He hid the bike in the underbrush near the twin pine trees at the end of the pool and strode quickly across the clearing to a stand of scrub oaks fronting the rocky wall to the right of the falls. A narrow ledge angled up into the trees five feet above ground level. Keeping his back pressed to the rocks, he sidestepped up the ledge and saw the black rectangle of the doorway hidden in the dappled shadows of the foliage.

"Well, I'll be damned!" He whispered the expletive, amazed that no one had spotted the entrance during all the searches that had been conducted in the area. Pumping a round into the M14's chamber, he stepped into the dark hole and listened. He thought he could hear the faint sound of footsteps echoing up from somewhere below a flight of rusting metal stairs.

Backing out into the open again, he dropped into the clearing and scanned the surrounding terrain with a practiced eye. A dark depression twenty feet up the rock wall on the opposite side of the pool offered a perfect position from which to cover the cave entrance, providing the advantages of both height and concealment. The spot had the added advantage of placing the lowering sun directly in the killer's eyes if he looked toward it.

Slinging the M14 across his back, Kelly skirted the edge of the pool and began to climb.

Johnny reached the foot of the metal stairs and paused to catch his breath. He had run all the way from the lower end of the cave, a long uphill climb, and the sweat was pouring from his body. Now his breath came in great heaving gasps as his overworked heart tried to catch up with the demands imposed by his massive bulk.

He flopped down on the bottom step to get his breath, grateful that the path back to the truck was downhill all the way. Once he got there it would be easy to tell if the intruders were still at the hotel. If they were, he had several options open to him. He could lie in wait beside the road and shoot them as they tried to drive out, or wait until night and creep in under cover of darkness to kill them. He grinned again, thinking how easy it would be.

His face darkened as he considered the possibility that they might already have escaped. In that case, he would simply move to one of his hideaways and hole up. He was tired and he needed to eat and sleep.

His breathing had slowed and he stood, preparing to climb the long, winding staircase that represented the last physical obstacle to his freedom.

The sniper's nest was textbook perfect.

Upon reaching the top, Kelly had discovered a shallow depression filled with soft, springy grass and hidden by the long shadows of an overhanging rock shelf. Lying prone at the edge of the depression, he had a perfect field of fire across the entire clearing. Anyone stepping from the cave entrance would be perfectly silhouetted in his sights.

He ejected the magazine from the rifle and quickly counted the rounds remaining after the frantic burst he had fired in the underground corridor.

Three.

He had forgotten the M14's rapid rate of fire— seven hundred and fifty rounds per minute. The two-second burst had nearly depleted his ammunition. He would like to have had more, but given the circumstances, three rounds should be more than enough. One well-placed shot would convince the killer to stay put in the cave.

He snapped the magazine back into place, chambered a fresh round, and settled down to wait, musing that this was the last time he would ever do anything like this.

He grimaced, thinking about the fat man and the carnage he had glimpsed in the room beneath the hotel. He wanted the man dead, wanted it badly. But he had realized that he could no longer go on setting himself up as judge, jury, and executioner. Not if he wanted a new life with Sherry.

Johnny reached the top of the stairs and leaned against the iron rail to mop his brow with his sleeve. It was cool and dark in the cave and he stood there savoring the breeze wafting up from the depths. It would still be hot outside and he wasn't looking forward to getting out in the sun. But it had to be done.

Pausing to wipe his sweaty palms on the front of his overalls, he took a firm grip on the carbine and made his way to the opening on the front of the cliff face. Squinting into the sunshine, he parted the branches of a scrub oak and looked around the empty clearing.

CRRACK!

The shot from the armor-piercing bullet exploded against the rock wall a foot above his head, peppering the rolls of fat at the back of his neck with stinging fragments of stone.

Johnny dived back into the cave, tripping and falling backward onto the stone floor. Stunned, he pulled himself to a sitting position and touched his injured neck. His hand came away bloody and he bellowed like an enraged bull.

The man!

The evil one named Chris.

Johnny scrambled to his feet and stumbled back down the spiral metal stairs, howling his murderous rage into the echoing depths of the black cave.

Perfect!

Kelly rolled onto his side with a vicious grin. The killer's glistening moon face had been framed precisely in the center of his scope for long seconds and it had taken all his self-control to not simply put a round between the bastard's beady eyes and be done with it. In the end, he had let the sights drift up to a point above the man's gleaming head and fired. The target had disappeared in a cloud of dust, howling so loudly the sound had reached Kelly's ears despite the roar of the waterfall.

He doubted that Johnny would show his face again though he worried briefly about Sherry. What if the killer should double back to the hotel? He dismissed the thought. Sherry could handle herself. Hell, she had already had the drop on the fat man when he blundered into the underground room and blew it.

Rolling back onto his stomach, he settled his sights on the cave entrance and waited.

They thought he was stupid!

Everyone always thought he was stupid.

Well, he would show them who was stupid.

Johnny stepped off the metal stairs, crossed the cave to a sloping ramp of jagged black rock, and began to climb.

The man named Chris was waiting for him out there. He had known it was him the second he'd heard the flat report of the heavy rifle. He was probably up on one of the ledges above the pool, thinking he had old fat, stupid Johnny trapped.

He'd show him who was stupid.

His hands grabbed on to a protrusion and he pulled himself up onto a broad shelf littered with bat droppings. Daylight showed ahead as he worked his way forward on his belly, pushing the old carbine before him.

Pretty soon, the evil man would see which one of them was stupid.

Kelly lay on the soft cushion of grass watching the clearing. His finger rested lightly on the trigger. There had been no activity from the cave entrance since his first and only shot several minutes before.

He wondered if Shelly had been able to pull herself together enough to go for the police. He knew she was adept at riding dirt bikes, and figured it should take her no more than fifteen or twenty minutes to ride to the end of the lake to use the phone. How long would it take the police to arrive after the call, another twenty minutes? Thirty?

He glanced at his watch, figuring he should see some sign of reinforcements in the next few minutes.

———

Johnny slid out onto the high ledge through the narrow cave opening and looked down. The evil man was lying in a shallow depression fifty feet below him and a couple of hundred feet to his right, his back and shoulders completely exposed below the overhanging rocks.

The fat man grinned and a thin strand of saliva dribbled onto his chin to mingle with the rivulets of sweat pouring down his face.

He had won!

Wiping the smelly bat droppings off his hands and cradling the carbine against his cheek, he lined the man's shoulders up in the carbine's simple post sights and squeezed down on the trigger.

Three shots exploded from the carbine in rapid succession.

Pain!

Kelly rolled away, blinded by dust, as the first bullet ripped into the ledge, inches from his face. The second shot hit him in the right bicep and his finger involuntarily clenched down on the M14's trigger, expending his two remaining rounds harmlessly into the air. The third shot slammed into his shoulder six inches above the first.

He screamed and threw himself back against the rocks at the rear of the depression as two more shots exploded around his feet. He snatched the M14 out of the line of fire, remembering the round in his shirt pocket. Fumbling with the rifle's stiff slide mechanism, and fighting off the shock and pain of the wounds in his arm and shoulder, he tried to load the last bullet with a blood-slick hand.

He knew that he had blown it at long last, and now he was probably going to die for it.

Ironic as all hell.

Johnny whooped gleefuly and edged farther out on his ledge for a better look. He had hit the evil man at least once. Probably killed him.

"P-pretty stupid!" He screamed it into the gathering dusk, then giggled delightedly. He would finish the man off and then go back down to the hotel to kill the women.

There weren't going to be any cops.

The edge of the man's body was just visible behind the shallow overhang of rock. If he could lean out just a few inches farther, he could kill him dead for sure.

Getting to his feet, and bracing himself against

the rocks, Johnny got a clear view of the helpless man fumbling with his rifle. He grinned and raised the carbine to his shoulder.

"Damn you, Johnny!"

He froze as the sound of Diana's voice echoed out of the narrow tunnel by his feet.

"Shut up," he screamed, teetering on the ledge in sudden panic. "Shut up! Shut up!"

"You're stupid and bad, Johnny! You'll never hit him." Diana laughed at him as he raised the carbine and tried to concentrate on shooting the evil man, the one she had done the bad thing with.

Kelly cringed on his ledge, waiting for the impact of another bullet from the fat man's gun. The killer stood on the ledge above and across from him, aiming his rifle.

The maniac had outwitted him.

His numbing fingers refused to insert the single bullet into the chamber of the M14. What was the madman waiting for? He looked up as Johnny shook his head wildly from side to side.

Then, miraculously, the bloody bullet slipped into the firing chamber of the M14. Kelly raised the muzzle and squeezed down on the trigger. The gun went off with an explosive report, the kick slamming against his useless shoulder with a blinding jolt of pain.

He saw the fat man sway on the ledge above as he lost consciousness.

* * *

"Told you, Johnny!" Diana's hateful laughter rang in his ears as a bright fountain of blood erupted though his overalls.

Johnny toppled forward, falling toward the cold, dark pool beneath the falls.

He wondered as he fell who would take care of his girls. He thought he could hear them all laughing along with Diana.

EPILOGUE

I T was well after dark by the time the mountain rescue squad located Kelly and removed him from the ledge.

They packed him down to the hotel around nine o'clock on a wire stretcher, with an IV plugged into his arm. He kept squinting and looking around, slightly confused by the bright generator-driven lights, the idling vehicles, and law-enforcement types that seemed to be filling the lawn.

"Sherry?" he croaked as a dark figure leaned over him. They moved the stretcher into the light and he found himself staring up into Blackstone's familiar face. The old man just smiled benignly.

"Chris, there are two TV crews here already and more on the way. Under the circumstances, I think it's best to disassociate yourself from Harvest."

Kelly looked up at him with a stupid grin. "You can't fire me," he slurred. "I quit!"

Blackstone smiled like an evil cherub and promptly disappeared.

He felt himself being lifted into a helicopter and blinked beneath the downdraft. When he opened his eyes again, Sherry was looking down at him.

"There you are." He smiled. "Thought I'd lost you again."

"No chance, buster!" She planted a kiss on his forehead and he felt the chopper lifting off into the cool night air.

MICHAEL O'ROURKE lives in Southern California with wife and manager, Sally Smith, and four exceptionally wise felines.